Lições de Finanças Públicas e Direito Financeiro

Lições de Finanças Públicas e Direito Financeiro

2023 · 4ª Edição · Reimpressão

Maria d'Oliveira Martins

ALMEDINA

LIÇÕES DE FINANÇAS PÚBLICAS E DIREITO FINANCEIRO

AUTORA
Maria d'Oliveira Martins

EDITOR
EDIÇÕES ALMEDINA, S.A.
Avenida Emídio Navarro, 81, 3D
3000-151 Coimbra
Tel.: 239 851 904 · Fax: 239 851 901
www.almedina.net · editora@almedina.net

DESIGN DE CAPA
FBA.

EDITOR
EDIÇÕES ALMEDINA, S.A.

IMPRESSÃO E ACABAMENTO
Europress - Indústria Gráfica
Maio, 2023

DEPÓSITO LEGAL
463157/19

ALMEDINA | GRUPOALMEDINA

BIBLIOTECA NACIONAL DE PORTUGAL – CATALOGAÇÃO NA PUBLICAÇÃO

MARTINS, Maria de Oliveira

Lições de finanças públicas e direito financeiro. – 4ª ed.
– (Manuais universitárias)
ISBN 978-972-40-8105-2

CDU 34

NOTA DA AUTORA À 4ª EDIÇÃO

As Lições que agora publico correspondem às aulas que dou na Escola de Lisboa da Faculdade de Direito da Universidade Católica Portuguesa, baseadas no programa que, desde 2016 tenho vindo a adotar, fruto do estudo e reflexão contínuos sobre estas matérias, desde o ano letivo de 2009/2010, altura em que assumi *a solo* a regência da disciplina de Finanças Públicas. O programa agora assumido procura refletir as recentes alterações das Finanças Públicas, sem deixar que as Lições fiquem presas às constantes mudanças legislativas.

Estas Lições foram pensadas para um número limitado de aulas. Correspondem a cerca de 12 aulas teóricas e 12 aulas práticas. Nas aulas práticas são aprofundados o direito orçamental e o contencioso financeiro assegurado pelo Tribunal de Contas, razão pela qual estas matérias surgem com particular destaque.

Por natureza, as Lições nunca são um trabalho acabado. Por isso, estas também não o são. São construídas com avanços e recuos, resultando de um contínuo trabalho de preparação de aulas, que nunca descurei. Fazem parte de um processo construtivo que pretendo continuar a aprofundar e desenvolver enquanto der aulas.

As Lições destinam-se a alunos de Direito e cumprem o único intuito de fornecer elementos atualizados de estudo.

AGRADECIMENTOS

A publicação destas Lições não teria sido possível sem o incentivo amigo de algumas pessoas.

Antes de mais, recordo com saudade o Prof. Sousa Franco. Foram os convites que me dirigiu para assistir às suas aulas (2001/2002), quando ainda era Assistente-estagiária, que me introduziram nestas matérias financeiras e que incutiram em mim o gosto pelas Finanças Públicas, que ainda hoje conservo.

Agradeço ainda a todos quantos se têm cruzado comigo no ensino destas matérias e tanto me têm ensinado, recordando, em particular, a Conselheira Isabel Marques da Silva, de quem fui assistente durante alguns anos, e o Conselheiro José Tavares, com quem partilhei uma cadeira de Finanças Públicas no Mestrado de Direito Administrativo.

Agradeço também aos meus Pais, por tudo, particularmente pelo apoio e incentivo que sempre encontro em relação à minha vida académica.

Por último, o agradecimento com o alcance de uma partilha integral de vida, ao Tiago, grande entusiasta deste projeto. Um agradecimento também muito especial aos nossos filhos, a quem dedico todos os meus esforços, Teresa, Pedro, João, Isabel, Graça e Lúcia pelo amor, carinho, entusiasmo e orgulho que sempre demonstram e com que encaram a minha atividade docente.

Aos meus alunos, com quem e para quem tanto aprendo,
na ânsia de poder ensinar melhor.

I.

Aspetos gerais, história e conceitos básicos das Finanças Públicas e do Direito Financeiro

1. Qual o objeto de uma disciplina de Finanças Públicas?

Quando se fala de *finanças* faz-se referência a tudo o que tem a ver com os fenómenos de captação de receitas e de realização de despesas que permitam a satisfação de necessidades económicas. Quando se fala em particular de *finanças públicas*, aponta-se para a "atividade económica de um ente público tendente a afetar bens à satisfação de necessidades que lhe estão confiadas"[1].

Como explica Sousa Franco, a expressão "finanças públicas" pode utilizar-se em vários sentidos:

- Em sentido orgânico: designando o conjunto de órgãos do Estado ou outro ente público a quem compete gerir recursos económicos para a satisfação de certas necessidades;
- Em sentido objetivo: designando a atividade através da qual o Estado afeta bens económicos à satisfação de certas necessidades sociais; e

[1] António L. Sousa Franco – *Finanças Públicas e Direito Financeiro*, vol. I. Coimbra: Almedina, 2001, p. 3.

- Em sentido subjetivo: designando a disciplina científica que estuda os princípios e regras que regem a atividade do Estado com o fim de satisfazer as necessidades que lhe estão confiadas[2].

Isto significa, portanto, que vamos centrar o nosso estudo na atividade financeira dos entes públicos, a qual assenta no processo de arrecadação de receita e de realização de despesa pública por parte das entidades públicas. Esta gera-se, portanto, a partir das necessidades que são sentidas pela comunidade e que geram despesas públicas. São estas despesas que geram por sua vez a necessidade de cobrança de receitas para lhes fazer frente. É neste ciclo de despesa/receita que se encontra o cerne da atividade financeira pública. Para explicar a existência de despesas públicas, temos de nos centrar na satisfação das necessidades (ou de uma certa ideia sobre elas[3]) em concreto sentidas por uma comunidade e que são assumidas pelo poder político.

Como são ordenadas as necessidades em termos de prioridade?

Pode considerar-se que o processo de definição das necessidades que são satisfeitas pelo Estado passa primeiro por uma valoração individual: "Antes de mais, os indivíduos avaliam, dependendo da importância dos seus bens e do conjunto das suas necessidades, as prestações que recebem no grupo coletivo e decidem a quantidade de bens que estão dispostos a transferir, através da economia pública, para aqueles que atuam como detentores dos órgãos do Estado. É, portanto, uma primeira avaliação individual"[4].

Nas sociedades democráticas, esta valoração individual seria representada no Parlamento, sendo neste último órgão que se faz a ordenação das necessidades a ser satisfeitas, em termos de prioridades, através da aprovação do Orçamento.

[2] ANTÓNIO L. SOUSA FRANCO – *Finanças Públicas (I)*..., p. 4.

[3] MICHAEL WALZER – *As Esferas da Justiça*. Lisboa: Editorial Presença, 1999 p. 77: "As pessoas não têm só necessidades, têm ideias sobre elas; têm prioridades e graus de necessidade e estas prioridades e graus têm a ver, não só com a sua natureza humana, mas também com as suas história e cultura".

[4] FERNANDO SAINZ DE BUJANDA – Sistema de Derecho Financiero, I, Madrid: Facultad de Derecho de la Universidad Complutense, 1977, p. 69.

No Parlamento a valoração individual acaba por se conjugar com os demais interesses representados: empresariais, corporativos, grupos de interesses.

Esta perspetiva que pressupõe que as decisões públicas se baseiam, em primeiro lugar, numa valoração individual não é, todavia, consensual. Muito autores acabam por reconhecer que o interesse público é mais fruto da estratégia e da manipulação política, do que ditado pela pura agregação das preferências dos eleitores. Ao fazê-lo apoiam-se, em grande medida, no chamado teorema da impossibilidade de ARROW, o qual põe a nu a fragilidade dos modos de encontrar o bem-estar, tendo em vista a agregação de utilidade. Com efeito, este teorema mostra que "literalmente tudo pode acontecer quando os votos são tomados em conta. No seu maior cinismo, ele revela que, através da manipulação da agenda e do voto estratégico, os processos maioritários podem ser transformados ao equivalente a ditaduras"[5].

A escola da escolha pública (*Public Choice*) é outra das vozes críticas a tomar em consideração neste debate. Com origens no texto seminal de Buchanan e Tullock, *The Calculus of Consent*, esta escola critica aquilo que se designa de interesse público achado pelos mecanismos democráticos maioritários, demonstrando que o interesse do Estado está inteiramente dominado por interesses particulares. A ideia de que parte é a do interesse próprio (*self-interest*), considerando os governos como meros mecanismos de agregação das preferências privadas. É a partir da difusão das suas ideias que muitos economistas assumem que a legislação é produto de grupos de interesses especiais[6], pondo fim a uma visão ingénua de que a vida política se limitava à busca da promoção do interesse público. É a partir do desenvolvimento dos estudos da escolha pública que passa a justificar-se então uma maior atenção em relação ao fenómeno do *rent-seeking*. O que gera uma enorme desconfiança em relação à atividade do Estado.

[5] MASHAW *in* DANIEL A. FARBER e PHILIP P. FRICKEY – *Law and Public Choice*. Chicago and London: The University of Chicago Press, 1991, p. 42.

[6] O legislador atuaria tendo a vista a sua reeleição e os eleitores tendo em vista os seus próprios interesses. Sendo que muitas vezes pequenos grupos de interesses acabam, pela sua capacidade de organização, por ter uma influência desproporcionada – DANIEL A. FARBER e PHILIP P. FRICKEY – *Law and Public Choice*..., 1991, p. 22.

Não obstante a falta de consenso no que toca à forma como numa sociedade democrática se valoram as necessidades públicas, atualmente verifica-se uma influência utilitarista importante, que deve ser tomada em conta neste processo de valoração destas mesmas necessidades.

A influência do utilitarismo estendeu-se muito para além do prestígio dos seus defensores. Como explica Rothbart, toda a filosofia social seja do século XIX, ainda sob os princípios do *laissez-faire*, como do século XX, acabou por fundamentar-se invariavelmente na filosofia utilitarista[7]. Hoje o utilitarismo tem uma faceta muito visível no processo de adoção de políticas públicas, aparecendo sob a forma de análises de custo-benefício, em que se pesam os custos e os benefícios sociais das decisões públicas. Rothbard chega mesmo a reconhecer que atualmente "a maioria dos economistas é utilitarista nas questões éticas e kantiana nas epistemológicas"[8]. Em concreto, a preponderância do utilitarismo faz-se sentir na difusão de um pensamento que visa a promoção do bem-estar (*welfarism*), o qual surge associado inequivocamente a um aumento da intervenção pública, tendente a aumentar a felicidade geral.

Esta visão de bem-estar contribuiu decisivamente para a afirmação de uma perspetiva agregativa de democracia, sendo tomada como um mecanismo de associação de preferências individuais[9]. É este utilitarismo que acaba por marcar o processo de escolhas sociais a partir da utilidade que é atribuída a cada uma das opções possíveis, por cada indivíduo, com vista à sua maximização. As escolhas sociais fazem-se, pois, mediante a ordenação dos estados sociais com base nos níveis de bem-estar atingidos pelos vários indivíduos. Prevalecerão, portanto, as medidas que conduzirem a um maior bem-estar social.

É certo que o pensamento utilitarista não oferece por si só um critério justo de distribuição de bens, mas permite testar a eficiência em

[7] Murray N. Rothbard – *Algunas Teorias Alternativas sobre la Libertad*. Madrid: Unión Editorial, 1995 (disponível em http://www.eumed.net/cursecon/textos/Rothbard_libertad.pdf),, p. 1.

[8] Murray N. Rothbard – *Algunas Teorias Alternativas sobre la Libertad*..., p. 1.

[9] Esta perspetiva é criticada dizendo-se que ela implica que se parta falsamente da presunção de que os agentes políticos são omniscientes e benevolentes ao mesmo tempo, sabendo exatamente discernir o que é o interesse público – James Buchanan – "Clarifying Confusion about the balanced budget amendment". *In* National Tax Journal, 48, n.º 3 (September 1995), p. 352.

termos de consequências sociais de uma determinada política pública, no sentido de perceber quem beneficia e quem fica prejudicado com a mesma.

Apesar das críticas e das insuficiências a uma ideia de ótimo (uma vez que é muito difícil descobrir qual a melhor opção possível, já que é impossível comparar o maior ou menor bem-estar sentido por cada membro da sociedade), o facto é que muitas das teorias de distribuição de bens assentam ainda numa ideia de equilíbrio paretiano (baseado na procura do ótimo, que se traduziria pela situação em que não seria possível melhorar a situação de um indivíduo sem prejudicar a de outrem). Os economistas procuraram, no entanto, desenvolver uma noção de eficiência paretiana que tende a afastar-se das comparações interpessoais de bem-estar. Mais do que encontrar a solução ótima, trata-se de encontrar a solução mais eficiente, procurando perceber quem ganha e quem perde com a medida a tomar, de forma a que os ganhadores compensem os perdedores, anulando assim a sua desutilidade[10]. Pensamos, por isso, numa eficiência, no sentido de Kaldor-Hicks[11]. É nesta eficiência que se baseiam, aliás, as análises custo-benefício (*cost-benefit analysis*) que hoje se fazem na perspetiva de encontrar soluções eficientes. De acordo com este critério, abre-se a hipótese de anular os prejuízos através do pagamento de uma compensação/indemnização[12]. Esta compensação/indemnização poderia ser real (sentido forte do critério da compensação) ou hipotética (sentido fraco, na medida em que se abre apenas a hipótese de uma compensação)[13]. De acordo com este critério: "uma situação ótima

[10] "É este o ceticismo que motiva o desenvolvimento da noção de eficiência Kaldor-Hicks" (Mathew D. ADLER – "Análise custo-benefício: novas considerações". *In* Cadernos de Ciência de Legislação, n.ºs 42/43, janeiro/junho 2006, Instituto Nacional de Administração, p. 71), o qual prevê a existência de uma compensação – normalmente sob a forma de transferência de dinheiro – para os perdedores, por parte dos ganhadores, de forma a que uma política pudesse ser PARETO-superior.

[11] Sobre o nome *vide* nota 150 de JORGE COSTA SANTOS – *Bem-estar social e decisão financeira*. Coimbra: Almedina, 1993, pp. 101-102.

[12] Na versão de KALDOR os beneficiados pagariam uma compensação aos prejudicados; na versão de HICKS os prejudicados deveriam aceitar a alternativa se não pudessem pagar aos seus beneficiados compensação pela manutenção do *status quo*.

[13] JORGE COSTA SANTOS – *Bem-estar social...*, p. 96.

ocorre quando nenhuma das possíveis alternativas ao *status quo* passe o teste da compensação"[14].

Independentemente da forma como se acham as necessidades e como são alinhadas as prioridades públicas, o facto de atualmente nos encontrarmos num Estado de bem-estar faz com que haja certas necessidades que tenham de ser sempre satisfeitas. Ou seja, necessidades que estão na primeira linha de intervenção do Estado. Aquelas que, mesmo que um Estado assuma uma intervenção mínima, não pode deixar de tomar uma posição. Estas necessidades são as que se prendem com uma afetação eficiente de recursos, num mercado de base individualista, em que os agentes estejam dotados dos rendimentos adequados e as empresas se encontrem em concorrência perfeita.

É esta busca de eficiência, expressa claramente, aliás, pelos teoremas do Estado de bem-estar[15], que leva o Estado a atuar no mercado –

[14] JORGE COSTA SANTOS – *Bem-estar social...*, p. 96.

[15] O "primeiro teorema fundamental da economia de bem-estar, afirma que, sob certas condições, mercados competitivos em equilíbrio caracterizam-se por uma afetação de recursos eficiente (segundo Pareto). Existe um sistema de preços, de bens e fatores produtivos, para o qual as empresas utilizam os seus recursos produtivos de forma ótima" (PAULO TRIGO PEREIRA E OUTROS – *Economia e Finanças...*, p. 41). Ou seja, o Estado de bem-estar parte da existência de um mercado de base individualista em que as empresas, em princípio, se encontram em concorrência perfeita, pois só assim se consegue uma afetação de recursos ótima em termos paretianos.

O segundo teorema fundamental da economia de bem-estar diz que "se as curvas de indiferença e as isoquantas forem convexas, existir um conjunto completo de mercados, houver informação perfeita e for possível levar a efeito transferências e tributações de soma fixa ("lump-sum"), então qualquer das possíveis afetações de recursos ótimas em termos de Pareto pode ser alcançada através de um equilíbrio de concorrência, desde que se concretizem adequadamente aquelas transferências e impostos" (JORGE COSTA SANTOS – *Bem-estar social...*, p. 82). E como explica COSTA SANTOS, qualquer posição nas curvas que são referidas no segundo teorema pode ser atingida "desde que se dotem os agentes com os rendimentos adequados [...], através de um processo de transferências que não provoque desperdícios ("deadweight losses") em termos de bem estar" (JORGE COSTA SANTOS – *Bem-estar social...*, p. 83).

Em suma, num Estado de bem-estar, o Estado procura assegurar o melhor para os seus membros: o melhor equilíbrio possível entre utilidade e desutilidade na produção e consumo de bens – ótimo relativo de Pareto/ ótimo absoluto de Pigou (v. critérios da compensação e da impossibilidade que tentam colmatar as insuficiências dos ótimos acima referidos – JORGE COSTA SANTOS – *Bem estar social...*, 1993, pp. 95 e ss.). v. também a propósito dos

colmatando as falhas que este possa apresentar –, de forma a promover o aproveitamento ótimo dos recursos produtivos[16], naquela que é a sua função de alocação. Uma das formas de atuação do Estado com este objetivo prende-se com a correção das falhas ou incapacidades de mercado.

2. Falhas de mercado e de intervenção do Estado

Estamos perante uma falha/incapacidade de mercado quando a comunidade carece da produção ou fornecimento de um bem – que corresponde a uma necessidade sentida pelos seus membros – que não é produzido pelo mercado de forma satisfatória. E isto sucede ou porque se verifica a existência de um desequilíbrio entre a utilidade individual e a utilidade social na produção e utilização de um bem, que faz com este não se produza ou se produza insuficientemente; ou porque se geram custos/ /benefícios para a comunidade sem que esta possa imputá-los a quem os provoca; ou porque a produção de certos bens conduz à destruição da concorrência nesse mercado.

Podemos apontar exemplificativamente cinco falhas ou incapacidades de mercado a que o Estado é chamado a dar resposta[17]:

a. *A existência de necessidades coletivas que exigem a produção de bens coletivos, também chamados de bens públicos puros:*
   A designação bens coletivos destaca a apropriação coletiva que deles é feita, em função das suas características. A designação bens

dois teoremas de eficiência – Robin W. Boadway and Neil Bruce – *Welfare Economics...*, p. 3.

[16] A referência à eficiência leva-nos a pensar na primeira forma de intervenção do Estado na economia apresentada por Musgrave – a função de alocação/afetação de recursos: "the provision for social goods, or the process by which total resource use is divided between private and social goods and by which the mix social goods is chosen. This provision may be termed the allocation function of budget policy. Regulatory policies, which may also be considered a part of the allocation function, are not included here because they are not primarily a problem of budget policy" – Richard Musgrave and Peggy Musgrave – *Public Finance in Theory and Practice*. New York: McGraw-Hill Book and Company, 1989, p. 6. Com efeito, está aqui em causa a afetação de recursos tendo em vista a correção das ineficiências do mercado.

[17] António L. Sousa Franco – *Finanças Públicas (I)...*, pp. 25 e ss., Paulo Trigo Pereira e outros – *Economia e Finanças...*, pp. 46 e ss.

públicos puros aponta para a necessidade de intervenção do Estado (eles são os bens públicos por excelência.). Ainda que o Estado não quisesse produzir bens, dificilmente se furtaria a produzi-los, uma vez que dificilmente eles são fornecidos pelo mercado.

Para perceber o conceito de bens coletivos ou bens públicos puros podemos partir das suas características[18]:

i) os bens coletivos ou bens públicos puros são bens de satisfação passiva, ou seja, a sua apropriação não depende de nenhum esforço por parte do consumidor. Estes opõem-se a bens de satisfação ativa (em que a satisfação é conseguida pelo esforço do consumidor no mercado).
ii) os bens coletivos ou bens públicos puros não são exclusivos, não sendo possível privar ninguém da sua utilização[19].
iii) os bens coletivos ou bens públicos puros são não emulativos, ou seja, os utilizadores não entram em concorrência para conseguir a sua utilização. Ou seja, não é possível excluir ninguém da sua utilização[20].

Exemplos de bens com estas características: farol, defesa nacional, justiça.

Em circunstâncias normais, estes bens ou não são produzidos no mercado, ou que quando o são, são insuficientes em relação às necessidades que se fazem sentir. Com efeito, só um altruísta ou pessoas que à partida sabem que não vão poder cobrar pelo uso do equipamento ou serviço que prestaram, vão produzi-lo[21].

[18] Sousa Franco – *Finanças Públicas (I)*..., p. 26.

[19] "O consumo do bem Y é não rival se o usufruto por parte de um indivíduo em nada subtrair a quantidade disponível para os restantes indivíduos consumirem. [...] Ou seja, aquilo que é fornecido é imediatamente disponibilizado para todos os indivíduos na mesma quantidade" – Paulo Trigo Pereira e outros – *Economia e Finanças*..., p. 47.

[20] "[...] não havendo rivalidade no consumo, o custo adicional de ter mais um indivíduo a consumir o bem público é nulo. Daí que qualquer forma de exclusão, baseada no preço ou no racionamento, é ineficiente pois está a diminuir o consumo sem que daí resulte algum benefício" – Paulo Trigo Pereira e outros – *Economia e Finanças*..., p. 48.

[21] "Quem custeia a provisão do bem não pode impedir que qualquer outro beneficie dele, de graça (à «boleia», de «borla»: «*free rider*»" – António L. Sousa Franco – *Finanças Públicas (I)*..., p. 27.

Se esses bens não forem essenciais, a comunidade poderá facilmente prescindir deles. Mas se forem reputados de essenciais pela comunidade, não poderão deixar de ser produzidos ou fornecidos pelo Estado, sob pena de se prescindir da satisfação da necessidade a que dão resposta. A estes bens que o Estado é chamado a produzir ou fornecer dá-se o nome de bens coletivos ou bens públicos puros (*pure public goods*[22]). O custo dos bens coletivos ou bens públicos puros será financiado por todos os membros da comunidade, por meio dos impostos. O *quantum* que cada um vai ter de suportar para o financiamento desta despesa pública é indeterminado no momento em que se toma a decisão pública de produção. A "determinação é realizada precisamente pelo processo político onde se determina a repartição da carga fiscal pelos contribuintes"[23]/[24].

[22] STIGLITZ – *Economics of the Public Sector...*, p. 87.

[23] PAULO TRIGO PEREIRA e outros – *Economia e Finanças...*, p. 50.

[24] BOADWAY chama a atenção, por um lado, para o facto de os bens públicos puros serem pouco numerosos e, por outro, para o facto de existirem bens públicos impuros (*impure public goods*) (ROBIN W. BOADWAY – *Public Sector Economics*. Cambridge: Winthrop Publishers, 1979, p. 77.). Referimo-nos a estes, pois estes também podem configurar situações de incapacidade de mercado.

Os bens públicos impuros partilham com os bens públicos puros a característica de terem um *custo marginal zero* por cada utilização a mais, mas são suscetíveis de ficar congestionados. Assim, à medida que mais pessoas utilizam o bem, menos utilidade retiram dele os seus utilizadores (por exemplo: estrada, ponte, jardim público, piscina, praias, bibliotecas, museus) (PAULO TRIGO PEREIRA e outros – *Economia e Finanças...*, pp. 52 e 306.).

Se o bem não for facilmente congestionável, não haverá vantagem em excluir utilizadores. Na verdade, a exclusão só se justifica quando os utilizadores de um bem vêm a sua utilidade reduzida pela utilização simultânea do mesmo bem. Mas, caso o bem seja facilmente congestionável, haverá vantagem em promover a exclusão de alguns utilizadores (portagem, pagamento de entrada). Nesse caso, estaremos perante um bem de clube. Em torno destes bens, desenvolveu-se a teoria dos clubes (*theory of clubs*) ("A club good is a congested public good for which exclusion is possible and which may be replicated within an economy for different groups of persons or different clubs. The analysis of the theory of clubs is concerned both with the optimal output of a club good or congested public good and with the optimal number of users or members" – ROBIN W. BOADWAY – *Public Sector...*, p. 78).

Estes bens podem, em princípio, ser produzidos no mercado, mas dificilmente serão se a exclusão (através da imposição de um preço de mercado) não for possível. Por exemplo, porque têm capacidade para mais utilizações do que as que correspondem ao número

b. *A existência de falhas na concorrência*[25] *ou concorrência imperfeita:* No mercado, nem sempre as empresas operam em relação de concorrência perfeita. Por vezes, as empresas deparam-se com monopólios ou oligopólios que dominam o mercado, impedindo ou dificultando a atividade económica.

Estes monopólios ou oligopólios podem formar-se de duas formas possíveis.

Por um lado, por haver bens cuja produção se baseia na existência de custos permanentemente decrescentes. Uma exceção à lei das proporções definidas que vale na produção. Esta lei diz que existe um ponto ótimo da produção de fatores produtivos em que o custo de produção por unidade é o mais baixo possível. Até ao ponto ótimo, os custos são sempre decrescentes. Atingido esse ponto, entra-se no estádio dos custos crescentes[26]. Quando os custos são decrescentes, a(s) empresa(s) maior(es) consegue(m) sempre fornecer os bens a um custo inferior ao das demais empresas. Essa vantagem de uma empresa sobre as outras gera um monopólio ou um oligopólio (exemplo instalação de rede elétrica, sistemas de gás, água, telefone[27]). Fala-se nestes casos de monopólios naturais.

da população que servem ou porque são produzidos com custos decrescentes, podendo neste último caso gerar, como se verá, uma situação de monopólio, com prejuízo para os utilizadores ("Market failure in the provision of such goods will result if exclusion (and therefore market pricing) is not possible, if the size of the optimal facility is so large relative to the population that the competition does not prevail, or if the facility can be produced at decreasing costs" – Robin W. Boadway – *Public Sector...*, p. 78).
Nestes casos, estaremos perante uma falha de mercado que deve ser suprida pelo Estado, uma vez que a sua produção não poderá ser assegurada em termos eficientes pelo mercado. É isto que justifica nomeadamente a existência de parques/jardins públicos.

[25] A existência de concorrência é um dos pressupostos de existência de um Estado de bem-estar.

[26] António L. Sousa Franco – *Finanças Públicas (I)...*, p. 27.

[27] "It's less expensive to have one large electrical generator serve a region than to put one in every neighborhood. It thus may be more efficient to have only one generator serving a particular market. Similarly, it may be efficient to have only one telephone company serving a particular local market, or one water company (imagine the duplication in power lines, telephone lines, and water mains if every other house used a different water or electricity company)" – Stiglitz – *Economics of the Public Sector...*, p. 84.

Por outro lado, podem também surgir monopólios ou oligopólios por determinação do Governo, como foi o caso do monopólio de produção de fósforos e enxofre concedido à Companhia Portuguesa de Fósforos, por 30 anos, em 1895, com a consequente extinção de 69 fábricas espalhadas por todo o país[28]. Por oposição, fala-se neste caso de monopólios artificiais.

A existência de um monopólio ou oligopólio gera o fenómeno conhecido por renda do monopolista, que corresponde a um "sobrelucro" das empresas. Com efeito, a vantagem de uma ou mais empresas reflete-se necessariamente num aumento de preços: os preços tendem a situar-se acima do nível normal do preço em concorrência. Claro que existe um limite natural a esta renda do monopolista, que está na elasticidade da procura, mas isto não impede que o mercado deixe de funcionar de forma eficiente, uma vez que os consumidores acabam por suportar "um preço mais alto do que o custo médio (e marginal)"[29], o que tem como consequência um consumo menor do que fariam se o preço fosse ditado pelas regras de um mercado com concorrência perfeita.

Perante esta falha de mercado, o Estado pode intervir buscando o restabelecimento de um funcionamento eficiente do mercado. A intervenção pode revestir várias formas: o Estado pode chamar a si a atividade (através de "produção direta por parte de uma empresa de capitais total ou maioritariamente públicos" ou através "de uma empresa com capital maioritariamente privado, mas regulada pelo setor público"[30]) ou reduzir a renda do monopolista através de um abaixamento administrativo dos preços[31] ou ainda intervir como regulador do mercado.

Em Portugal, a existência de uma Autoridade para a Concorrência prende-se com a necessidade do suprimento desta falha de mercado.

[28] Apesar de hoje a empresa *Chama Vermelha* ser única na Península Ibérica, ela encontra-se em concorrência com os produtos estrangeiros que entram em Portugal.

[29] Paulo Trigo Pereira e outros – *Economia e Finanças*..., p. 61.

[30] Paulo Trigo Pereira e outros – *Economia e Finanças*..., p. 61.

[31] António L. Sousa Franco – *Finanças Públicas (I)*..., p. 28.

c. *A verificação de exterioridades/externalidades positivas e negativas:* As exterioridades correspondem aos efeitos externos dos comportamentos económicos. Se um comportamento económico provoca benefícios a terceiros, estamos perante exterioridades positivas. Se, pelo contrário, implica a imposição de custos, estaremos perante exterioridades negativas: "o custo marginal externo é o custo, em todos os agentes económicos afetados negativamente pela externalidade [...]. Designa-se por externo pois não é incorporado pela empresa produtora [...]"[32].
A maior parte das exterioridades é regulada pelo bom senso dos sujeitos económicos (pelas relações de vizinhança). Mas há outras que não são.
Há bens que provocam benefícios a outros sujeitos económicos sem que os seus fornecedores possam, pelos mecanismos normais do mercado, receber por isso uma recompensa. Estamos a falar, neste caso, das exterioridades positivas: construção de escola; construção de estrada; construção de hospital; construção de esgotos. Simetricamente, há também bens que provocam prejuízos a outros, sem que se possa impor, por isso, uma compensação. Trata-se, neste caso, de exterioridades negativas: lixeiras; ruídos excessivos; despejos nos rios; poluição. Nestes casos, é imposto um custo social, por quem beneficia desses bens que provocam prejuízo, sem que se consiga, pelos mecanismos normais do mercado, exigir o pagamento de uma compensação.
A verificação de exterioridades positivas ou negativas não resolvidas pelo mercado tem consequências. As exterioridades positivas geram um défice no fornecimento dos bens, pois é muito difícil impor um pagamento relativamente à utilidade social causada pelo fornecimento desses bens. As exterioridades negativas geram uma proliferação das atividades que as causam, uma vez que é difícil a imposição de uma compensação a quem beneficia dessas atividades[33].

[32] Paulo Trigo Pereira e outros – *Economia e Finanças...*, p. 56.

[33] "Thus, there is a widespread belief that without government intervention of some kind, the level of pollution would be too high. To put it another way, pollution control provides a positive externality, so without government intervention there would be an under provision of pollution control" – Stiglitz – *Economics of the Public Sector...*, p. 88.

O Estado pode intervir de várias maneiras para suprir esta falha de mercado. Pode promover a socialização da exterioridade, promovendo por exemplo o pagamento de taxa de esgotos, o pagamento de taxas aos poluidores, o fornecimento público e gratuito de caixotes do lixo e a recolha municipal de lixo doméstico. Pode também estabelecer regras no sentido da sua resolução: o Estado assegura a sua efetivação através do acesso à justiça. Pode ainda recorrer à tributação: tributação ao impositor do custo externo – princípio do poluidor-pagador (impostos sobre a poluição; impostos sobre o ruído); tributação geral em relação ao benefício auferido (tributação de mais valias); financiamento de certas atividades (escolas; hospitais).

d. *A assimetria de informação:*
O mercado para funcionar de forma eficiente precisa que a oferta e a procura disponham de informação senão simétrica, pelo menos não muito desigual. Com efeito, a assimetria de informação poderá gerar situações de desequilíbrio entre a oferta e a procura.
Tomem-se como exemplos: a venda de carros em segunda mão[34], cuja assimetria de informação normalmente gera prejuízo para o vendedor (para não correr grande risco, o comprador propõe um valor de compra mais baixo em relação ao que é pedido); uma situação de empréstimo que pode gerar situações em que se quem pede um empréstimo desconhece todas as taxas variáveis a que está sujeito o seu contrato, verá quem empresta beneficiar da sua falha de informação; ou a venda de medicamentos ou alimentos, cuja falta de informação pode gerar desconfiança por parte dos consumidores.
Perante uma produção insuficiente de informação em termos de gerar a simetria desta entre oferta e procura, o Estado pode intervir impondo o fornecimento de mais informação, criando serviços de certificação de qualidade ou mesmo assumindo alguns serviços de informação.

[34] "Há carros bons e maus em segunda mão, sendo esta distinção conhecida pelos vendedores, mas não pelos compradores" – Paulo Trigo Pereira e outros – *Economia e Finanças...*, p. 61.

Stiglitz chama a atenção, a este propósito, para o facto de que "o papel do Governo na correção das falhas de informação [...] vai para além das meras medidas de proteção do consumidor. A informação, em muitos aspetos, é um bem público. Dar informação a mais um indivíduo não impede a quantidade de que os outros dispõem. A eficiência requer que a informação seja disseminada livremente, ou mais rigorosamente, que o seu único preço seja correspondente ao custo real da transmissão da informação"[35].

e. A incompletude dos mercados (incomplete markets)[36]:

Como explica Stiglitz, "um mercado completo providenciaria todos os bens e serviços para os quais o custo da provisão é menor do que os indivíduos estão dispostos a pagar"[37]. Porém, como não vivemos num mundo ideal, nem sempre o mercado provê todas as necessidades sentidas pelos consumidores.

Esta incompletude pode surgir em variadas situações. Entre elas destacam-se as situações de incerteza e risco, que podem conduzir a situações de aprovisionamento insuficiente de bens correspondentes a necessidades sentidas por uma comunidade, e ainda os casos em que se faz sentir a falta de coordenação dos agentes do mercado.

No primeiro caso (incerteza e risco), ainda que saibamos que o risco é próprio da atividade mercantil e que há riscos que são compensados no mercado, de forma eficiente, há situações em que estes riscos são tão elevados que o mercado só aceitará cobri-los com custos desproporcionados em relação ao risco corrido: "Há casos em que podem acorrer em massa à seguradora pessoas cujas

[35] "The Government's role in remedying information failures, however, goes beyond these simple consumer protection measures. Information is, in many respects, a public good. Giving information to one more individual does not detract from the amount others have. Efficiency requires that information be freely disseminated, or more accurately, the only charge be for the actual cost of transmitting the information" – STIGLITZ – *Economics of the Public Sector...*, p. 91.

[36] STIGLITZ – *Economics of the Public Sector.* New York: Norton & Company, 1986, p. 89.

[37] "A complete market would provide all goods and services for which the cost of provision is less than what individuals are willing to pay" – STIGLITZ – *Economics of the Public Sector...*, p. 89.

condições objetivas são tão más que, pela multiplicação dos riscos, a forçam a elevar os prémios: então, os bons segurados podem fugir da companhia, assumindo por si os riscos; e isto pode reduzir de tal maneira a procura que a companhia desistirá de segurar esse risco. É o caso, por exemplo, da reforma generalizada"[38]. Nestes casos, a incapacidade de mercado surge quando os riscos que se entendem que devem ser segurados apenas o são no mercado a preços muito elevados ou não o são, pura e simplesmente, pelas condições gravosas a que estariam sujeitos.

Em resposta a esta incapacidade, os Estados podem assumir, por exemplo funções de segurador. Como exemplo significativo, vejam-se as funções por este desempenhadas na segurança social, em que o Estado oferece compensação das perdas de rendimento de trabalho por velhice, invalidez ou doença, aos trabalhadores nela inscritos e com as suas quotizações em dia[39].

Para além destes casos de incerteza e risco, podemos ainda falar, a propósito da incompletude do mercado, nos casos em que oferta e procura só se encontram quando existe um trabalho de coordenação dos mesmos.

Para se perceber esta necessidade de coordenação, imagine-se, como sugere Stiglitz, que o café não se vendia sem açúcar[40]. Nesse caso, tal como noutros em que a produção de um bem, por si só, não é rentável sem a produção de outro, ou existe interesse, em termos comerciais, em produzir os dois bens em simultâneo ou o seu produtor corre o risco de o seu bem ser um total fracasso em face da ausência do produto complementar.

[38] António L. Sousa Franco – *Finanças Públicas (I)...*, p. 31.

[39] Mesmo sem assumir o papel de ator neste processo, o Estado pode, no sentido do suprimento desta falha, legislar no sentido da promoção destes seguros. Veja-se o caso, em que o Estado cria uma entidade pública – por exemplo, o Sistema de Indemnização aos Investidores – que se assume como garante da assunção de pagamentos de indemnizações a investidores no caso da falência do banco, no sentido da promoção da confiança nos mercados financeiros e incentivo da participação nestes mercados – Criação do Sistema de Indemnização aos Investidores, em cumprimento da Diretiva 97/9/CE do Parlamento Europeu e do Conselho, de 3 de março.

[40] Stiglitz – *Economics of the Public Sector...*, p. 90.

Fácil será de adivinhar que se depender exclusivamente do mercado, a resolução deste problema passará ou pela não produção desses bens ou pela sua produção individual em quantidades muito reduzidas (de forma a minimizar o risco). Voltando ao nosso exemplo: ou não se produziriam o café e o açúcar ou os produtores de café e açúcar – temendo mutuamente uma produção insuficiente do outro – reduziriam ao mínimo a sua atividade, de forma a colocar no mercado aquilo que correspondesse, mais ou menos, ao *stock* do produto complementar. Perante uma incapacidade de mercado como esta, o Estado é chamado a intervir de forma a promover a cooperação entre os produtores de bens complementares.
Poder-se-á pensar que esta incapacidade de mercado é menor quando comparada com as outras, mas prosseguindo a leitura de Stiglitz não é difícil perceber a sua importância: "[...] Há muitos casos em que a coordenação é requerida em larga escala e isto pode requerer planeamento governamental. Argumentos semelhantes foram invocados como justificação para programas públicos de renovação urbanística. Desenvolver uma vasta secção da cidade requer uma coordenação entre fábricas, vendedores, senhorios e outros negócios"[41].

Para além destas cinco falhas de mercado, há ainda autores que defendem que a verificação de elevadas taxas de desemprego e inflação corresponde a um funcionamento deficiente do mercado[42].

Se se reconhecer que o Estado tem alguma coisa a fazer pelo melhoramento destes indicadores negativos, então pode dizer-se que a intervenção do Estado se deve ao suprimento de uma incapacidade de mercado.

[41] "[...] There are many cases where large coordination is required, particularly in less-developed countries, and this may require government planning. Similar arguments have been put forward as justification for public urban renewal programs. To develop a large section of a city requires extensive coordination among factories, retailers, landlords, and other businesses" – STIGLITZ – *Economics of the Public Sector...*, p. 90.

[42] "Most economists take these high levels of unemployment as prima facie evidence that something is not working well in the market. To some economists, high employment is the most dramatic and most convincing evidence of market failure" – STIGLITZ – *Economics of the Public Sector...*, p. 90.

Deve notar-se, porém que existe uma discussão entre quem defende a intervenção do Estado e quem a afasta: quem defende um paradigma de finanças mais neutras afastará qualquer intervenção neste domínio; por outro lado, quem sustenta um paradigma de finanças funcionais, tenderá a defender a intervenção do Estado neste domínio.

Seja como for, pela discussão que esta gera, esta incapacidade de mercado pode ser reconduzida a uma zona de transição entre a função de alocação e a função de estabilização do Estado[43].

Perante uma falha de mercado, o Estado intervém, por várias razões:

- porque tem uma perspetiva de interesse geral;
- porque tem uma perspetiva temporal ilimitada e uma capacidade de risco superior à dos outros grupos ou associações contratuais;
- porque o Estado dispõe de poder de autoridade (*jus imperii*) para impor regras de utilização de bens e seu financiamento;
- porque o Estado tem uma dimensão que lhe possibilita empreender esforços que não estão ao alcance de instituições ou pessoas privadas; e
- porque só a intervenção do Estado é que permite realizar o bem-estar social em termos que todos achem desejáveis.

Há atividade financeira motivada por outras finalidades que não só o funcionamento eficiente do mercado?

Claro que sim!

Em muitos casos que já não se prendem com a correção de falhas de mercado, associamos a atividade financeira do Estado a uma certa conceção de justiça social. Não se conformando com as distribuições feitas pelo mercado, o Estado, em muitos casos, procura corrigir as

[43] Considerando, por exemplo, o problema do desemprego como uma falha de mercado que é necessário ser resolvida pelo Estado, KEYNES e os seus seguidores propõem a prossecução de políticas expansionistas de despesa visando produzir efeitos sobre o emprego e a produção.

mesmas, promovendo uma redistribuição de rendimentos[44], de forma a promover uma afetação de recursos socialmente mais justa[45].

À luz deste objetivo, apontaremos a igualdade (sob as muitas vestes com que se apresenta: socialismo, *maximin* rawlsiano, igualdade complexa, *extrawelfarism*[46]), a equidade e os critérios utilitaristas como exemplos de subcritérios que podem nortear a atuação do Estado com o objetivo de promoção da justiça. A opção por um destes subcritérios dependerá, naturalmente, do juízo político-legislativo que consiga vingar[47].

Juntamente com a eficiência e a justiça, como critérios que norteiam a intervenção do Estado, podemos seguindo de perto o pensamento de Musgrave, falar ainda da estabilização económica promovida pelo Estado, por meio da sua atividade financeira: "A utilização da política orçamental como meio de manter o emprego elevado, um razoável grau da estabilidade do nível de preços e uma apropriada taxa de crescimento económico, com subsídios com efeitos no comércio e balança de pagamentos. A todos estes objetivos damos o nome de função de estabilização"[48].

Como explica António Pinto Barbosa, a enunciação da estabilização económica não retira protagonismo à eficiência e à justiça, referidas

[44] A ideia da justiça remete-nos para a segunda forma de intervenção do Estado na economia tal como elas são enunciadas por MUSGRAVE: função de distribuição: "adjustment of the distribution of income and wealth to ensure conformance with what society considers "fair" or "just" state of distribution, here referred to as the distribution function" – RICHARD MUSGRAVE AND PEGGY MUSGRAVE – *Public Finance...*, p. 6.

[45] PAULO TRIGO PEREIRA e outros – *Economia e Finanças...*, pp. 41 e 42. "Ao distribuir a utilidade existente, pela escolha de uma de três soluções de igual eficiência, o Estado manifestará a conceção de equidade ou de justiça social que perfilha" – MARTA REBELO – *Descentralização e Justa Repartição de Recursos entre o Estado e as Autarquias Locais*. Coimbra: Almedina, 2007, p. 113.

[46] MARIA D'OLIVEIRA MARTINS – *A despesa pública justa*. Coimbra: Almedina, pp. 104 e ss.

[47] RICHARD A. MUSGRAVE e PEGGY B. MUSGRAVE – *Public Finance...*, pp. 76 e ss.: "Among possible criteria for what constitutes a just state of distribution, the following may be considered: 1. Endowment-based criteria [...]; 2. Utilitarian criteria [...]; 3. Egalitarian criteria [...]; 4. Mixed criteria: a. welfare floor is set with the endowment rule applicable above it. b. Distribution is adjusted to maximize welfare in line with social welfare weights".

[48] "The use of bugdet policy as a means of maintaining high employment, a reasonable degree of price level stability, and an appropriate rate of economic growth, with allowances for effects on trade and on the balance of payments. We refer to all these objetives as the stabilization function" – RICHARD MUSGRAVE e PEGGY MUSGRAVE – *Public Finance...*, p. 6.

em primeiro lugar. Com efeito, a estabilização reconduz-se à procura de eficiência e justiça no mercado: "os problemas de redistribuição de riqueza e rendimento correspondem fundamentalmente ao objetivo de promoção da equidade. Os problemas de afetação e estabilização terão que ver essencialmente com a promoção de eficiência na economia, embora, normalmente, tenham também reflexos na esfera da equidade"[49]. Embora esta última se reconduza às primeiras, achamos pedagógico enunciar essa função, como forma de explicar a razão de ser da atuação do Estado.

Sintetizando as principais funções do Estado contemporâneo, Musgrave destaca, desde o início dos anos 1960 três: funções de alocação, estabilização e redistribuição[50].

A função de alocação de bens está ligada com a função de provimento das necessidades públicas. Nesta função cabe a satisfação das necessidades sentidas pela comunidade, por exemplo, para resolver os problemas resultantes das falhas ou incapacidades de mercado. Mas pode ir para além destas falhas ou incapacidades de mercado. Com efeito, traçar as fronteiras da função de alocação dependerá do lugar que confiramos ao princípio da subsidiariedade nas relações entre o Estado e o mercado. Se entendermos que a subsidiariedade é recebida como princípio constitucional, ficará mais fácil entender que o Estado "só deveria intervir na esfera económica em caso de défice da iniciativa privada e ou de «falhas do mercado»"[51]. Mas se pelo contrário não encararmos essa subsidiariedade, o raio de atuação pública tenderá a crescer[52].

[49] António Pinto Barbosa – *Economia Pública*. Lisboa: McGraw Hill, 1997, p. 7.

[50] Richard A. Musgrave – *The Theory of Public Finance*. New York: Mcgraw-Hill Book Company, 1959, pp. 6-27. Vito Tanzi e Ludger Schuknecht– *Public Spending in the 20th Century*. Cambridge: Cambridge University Press, 2000, p. 10 chamam a atenção para que o desenvolvimento da teoria dos bens públicos e do conceito de exterioridade sugeriram depois disso o crescimento do papel de alocação do Estado.

[51] J.J Gomes Canotilho e Vital Moreira – *Constituição da República Portuguesa anotada*. Coimbra: Coimbra Editora, 2007 (vol. I), p. 962.

[52] *Vide* por exemplo, António Carlos dos Santos, Maria Eduarda Gonçalves e maria Manuel Marques – *Direito Económico*. Coimbra: Almedina, 2014, p. 58 recusando a decorrência constitucional deste princípio.

Poderemos, portanto, oscilar nesta função de alocação de recursos entre um modelo mais restritivo de Estado produtor, como o preconizado por Buchanan[53], o qual defende a assunção da produção de bens públicos apenas no pressuposto de que haja consentimento constitucional nesse sentido, e um modelo de Estado mais intervencionista, em que o Estado "conserva uma liberdade não despicienda na identificação dos serviços públicos ou atividades que no seu juízo político-democrático, devem ser desenvolvidos por empresas públicas"[54], ficando portanto livre para produzir os chamados "bens de mérito"[55].

A função de redistribuição corresponde à promoção pública de transferências de rendimento de uns grupos para outros. Estas transferências correspondem ou a valores de justiça que a sociedade perfilha ou a decisões assumidas segundo o processo democrático[56].

A função de estabilização "é herança direta do modelo keynesiano e explora justamente a ação do multiplicador da despesa de investimento"[57]. Nesta função, a despesa pública é utilizada como meio para o aumento da propensão ao consumo, funcionando de forma contra cíclica[58], ajudando à saída da crise, numa situação de depressão económica[59]: "A utilização

[53] Buchanan diz mesmo que a economia do bem-estar se tornou numa teoria das falhas de mercado (James Buchanan– "The Limits of Liberty. Between anarchy and leviathan", 1975 (disponível em www.econlib.org), capítulo 10, ponto 7.10.18).

[54] Manuel Afonso Vaz *in* Jorge Miranda e Rui Medeiros – *Constituição Portuguesa Anotada*. Coimbra: Coimbra Editora, tomo II, 2006, p. 43.

[55] António L. Sousa Franco – *Finanças Públicas (I)*..., p. 40.

[56] Richard A. Musgrave – *The Theory of Public Finance*..., pp. 17 e ss.("in our society it is agreed that babies should not go short of milk, that old people should be cared for, that cases of extreme poverty should be taken of, and so forth" – *Ibidem*, p. 18)

[57] Maria Eduarda Azevedo – Manual de Finanças Públicas e Direito Financeiro, Lisboa: Quid Juris, 2018, p. 27.

[58] "O aumento das despesas públicas poderia compensar a quebra do investimento privado e a redução dos impostos poderia minar o obstinado espírito de poupança das pessoas" – A. J. Avelãs Nunes – *O keynesianismo e a contra-revolução monetarista*. Coimbra: Coimbra Editora, 1991, p. 12. Era o fim da ideia clássica segundo a qual "as depressões aceitavam-se como inevitáveis e encaravam-se com fatalismo" – Paulo de Pitta e Cunha – "Equilíbrio Orçamental e Política Financeira Anti-Cíclica". *In* Cadernos de Ciência e Técnica Fiscal, n.ºs 40-41, 1962, p. 19.

[59] Como explica António Pinto Barbosa, a enunciação da estabilização económica não retira protagonismo à eficiência e à justiça. Com efeito, a estabilização reconduz-se à procura de eficiência e justiça no mercado: "os problemas de redistribuição de riqueza

da política orçamental como meio de manter o emprego elevado, um razoável grau da estabilidade do nível de preços e uma apropriada taxa de crescimento económico, com subsídios com efeitos no comércio e balança de pagamentos. A todos estes objetivos damos o nome de função de estabilização"[60].

Para além destas grandes funções do Estado que motivam atividade financeira, é possível tentar outras tantas respostas a esta pergunta e encontrar mil e uma justificações para a existência de atividade financeira. Ou seja, para explicar a existência de despesas públicas, às quais o Estado deve afetar receita. Mas a verdade é que por mais voltas que possamos dar não podemos deixar de pensar que a atividade financeira se constrói em função da satisfação das necessidades (ou de uma certa ideia sobre elas[61]) em concreto sentidas por uma comunidade e que são assumidas pelo poder político, mesmo em situações em que não se identificam falhas de mercado.

Perfilhamos aqui inteiramente o entendimento de Walzer quando diz: "Suponho que estas [as opções acerca das necessidades que devem ser satisfeitas pela comunidade] não podem ser senão políticas. Estão sujeitas a um certo esclarecimento filosófico, mas o conceito de necessidade e a provisão comunitária, não revelam por si só qualquer determinação de prioridades ou graus. É claro que não podemos nem temos de satisfazer todas as necessidades, no mesmo grau nem qualquer necessidade até ao último grau. Os antigos atenienses, por exemplo, proporcionavam banhos

e rendimento correspondem fundamentalmente ao objetivo de promoção da equidade. Os problemas de afetação e estabilização terão que ver essencialmente com a promoção de eficiência na economia, embora, normalmente, tenham também reflexos na esfera da equidade" (António Pinto Barbosa – *Economia Pública*. Lisboa: McGraw Hill, 1997, p. 7).

[60] "The use of budget policy as a means of maintaining high employment, a reasonable degree of price level stability, and an appropriate rate of economic growth, with allowances for effects on trade and on the balance of payments. We refer to all these objectives as the stabilization function" – Richard Musgrave e Peggy Musgrave – *Public Finance...*, p. 6.

[61] Michael Walzer – *As Esferas da Justiça*. Lisboa: Editorial Presença, 1999 p. 77: "As pessoas não têm só necessidades, têm ideias sobre elas; têm prioridades e graus de necessidade e estas prioridades e graus têm a ver, não só com a sua natureza humana, mas também com as suas história e cultura".

públicos e ginásios aos cidadãos, mas nunca lhes proporcionaram o que quer que fosse de remotamente parecido com seguro de desemprego ou segurança social. Faziam uma opção sobre a maneira de gastar os dinheiros públicos, opção essa presumivelmente baseada na noção que tinham dos requisitos necessários à vida em comum. Dificilmente se poderá dizer que estavam errados"[62]. O Estado tem, pois, a atividade financeira que for ditada pela decisão política. O que é igual a dizer que a despesa pública de um Estado é ditada por decisão política.

Para além de todos estes elementos e, sem ilusões quanto à racionalidade dos critérios que ditam a existência de despesas públicas, reconhecemos também que uma parte – não necessariamente despicienda – dos gastos públicos acaba por ser influenciada pelos problemas que se manifestam no exercício do poder público. Ou seja, a despesa pública acaba também por ser determinada por falhas na intervenção do Estado ou falhas do Governo.

Antes de mais, porque o Estado atua muitas vezes com base em falhas de informação. Estas fazem com que o Estado desperdice recursos por não conseguir uma informação cabal acerca dos contribuintes ou acerca dos beneficiários de certos programas. Isto sucede frequentemente nos programas de combate à pobreza, por falta de um recenseamento das pessoas realmente em situação de carência, provocando não só algum descontrolo na utilização de recursos como também alguma desconfiança perante a atuação do Estado, atendendo às notícias de casos fraudulentos[63].

Há também atividade financeira devida a deficiências no planeamento e execução das tarefas do Estado[64], bem como devida a excesso de burocracia. Com efeito, não poucas vezes o Estado gasta para além do necessário, por desorganização da sua parte.

Sobretudo depois de se lerem os estudos da escola da escolha pública (*Public Choice*), não se pode deixar ainda de contar com atividade

[62] WALZER – *As Esferas da Justiça...*, p. 77.

[63] FERNANDO ARAÚJO – *Introdução à Economia*. Coimbra: Almedina, 2006, p. 58. A estas falhas de informação reconduzimos alguns dos exemplos apresentados por este Autor: unilateralidade e confinamento das avaliações; ocultação de informações.

[64] FERNANDO ARAÚJO – *Introdução à Economia...*, p. 58.

financeira motivada pela captura das decisões por parte dos *lobbies*, que defendem interesses privados, os quais acabam por gerar despesa, não necessariamente correspondente com o bem comum[65]/[66]. Isto já para não falar, naturalmente, dos fenómenos de corrupção, compadrio, nepotismo e caciquismo[67] que "[...] conduz[em] à promoção da ineficiência e desperdício na utilização dos recursos disponíveis, levando à realização de obras inúteis, ou ao desenvolvimento de programas de apoio desnecessários, encarecendo os fornecimentos ao Estado ou diminuindo-lhes a qualidade, provocando uma quebra das receitas públicas e introduzindo desmotivação no setor público"[68].

Há também despesa pública favorecida por certos esquemas políticos[69] e até pela oscilação de ciclos eleitorais, que faz com que, por um lado, os agentes políticos procurem a todo o custo – normalmente com promessas de mais gasto público – manter ou conquistar o poder. É, por isso, comum que se assista à coincidência "das medidas financeiras simpáticas com a proximidades dos atos eleitorais"[70].

Por último, e ligado com um tema que será abordado mais adiante, não se pode ignorar que, por muito apertado que seja o controlo da atuação do Estado, sempre haverá despesas indevidamente realizadas que ou não são fiscalizadas ou das quais não resulta a responsabilização financeira dos seus responsáveis.

[65] Fernando Araújo – *Introdução à Economia...*, p. 59.

[66] Sobre o questionamento da decisão financeira v. Eduardo Paz Ferreira – *Os Tribunais...*, pp. 160-161, chamando este Autor a atenção para o facto de ter sido esta contestação das virtualidades da decisão financeira pública a determinar o surgimento de "propostas no sentido de limitar o poder de decisão, através de regras escritas impeditivas da ultrapassagem de determinados níveis de despesa pública, ou do recurso ao endividamento pelo Estado", como é o caso das que se encontram no Tratado de Maastricht e no Pacto de Estabilidade (p. 161).

[67] Fernando Araújo – *Introdução à Economia...*, p. 59.

[68] Eduardo Paz Ferreira – *Os Tribunais...*, p. 163.

[69] "Para conseguir esse efeito, a classe política recorreria a diversos estratagemas, com relevo para a utilização de empréstimos públicos em vez de impostos, atenuando a perceção dos gastos do Estado, multiplicaria os orçamentos para dificultar o seu controlo e utilizaria os meios de propaganda necessários para convencer os contribuintes das vantagens da provisão pública de bens" – Eduardo Paz Ferreira – *Os Tribunais e o controlo dos dinheiros públicos*. In Estudos em Homenagem a Cunha Rodrigues. Coimbra: Coimbra Editora, 2001, p. 160.

[70] Eduardo Paz Ferreira – *Os Tribunais...*, p. 161.

3. As várias formas de perspetivar a atividade financeira e a necessidade de um tratamento jurídico

As finanças públicas e a atividade financeira podem ser tratadas sob inúmeros pontos de vista.

Se as finanças públicas forem abordadas de um ponto de vista histórico, elas serão estudadas de um ponto de vista evolutivo, atentando-se sobre a história da Fazenda Pública e das relações estabelecidas entre o Estado e os Particulares.

Se as Finanças Públicas forem estudadas de um ponto de vista económico, atender-se-á com particular enfoque à atividade económica do Estado e aos seus resultados económicos[71].

Se as finanças públicas forem estudadas do ponto de vista da ciência da Administração, esta disciplina versará sobre os aspetos organizativos e formas de atuação da mesma.

O ponto de vista que caberá abordar num curso de Direito é estritamente jurídico. Ocupar-nos-á a questão da delimitação da Administração, para efeitos financeiros, para sabermos quem arrecada receita pública e quem gasta no interesse comum. Serão também objeto de estudo as relações funcionais que se estabelecem entre as diferentes entidades da Administração. Será ainda aprofundado todo o funcionamento administrativo, procurando descobrir-se os meios por que atua a administração financeira. Por fim, serão ainda estudados os meios de planeamento e controlo da despesa e dos dinheiros da Administração.

Como os tempos que correm são marcados por um mundo cada vez mais global, a análise jurídica não deve cingir-se às rígidas fronteiras do Estado, procurando ainda abordagem jurídica para estas questões, seja ao nível europeu, seja ao nível internacional.

Cada vez menos se estudam as finanças públicas de um ponto de vista jurídico, mas o seu estudo é fundamental para, antes de mais, se compreender o todo coerente que forma a administração financeira. Para se compreender o conjunto dos princípios que regem a atuação administrativa. E também para se compreenderem as regras que limitam a previsão de receitas e despesas e os constrangimentos que esta previsão acarreta para a atividade administrativa.

[71] FERNANDO SAINZ DE BUJANDA – *Sistema de Derecho Financiero...*, p. 28.

O direito financeiro que iremos estudar é, portanto, composto por um conjunto de regras que formam um todo coerente, subordinado aos vários princípios que se foram somando nos principais momentos históricos que marcam a história e evolução recentes das finanças públicas. Entre estes princípios contam-se os do consentimento, da anualidade, do equilíbrio orçamental, da descentralização, da boa administração e da subsidiariedade.

Uma vez que estes princípios têm um conteúdo jurídico próprio, condicionando seja a vida das instituições públicas seja a forma como atuam, é importante estudar tanto a arquitetura da administração financeira quanto a própria atividade financeira de forma integrada, de forma a perceber os constrangimentos a que a mesma está sujeita e a sua origem.

Acresce a todas estas razões que o tratamento jurídico, sobretudo da despesa pública merece um novo fôlego e aprofundamento. O que só é possível se estiver envolvido num tratamento integrado dos grandes temas das finanças públicas.

Durante muitos anos, a despesa pública foi entendida como um tema menor. O que se ficou a dever, em parte, à influência da escola alemã de direito público, que remetia o tratamento da despesa pública para o domínio político e considerava as normas sobre despesa pública como internas ou de pura organização as quais não tinham, como tal, natureza jurídica. A este tratamento também não foi decerto alheio, o facto de na maior parte dos textos constitucionais haver silêncio quanto a esta matéria[72]. Como explica Cazorla Prieto, esta falta de tratamento gerou um hiato em termos de desenvolvimento entre os dois braços de direito financeiro. O das receitas amplamente tratado no direito fiscal (que ganhou autonomia científica e desenvolveu amplamente) e o das despesas com inúmeras matérias por desbravar. "O tradicional abandono nas mãos da política da matéria da despesa pública dificultou muito a árdua tarefa

[72] Luis María Cazorla Prieto – *Derecho Financiero y Tributario (Parte General)*. Navarra: Aranzadi. 2006, p. 96. E o Autor prossegue "pelo contrário, a Constituição espanhola de 1978 deu um grande salto em frente a favor da juridificação e paralela construção jurídico--científica da despesa pública em si e como parte do Direito Financeiro e Tributário mediante a consagração no seu artigo 31.º, 2 dos princípios constitucionais na matéria de modo consonante com a regulação no n.º 1 deste mesmo preceito constitucional dos princípios no campo tributário".

da construção jurídica da despesa pública paralela à da receita pública tributária [...]"[73].

Porém, hoje esta matéria deve ter um tratamento diferente. A despesa não pode ser ditada apenas por razões económicas pragmáticas. Ela deve sujeitar-se como as demais formas de atuação do Estado a princípios e regras.

Também não deve ser esquecida a vertente da justiça na abordagem financeira. Mais do que contabilidade, as finanças públicas servem e são orientadas por critérios de justiça distributiva, escolhidos em cada momento para orientar a atuação da comunidade política de um Estado. Os orçamentos não são, portanto, apenas números sem significado. Por detrás dos números, há princípios que devem ser respeitados e juízos de justiça distributiva, que estão no centro dos grandes debates filosóficos relativos à distribuição justa de bens na sociedade. Como recordava Bento XVI, "Um Estado que não se regesse segundo a justiça, reduzir-se-ia a um grande bando de ladrões"[74].

Para além disso, a importância do controlo da despesa pública, sentida hoje com particular veemência, por força da necessidade de cumprimento dos critérios de convergência do endividamento e défice orçamental, remete-nos necessariamente para o plano do jurídico. Hoje a despesa pública está sujeita a uma legalidade mais exigente – com regras e racionalidade destacadas do direito administrativo – que nos obriga a um estudo neste domínio.

4. Génese e evolução histórica do direito financeiro

"Seria seguramente redutor que, no final do ensino da cadeira de finanças públicas, o aluno conhecesse todos os procedimentos relativos à elaboração e aprovação do Orçamento e à sua execução, mas não estivesse em condições de compreender a íntima ligação do Orçamento à essência da democracia representativa [...]"[75].

Para quem estuda pela primeira vez finanças públicas, é importante compreender que as bases desta disciplina surgiram com a fundação do

[73] Luis María Cazorla Prieto – *Derecho Financiero...*, p. 96.

[74] Bento XVI – *Deus é Amor (Deus Caritas Est)*. Lisboa: Paulinas, 2006.

[75] Eduardo Paz Ferreira – *Ensinar Finanças Públicas numa Faculdade de Direito*. Coimbra: Almedina, 2005, p. 86.

Estado liberal (embora nas sociedades pós-liberais se continue a falar de Direito Financeiro) e que esta disciplina está intimamente associada ao princípio da representação política e ao princípio da participação política, que se encontram na génese da instituição parlamentar, tal como a conhecemos hoje. Com efeito, o direito financeiro desenvolveu-se em torno, quer da reivindicação de que as decisões dos poderes públicos se identificassem com a comunidade política que a sustentava, quer da ideia de que as decisões com reflexos na situação patrimonial da mesma comunidade deveriam ser tomadas pelos membros da mesma.

Como decerto todos temos presente, pelo estudo da História, foram estas reivindicações que estiveram na origem do surgimento das Cortes que, como se sabe, estão na génese da instituição parlamentar tal como a conhecemos hoje. As Cortes surgiram e foram, durante muito tempo, encaradas sobretudo como câmaras de imposto, muitas vezes apenas convocadas para votação de aumentos de impostos e/ou desvalorização da moeda (por causa de guerra, casamentos na família real, etc.)[76].

Recordando esta íntima conexão da instituição parlamentar com o direito financeiro, o nosso texto constitucional coloca entre as matérias do seu artigo 161.º, a aprovação das leis das grandes opções dos planos nacionais e o Orçamento do Estado, sob proposta do Governo (al. g)); a autorização de contração e concessão de empréstimos por parte do Governo e da realização de outras operações de crédito que não sejam de dívida flutuante e o estabelecimento do limite máximo dos avales a conceder em cada ano pelo Governo (al. h)).

É certo que a exclusão das mesmas do âmbito das reservas absoluta e relativa poderia ser apenas relacionada com o facto de nesse artigo se terem juntado as competências em que facilmente se cruzam as funções política e governativa[77]. Com efeito, as decisões orçamentais e as relativas ao crédito público dependem em muito da opção política imperante no momento. Porém, o conhecimento desta íntima relação

[76] Cristina Pauner Chulvi – *El deber constitucional de contribuir al sostenimiento de los gastos*. Madrid: Centro de Estudios Políticos y Constitucionales, 2001, p. 26: "Las reuniones públicas de los órganos parlamentarios [...] serán convocadas con una finalidad muy concreta: estudiar y, en su caso, aprobar las peticiones económicas hechas por el Monarca con la consiguiente explicación sobre los fines y actividades a cubrir con tales medios financieros".

[77] Jorge Miranda e Rui Medeiros – *Constituição Portuguesa Anotada* (tomo II)..., p. 494.

entre o direito financeiro e a instituição parlamentar obrigam-nos a ir mais longe e a concluir que estas competências foram apartadas das demais competências legislativas da Assembleia da República, por corresponderem a funções que fazem parte do núcleo de competências originárias do Parlamento. Aquelas que justificam, em bom rigor, a existência de um Parlamento, como órgão autónomo e independente dos demais, capaz de permitir a formação de maiorias ou consensos com que se identifique a comunidade política que, pelo voto, se fez representar. Ou seja, daquelas que constituem as suas funções por excelência, as quais em momento algum devem ser delegadas em nenhum órgão. As decisões em matéria financeira correspondem, pois, àquilo a que alguns constitucionalistas chamam, numa expressão muito feliz, de reserva *absolutíssima* de competência legislativa da Assembleia da República.

Obviamente que as reivindicações, quer no sentido da representação, quer da participação políticas, não foram imediatamente atingidas. Foi preciso trilhar um longo caminho para que a instituição parlamentar e o princípio do consentimento se afirmassem plenamente.

Deste longo caminho, feito de avanços e recuos, enumeramos – seguindo, aqui, os ensinamentos das aulas do Prof. Sousa Franco – como momentos fundadores mais significativos: a *Magna Carta* (1215), prenúncio da democracia liberal; a *Petition of Rights* (1628); e a *Bill of Rights* (1689), as quais ainda hoje constituem uma parte importante da Constituição britânica não escrita.

A Magna Carta foi resultado de uma revolta contra o Rei por cobrar pesados impostos para pagar as guerras em que estava envolvido. A Magna Carta é tida hoje como um símbolo de liberdade e como uma primeira afirmação de limitação do poder do Rei. Este texto resulta ainda de uma imposição feita ao soberano como moeda de troca da renovação do juramento de obediência dos nobres do Reino. Da Magna Carta resulta a ideia de que ninguém pode ser forçado a pagar tributos sem dar o seu consentimento. Como se lê no seu ponto 12: "nenhum tributo será imposto no nosso Reino exceto pelo Conselho Comum do nosso reino".

Pioneira, a Magna Carta é considerada como o momento que marca o nascimento do direito financeiro, como instrumento de limitação do poder. É, pois, um sinal claro de que o Rei não pode agir arbitrariamente sem dar contas daquilo que faz a quem paga impostos.

A Magna Carta não vale, obviamente, só pelo seu significado histórico, mas também pelo sentido que hoje lhe atribuímos: é na Magna Carta que situamos a origem da instituição parlamentar e do consentimento dos impostos; é na Magna Carta que situamos a ideia de soberania do Parlamento.

A Magna Carta difundiu-se, na Idade Média, por quase toda a Europa e teve como resultado a ideia da convocação de cortes para votação de tributos.

A *Petition of Rights* e a *Bill of Rights* são também mencionadas como momentos fundadores das finanças contemporâneas, não só pelo reforço em épocas diferentes do princípio do consentimento contido na Magna Carta, mas também pela introdução da ideia de que o Parlamento deve reunir-se anualmente. Ideia esta que corresponde à reivindicação do consentimento anual no que toca à cobrança de impostos.

A *Petition of Rights* foi assumida como meio de voltar a impor a limitação de poder expressa na Magna Carta. Esta foi imposta em 1628 pelo Parlamento inglês ao Rei, na sequência de uma recusa de financiamento da política externa do Rei e de uma represália imposta pelo monarca nesse contexto: cobrança de empréstimos forçados sem consentimento do parlamento e ordem de prisão a todos os que se recusassem a pagar impostos.

A *Bill of Rights* reflete já as ideias liberais, com grande influência de John Locke. Reforça, em conjunto com a Magna Carta e a *Petition of Rights* as ideias de limitação do poder do Rei e do reconhecimento de alguns direitos para o povo. Constituiu um reforço do princípio das sessões parlamentares regulares.

Os ecos do pensamento liberal inglês e da exigência de consentimento popular para cobrança de impostos atravessaram o atlântico e chegaram aos Estados Unidos da América, considerando-se decisivos para a inspiração do grito de revolta americano contra os ingleses do "no taxation without representation". Todos estes textos que constituem o património constitucional britânico constituíram também uma das bases de inspiração do texto da Declaração de Independência dos Estados Unidos da América e da Constituição Americana.

Esta evolução, paulatinamente marcada por pequenos avanços, é que permitiu a afirmação clara de que sempre que são impostos sacrifícios patrimoniais aos cidadãos, estes devem poder fazer ouvir a sua voz.

A votação anual do Orçamento corresponde, pois, a uma conquista do processo democrático.

Por influência das ideias liberais, as finanças públicas foram moldadas, sobretudo desde o século XVIII, nos primeiros textos constitucionais que foram surgindo, de acordo com os ideais de limitação do poder, de prudência[78] e de neutralidade. Coincidindo com os ideais liberais de limitação do poder do Estado e do reconhecimento de direitos dos cidadãos, a intervenção do Estado surge nesta época muito marcada pela lei de Say[79], pela teoria da moeda[80] e pela compreensão da despesa pública como um mal necessário.

Reduzidas ao mínimo, as despesas do Estado liberal destinavam-se a pagamentos, consumos ou assunções de encargos, encarados como não geradores de nova riqueza. O Estado era olhado como um mero consumidor de recursos, não gerando riqueza. A despesa pública era encarada como um mal necessário, como uma perda de riqueza, cuja realização era necessária para assegurar o interesse público. De acordo com esta visão liberal, olha-se para o consumo público como sendo feito em detrimento do consumo privado, subentendendo-se que os contribuintes que pagam impostos sempre dariam um uso mais produtivo ao seu dinheiro.

Esta visão é fruto direto dos ideais liberais de limitação do poder do Estado. A ação do Estado era olhada com desconfiança. O consumo do Estado era, portanto, tomado como uma destruição, real ou potencial, de riqueza. Ou seja, o Estado é visto como uma "espécie de «buraco», onde desaparecem para sempre as somas coletadas sobre o rendimento nacional"[81].

[78] William Gilles – *Les príncipes budgétaires et comptables publics*. Paris: L.G.D.J., 2009, pp. 120-121.

[79] A *lei de Say* "basicamente sustentava que as disparidades entre oferta e procura acabam todas por ser resolvidas através do mecanismo de preços [... vendo nela ínsita] a tese de que não existiriam *nunca* verdadeiros obstáculos estruturais, e agregados para o pleno emprego" – Fernando Araújo – *Introdução à Economia...*, p. 639.

[80] A teoria da moeda "subentendia total neutralidade da moeda como instrumento de trocas, dando-a como «véu das trocas»" – Fernando Araújo – *Introdução à Economia...*, p. 793.

[81] Maurice Duverger – *Finances Publiques...*, p. 40.

Marcadas por estas preocupações de limitação do poder do Estado, as finanças públicas surgem no século XIX e início do século XX muito associadas a um paradigma de neutralidade, marcado pela separação entre economia e finanças e por uma intervenção económica pública organizada de forma a não perturbar a atuação livre dos sujeitos económicos.

Tomada com desconfiança, a despesa pública era facilmente associada a um empobrecimento dos cidadãos contribuintes. Assim sendo, apenas se permitia que o Estado cobrasse a receita estritamente necessária para o seu funcionamento. Daí a expressão de Maurice Duverger: o Estado "gasta primeiro"[82].

Para controlo do poder abusivo por parte do Estado, ganham relevância os princípios afirmados pela Magna Carta, *Petition of Rights* e *Bill of Rights*: o princípio do consentimento – todas as receitas e despesas devem ser autorizadas pelos contribuintes, representados no Parlamento – e o princípio da anualidade. Princípio este que obriga, por um lado, a uma obtenção periódica de consentimento por parte do Estado e, por outro, a uma prestação de contas regular sobre os gastos públicos.

Como manifestação da desconfiança perante a intervenção do Estado e a despesa pública, acaba mesmo por se estabelecer, logo desde o século XIX, uma ideia de equilíbrio orçamental, de modo a que a despesa pública se limitasse ao essencial[83]. Nota-se que "o conceito e a introdução de uma regra de equilíbrio orçamental na constituição fiscal britânica [foram] um produto de inovação constitucional do século XIX, projetados para enfrentar os preconceitos implícitos do sistema político em evolução"[84]. De acordo com este princípio, as despesas deveriam ser calibradas de acordo com as receitas disponíveis, impedindo-se, por via de regra, o recurso ao crédito. Não sendo as despesas públicas encaradas como economicamente reprodutivas, daí extraía-se que as mesmas não deveriam ser financiadas pelo recurso a empréstimos. Deveriam ser apenas financiadas, em geral, por receitas provenientes de impostos e da

[82] MAURICE DUVERGER – *Finances Publiques...*, p. 31.

[83] RAUL YBARRA SAN MARTIN – *El Princípio del Equílibrio Presupuestal*. Uruguai: Montevideo, 1964, p. 20 e WILLIAM GILLES – *Les príncipes budgétaires et comptables publics...*, p. 120: "[...] le budget de l'État ne devait pas peser sur l'économie. Pour ce faire, il devait être strictement équilibré, c'est à dire ne contenir ni déficit, ni excédent".

[84] JAMES M. BUCHANAN, JOHN BURTON e R. E. WAGNER. – *The Consequences of Mr. Keynes*. Sussex: The Institute of Economic Affairs, 1978, p. 41.

gestão do património (embora o património do Estado fosse normalmente parco). De acordo com o princípio do equilíbrio, tal como moldado pelos defensores de uma conceção liberal de finanças públicas, apenas seria possível recorrer ao crédito público em situações excecionais (guerra, calamidade pública, etc.), para evitar que o Estado tivesse de recorrer a empréstimos que iriam necessariamente onerar as gerações futuras de contribuintes que não tinham forma de prestar o seu consentimento a esses gastos. Esta é a famosa *regra de ouro* das finanças clássicas[85]/[86].

A enunciação deste princípio de equilíbrio, conjugado com as ideias do consentimento e da anualidade, conduziu a que a instituição parlamentar assumisse um papel central no seio das finanças públicas. O Parlamento era assumidamente o lugar de tomada de decisões financeiras, por excelência, de forma a assegurar que todos os cidadãos poderiam controlar efetivamente o exercício da atividade económica por parte do Estado. Com este predomínio parlamentar, o imposto surge naturalmente como o principal instrumento financeiro de que o Estado pode lançar mão.

Em Portugal, o período liberal foi estreado com o surgimento do constitucionalismo. Note-se que o primeiro Orçamento português é de 1820-1821[87]. Sousa Franco situava o período liberal português entre os anos 1822-1926, abarcando este quer um período monárquico, quer um republicano.

Este período liberal é, em Portugal, marcado pela adesão a um critério normativo restritivo em relação ao equilíbrio e por uma adesão ao princípio da anualidade[88] e do consentimento, tal como se pode perceber pela leitura dos artigos 103.º, nºs IX e X da Constituição de 1822; 15.º,

[85] António L. Sousa Franco – *Finanças Públicas (I)...*, pp. 52 e ss..

[86] Como explica Paz Ferreira, o predomínio das correntes pessimistas em termos de endividamento público "não obstou a que os Estados recorressem ao endividamento com frequência, tendo-se verificado um fenómeno algo semelhante ao que ocorrera, aquando da proibição medieval da usura, que não impedira a expansão do crédito" – Eduardo M. H. da Paz Ferreira – *Da Dívida Pública e das Garantias dos Credores do Estado*. Coimbra: Almedina, p. 53.

[87] António L. Sousa Franco – *Finanças Públicas (I)...*, p. 125 e Tiago Duarte – *A Lei por detrás...*, p. 90.

[88] António L. Sousa Franco – *Finanças Públicas (I)...*, p. 125: "a apresentação anual do Orçamento é o traço mais constante e a expressão mais profunda do nosso liberalismo financeiro".

§ 8.º e § 11.º da Carta Constitucional de 1826; 37.º, n.º XII, XIII e XIV da Constituição de 1838; e artigo 26.º, § 3.º e § 4.º da Constituição de 1911).

A estrutura financeira liberal caracterizada pela ideia de disciplina financeira, num esforço de manter o orçamento equilibrado, subsistirá até 1928-1929 (com consolidação da dívida em 1852), embora a execução orçamental seja marcada por défices sucessivos[89].

No início do século XX, sobretudo depois da grande depressão e da II Guerra Mundial[90], verificou-se por toda a Europa um abandono progressivo da ideologia liberal. Na maior parte dos países, a legislação do estado providência, surgida nos séculos XIX e XX – sobretudo com o surgimento da questão social e da grande depressão –, aprofunda-se por volta de 1944 e 1945, desenvolvendo-se amplamente depois disso.

Este abandono da ideologia liberal fica a dever-se essencialmente a três fatores. Antes de mais, refere-se que a intervenção crescente do Estado fez-se muitas vezes em torno da questão ética da pobreza já suscitada no séc. XVIII: "o que fazer com um número tão elevado de gente local debilitada, desfavorecida e permanentemente pobre que se tinha mudado para as cidades industriais e sem cujo trabalho o capitalismo florescente da época teria sido inconcebível?"[91].

Em segundo lugar, é necessário reconhecer que o aumento da intervenção do Estado também não foi alheio ao intuito pragmático de impedir que o desespero social degenerasse em protesto político, como sucedeu na Alemanha, com o início de um sistema de segurança social[92], com a atribuição de um subsídio de desemprego, a proteção industrial das fábricas e as restrições às horas de trabalho[93]. Foi o estabelecimento pragmático de um *welfare state* por oposição a um *warfare state* (William Beveridge).

[89] António L. Sousa Franco – *Finanças Públicas (I)*..., p. 126 e 127-128.

[90] Apontando também para o período das guerras como período de aceleração das despesas públicas – Étienne Douat e Xavier Badin – *Finances Publiques*. Paris: PUF, 1999, p. 36.

[91] Tony Judt – *Pensar o século XX*. Lisboa: Edições 70, 2012, p. 336.

[92] O primeiro sistema de segurança social foi introduzido na Alemanha na década de 80 do séc. XIX e nos anos 20 do séc. XX já muitos países tinham sistemas rudimentares de segurança social – Vito Tanzi e Ludger Schuknecht – *Public Spending*..., pp. 5 e 9.

[93] Tony Judt – *Pensar o século XX*..., p. 336.

Em terceiro lugar, não pode deixar de se reconhecer que, em grande medida, foi a adesão às teorias keynesianas que deixou definitivamente para trás uma visão económica liberal. Para os seguidores de Keynes a despesa pública não serve apenas para a "satisfação pura de necessidades públicas", como o entendiam os autores liberais clássicos, devendo ser encarada como um instrumento de intervenção do Estado na economia[94]. Afirma-se, pois, aqui, como dizia Sousa Franco, "uma economia de despesa"[95]. Ao contrário do que pretendiam os economistas liberais, ao tomar o imposto como o principal instrumento financeiro, Keynes e os seus discípulos começam a sugerir[96] que se encare a despesa pública como um instrumento do crescimento ou da estabilidade económica[97].

Ao colocar a despesa pública como mais uma das peças de intervenção do Estado na economia, Keynes contribuiu para o rompimento da visão de desconfiança perante o Estado que tomava a despesa pública como um mal necessário. De acordo com o pensamento keynesiano, o Estado não deveria adotar, em períodos de crise, uma atitude passiva, deveria, em vez disso e através da realização de despesas públicas, promover o aumento da procura agregada, da produção e do emprego[98]. Keynes defende a intervenção do Estado na economia com o objetivo de estimular

[94] António L. Sousa Franco – *Finanças Públicas (II)...*, pp. 5.

[95] Ao contrário do que defendiam os autores clássicos para quem a economia é de oferta. Com esta ideia da economia de despesa, os keynesianos desvalorizam a poupança como causa da expansão económica pelo aumento da oferta, valorizando a despesa – consumo e investimento – como causa do aumento do rendimento nacional – António L. Sousa Franco – *Finanças Públicas (II)...*, p. 26.

[96] Uma das soluções que defende é a alavancagem das políticas monetárias através das taxas de juro. Para Keynes, a manipulação das taxas de juro teria como efeito injetar ou retirar moeda de circulação (teoria da preferência pela liquidez) "até que a oferta e procura equilibrem à taxa de juro pretendida" (Fernando Araújo, 2006, p. 794-795.). O objetivo aqui seria o aumento do consumo e do investimento. Como explica Fernando Araújo, "dado que no curto prazo são de esperar desvios significativos face às condições de pleno emprego, não pode partir-se do princípio de que ocorrerá a neutralidade monetária, devendo antes partir-se do princípio oposto, o de que a política monetária é relevante para a determinação dos valores do emprego e do PIB, e de que a falta de uma política monetária pode deixar a economia exposta tanto a efeitos inflacionários como a efeitos depressivos".

[97] A. J. Avelãs Nunes – *O keynesianismo e a contra-revolução...*, p. 343.

[98] Avelãs Nunes considera mesmo que Keynes defende "uma socialização bastante ampla do investimento" – A. J. Avelãs Nunes – *O keynesianismo e a contra-revolução...*, p. 347.

e regular o fluxo corrente do investimento, sobretudo nas fases recessivas do ciclo económico, tendo em vista um reequilíbrio mais rápido do mercado. Isto porque, no seu juízo "as despesas públicas são o elemento variável de procura agregada mais fácil de manejar pelos Governos"[99]. Considerando, por exemplo, o problema do desemprego como uma falha de mercado que é necessário ser resolvida pelo Estado, Keynes e os seus seguidores propõem a prossecução de políticas expansionistas de despesa visando produzir efeitos sobre o emprego e a produção. Ou seja, quando a economia assim o necessitasse o Estado aumentaria a despesa pública, de forma a contrariar certos efeitos dos ciclos económicos.

Esta visão tem reflexos na forma de encarar o Estado: a partir daqui, admite-se o alargamento das suas funções. O Estado, de acordo com o pensamento keynesiano, fica autorizado a colmatar a insuficiência dos investimentos privados, nomeadamente, lançando grandes obras públicas que teriam o efeito de estimulação da economia, através dos salários oferecidos e do aumento do poder de compra que daí adviria. O Estado adquire também o poder de intervir sobre as componentes económicas da economia[100/101]. Não há, porém, uma fórmula única para descrever as funções do Estado de acordo com o pensamento de Keynes. O que, aliás, fica patente no facto de muitos dos seguidores da sua doutrina sustentarem uma flexibilidade na atuação do Estado – as políticas devem ser flexíveis para se adaptarem às flutuações cíclicas da economia (*fine tuning*). Esta flexibilidade leva à defesa de uma maior discricionariedade: as autoridades devem ter condições para observar a realidade e decidir sobre as medidas julgadas mais corretas em cada momento[102].

Depois de KEYNES, a despesa pública deixa, pois, de ser olhada como um mal, passando a ser encarada como um instrumento político, vendo-se nela até vantagens. Vantagens estas que estão traduzidas nos conceitos keynesianos do multiplicador de investimento, do "acelerador" e do "propulsor" ou "oscilador". As despesas públicas acabam, portanto, por

[99] A. J. AVELÃS NUNES – *O keynesianismo e a contra-revolução...*, 1991, pp. 347-348.

[100] MICHEL BOUVIER, MARIE-CHRISTINE ESCLASSAN, MARIE-CHRISTINE JEAN-PIERRE LASSALE – *Finances Publiques*, Paris: LGDJ, 2010, pp. 198-208.

[101] A. J. AVELÃS NUNES – *O keynesianismo e a contra-revolução...*, pp. 380-381: "O estado deve [...] intervir de modo a preencher, através do acréscimo de despesas públicas, o vazio resultante do facto de os particulares deixarem de fazer certas despesas de investimento".

[102] A. J. AVELÃS NUNES – *O keynesianismo e a contra-revolução...*, p. 398.

ser comummente relacionadas com o rendimento nacional, o emprego, o consumo ou os investimentos[103]. Por um lado, porque por meio da aceitação do multiplicador, se reconhece à despesa pública a qualidade de repercussão de efeitos quase *ad infinitum* em futuras distribuições de rendimento[104/105] (os efeitos, maiores ou menores, dependeriam da propensão marginal para o consumo, uma vez que "só não tem efeito de multiplicação a parcela de rendimento que fica por gastar"[106]). E, por outro, porque o reconhecimento de um efeito acelerador obriga a reconhecer que a despesa pública está intimamente relacionada com os novos investimentos, advindo estes do acréscimo de consumos que esta poderia proporcionar[107]. Ao passo que o multiplicador partia do investimento que gerava consumo, o acelerador partia do consumo que depois daria origem a novos investimentos.

Numa perspetiva mais geral, a despesa é ainda associada, por influência de autores de inspiração keynesiana – como é o caso de Hicks ou Samuelson –, a um efeito propulsor. "Este princípio exprime os efeitos do estímulo conjunto, global («leaverage effect») do multiplicador e do acelerador"[108]. Trata-se aqui de uma adaptação das ideias keynesianas à realidade: "um investimento inicial, autónomo, provoca [...] aumentos de consumo; estes, por sua vez, provocam novos investimentos (investimentos

[103] Veja-se a distinção de despesa de que parte TEIXEIRA RIBEIRO (despesas-compra e despesas-transferência) que parte da ideia de criação ou não de rendimento – J. J. TEIXEIRA RIBEIRO, 1997, pp. 143-144.

[104] O multiplicador, tal como formulado originalmente por KAHN, pretendia que uma despesa pública aplicada para reabsorver desempregados poderia mesmo teoricamente repercutir-se até se alcançar o pleno emprego – "Em pleno emprego, como não é possível expandir a oferta, o multiplicador traduzir-se-á numa pura expansão da procura global, em termos monetários, gerando alta de preços" – ANTÓNIO L. SOUSA FRANCO – *Finanças Públicas (II)...*, pp. 22 e 26-27.

[105] Tal como entendido por KEYNES, este implicava que qualquer despesa adicional de investimento teria efeitos necessariamente em futuras distribuições de rendimento – ANTÓNIO L. SOUSA FRANCO – *Finanças Públicas (II)...*, pp. 22-23.

[106] ANTÓNIO L. SOUSA FRANCO – *Finanças Públicas (II)...*, pp. 27 e ss. Este autor dá nota das atualizações feitas pelos seguidores do pensamento keynesiano ao multiplicador – multiplicadores sequenciais, periódicos, sectoriais

[107] ANTÓNIO L. SOUSA FRANCO – *Finanças Públicas (II)...*, pp. 35-37.

[108] PEDRO SOARES MARTINEZ – "Esboço de uma Teoria das Despesas Públicas". *In* Cadernos de Ciência e Técnica Fiscal, 1967, p. 99.

induzidos), os quais se amplificam em novos consumos acelerados; e assim sucessivamente"[109]. A despesa pública surge assim associada a um efeito de estímulo geral da economia[110].

Deixando de ser encarado como um "buraco", que faz desaparecer o dinheiro que coleta, o Estado passa a ser visto como um "filtro": "o papel exato do Estado consiste em orientar [o rendimento nacional] nesta ou naquela direção, sem o destruir. O Estado não consome: ele redistribui"[111]. O Estado deixa, assim, de ser apresentado puramente como um consumidor de recursos para surgir como um produtor de riqueza[112]. Nesta perspetiva, é fácil perceber que passa a reconhecer-se à despesa pública a mesma função económica da despesa privada: distribuição da riqueza – ou seja, o seu efeito pode ser benéfico para o desenvolvimento económico e para o aumento de riqueza[113]. Às vezes até é melhor do que a despesa privada, na medida em que ela é conforme ao interesse geral.

No século XX, deixa-se de lado o preconceito relativamente à despesa pública: a despesa privada não é tida, à partida, como melhor do que a pública pelo facto de ser privada. De uma parte, na medida em que se reconhece que "há despesas públicas [mais] úteis do ponto de vista económico, uma vez que a sua produtividade é superior àquela que procederia da iniciativa privada. Por exemplo, se o Estado faz despesas de investimentos produtivos (construções de barragens, perfurações, etc.) com quantias que os privados poupados tivessem aforrado ou colocado no estrangeiro, ele aumenta o potencial de produção da produção da nação"[114]. De outra parte, porque se torna cristalino que efeitos da despesa pública superam, em muitos casos, os da despesa privada: a despesa pública pode ser um meio de redistribuição de riqueza, na medida em que opere a transferência de riqueza entre grupos sociais[115].

[109] António L. Sousa Franco – *Finanças Públicas (II)...*, p. 39.

[110] *Vide* J. J. Teixeira Ribeiro, 1997, pp. 180-181, relacionando o efeito-propulsão com o equilíbrio orçamental: o efeito será mais pequeno se o orçamento estiver equilibrado e maior se as despesas públicas são cobertas com empréstimos dos particulares (e maior ainda se forem cobertas mediante criação de moeda).

[111] Maurice Duverger – *Finances Publiques...*, pp. 41 e 43.

[112] J. J. Teixeira Ribeiro, 1997, p. 93.

[113] Pedro Soares Martinez – *Esboço...*, p. 32.

[114] Maurice Duverger – *Finances Publiques...*, p. 47.

[115] Pedro Soares Martinez – *Esboço...*, p. 32.

Nesta perspetiva, a despesa pública não é necessariamente sinónimo de perda.

A despesa pública passa a ser tomada como conforme ao interesse geral, ao contrário do que acontece com o emprego privado dos recursos, livremente (e aleatoriamente) decidido pelas pessoas ou empresas.

Esta alteração de perspetiva está intimamente ligada com a passagem das finanças neutras para as finanças ativas. Nas finanças ativas, à despesa pública é reconhecida uma dupla função: social e económica, uma vez que ela permite assegurar uma certa forma de solidariedade social e desempenha o papel de estabilizador económico[116]. De acordo com esta perspetiva, a despesa pública é um dos elementos ou braços fundamentais da atividade financeira do Estado (o outro é o das receitas públicas), constituindo um dos principais instrumentos da ação financeira do Estado.

O princípio do consentimento mantém-se, no século XX, conjuntamente com o princípio da anualidade, obrigando a uma autorização anual de receitas e despesas, embora seja de registar um declínio da importância e centralidade do Parlamento em favor de uma certa governamentalização da decisão de receita e despesa. Cada vez mais técnica, a decisão deixa de estar ao alcance de uma discussão meramente política, devendo ser cada vez mais assumida pelo Governo[117].

É de registar, todavia, que a defesa da visão keynesiana provoca um abalo na teoria do equilíbrio orçamental. Isto porque, ao mesmo tempo que previa o aumento de despesa na fase recessiva do ciclo económico, não avançava qualquer espécie de cláusula de salvaguarda em caso de desequilíbrio orçamental[118]. A ideia era justamente a de que o equilíbrio não deveria tolher o crescimento económico ou o objetivo do pleno emprego.

[116] Michel Bouvier, Marie-Christine Esclassan, Marie-Christine Jean-Pierre Lassale – *Finances Publiques...*, p. 52.

[117] Paulo Otero – *Manual de Direito Administrativo*, vol I, 2013, p. 177, referindo o facto de a Administração Pública ter uma vantagem inegável sobre o parlamento e os tribunais no que toca à iniciativa e controlo orçamentais, por ser ela a detentora de quase toda a informação sobre receitas e despesas do Estado.

[118] "A ótica pós-keynesiana de integração entre sector público e sector privado leva a colocar em risco qualquer consideração isolada do equilíbrio orçamental" – António L. Sousa Franco – *Finanças Públicas (I)...*, p. 381.

Neste esforço de distribuição da riqueza, o défice não é considerado improdutivo. Entendia-se assim que, mesmo financiada com recurso ao crédito público, a despesa pública não deixaria de ser útil pois promoveria o aproveitamento da mão-de-obra e recursos que de outra forma se perderiam com a desocupação desses sujeitos económicos. Afirma-se cada vez mais a ideia de que o financiamento do défice não seria necessariamente insuportável, uma vez que o dinheiro emprestado ao Estado pelos particulares se converteria necessariamente em riqueza nacional e portanto, a receita fiscal que se obteria poderia até vir a ser superior ao serviço da dívida, possibilitando o seu ulterior pagamento[119]. Vislumbrava-se assim a possibilidade de adoção de uma gestão racional da dívida, estimulando-se simultaneamente o crescimento da economia.

Formulam-se novas teorias de equilíbrio orçamental, favorecedoras – embora controladamente – de défices orçamentais, nomeadamente a do equilíbrio cíclico, a do défice sistemático ou a da política orçamental estabilizadora. Até por razões pragmáticas, uma vez que o ideal do equilíbrio é muitas vezes contrariado pela realidade dos factos. Com explica Pitta e Cunha, "os factos demonstraram que o equilíbrio no sentido clássico não é viável, no mundo capitalista do nosso século; em certos casos, esse equilíbrio só p[ôde] ser efetivamente estabelecido através de medidas que, em vez de contrariarem os nefastos processos cumulativos da economia geral, os agravam ou desencadeiam"[120].

Estas teorias foram dando também origem a critérios de equilíbrio tendentes a flexibilizar as exigências em relação ao endividamento público. A conceção clássica (assente na distinção entre receitas e despesas normais e não normais) dá assim lugar a outras conceções de equilíbrio: orçamento ordinário, ativo patrimonial do Estado, ativo de tesouraria, as quais admitem em certas condições o recurso ao crédito público.

[119] António L. Sousa Franco – *Finanças Públicas (I)*..., p. 380, afirmando que o recurso a empréstimos seria legítimo, uma vez que não se forma capital sem recorrer a empréstimos.
[120] E reforçando, Pitta e Cunha cita Galbraith em *The Affluent Society*, quando diz que "um orçamento equilibrado significa a elevação dos impostos e a redução das despesas públicas. Numa visão retrospetiva, seria difícil imaginar meio mais apropriado para reduzir a procura privada, agravar a deflação, aumentar o desemprego e intensificar o sofrimento geral" (*apud* Paulo de Pitta e Cunha – "Equilíbrio Orçamental..., p. 52).

Não obstante a contestação e a manifestação por muitos de um desejo de inversão de marcha na despesa pública, o Estado social registou um enorme desenvolvimento entre a década de 60 e 80 do séc. XX[121]. Foi até neste contexto que Musgrave definiu o Estado daquele tempo através da enumeração das suas funções de alocação, estabilização e redistribuição[122/123]. Mas, a este crescimento do Estado não foi, naturalmente, indiferente a popularidade que o socialismo gozava na época[124].

Em Portugal, a influência desta visão e da receção dos conceitos keynesianos na compreensão do fenómeno da despesa pública fica patente na literatura jurídico-financeira que existe sobre o tema[125].

[121] *Vide* OCDE, 2012, p. 5, dizendo que os valores de despesa social dos anos 60 mais do que duplicaram num espaço de 50 anos. "This is related to the introduction and increased generosity of social programmes, particularly in the 1960's and 1970's, while in more recent years the effect of ageing populations on pensions and health-related spending is becoming more important". PAUL MARIE GAUDEMET e Joël MOLINIER– *Finances Publiques* (tome 1). Paris: Éditions Monchrestien, 1996, p. 101: "Il est nécessaire d'ajouter qu'au cours de la période la plus récente, le années 1981 et 1982 ont été marquées par une augmentation massive et délibérée des dépenses publiques [...]".

[122] RICHARD A. MUSGRAVE – *The Theory of Public Finance...*, pp. 6-27. VITO TANZI e LUDGER SCHUKNECHT– *Public Spending...* p. 10 chamam a atenção para que o desenvolvimento da teoria dos bens públicos e do conceito de exterioridade sugeriram depois disso o crescimento do papel de alocação do Estado.

[123] MUSGRAVE defendeu ao logo da sua vida "a consistent favorable view of the beneficial functions of the government sector" – JAMES BUCHANAN e Richard A. MUSGRAVE – *Public Finance and Public Choice: Two Contrasting Visions of the State.* Cambrigde e Londres: The MIT Press, 1999 (Kindle edition), pos. 48 (versão kindle) (as palavras são de HANS-WERNER SINN na introdução a este livro).

[124] PAUL MARIE GAUDEMET e Joël MOLINIER– *Finances Publiques...*, pp. 204-206, referindo-se à "política financeira socializante do século XX". Neste texto, dão também nota das principais alterações que estas trouxeram sobretudo ao nível fiscal: com a generalização da ideia do imposto sobre o rendimento global (para seguir a ideia de "prendre l'argent là oú il est"), as ideias dos impostos sobre as grandes fortunas ou sobre o capital, a não tributação do mínimo vital. "[...] les mécanismes de transfert et de redistribution des revenus, qui auraient paru scandaleux au siècle dernier dans la mesure où ils portaient atteinte au droit de propriété et à la liberté économique, sont préconisés par les nouvelles classes dominantes au nom de la justice sociale afin d'assurer la mise en place de structures sociales plus équitables et de structures économiques plus efficaces que celles qui découlent du libre jeu des lois économiques" (*Ibidem*, p. 206).

[125] Mesmo a própria realidade espelha este entendimento. Vejam-se por exemplo os Planos de Fomento implementados em Portugal desde 1953, feitos segundo inspiração keynesiana.

Soares Martinez, Teixeira Ribeiro, Pitta e Cunha e Sousa Franco, por exemplo, abordam-nos amplamente e utilizam-nos para explicar os efeitos económicos das despesas públicas[126]. Para estes autores, os efeitos da despesa pública vão para além daquilo que é a satisfação da necessidade pública que se visa cobrir: "os efeitos económicos de uma despesa pública, não se circunscrevendo ao interesse da satisfação das necessidades públicas por ela visadas, situam-se nos sucessivos planos dos fluxos de rendimento que provocam, seguindo as transferências de riqueza que se processam na base daquela despesa pública"[127].

De 1928 a 1973, a alteração de paradigma está também espelhada nos textos constitucionais portugueses, seja no que toca a uma certa governamentalização das grandes decisões orçamentais, seja no que toca ao aligeiramento da "regra de ouro" das finanças clássicas.

Veja-se no sentido da bipartição do poder orçamental entre o Parlamento e o Governo o artigo 91.º, n.º 4, da Constituição de 1933, prevendo, por um lado, a aprovação parlamentar de uma lei de meios e a habilitação do Governo a aprovar o decreto-lei orçamental. Veja-se ainda a versão originária dos artigos 108.º, n.ºs 1 e 2, e 202.º, alínea a) da Constituição de 1976, fazendo perdurar a opção da Constituição de 1933.

Neste período, portanto, o Parlamento continua a deter poderes legislativos e o Governo surge com o poder administrativo de elaboração do Orçamento.

O abandono da regra de ouro fica patente na permissão do financiamento com recurso ao crédito publico das despesas de "fomento económico" (1953-1973[128]), olhadas como necessárias para o desenvolvimento do país[129]. Veja-se o artigo 67.º da Constituição de 1933: "não

[126] PEDRO SOARES MARTINEZ – "Esboço..., pp. 77, J. J. TEIXEIRA RIBEIRO, 1997, pp. 173-181, PAULO DE PITTA E CUNHA – "Equilíbrio Orçamental..., *passim* e ss. e ANTÓNIO L. SOUSA FRANCO – *Finanças Públicas (II)*..., pp. 21 e ss.

[127] PEDRO SOARES MARTINEZ – "Esboço..., p. 82. SOARES MARTINEZ faz ainda uma referência à ideia da "onda de despesa", anterior à ideia keynesiana que acabou por se generalizar.

[128] Durante o Estado Novo, foram implementados quatro planos de fomento: o primeiro vigorando de 1953 a 1958; o segundo de 1959 a 1964; o terceiro de 1965 a 1967 e o quarto de 1968 a 1973.

[129] J. J. TEIXEIRA RIBEIRO – "O abandono do equilíbrio do orçamento ordinário". *In* Boletim de Ciências Económicas, vol. XIX, 1976, p. 59. ANTÓNIO L. SOUSA FRANCO

pode recorrer-se a empréstimos senão por aplicações extraordinárias em fomento económico, aumento indispensável do património nacional ou necessidades imperiosas de defesa e salvação nacional"[130]. A Constituição de 1976 deu mesmo um passo adiante ao deixar para trás os constrangimentos da Constituição de 1933 e introduzindo um critério de equilíbrio meramente formal no artigo 108.º, n.º 4 da Constituição (versão originária): "o orçamento prevê as receitas necessárias para cobrir as despesas [...]", embora com remissão para a lei das condições a que deveria obedecer o recurso ao crédito público.

Este período, marcado por finanças ativas, corresponde, portanto, ao desenvolvimento do chamado Estado social.

É certo que ele é marcado pelo aligeiramento das exigências clássicas. Mas em contrapartida surge indelevelmente marcado por uma certa humanização orçamental[131]. É nesta altura que se exponencia o princípio da promoção da dignidade da pessoa humana, fazendo ressaltar um paradigma de despesa pública amigo dos mais desfavorecidos. Com efeito, só verdadeiramente no período do pós-guerra do século passado é que o pensamento de Kant e a ideia de dignidade da pessoa humana adquirem novo sentido. Pode dizer-se, neste caso, que "a experiência de desrespeito pela dignidade humana possui uma função desveladora". "[...] Só nessa altura, sob influência doutrinária de Dürig e posterior acolhimento pelo Tribunal Constitucional alemão [...] sustenta-se [...] que a dignidade é violada quando a pessoa é degradada ao nível de uma coisa ou de um objeto do atuar estatal, na medida em que a pessoa deixe de ser considerada como sujeito autónomo e fim em si para ser tratada como instrumento ou meio de realização de fins alheios"[132]. Afirma-se então a ideia de dignidade da pessoa humana, cujo respeito "interdita o

– *Finanças Públicas (I)...*, pp. 131-132 sobre as iniciativas de fomento económico: plano portuário e política de reconstituição económica, nomeadamente a política de promoção de obras públicas para evitar as consequências da conjuntura económica.

[130] Prevendo, porém, uma exceção para recurso a dívida flutuante para suprimento das receitas de gestão corrente.

[131] Inspirando-nos aqui na expressão de "Orçamento humano" utilizada por Raul Ybarra Martin – Raul Ybarra San Martin – *El Princípio del Equilíbrio Presupuestal...*, p. 22.

[132] Jorge Reis Novais – *Os princípios estruturantes da República Portuguesa*. Coimbra: Coimbra Editora, 2004, p. 57.

Estado de dispor de um qualquer indivíduo como meio para um outro fim, mesmo que seja para salvar a vida de muitas outras pessoas"[133].

É a dignidade da pessoa humana e os deveres que ela acarreta para o Estado que mudam a face da atuação pública. Deixam de bastar os clássicos direitos de propriedade, de iniciativa privada e de segurança e a mera abstenção do Estado para a sua proteção. A promoção da dignidade humana obriga à criação de condições para que todos acedam aos direitos. Condições estas que se expressam sob a forma de direitos sociais[134] e no desenvolvimento de um sistema social assente na universalidade da saúde, da educação e da segurança social.

No final do século XX a dignidade humana está de tal forma interiorizada que se permite em muitos Estados a afirmação de um mínimo vital numa perspetiva de defesa de um papel redistributivo público de não permitir que os cidadãos caiam em situações de carência extrema.

O abandono do regime do equilíbrio orçamental e a simultânea assunção de inúmeros compromissos sociais e de intervenção económica, por parte do Estado, acabaram por gerar um enorme acréscimo de despesa.

Este acréscimo deu origem a grandes problemas já apontados pelos economistas liberais quando defendiam a rigidez de uma regra de ouro: défices orçamentais sucessivos, inflação e indisciplina orçamental. A crise dos anos 1970 e 80 foi, aliás, considerada como um sinal desta indisciplina orçamental[135].

Estes problemas levaram a um natural ressurgimento do debate relativo às consequências deste endividamento para as gerações futuras. Com particular relevo, quando os níveis de endividamento se tornaram ameaçadores para os Estados. Rawls deu desde logo, corpo a esta preocupação falando do tema da justa poupança. Mas não é voz

133 Jürgen Habermas, 2012, p. 29. Com reflexos ainda hoje v. Tribunal Constitucional Federal, BvR 357/05 de 15 de fevereiro de 2006.

134 Jürgen Habermas, 2012, p. 36.

135 Interessante a este respeito é a descrição que Sousa Franco faz da despesa pública nos anos 70 em Portugal: "os orçamentos da década foram orçamentos de consumo – sacando sobre o futuro ou, na parte em que recolhiam aforros do público, desviando poupanças privadas para o consumo público" – António L. Sousa Franco – *Finanças Públicas (I)...*, p. 137.

isolada. Sobretudo nos anos 70 do século XX, desenvolve-se o tema da responsabilidade para com o futuro (John Passmore/Brian Barry/Hans Jonas[136]). Estava em causa a preservação dos recursos existentes de forma a poder transmiti-los às gerações futuras. Se bem que o surgimento deste tema esteja intimamente ligado com o direito do ambiente e a preservação dos recursos naturais, de forma a assegurar a existência da humanidade e da vida na Terra, rapidamente este tema passa para o plano de análise jurídico-financeira. A solidariedade intergeracional volta a entroncar no tema mais vasto da sustentabilidade orçamental. De facto, a justiça social que tinha sido essencialmente pensada para resolver os problemas de uma geração de pessoas começa a dar sinais de que não está adaptada a um funcionamento intergeracional: "a lógica dos estados-providência transgeracionais era difícil de prever. Uma coisa é dizer que iremos garantir um emprego para todos. E outra coisa bem diferente é dizer que iremos garantir uma pensão para todos"[137].

Os problemas financeiros verificados em muitos Estados conduziram, em certos casos, à tomada de medidas no sentido de uma redução do nível de bem-estar a assegurar aos seus cidadãos, dando neste passo espaço às críticas mais liberais que se vinham fazendo por parte, nomeadamente, da Escola Austríaca ou da Escola de Chicago.

As medidas tomadas por Nixon no sentido do abandono dos acordos de *Bretton Woods* são fruto da forte influência monetarista[138]. Também os esforços de redução de despesa, levados a cabo pelo governo de Margareth Thatcher (no Reino Unido) e pelas presidências de Jimmy Carter e Ronald Reagan[139] (EUA), são reconhecidamente feitos sob os auspícios

[136] John Passmore – *Man's Responsibility for Nature*. London: Duckworth, 1974 – "our obligations are to *immediate* posterity, we ought to try to improve the world so that we shall be able to hand it over to our immediate successors in a better condition, and that is all" –, Brian Barry, 1977, abordando o tema da sucessão de gerações e das obrigações para com as gerações futuras e Hans Jonas, 2004 (a sua primeira edição é de 1979), chegando mesmo a formular um novo imperativo categórico.

[137] Tony Judt – *Pensar o século XX...*, p. 355.

[138] A. J. Avelãs Nunes – *O keynesianismo e a contra-revolução...*, p. 29.

[139] Jimmy Carter implementara já políticas monetaristas anti-inflacionárias e iniciara o processo de desregulamentação da economia. Reagan, por seu turno, não só deu continuação a estas políticas como também radicalizou as reformas. Ronald Reagan

das Escolas austríaca e de Chicago. No final dos anos 80 e início dos anos 90, são de referir a Austrália e a Nova Zelândia, seguindo de muito perto o exemplo britânico, lançando reformas financeiras profundas.

Em Portugal, desde 1992, com a ratificação do Tratado de Maastricht, reconheceu-se uma primeira limitação no que toca à utilização da despesa pública como instrumento financeiro de intervenção no mercado, mediante a aceitação dos critérios de convergência nele definidos[140].

promoveu também a descentralização do Estado, através de privatizações e terceirizações – Ana Paula Paes de Paula – *Por uma nova gestão pública: limites e potencialidades da experiência contemporânea.* Rio de Janeiro: FGV Editora, 2007, p. 41.

140 Eram quatro os critérios de convergência: estabilidade de preços; situação das finanças públicas, taxa de câmbio e taxa de juro e serviam para que, na passagem à moeda única – o Euro – os países estivessem numa posição semelhante.
De acordo com o primeiro pressupõe-se "a realização de um elevado grau de estabilidade dos preços [...] expresso por uma taxa de inflação que esteja próxima da taxa, no máximo, dos três Estados-Membros com melhores resultados em termos de estabilidade dos preços". Nestes termos, a taxa de inflação de um Estado-Membro não deveria exceder em mais de 1,5% a dos três Estados-Membros que apresentam os melhores resultados relativamente à estabilidade dos preços observados no ano anterior ao exame da situação do Estado-Membro.
O critério relativo à situação das finanças públicas consubstanciava-se no cumprimento de uma disciplina orçamental assente na não ultrapassagem de um valor de referência, por um lado, no que toca à relação entre o défice orçamental e o PIB e, por outro, à relação entre a dívida pública e o produto interno bruto, a preços de mercado. Impedia-se assim a verificação de défice e dívida excessivas. De acordo com o Protocolo 20 sobre o procedimento relativo aos défices excessivos, anexo ao Tratado de Maastricht, os valores de referência seriam de 3% para a relação entre o défice orçamental programado ou verificado e o produto interno bruto, a preços de mercado. e de 60% para a relação entre a dívida pública e o produto interno bruto, a preços de mercado.
O critério de convergência relativo às taxas de câmbio impunha "a observância, durante pelo menos dois anos, das margens normais de flutuação previstas no mecanismo de taxas de câmbio do Sistema Monetário Europeu, sem ter procedido a uma desvalorização em relação à moeda de qualquer outro Estado-Membro."
O critério das taxas de juro a longo prazo assentava no "carácter duradouro da convergência alcançada pelo Estado-Membro [...] [que] deve igualmente refletir-se nos níveis das taxas de juro a longo prazo".
Ou seja, como explicam Miguel Martinez Lago e Leonardo García de la Mora, o Tratado da União Europeia fez da disciplina orçamental uma fórmula de coordenação – Miguel Martinez Lago e Leonardo García de la Mora – *Lecciones de Derecho Financiero y Tributario.* Madrid: Justel, 2011, p. 217.

Baseando-se na ideia de que o sucesso da política monetária da União Europeia dependeria do rigor com que os orçamentos dos vários Estados-Membros fossem elaborados e executados, de forma a evitar pressões inflacionistas ou sobre as taxas de juro, este tratado previu desde logo algumas constrições orçamentais.

Avançam, por isso, logo nos anos 1990, em Portugal, medidas legislativas visando, evitar o desperdício de recursos e a reforma da Administração no sentido de tornar o gasto público mais eficiente[141]. É o tempo das privatizações ou de começar a aprofundar temas como o da subsidiariedade[142] e da descentralização. Por um lado, questiona-se a intervenção do Estado em confronto com as obrigações da sociedade civil. Por outro, o Estado sente necessidade de se redimensionar e de transferir algumas das suas competências para outros níveis de decisão, de forma a fazer uma melhor gestão de recursos.

Também no intuito de uma melhor gestão de recursos, num aprofundamento do dever de boa administração, constitucionalmente reconhecido introduzem-se novos parâmetros de controlo da despesa pública, como é o caso da avaliação da prévia justificação da economia,

"[...] As razões que se invocam para justificar a inclusão de tais regras, são de dois tipos: um primeiro teria a ver com as consequências negativas que teria para os restantes países o excesso de endividamento por parte de um Estado membro e um segundo, que resultaria da convicção de que o processo de integração económica reforçaria a tendência natural dos governos para recorrerem ao endividamento em detrimento do reforço da carga fiscal" – Eduardo da Paz Ferreira – *Da Dívida Pública e das Garantias dos Credores do Estado*. Coimbra: Almedina, 1995, p. 127. Note-se, porém, que "tem sido generalizadamente posta em evidência a questão da total aleatoriedade dos valores previstos no Tratado, que não correspondem a qualquer critério económico razoável, não espelhando, designadamente, a problemática da "sustentabilidade" da dívida e antes refletindo, simplesmente, um valor médio registado em certa altura nos países da Comunidade" – Eduardo da Paz Ferreira – *Da Dívida Pública...*, pp. 127 e 128.

141 Tratou-se aqui também de recolher os frutos das revisões constitucionais operadas na década anterior: a revisão de 1982 que abrira caminho a uma menor intervenção económica do Estado e a segunda de 1989 que abrira caminho às privatizações das empresas nacionalizadas – Maria Eduarda Azevedo, *Manual de Finanças Públicas e Direito Financeiro*, 2018. Lisboa: Quid Juris, p. 47.

142 James Buchanan e Richard A. Musgrave – *Public Finance and Public Choice: Two Contrasting Visions of the State*. Cambrigde e Londres: The MIT Press, 1999 (Kindle edition), pos. 1948.

eficiência e eficácia da despesa pública, ainda que não de forma muito pacífica[143]/[144].

O Pacto de Estabilidade e Crescimento de 1997[145] e o início da terceira fase da União Económica e Monetária em 1999 (baseada para muitos Estados-Membros da União Europeia na adoção de uma moeda única e de uma só taxa de câmbio[146]) contribuíram para um aprofundamento do

[143] António L. Sousa Franco – *Finanças Públicas (I)*..., p. 434.

[144] A concretização desta avaliação da economia, eficiência e eficácia foi paulatina, correspondendo a uma parte substancial do esforço empreendido na modernização da Administração Pública portuguesa, o qual se tem traduzido num redimensionamento do Estado, numa desburocratização e numa redução dos mecanismos de gestão assentes na mera legalidade e sua substituição por mecanismos de gestão pelos resultados, através da importação de técnicas de gestão privada para o âmbito da ação do Estado (*New Public Management*). Note-se que a preocupação com a avaliação dos 3 E's da economia, eficiência e eficácia, no tratamento da despesa pública foi reflexo da tendência que, a nível europeu, teve início no decurso dos anos 1970 e 1980 "sob influência da crise económica, por um lado, e a procura crescente dum serviço público mais amplo e de melhor qualidade, por outro [...]" e da crise de legitimidade da política governamental (J. Beckers, 2001, p. 33). Esta tendência consubstanciou-se na emergência de um novo modelo de Administração Pública "que faz apelo a valores como a eficácia e a rentabilidade em detrimento dos valores tradicionais da segurança, da continuidade e da regularidade" – M. Rosário Torres, 1996, pp. 117 e 118.

[145] Este Pacto, sobretudo pensado no intuito de travar o expansionismo financeiro dos países do sul da Europa, é composto pela Resolução do Conselho Europeu de Amesterdão, de 17 de Junho de 1997 conjuntamente com dois regulamentos: Regulamento (CE) n.º 1466/97 do Conselho, de 7 de Julho e Regulamento (CE) n.º 1467/97 do Conselho, de 7 de Julho. Por meio do referido Pacto, os Estados-Membros comprometeram-se, por um lado, a apresentar situações próximas do equilíbrio ou excedentárias e a, quando for caso disso (em caso de défice excessivo), a aplicarem sem demora as medidas de correção orçamental, tendo em vista a resolução do problema no prazo máximo de um ano; a Comissão – cuja missão é acompanhar a situação orçamental e o montante de dívida dos Estados-Membros (artigo 126.º, n.º 2) – comprometeu-se a apresentar ao Conselho, sem demora, relatórios, pareceres ou recomendações que permitam a este segundo órgão tomar de imediato medidas, sempre que seja detetado um défice excessivo; e o Conselho comprometeu-se a tomar decisões rápidas, instando os Estados-Membros que apresentem défices excessivos a corrigir a sua situação orçamental tão rápido quanto possível. Nos dois Regulamentos que integram o Pacto de Estabilidade e Crescimento prevêem-se instrumentos que facilitam um cumprimento estrito das obrigações impostas e a criação de um sistema de controlo que permita às instâncias comunitárias uma reação rápida a qualquer desvio, em relação às metas a atingir. *Vide* a este respeito Jacques Bourrinet, 2003, pp. 568 e ss.

[146] G. Oliveira Martins, 2010/2011, capítulo 8, pp. 11 e 12: "As políticas monetárias e de crédito constituem, no contexto europeu, instrumentos que estão atribuídos essencialmente,

caminho já iniciado, culminando, em Portugal, em 2001 na publicação de uma Lei de Enquadramento Orçamental.

De uma muito sucinta lei de enquadramento orçamental (Lei n.º 6/91) passa-se para uma Lei de Enquadramento Orçamental mais desenvolvida e com bastantes inovações (a Lei n.º 91/2001), embora haja que reconhecer que o seu texto fica muito aquém daquilo que tinha sido proposto pelo Grupo de Reforma. Também decisivas foram as revisões das Leis de Bases da Segurança Social, do Regime Jurídico do Setor Empresarial do Estado, da Lei das Finanças Locais e da Lei de Finanças das Regiões Autónomas.

Significativo da importância do controlo das despesas no seio do Orçamento é o facto de os pilares em que assenta o novo direito orçamental terem todos incidência nessa mesma matéria: a) equilíbrio orçamental substancial global daquilo que na ótica de contabilidade nacional é considerado *administrações públicas*[147], avançando-se, posteriormente, em 2002, para a afirmação de um novo princípio da estabilidade orçamental (Lei Orgânica n.º 2/2002); b) equidade intergeracional; c) programação orçamental; d) respeito pela economia, eficiência e eficácia; e) sujeição a controlo político, administrativo e jurisdicional e consequente responsabilização pela execução orçamental.

Desde 2011, a revisão, por um lado, do Pacto de Estabilidade e Crescimento, fruto da crise financeira verificada nalguns Estados Europeus, sob a forma de défices financeiros e endividamento excessivos e o aprofundamento, por outro, da coordenação orçamental entre os Estados-Membros da União Europeia, conduziram também a algumas alterações significativas no que toca ao direito financeiro português e à

depois dos Tratados da União Europeia (Maastricht, Amesterdão e Nice), ao Banco Central Europeu e ao Sistema Europeu de Bancos Centrais. Desde a criação monetária relativa ao Euro até à definição das taxas de remuneração das aplicações de capital, estamos perante um instrumento que deixou de ser puramente nacional, ou invocável nesse exclusivo âmbito. Existe, pois, uma federalização das políticas monetárias na União Europeia. Estas articulam-se entre si, deixando, por força da existência do mercado interno, da livre circulação de pessoas, mercadorias, serviços e capitais, e do fim das fronteiras, de ser possível jogar internamente com as taxas de câmbio".

[147] Composto pela administração central, administração estadual e local e pelos fundos de segurança social.

própria Administração Pública, numa tentativa de construção de uma "Administração sustentável"[148].

Em 2011, promove-se, através da Lei n.º 22/2011, o aprofundamento da estabilidade orçamental, reforçada por meio da explicitação da solidariedade recíproca e da transparência orçamental; a imposição de uma regra de saldo orçamental; o reforço da programação orçamental; e até a previsão de uma orçamentação de base zero (embora nunca tenha passado do papel).

Em 2013, destaca-se a introdução da regra de saldo estrutural e desvio significativo, transpondo para a ordem jurídica portuguesa as imposições decorrentes do Pacto Orçamental imposto pela União Europeia, num esforço do melhoramento da coordenação orçamental entre os vários Estados-Membros (Lei n.º 37/2013).

Em 2015, foi publicada uma nova Lei de Enquadramento Orçamental, endurecendo o controlo orçamental e ajustando os procedimentos às novas exigências da zona euro (Lei n.º 15/2015)[149].

5. Conceitos básicos de direito financeiro

a) A Receita Pública

Entende-se por receita pública "qualquer recurso obtido durante um determinado período, mediante o qual o sujeito público pode satisfazer as despesas públicas que estão a seu cargo"[150]. Quando se fala de receitas públicas, referem-se essencialmente três: as receitas patrimoniais, as creditícias e as tributárias.

As receitas patrimoniais são as provenientes da gestão dos bens de que o Estado é titular ou que tem à sua disposição para satisfação das suas necessidades.

O património do Estado é constituído por ativos e passivos. Os ativos são os bens e direitos que valorizam economicamente o conjunto patrimonial do Estado. Os passivos são aqueles que oneram o conjunto

[148] V. Paulo Otero – *Manual de Direito Administrativo...*, p. 139. Alertando contra a prevalência de uma conceção neoliberal que pode minar os fundamentos do princípio da solidariedade – *Ibidem*, p. 132.

[149] Alertando contra a prevalência de uma conceção neoliberal, que ganha terreno em época de crise, para a qual "os custos financeiros e integeracionais colocam em causa o modelo prestacional" – v. Paulo Otero, Manual de Direito Administrativo..., p. 132.

[150] António L. Sousa Franco – *Finanças Públicas (I)...*, p. 299.

patrimonial público (dívidas, encargos, responsabilidades). Ao conjunto dos ativos e passivos, dá-se o nome de património bruto. O património líquido equivalerá, pois, ao passivo descontado do ativo.

No âmbito dos ativos patrimoniais, distinguem-se o património real e o financial. O património real corresponde às coisas de que o Estado dispõe e aos direitos sobre elas (podendo elas integrar o conjunto de bens de domínio público[151] ou de domínio privado[152]). O património financial corresponde ao dinheiro, aos ativos monetário-financeiros e aos créditos e débitos do Estado[153] (créditos, direitos de participação social e outros direitos com equivalente conteúdo patrimonial e imaterial; saldos de tesouraria do Estado; participações do Estado em empresas nacionais e estrangeiras; titularidade empresarial: direitos de propriedade, direitos de tutela e participações sociais em empresas públicas ou plurais)[154].

Estes conceitos cruzam-se quando pensamos, por exemplo, no património mobiliário. "O património mobiliário é constituído pelos direitos sobre móveis bem como pelos direitos de objeto imaterial"[155]. Exemplos de receitas provenientes do património mobiliário: dividendos recebidos de empresas públicas, venda de participações sociais em empresas, juros de depósitos das obrigações de que o Estado é titular[156].

Em geral, as receitas patrimoniais de que aqui falamos podem provir da gestão normal do património (rendas, dividendos, venda de madeira) ou podem provir da disposição de elementos do seu ativo – alienações ou onerações de bens do ativo patrimonial (venda de imóveis, alienação de lotes de ações).

[151] Estes bens do domínio público são os classificados pela Constituição – artigo 84.º da Constituição) ou pela lei. São inalienáveis, insuscetíveis de aquisição por usucapião, impenhoráveis e sujeitos a autotutela. V. artigos 14.º-30.º do Decreto-Lei n.º 280/2007, de 7 de agosto.

[152] Os bens do domínio privado, contrariamente ao que sucede com os bens do domínio público podem ser vendidos, cedidos onerosamente, arrendados, adquiridos por usucapião ou até penhorados. No entanto, é preciso notar que em relação à sua gestão o Estado não pode comportar-se como se de um privado de se tratasse. O Decreto-Lei n.º 280/2007 impõe certas cautelas neste domínio.

[153] António L. Sousa Franco – *Finanças Públicas (I)*..., p. 306 e 307.

[154] António L. Sousa Franco – *Finanças Públicas (I)*..., pp. 309 e ss.

[155] António L. Sousa Franco – *Finanças Públicas (I)*..., p. 308.

[156] Exemplos de receitas provenientes da gestão do património imobiliário (predial, rural ou de uso coletivo): rendas de edifícios, alienação de imóveis, venda de madeiras e frutos.

A gestão patrimonial do Estado não está sujeita à disciplina orçamental. Com efeito, no Orçamento não se reflete a permanência ou não na esfera jurídica do Estado dos bens de que é titular. Essa contabilidade deve ser feita à sua margem. Obviamente que as receitas e despesas que ela gera terão naturalmente reflexos no Orçamento do Estado. Notamos até que as receitas da gestão patrimonial (alienação, oneração e cedência) podem ser consignadas pela Lei do Orçamento do Estado, nomeadamente para conservação e reabilitação de imóveis, construção de infraestruturas, despesas com a aquisição de equipamentos para a modernização dos serviços, pagamento de contrapartidas resultantes da implementação do princípio da onerosidade e despesa com a utilização de imóveis[157].

Falámos aqui das receitas patrimoniais como receitas *do Estado*, mas chamamos a atenção para o facto de todas as entidades públicas – conquanto que com personalidade jurídica – poderem dispor de património, com os poderes respetivos para a sua efetiva gestão.

As receitas creditícias são, em geral, as resultantes de uma situação de dilação temporal entre duas prestações. Desta dilação temporal resulta benefício para um ou ambos os sujeitos da operação[158].

É certo que a referência ao crédito público nos pode levar a pensar tanto em receita como em despesa. Ao abrigo dessa figura, tanto podemos considerar o Estado num papel devedor (quando pede crédito) como num papel credor (quando concede crédito). Esclarecemos, porém, neste ponto, que para o efeito de simplificação tomaremos a expressão crédito público como sinónimo das situações passivas em que o Estado se coloca, portanto, nas situações em que é devedor.

Ao conjunto de todas as situações passivas de que o Estado é titular damos o nome de dívida pública.

A contração de dívida pública é olhada – sobretudo se associada a um défice elevado – com uma certa desconfiança. Com efeito, como explica Sousa Franco, a dívida serve para "financiar défice global do Orçamento do Estado"[159]. E aqui falamos de dívida fundada, reembolsável

[157] Nos termos do artigo 6.º do Decreto-Lei n.º 280/2007.

[158] António L. Sousa Franco – *Finanças Públicas e Direito Financeiro* (vol II), Coimbra: Almedina, 2001, pp. 80-81.

[159] António L. Sousa Franco – *Finanças Públicas (II)*..., p. 86.

nos períodos orçamentais seguintes. Mas como bem assinala Abel Costa Fernandes, mesmo teoricamente podemos falar de dívida pública sem que haja uma necessária correspondência com uma situação de desequilíbrio das contas públicas[160]. As assunções de dívida podem até configurar opções de boa gestão financeira ou económica. Ilustrando-as, o mesmo Autor, na esteira de Teixeira Ribeiro[161], refere os casos de endividamento (de curto prazo) que são motivados por necessidades de tesouraria ou os casos de endividamento, em conjunturas inflacionistas, como meio de retirar liquidez ao setor privado, de forma a que este reduza o consumo e o investimento[162].

A dívida pública pode ser encarada em sentido amplo ou em sentido estrito.

Em sentido amplo, considera-se não só o recurso ao empréstimo público, mas também outras operações de crédito. É neste sentido amplo que se referem por exemplo:

- A dívida administrativa, em que o Estado é devedor por força de uma espera forçada ou voluntária de alguns dos seus credores. Esta forma de dívida não resulta de uma contração de empréstimo, resultando, por exemplo, do atraso no pagamento às farmácias; do atraso no pagamento aos fornecedores em geral[163/164].
- A dívida vitalícia, em que o Estado se coloca numa posição devedora, "em virtude da prática de serviços considerados excecionais, relevantes ou distintos [...] (pensões extraordinárias, pensões de preço de sangue, pensões por serviços relevantes em defesa da liberdade e da democracia, pensões atribuídas a agentes políticos ou administrativos mortos em situação de serviço público ou nacional,

[160] Abel L. Costa Fernandes – *A Economia das Finanças Públicas*. Coimbra: Almedina, 2010, p. 460.

[161] José Joaquim Teixeira Ribeiro – *Lições de Finanças Públicas*. Coimbra: Coimbra Editora,1997, pp. 185-187.

[162] Abel L. Costa Fernandes – *A Economia...*, pp. 459 e 460.

[163] António L. Sousa Franco – *Finanças Públicas (II)...*, p. 84.

[164] V. a este propósito a Lei dos Compromissos e dos Pagamentos em Atraso, visando disciplinar este tipo de dívida (Lei n.º 8/2012, de 21 de fevereiro com as alterações introduzidas pelas Lei n.º 20/2012, 64/2012 e 66-B/2012).

pensões atribuídas em contrapartida de doações feitas ao Estado ou de serviços prestados à Nação e as tradicionais "tenças" reais)"[165].

- A dívida empresarial, que resulta da participação social que o Estado tem em empresas (públicas e participadas);
- A dívida aquisitiva que resulta da aquisição de bens recorrendo aos meios de financiamento privado (locação financeira ou leasing; parcerias público privadas – PPP; *project finance*[166])[167].

Em sentido estrito, fala-se de dívida pública como "uma situação bem específica, na qual o Estado (ou outra entidade pública) é devedor em virtude de uma operação financeira, pela qual lhe foram prestados ativos financeiros, devendo reembolsá-los e/ou pagar juros o rendas"[168]. Estamos aqui perante o crédito e a dívida pública financeira.

Dentro da dívida pública financeira, destacam-se as seguintes distinções: dívida principal (ou direta) e acessória; dívida flutuante e fundada; dívida interna e externa; dívida em moeda nacional e em moeda estrangeira; e dívida efetiva e dívida fictícia.

Na dívida principal, o Estado é devedor de uma determinada quantia. Na dívida acessória, o Estado responde subsidiariamente, em caso de incumprimento do devedor principal. Ou seja, é o garante de uma situação de dívida.

Na dívida flutuante, o vencimento verifica-se no período orçamental em que foi gerada. Esta deve ser totalmente paga no espaço de um ano (crédito de curto prazo). Normalmente, a dívida flutuante é contraída por não serem coincidentes as datas de recebimento com as de pagamento, ou seja, é contraída por razões de tesouraria ("[...] corresponde a antecipações de receitas, motivo pelo qual os empréstimos devem ser de curto-prazo, pois há expectativa de que possam ser amortizados no decurso do mesmo ano económico"[169]). Na dívida fundada temos um prazo de vencimento

[165] António L. Sousa Franco – *Finanças Públicas (II)...*, p. 84.

[166] Sobre o tratamento da dívida gerada pelas PPP v. último capítulo das presentes Lições. Sobre o mecanismo das *project finance,* mesmo na perspetiva da sua relação com as PPP, v. António Garcia – "Project Finance/ Parcerias Público-Privadas", in Subsídios para modernizar a Auditoria Pública em Portugal. Lisboa: UAL, 2002, pp. 55-107.

[167] Seguimos neste ponto as aulas de Sousa Franco (ano letivo 2001/2002).

[168] António L. Sousa Franco – *Finanças Públicas (II)...*, p. 85.

[169] Abel L. Costa Fernandes – *A Economia...*, p. 459.

superior a um ano. Ou seja, a dívida vence fora do período orçamental em que foi originada (crédito de longo prazo). Na dívida fundada, podemos distinguir a dívida perpétua ou consolidada e a dívida temporária.

A dívida perpétua ou consolidada (a que também se chama apenas consolidados) corresponde a dívida fundada em que o Estado não é obrigado a reembolso, mas apenas ao pagamento de um certo juro anual. Os consolidados podem ser remíveis (o Estado tem a faculdade de reembolsar quando quiser[170]) ou irremíveis (o Estado não goza da faculdade de realizar o reembolso, ficando obrigado apenas a pagamento de juros)[171].

A dívida temporária corresponde a dívida fundada com prazo de reembolso. É o caso dos empréstimos reembolsáveis à vista (como é o caso dos certificados de aforro, após o primeiro trimestre[172], e dos certificados do tesouro, após o primeiro semestre) ou com vencimento em momento incerto[173] ou com vencimento por morte do devedor (rendas vitalícias) ou ainda com vencimento em momento certo "e, normalmente, em condições predeterminadas («amortizável»)"[174]. Este é o tipo de dívida temporária mais comum.

[170] "[...] é por isso que raro que tais empréstimos [remíveis] nos aparecem como inteiramente remíveis: o Estado emite-os, na generalidade dos casos, com a garantia de irremição durante certo número de anos – 5, 10 ou mais" – José Joaquim Teixeira Ribeiro – Lições..., p. 189. "Em Portugal, todos os consolidados (empréstimos perpétuos) são remíveis a partir dos dez anos, havendo para o credor a garantia de que o Estado não pode proceder ao reembolso durante os primeiros dez anos" – António L. Sousa Franco – *Finanças Públicas (II)...*, p. 89.

[171] José Joaquim Teixeira Ribeiro – *Lições...*, p. 189. Teixeira Ribeiro nega que estes empréstimos perpétuos constituam verdadeiros empréstimos: os irremíveis porque o Estado não pode pagá-los (só paga o juro); os remíveis, porque o Estado não tem de os pagar (v. p. 189).

[172] "Os títulos [certificados de aforro] são emitidos por determinado preço e reembolsáveis ao cabo de três meses, já por preço superior, em resultado da incorporação do juro; seguidamente, a própria taxa de juro vai subindo todos os trimesters, de modo que os credores também vão tendo cada vez mais interesse em diferir o reembolso" – José Joaquim Teixeira Ribeiro – *Lições...*, p. 189.

[173] Como exemplo destes, podemos falar dos empréstimos amortizáveis por sorteio de que fala Teixeira Ribeiro – José Joaquim Teixeira Ribeiro – *Lições...*, p. 189.

[174] António L. Sousa Franco – *Finanças Públicas (II)...*, p. 89.

Esta distinção entre dívida fundada e flutuante é relevante, por exemplo, para se perceber o limite da necessidade de intervenção da Assembleia da República para autorização de contração de dívida (esta só autoriza dívida fundada) e para se entender a capacidade de endividamento das Autarquias Locais: as freguesias apenas podem recorrer a dívida flutuante os municípios podem recorrer a dívida fundada.

A dívida interna é contraída dentro do próprio país. A dívida externa é contraída no estrangeiro[175]. Continuamos a fazer referência a esta distinção (porquanto se dá relevância à colocação de dívida no mercado internacional, procurando-se investidores de dívida não residentes), embora com consciência que "a integração na zona euro retira [...] alguma da relevância mais pertinente a esta distinção"[176].

Podemos ainda distinguir a dívida em moeda nacional da dívida em moeda estrangeira[177]. Esta classificação está associada com a distinção entre dívida interna e externa, pois como explica Abel Costa Fernandes "a principal relevância[178] desta distinção [dívida interna e externa] encontra-se nas moedas de financiamento, e correspondentes consequências em termos de balança de pagamentos, da capacidade para gerar receitas em moeda estrangeira em montante suficiente para a cumprir com as obrigações contraídas nela denominadas e também nas diferentes restrições de ordem politica e jurídica resultantes da contração de empréstimos externos *versus* internos"[179]. É esta distinção, com a preocupação aqui expressa, que está por trás de um regime diferenciado de dívida em moeda nacional e em moeda estrangeira por exemplo para efeitos de limitação do endividamento das Regiões Autónomas[180].

[175] José Joaquim Teixeira Ribeiro – *Lições...*, p. 187.

[176] Abel L. Costa Fernandes – *A Economia...*, p. 464.

[177] Esta divisão assenta na feita pelo artigo 3.º da Lei-quadro da Dívida Pública.

[178] Embora a leitura de Teixeira Ribeiro nos esclareça que esta terminologia não coincida teoricamente (conquanto na prática isso possa suceder) com a distinção de dívida em moeda nacional e em moeda estrangeira – José Joaquim Teixeira Ribeiro – Lições..., p. 187.

[179] Abel L. Costa Fernandes – A Economia..., p. 464.

[180] V. artigo 37.º da Lei de Finanças das Regiões Autónomas (Lei Orgânica n.º 2/2013, de 2 de setembro).

Fala-se dívida efetiva quando o Estado é devedor a uma entidade estranha ao setor público; fala-se em dívida fictícia quando o Estado é devedor do próprio Estado (sem que haja confusão) ou de uma entidade do setor público[181/182].

Para beneficiar de empréstimos públicos, o Estado pode recorrer a:

a) Contratos de empréstimo celebrados diretamente e em condições previamente acordadas com uma entidade pública ou privada, nacional ou estrangeira;
b) Obrigações do Tesouro

As Obrigações do Tesouro são valores mobiliários de médio e longo prazo (dívida fundada). As Obrigações do Tesouro constituem o principal instrumento de dívida. Estas financiam cerca de 70% da totalidade do financiamento de que o Estado necessita.

A sua emissão, de acordo com a informação do Instituto de Gestão do Crédito Público[183], pode ser feita em várias modalidades. Podem estas, tendo prazos entre 1 e 50 anos, vencer na data fixada; podem vencer mediante o uso da opção *call* (caso o contrato preveja uma *call provision*, que habilite o emitente a amortizar a dívida antes da maturidade); podem vencer mediante o uso da opção *put* (caso o contrato contenha uma cláusula que habilite o detentor a exigir a liquidação antecipada

[181] António L. Sousa Franco – *Finanças Públicas (II)...*, pp. 83 e 84.

[182] Para efeitos de reporte à União Europeia e para efeitos de cálculo dos défices e dívidas excessivos, a dívida é expressa em termos consolidados, ou seja, líquida de dívidas entre entidades das administrações públicas". Desta forma é possível através do aumento da dívida pública detida pelas entidades públicas fazer reduzir a dívida pública na ótica de Maastricht. Ilustrativamente, veja-se a Nota Mensal sobre a Dívida Publica de fevereiro de 2012 sobre o assunto: "De acordo com os valores preliminares do Banco de Portugal, a dívida pública portuguesa detida pelas entidades públicas nacionais terá atingido 25,3 mil M€ no final de 2011, aumentando 4,7 mil M€ em 2011. Um aumento de montante semelhante já tinha sido observado em 2010, fazendo com que, em apenas dois anos, a dívida pública na carteira de entidades públicas tenha aumentado cerca de 9,8 mil M€, contribuindo assim para a redução da dívida pública na ótica de Maastricht. Em termos não consolidados (e incluindo também a dívida não financeira, no montante de 4 mil M€), a dívida total das administrações públicas terá atingido 212,7 mil M€ (124,4% do PIB) no final de 2011.

[183] https://www.igcp.pt/pt/menu-lateral/instrumentos-de-divida/obrigacoes-do-tesouro/ 24.09.2018.

das Obrigações do Tesouro); podem também vencer parcialmente antes da maturidade (sendo, neste caso, as Obrigações do Tesouro a liquidar ou determinadas por sorteio ou determinadas *pro rata*)[184]; podem ser com ou sem cupão (cupão zero); com taxa de juro fixa[185]; ou ainda ser amortizáveis no vencimento pelo seu valor nominal e com possibilidade de destaque de direitos (*stripping*)[186].

A colocação de Obrigações do Tesouro em mercado primário[187] é assegurada por um grupo de bancos reconhecidos pelo Instituto de Gestão do Crédito Público como Operadores Especializados em Valores do Tesouro e Operadores do Mercado Primário. A estes especialistas é exigida a capacidade de colocação das Obrigações do Tesouro tanto no mercado nacional como internacional.

As Obrigações do Tesouro de Rendimento Variável são valores mobiliários de médio e longo prazo (dívida fundada), idênticos às Obrigações do Tesouro, mas emitidas por prazos até 10 anos, criadas para diversificação das opções de médio e longo prazo. Estas têm um limite máximo de subscrição por cada investidor e uma taxa de juro nominal variável[188].

[184] Abel L. Costa Fernandes – *A Economia...*, pp. 477 e 478.

[185] Poderíamos aqui falar também das OT de taxa variável – Abel L. Costa Fernandes – *A Economia das Finanças Públicas*. Coimbra: Almedina, 2010, p. 475.

[186] "[...] os STRIPS são instrumentos de dívida que resultam da separação, desmembramento, dos cupões do principal" – Abel L. Costa Fernandes – *A Economia...*, p. 476.

[187] "Mercado primário é aquele onde são transacionados títulos acabados de emitir e, por isso, é neles que se efetua a primeira transação a que eles ficam sujeitos [...] é aí que o emitente, o Estado, os vende e angaria os recursos financeiros que procura". A este mercado junta-se o mercado secundário, onde "quem compra dívida pública aquando da sua emissão pode posteriormente realizar a sua venda [...] . [...] a sua função é dar liquidez aos títulos emitidos, tornando-se com isso os mercados financeiros suficientemente atraentes para os agentes económicos" – Abel L. Costa Fernandes – A Economia..., pp. 465 e 466. O mercado secundário dos títulos de dívida do Estado agrupa as suas operações em mercados regulamentados e em mercados não regulamentados. Dentro dos mercados regulamentadores temos o mercado das plataformas eletrónicas e o da bolsa de valores. Nos mercados não regulamentados realizam-se as operações em balcão ou for a da Bolsa (https://www.igcp.pt/pt/menu-lateral/mercado-secundario/enquadramento/ 24.09.2018).

[188] https://www.igcp.pt/pt/menu-lateral/otrv/descricao/ 24.09.2018.

c) Bilhetes do Tesouro

Os Bilhetes do Tesouro são valores mobiliários de curto prazo, podendo ser emitidos com prazos até um ano (dívida flutuante). Têm o valor unitário de um euro. São títulos de cupão zero, ou seja, são amortizáveis pelo seu valor facial ou nominal (um euro)[189]. A sua atratividade reside no facto de assegurarem aos seus subscritores uma certa remuneração real: são normalmente emitidos com indexação à taxa de inflação.

São colocados a desconto seja através de leilão (onde se determina a concreta taxa de juro máxima que o Estado está disposto a pagar), seja através de subscrição limitada. A colocação de Bilhetes do Tesouro em mercado primário é assegurada por um grupo de bancos reconhecidos pelo Instituto de Gestão do Crédito Público como Especialistas em Bilhetes do Tesouro. A estes especialistas é exigida a capacidade de colocação destes Bilhetes do Tesouro tanto no mercado nacional como internacional.

d) Certificados de Aforro

Entre os produtos de aforro destacam-se os Certificados de Aforro, embora existam mais títulos de dívida disponíveis, como é o caso dos Certificados do Tesouro Poupança e Crescimento.

Tanto uns como outros são instrumentos de dívida que visam a captação da poupança das famílias, exigindo montantes mínimos de subscrição reduzidos. Os produtos de aforro só podem ser emitidos a favor de particulares e não são transmissíveis exceto em caso de falecimento do titular.

e) Certificados especiais de dívida pública

Os Certificados especiais de dívida são valores escriturais, representativos de empréstimos internos de curto prazo, tendo em vista o aproveitamento das disponibilidades financeiras do setor público administrativo, de forma a que estas não sejam encaminhadas para fora do mesmo, nos termos da Resolução do Conselho de Ministros n.º 71/99.

[189] O cupão corresponde a uma parte destacável dos títulos de dívida, cuja apresentação permite exigir o pagamento do seu valor. Normalmente, este corresponde ao pagamento dos juros correspondentes a cada ano. Neste caso, a expressão cupão zero indica que o título não tem esta parte destacável. Ou seja, os Bilhetes de Tesouro titulam apenas as prestações de capital, em regra, nominativa – ANTÓNIO L. SOUSA FRANCO – *Finanças Públicas (II)...*, p. 107.

f) Promissórias

As promissórias são títulos de dívida por meio dos quais o Estado assume uma obrigação de pagamento. Como exemplo de promissória assumida pelo Estado Português, veja-se Decreto-Lei n.º 435/77 em que se Autoriza a emissão de uma promissória no valor de 940.000 contos, destinada a substituir parte da importância em moeda portuguesa paga ao Fundo Monetário Internacional, para atualização do valor-ouro dos haveres em escudos do referido organismo.

g) Outros valores representativos de dívida

Entre os outros valores representativos de dívida, encontramos os Acordos de Reporte (repos de financiamento) com o objetivo de satisfazer necessidades de financiamento pontuais, de curto prazo[190]; e o Recurso à linha de Euro-Commercial Paper (ECP), o qual "compreende a emissão de instrumentos negociáveis em mercado não organizado, emitidos a desconto e com prazos de vencimento compreendidos entre uma semana e um ano. Esta linha possibilita a emissão de títulos em dólares e euros, com um montante *outstanding* máximo de EUR 4 mil milhões ou equivalente."[191]; e a Emissão de dívida em moedas não-euro, com o objetivo de colmatar necessidades adicionais, marginais e pontuais de financiamento[192].

São também incluídas na dívida direta do Estado: os certificados de rendas perpétuas e vitalícias (artigo 10.º, n.º 4, da Lei-quadro da Dívida Pública).

O regime da dívida principal do Estado está definido pela Constituição, a qual se refere à autorização de dívida, e pela Lei-Quadro da dívida pública. Referiremos os seus traços principais.

Nos termos do artigo 161.º, al. h), da Constituição da República Portuguesa, a contração e a concessão de dívida fundada e a realização de outras operações de crédito que não sejam de dívida flutuante depende

[190] Abel L. Costa Fernandes – *A Economia...*, p. 472.

[191] https://www.igcp.pt/pt/menu-lateral/instrumentos-de-divida/outros-instrumentos/ 24.09.2018.

[192] https://www.igcp.pt/pt/menu-lateral/instrumentos-de-divida/outros-instrumentos/ 24.09.2018.

de autorização da Assembleia da República, sob pena de nulidade da emissão de dívida correspondente[193]. Exclui-se deste preceito, a necessidade de autorização da dívida flutuante, porque "a sua emissão decorre com base em um processo administrativo; nem outra coisa resultaria da sua natureza eminentemente administrativa, da urgência que a utilização destes recursos reembolsáveis em regra assume e do facto de normalmente eles não virem a onerar as gerações futuras"[194]. Este preceito também exclui a aplicação às rendas vitalícia e perpétua. "Estes, afinal, não representam recursos extraordinários de que o Estado se vai socorrer, são antes instituições financeiras permanentes em que, de par com o interesse do Estado, se conjuga a intenção de assegurar um serviço aos particulares"[195].

Notamos, a este propósito, que a autorização da Assembleia da República é, por via de regra, apenas necessária para a contração e concessão de dívida pública, ou seja, do Estado[196]. A contração e concessão de dívida regional ou municipal – embora também sujeita a constrangimentos orçamentais – está sujeita a autorização das Assembleias das Regiões Autónomas ou as Assembleias Municipais (v. por exemplo a este respeito os artigos 114.º do EPARAM e 34.º, al. d) do EPARAA)[197]. A exceção a esta regra encontra-se no n.º 2 do artigo 37.º da Lei das Finanças das Regiões Autónomas (Lei Orgânica n.º 2/2013), em que se exige a prévia autorização da Assembleia da República para a contração de empréstimos em moeda sem curso legal em Portugal. O legislador justifica esta cautela invocando "a necessidade de evitar distorções na dívida pública externa nacional e não provocar reflexos negativos na avaliação da dívida da República".

A autorização de contração de dívida fundada implica a definição das respetivas "condições gerais a que se deve subordinar o financiamento do Estado e a gestão da dívida pública" (artigo 4.º, n.º 1, da Lei-quadro

[193] Eduardo M. H. da Paz Ferreira – *Da Dívida Pública...*, p. 186.

[194] António L. Sousa Franco – *Finanças Públicas (II)...*, p. 101 e Eduardo M. H. da Paz Ferreira – *Da Dívida Pública...*, pp. 163- 167.

[195] António L. Sousa Franco – *Finanças Públicas (II)...*, p. 102.

[196] Eduardo M. H. da Paz Ferreira – *Da Dívida Pública...*, p. 160.

[197] Jorge Miranda e Jorge Pereira da Silva *in* Jorge Miranda e Rui Medeiros – *Constituição* Portuguesa Anotada (vol II). Lisboa: Universidade Católica Editora, 2018, p. 510.

da Dívida Pública), ou seja, do acréscimo de endividamento líquido e do seu prazo máximo. Nesta autorização, poderão também ser definidos o montante máximo de dívida em moeda estrangeira, a dívida a taxa fixa e a dívida a taxa variável (artigo 4.º, n.º 2, da Lei-quadro da Dívida Pública). A autorização que é referida no artigo 161.º da Constituição da República Portuguesa não consubstanciará, pois, "um cheque em branco"[198].

Esta autorização pode ser concedida na votação da Lei do Orçamento do Estado (artigo 31.º, alínea e), da Lei de Enquadramento Orçamental). Para além dos limites fixados da Lei do Orçamento do Estado, o Governo precisa de nova lei habilitante que redefina as condições gerais.

Esta nova habilitação poderá ser conferida, quer numa alteração à lei do Orçamento do Estado, quer numa lei avulsa. Ao contrário do que defendem Jorge Miranda e Jorge Pereira da Silva – que às autorizações de empréstimos concedidas fora da lei do Orçamento do Estado aplicam *mutatis mutandis* o regime das autorizações legislativas[199] – pensamos que, tanto concedida na Lei do Orçamento, como por lei avulsa (esta última por analogia), a autorização de dívida deve ficar sempre sujeita ao regime da lei orçamental. Com efeito, a sujeição ao regime das autorizações legislativas, *maxime* com a consequência da caducidade em caso de demissão do Governo ou da dissolução da Assembleia da República, é demasiado gravosa para quem assegura a execução orçamental. De facto, a caducidade antes do fim do ano económico, reduzindo receitas para as despesas esperadas, apenas contribuiria para a criação de uma situação deficitária, que não poderia deixar de ter de ser resolvida mais tarde. A solução que preconizamos, no sentido de aplicação do regime orçamental, é de resto a que nos parece estar de acordo com os termos em que a Lei-quadro da Dívida Pública e a Lei de Enquadramento Orçamental tratam esta matéria. Com efeito, no artigo 7.º da Lei-quadro da Dívida Pública e no artigo 58, n.º 5, da Lei de Enquadramento Orçamental – mesmo no caso extremo de não haver ainda aprovação parlamentar do Orçamento e, portanto, não haver sequer autorização de contração de dívida fundada

[198] Sousa Franco – Finanças Públicas (vol. II)..., p. 101 e Eduardo M. H. da Paz Ferreira – *Da Dívida Pública...*, p. 169.

[199] Jorge Miranda e Rui Medeiros – Constituição Portuguesa Anotada (tomo II). Coimbra: Coimbra Editora, p. 499.

e definição das suas condições, que sirvam especificamente as condições que se vivem – não se impede que o Governo emita e contraia dívida fundada, embora se definam limites a que este último se deva ater. Ora, se se autoriza, num caso extremo de falta de autorização parlamentar, a contração de dívida, mal se compreenderia que havendo autorização parlamentar, com a definição das condições deste endividamento – ainda que fora da Lei de Orçamento do Estado –, esta estivesse sujeita às vicissitudes das demais autorizações parlamentares. Para nós, a aplicação do regime das autorizações legislativas, neste domínio, confunde a realidade do processo legislativo – em que o Parlamento concede autorizações legislativas ao Governo, com base numa relação de confiança –, com a realidade orçamental – em que o Parlamento concede autorizações anuais, tendo em vista a efetivação de um plano anual de despesa e de receita, independentemente da relação de confiança que se estabeleça entre ele e o Governo. De facto, ainda que conste de uma lei avulsa, esta autorização de contração de dívida não deve ser dissociada dessa realidade orçamental: a redefinição das condições de contração de dívida pública não pode deixar de se reportar ao Orçamento (porque na realidade constitui uma derrogação à Lei do Orçamento do Estado) e, portanto, de ser tratada como sujeita ao seu regime.

Uma vez concedida a autorização da Assembleia da República, o Conselho de Ministros define, por meio de resolução, as condições complementares a que obedecerão a negociação, contratação e emissão de empréstimos (artigo 5.º da Lei-quadro da Dívida Pública).

A gestão da dívida pública é feita pela Agência de Gestão da Tesouraria e da Dívida Pública, identificada pela sigla IGCP, EPE[200]. O IGCP, EPE atua em nome e representação do Estado português, no que toca à negociação, contratação e emissão de dívida pública. Nos termos do artigo 5.º dos seus Estatutos, o seu objeto vai mesmo mais longe do que isso: é

[200] A sigla deriva do nome Instituto de Gestão da Dívida Pública criado em 1996, do qual esta Agência deriva, a qual foi criada pelo Decreto-Lei n.º 200/2012, de 27 de agosto. A sigla IGCP foi mantida para não criar inconveniente ao seu funcionamento e às suas atividades já em curso. O IGCP, EPE rege-se hoje pelas normas constantes dos seus estatutos, publicados em anexo ao Decreto-Lei n.º 200/2012 já referido.

o IGCP, EPE que gere não só a dívida direta do Estado[201], mas também quem gere a tesouraria e o financiamento do Estado[202].

Ao IGCP, EPE, no domínio da dívida pública, cabe:

- Propor ao Governo as condições a prosseguir no que toca ao financiamento e gestão das disponibilidades da tesouraria do Estado (artigo 6.º, n.º 1, al. a) dos Estatutos);
- Propor ao Governo as orientações a que deve subordinar-se a gestão da dívida pública direta do Estado (artigo 6.º, n.º 1, al. b) dos Estatutos);
- Gerir ou analisar – através do fornecimento de parecer prévio – as operações de derivados financeiros de algumas entidades do setor empresarial do Estado[203] (artigo 6.º, n.º 1, alíneas d) e e) dos Estatutos);
- Intervir nos assuntos respeitantes ao funcionamento do mercado financeiro, no que respeita ao mercado de títulos de dívida pública (artigo 6.º, n.º 1, al. k) dos Estatutos). É, por exemplo, o IGCP. EPE que negoceia, em nome do Estado, os empréstimos e as operações financeiras de gestão da dívida pública ou que define as condições de aceitação das propostas de compra de dívida pública nos leilões que publicita e realiza ou ainda que compra e vende títulos de dívida por conta do Estado (v. artigo 7.º, n.º 1, alíneas a), m), n) e o) dos Estatutos);
- Gerir o Fundo de Regularização da Dívida Pública (artigo 6.º, n.º 1, al. l) dos Estatutos);
- Acompanhar todas as operações de dívida pública direta e executar toda a tramitação inerente ao respetivo processamento (artigo 6.º, n.º 1, al. o) dos Estatutos).

[201] Gerindo até a dívida das entidades do setor público empresarial cujo financiamento seja assegurado pelo Orçamento do Estado – artigo 5.º, n.º 1 dos Estatutos do IGCP, EPE.

[202] A expressão Estado é usada aqui em sentido lato, já que é o IGCP, EPE que também coordena o financiamento dos serviços e fundos autónomos – artigo 5.º, n.º 1 dos Estatutos do IGCP, EPE.

[203] Sobre o conceito de derivados financeiros v. CARLOS COSTA PINA – *Instituições e Mercados Financeiros*. Coimbra: Almedina, 2005, pp. 454 e ss.

Como é o IGCP, EPE que gere as disponibilidades tesouraria do Estado, este deve conjugar a gestão das disponibilidades de tesouraria do Estado com a gestão da dívida pública direta do Estado, realizando as aplicações financeiras para o efeito (artigo 6.º, n.º 1, al. c) dos Estatutos).

Para além das atribuições em matéria de dívida do Estado, o IGCP, EPE deve também prestar apoio às Regiões Autónomas no que toca à organização de dívida pública regional e no acompanhamento da respetiva gestão (artigo 6.º, n.º 1, al. p) dos Estatutos).

Pela especialização que advém das suas competências, em matéria de endividamento público, é o IGCP, EPE que assessora o Ministro das Finanças em todas as matérias que se relacionem com o seu objeto (artigo 7.º, al. s) dos Estatutos).

Não obstante o IGCP, EPE deter importantes poderes no que toca à gestão da dívida pública, é necessário notar que nos termos do artigo 12.º da Lei-Quadro da Dívida Pública, a substituição entre emissão de várias modalidades de empréstimos; o reforço para amortização de capital; a amortização antecipada (total ou parcial da dívida); a conversão de empréstimos existentes, seja nos termos e condições de emissão do contrato, seja por meio de acordo com os respetivos titulares[204] cabem exclusivamente à Assembleia da República, podendo esta porém autorizar o Governo, através do Ministro das Finanças, a realizá-las.

O IGCP, EPE poderá realizar as operações financeiras (por ex. envolvendo derivados financeiros[205]) que entenda tendo por base as responsabilidades decorrentes da dívida pública.

Uma das formas mais importantes de extinção da dívida pública é a amortização da dívida. Amortização significa, em sentido estrito, "o pagamento das prestações de capital"[206]. À amortização contrapõe-se o pagamento de juros e outras rendas. Na sua tarefa de gestão da dívida

[204] António L. Sousa Franco – *Finanças Públicas (II)...*, pp. 119 e 120: "A conversão consiste na alteração, por acordo ou pelo devedor, das condições contratuais em que foi celebrado o empréstimo público, no decurso da vigência deste [...]. É dela que se trata quando estamos perante a ideia de renegociação da dívida ou da renegociação de certos empréstimos".

[205] Sobre o conceito, v. Carlos Costa Pina – *Instituições e Mercados Financeiros*. Coimbra: Almedina, 2005, pp. 454 e ss.

[206] António L. Sousa Franco – *Finanças Públicas (II)...*, p. 116.

pública, o IGCP deve procurar evitar uma excessiva concentração temporal de amortizações, para evitar a criação de dificuldades de tesouraria (artigo 2.º, n.º 2, alínea c), da Lei-quadro da Dívida Pública). Nos termos do artigo 11.º da Lei-quadro da Dívida Pública, a amortização dos empréstimos deve ser coberta por receitas não consignadas do Orçamento do Estado.

A prescrição de dívida é outra das formas de extinção da dívida. Os créditos correspondentes a juros e rendas perpétuas prescrevem no prazo de 5 anos a contar da data do seu vencimento. Os créditos correspondentes ao capital mutuado e a rendas vitalícias prescrevem no prazo de 10 anos a contar do respetivo vencimento ou do primeiro vencimento de juros ou rendas posteriores ao dos últimos cobrados. Neste último caso, reverterão a favor do Fundo de Regularização da Dívida Pública (v. artigo 13.º, n.º 2, da Lei-quadro da Dívida Pública).

Para além da dívida principal, o Estado pode também assumir dívida acessória. Ou seja, pode garantir dívida de outras entidades públicas ou privadas, assumindo assim subsidiariamente dívida em caso de incumprimento do devedor principal.

Este poder de garantir dívida não é, porém, discricionário. Não só está sujeito a limites como a condições muito rigorosas.

Nos termos do artigo 161.º, al. h), da Constituição da República Portuguesa, é a Assembleia da República a determinar o limite máximo dos avales a conceder em cada ano pelo Governo[207].

O regime de dívida acessória é objeto de tratamento geral pela Lei n.º 112/97, de 16 de setembro[208] (que estabelece o regime da concessão das garantias pessoais pelo Estado ou por outras entidades públicas).

Nos termos do artigo 7.º deste diploma, o Estado poderá conceder garantias pessoais apenas sob a forma de fiança ou de aval. Deverá fazê-lo de forma a "assegurar a realização de operações de crédito ou de outras operações financeiras, nacionais ou internacionais" em relação a entidades públicas, empresas nacionais ou empresas que gozem de igualdade de tratamento (artigo 6.º da Lei n.º 112/97).

[207] Eduardo M. H. da Paz Ferreira – *Da Dívida Pública...*, pp. 161-163.

[208] Alterada pela Lei n.º 64/2012, de 20 de dezembro.

Estas garantias são concedidas a título excecional e o fundamento para a sua atribuição deve ser o manifesto interesse para a economia nacional (artigo 1.º da Lei n.º 112/97). A concessão das garantias deve fazer-se com respeito das regras e condições legalmente fixadas, do princípio da igualdade e o respeito das regras da concorrência. O incumprimento das condições legalmente fixadas pode fazer incorrer o responsável em responsabilidade criminal.

A concessão destas garantias está sujeita a um regime rigoroso. Elas dependem da verificação cumulativa dos requisitos, referidos no artigo 9.º da referida Lei n.º 112/97, que passamos a enumerar. Primeiro, a concessão destas garantias depende de o Estado ter participação na empresa ou interesse no empreendimento, projeto ou operação financeira que justifique a concessão da garantia. Segundo, depende de existir um projeto concreto de investimento ou um estudo especificado da operação a garantir, bem como uma programação financeira rigorosa. Terceiro, a concessão destas garantias depende também de o beneficiário apresentar características económicas, financeiras e organizacionais que ofereçam segurança suficiente para fazer face às responsabilidades que pretende assumir[209]. Ou seja, o Estado não poderá assumir uma garantia em que haja uma forte probabilidade de ser chamado a pagar a dívida assumida. E por último, a concessão destas garantias depende da prova da imprescindibilidade dessa mesma garantia para a realização da operação de crédito ou financeira, designadamente por inexistência ou insuficiência de outras garantias. O que significa que nunca poderá

[209] Veja-se a este propósito, a crítica que o Tribunal de Contas fez à concessão de aval ao BPP: "No parecer sobre a Conta Geral do Estado de 2008, e no que toca à garantia estatal ao Banco Privado Português (BPP) o TC considera (...) que o Estado avaliou de forma "superficial" as contragarantias dadas pela instituição."Não era certa à data da concessão nem foi prevista e concretizada posteriormente (...) qualquer medida que alterasse a situação financeira do BPP, de forma a poder reembolsar o empréstimo garantido", refere o parecer do TC, entregue hoje no Parlamento pelo presidente do tribunal, Oliveira Martins". "Se à data da concessão da garantia já existia um elevado grau de probabilidade (...) que a garantia iria ser executada", considera o TC, não se verifica a obrigação legal que "exige que exista segurança suficiente de que a obrigação a assumir será cumprida pelo garantido"."Não existindo essa segurança, como aconteceu no caso do BPP, a garantia não poderia ter sido concedida", conclui o tribunal" (*in* Expresso, 23.12.2009).

conceder garantias com o fundamento de que a entidade concedente é incapaz de assumir compromissos de pagamento de dívidas[210].

Para além disto, o diploma exige ainda que a garantia seja concedida a projetos ou empreendimentos com características específicas: realização de investimentos de reduzida rentabilidade; ou realização de investimentos de rentabilidade adequada, mas em que a entidade beneficiária, sendo economicamente viável, apresente, contudo, deficiência transitória da sua situação financeira; ou manutenção da exploração enquanto se proceda ao estudo e concretização de ações de viabilização; ou ainda dependentes da concessão de auxílio financeiro extraordinário (artigo 9.º, n.º 2, da Lei n.º 112/97).

De acordo com o artigo 12.º da Lei n.º 112/97, os créditos garantidos terão prazos de utilização não superiores a 5 anos, devendo ser totalmente reembolsados no prazo máximo de 30 a 50 anos, a contar das datas dos respetivos contratos.

Para além do regime geral, o Estado aplica, nalguns casos, regimes especiais de concessão de garantias, o que sucede por exemplo em matéria de concessão de garantias pessoais a países destinatários de cooperação portuguesa ou a garantias pessoais do Estado em setores específicos (como é o caso do sistema financeiro).

Chegados a este ponto, cumpre explicar que o risco envolvido na compra de dívida pública não é calculado por cada um dos países ou agências de gestão de dívida. Os riscos que este investimento envolve são avaliados por agências internacionais de notação financeira. As suas avaliações tomam como base uma escala de risco[211], de forma a que os

[210] Mais uma vez, servindo-nos do exemplo do aval concedido ao BPP, chamamos a atenção para que as garantias pessoais não podem ser concedidas com o fundamento de que a entidade concedente ser incapaz de assumir compromissos de pagamento de dívidas (Neste caso como é afirmado no parecer da Conta Geral do Estado de 2008, a "garantia requerida ao Estado pelo Banco Privado Português, SA, teve por base a rutura ao nível da liquidez do banco, correlacionada com a crise generalizada dos mercados" – www.**tcontas**.pt/pt/atos/**parecer**/**2008**/pcge**2008**-v1.pdf 01.07.2011 15:31) – "Como a razão para o BPP ter pedido o empréstimo era a incapacidade de cumprir compromissos, o tribunal [de contas] diz ser impossível argumentar que o banco podia pagar o empréstimo e que por isso, a lei não permite ao Estado conceder a garantia" (*in* Expresso, 23.12.2009).

[211] Abel L. Costa Fernandes – *A Economia...*, pp. 485 e 486.

possíveis compradores de títulos possam calcular a probabilidade de cumprimento ou não das obrigações de pagamento por parte do Estados a quem emprestam o seu dinheiro.

Estas agências visam colmatar uma incapacidade de mercado que se apresentava neste domínio: a falha de informação por parte dos investidores em relação à situação financeira em que se encontrava um emitente de títulos de dívida[212]. Estas agências são financiadas por quem deseja ser avaliado (podem ser avaliados os Estados ou outros entes públicos, bancos públicos e privados). No caso da dívida pública, a avaliação para efeitos de notação financeira é solicitada e publicitada com autorização do Estado de forma a que os potenciais investidores nos títulos que coloca no mercado disponham de informação esclarecida acerca do risco que correm com o seu investimento.

Existem centenas de agências de notações financeiras. Entre elas destacam-se as americanas: *Standard and Poors*, a *Moody's* e a *Ficht Ratings*.

A dívida pública tem uma relação umbilical com o défice orçamental, que importa compreender.

O défice corresponde à diferença existente entre a despesa excessiva de um determinado ano económico em relação às receitas tributárias e patrimoniais arrecadas pelo Estado. Sempre que a despesa pública é excessiva, ou seja, sempre que há défice orçamental, tem de se recorrer ao endividamento público.

Relacionando os dois conceitos o artigo 126.º do Tratado sobre o funcionamento da União Europeia exige o cumprimento de uma disciplina orçamental assente na não ultrapassagem de um valor de referência, por um lado, no que toca à relação entre o défice orçamental e o PIB e, por outro, à relação entre a dívida pública e o produto interno bruto, a preços de mercado[213]. De acordo com o Protocolo 20 sobre o procedimento relativo aos défices excessivos, anexo ao Tratado, os valores de referência seriam de 3% para a relação entre o défice orçamental programado ou verificado e o produto interno bruto, a preços de mercado;

[212] Philippe Moreau Defarges – *La Gouvernance*. Paris: PUF, 2003, p. 67.

[213] Estes critérios de convergência foram definidos em momento anterior com o Tratado de Maastricht (que entrou em vigor em 1993), o qual previu criação da UEM e do Euro.

e de 60% para a relação entre a dívida pública e o produto interno bruto, a preços de mercado[214/215].

Apesar de estes condicionamentos à contração de défice e dívida estarem previstos desde o Tratado de Maastricht a verdade é que o controlo feito pelas instituições comunitárias se baseava essencialmente no défice orçamental. Porém, em 2012, o Tratado sobre a Estabilidade, Coordenação e Governação na União Económica e Monetária (também conhecido por *Fiscal Compact* ou Pacto Orçamental) veio corrigir esta situação.

Este novo foco no limite ao nível de endividamento teve dois reflexos principais:

1) A dívida excessiva passou a ser objeto de um tratamento específico: um Estado sujeito a um procedimento de dívida excessiva, ou seja, acima dos 60% do PIB, deverá promover a sua redução numa média de 20% por ano; e
2) O défice excessivo passou a ser aferido em função do nível de dívida pública: para os países com dívida acima dos 60% o saldo da despesa administração pública não deve apresentar desvios de mais de 0,5% do PIB em relação ao objetivo orçamental de médio prazo; para países com dívida abaixo dos 60% e onde os riscos de sustentabilidade das finanças públicas a longo prazo são baixos, o limite de défice estrutural pode ascender a 1% do PIB em relação ao objetivo orçamental de médio prazo.

214 "[...] as razões que se invocam para justificar a inclusão de tais regras, são de dois tipos: um primeiro teria a ver com as consequências negativas que teria para os restantes países o excesso de endividamento por parte de um Estado membro e um segundo, que resultaria da convicção de que o processo de integração económica reforçaria a tendência natural dos governos para recorrerem ao endividamento em detrimento do reforço da carga fiscal" – EDUARDO M. H. DA PAZ FERREIRA – *Da Dívida Pública...*, p. 127.

215 "Tem sido generalizadamente posta em evidência a questão da total aleatoriedade dos valores previstos no Tratado, que não correspondem a qualquer critério económico razoável, não espelhando, designadamente, a problemática da "sustentabilidade" da dívida e antes refletindo, simplesmente, um valor médio registado em certa altura nos países da Comunidade" – EDUARDO M. H. DA PAZ FERREIRA – *Da Dívida Pública...*, pp. 127 e 128

"Nos modernos sistemas de economia de mercado, as mais significativas receitas públicas [...] são as receitas tributárias, que encontram o seu fundamento na existência de um dever genérico de cobertura dos encargos públicos, que recai potencialmente sobre a totalidade dos membros de uma Comunidade [...]"[216]. Receitas tributárias são aquelas que o Estado obtém no exercício do seu poder de autoridade, impondo aos particulares um sacrifício patrimonial que não tem por finalidade puni-los, nem resulta de qualquer contrato com eles estabelecido. De acordo com o artigo 165.º, al. i, da Constituição, os impostos, taxas e as contribuições financeiras a favor de entidades públicas são as receitas tributárias mais importantes. A referência que a elas se fará será muito sucinta, tendo em atenção que a matéria das receitas tributárias é objeto de estudo, em disciplina própria no curso de Direito.

Entre as receitas tributárias identificam-se os impostos, as taxas e as contribuições financeiras.

Os impostos são prestações pecuniárias de natureza corrente, devidas em cumprimento de uma obrigação legal, unilaterais, exigidas coercivamente pelo Estado – embora não sejam nem sancionatórias, nem compensatórias –, sem uma contrapartida imediata e direta para quem o paga[217]/[218]. A ideia da cobrança de impostos toma como ponto de partida que se todos beneficiam da atividade financeira do Estado, o qual por natureza não presta utilidades suscetíveis de exclusiva imputação individual, então todos devem contribuir para a cobertura das despesas originadas por essa atividade.

A cobrança de impostos supõe a verificação de certos pressupostos, genericamente previstos na lei, e podem exprimir determinadas situações de riqueza. Os impostos podem ser pessoais (tendo em conta a condição social do contribuinte) ou reais (refletem o elemento objetivo da sua

[216] António L. Sousa Franco – *Finanças Públicas (II)...*, p. 58.

[217] António L. Sousa Franco – *Finanças Públicas (II)...*, pp. 72 e 73. V. também Sérgio Vasques – *Manual de Direito Fiscal*. Coimbra: Almedina, 2011, pp. 181-184.

[218] "Afins dos impostos, visto que compartilham com eles a característica da imposição pública unilateral, são os empréstimos públicos forçados, em que o Estado obriga os cidadãos a ceder-lhe dinheiro mediante a obrigação de reembolso e pagamento de juros A legitimidade dos empréstimos forçados não suscita em princípio dúvidas de constitucionalidade [...]" – J. J. Gomes Canotilho e Vital Moreira – *Constituição da República Portuguesa anotada*. Coimbra: Coimbra Editora, 2007, pp. 1095 e 1096.

incidência); diretos ou indiretos ("podemos dizer que são impostos diretos aqueles que incidem sobre o rendimento e sobre o património e impostos indiretos aqueles que incidem sobre o consumo"[219]); progressivos, regressivos ou proporcionais; específicos (incidindo sobre grandezas físicas) ou *ad valorem* (incidindo sobre valores); periódicos ou de obrigação única[220].

O pagamento de impostos beneficia o Estado, as Regiões Autónomas e as Autarquias Locais. É de notar, porém, que atualmente os tributos são ainda devidos "a entidades públicas de base institucional, como sejam os institutos públicos, as entidades reguladoras ou os fundos autónomos, ou mesmo a entidades de direito privado às quais estão cometidas funções públicas, como sucede com algumas sociedades anónimas de capitais públicos"[221].

"A taxa constitui uma prestação pecuniária e coativa, exigida por uma entidade pública, em contrapartida de prestação administrativa efetivamente provocada ou aproveitada pelo sujeito passivo"[222]. Ou seja, ela tem uma natureza bilateral, porque pressupõe uma contraprestação específica (benéfica para quem a paga) por parte do serviço público que a cobra. Entre a taxa e a contraprestação deve ser estabelecida uma relação de proporcionalidade (ex: prestação concreta de um serviço público; utilização privativa de bens do domínio público; remoção de um limite jurídico à atividade dos particulares; emissão de passaporte; emissão de diploma escolar comprovativo de um grau académico; permissão para a prática de caça; pagamento de uma portagem). As taxas baseiam-se no princípio do benefício.

Para além dos impostos e taxas, a Constituição refere-se ainda a "contribuições financeiras a favor das entidades públicas"[223]. Estas correspondem a "encargos tributários que de forma mais ou menos completa recorrem também ao princípio do benefício como forma de legitimação e parâmetro da distribuição dos encargos tributários"[224]. Tal

[219] Sérgio Vasques – *Manual...*, p. 189.

[220] Sobre as várias classificações de impostos v. Saldanha Sanches – *Manual de Direito Fiscal*. Coimbra: Coimbra Editora, 2002, pp. 13-15 e Sérgio Vasques – *Manual...*, p. 188 e ss.

[221] Sérgio Vasques – *Manual...*, p. 185.

[222] Sérgio Vasques – *Manual...*, p. 203.

[223] J. J. Gomes Canotilho e Vital Moreira – *Constituição...*, p. 1095.

[224] Saldanha Sanches – *Manual...*, p. 22.

como os impostos, são de natureza obrigatória e de caráter corrente, mas diferenciam-se dos impostos na medida em que têm como contrapartida uma prestação social futura em favor do respetivo contribuinte. Tal como as taxas, estas estão associadas a uma contraprestação; só que ao contrário do que nestas sucede, nas contribuições as prestações não têm correspondência com o custo do bem em causa (estas têm "uma componente coletiva mais acentuada"[225]).

Entre os impostos e as taxas, podemos considerar como contribuições os impostos especiais de consumo, na medida em que a sua receita compense os custos que o consumo dos produtos a que respeita acarretam, por ex., para a saúde pública ou para o ambiente (impostos sobre o álcool e o tabaco[226]); os tributos ambientais, na medida em que compensam custos para o meio ambiente; as taxas de regulação económica, na medida em que compensam o exercício de uma atividade de regulação, supervisão e fiscalização; as quotizações obrigatórias para financiamento das ordens profissionais; e as contribuições especiais por obras públicas[227].

As contribuições para a Segurança Social também são consideradas no âmbito das contribuições financeiras a favor de entidades públicas[228]. Embora semelhantes aos impostos pela natureza obrigatória, destacam-se dos mesmos pela contrapartida que oferecem: uma prestação social futura em favor do respetivo contribuinte. Pela simultânea semelhança e diferença que apresentam em relação aos impostos, estas contribuições são muitas vezes designadas de receitas parafiscais[229].

[225] SÉRGIO VASQUES – *Manual...*, p. 221. Esta autor chega mesmo a referir-se a estas contribuições como "taxas por estimativa".

[226] SÉRGIO VASQUES – *Os impostos do pecado*. Coimbra: Almedina, 1999 e SÉRGIO VASQUES – *Impostos especiais de consumo*. Coimbra: Almedina, 2001.

[227] Sobre o tema v. SÉRGIO VASQUES – *Manual...*, pp. 221 e ss ou SALDANHA SANCHES – *Manual...*, pp. 22 e ss.

[228] Embora como assinale CASALTA NABAIS, a tendência seja a de recondução destas à dicotomia de impostos e taxas, consoante sejam unilaterais ou bilaterais – CASALTA NABAIS – *Direito Fiscal*. Coimbra: Almedina, 2010, p. 32. Sobre o tratamento destas receitas como contribuições financeiras a favor de entidades públicas v. A. L. SOUSA FRANCO – *Finanças do Setor Público: Introdução aos Subsetores Institucionais*. Lisboa, 2003, pp. 92 e ss., SÉRGIO VASQUES – *Manual...*, pp. 224 e ss. e SALDANHA SANCHES – *Manual...*, p. 26 e ss.

[229] CASALTA NABAIS – *Direito Fiscal...*, p. 32 e SALDANHA SANCHES – *Manual...*, p. 26.

Em relação às contribuições financeiras é de assinalar o enfraquecimento do princípio da legalidade pela revisão constitucional de 1997. Facto que foi já objeto de constatação pelo Tribunal Constitucional no Acórdão n.º 539/2015. Antes de 1997, estas contribuições estavam compreendidas na categoria dos impostos, implicando isso que a sua criação deveria ser feita por meio de lei da Assembleia da República. Desde essa data, estas contribuições financeiras passaram a ser expressamente referidas a par das taxas. Nos termos do artigo 165.º, n.º 1, alínea i), integra a reserva relativa de competência legislativa da Assembleia da República "o regime geral das taxas e demais contribuições financeiras a favor das entidades públicas". Assim sendo, deixam de estar sujeitas à reserva de competência legislativa da Assembleia da República, podendo ser criadas por meio de Decreto-Lei.

Para além das patrimoniais, creditícias e tributárias há outras receitas. São exemplos destas as multas, as penalidades e coimas, os pagamentos efetuados por particulares ao Estado e a outros entes públicos que visam a compensação por infração a um regulamento ou disposição legal.

b) A Despesa Pública

O conceito de despesa pública é indissociável da realidade orçamental (incluindo aqui não só o Orçamento do Estado, mas também os orçamentos locais e regionais). De facto, a despesa pública tem a ver com a "aplicação, mediante os mecanismos juridicamente estabelecidos, dos créditos previamente aprovados no Orçamento correspondente para assim fazer frente às obrigações de conteúdo económico do ente público de que se trate"[230]. Por isso, só o domínio dos mapas orçamentais nos permite uma ideia mais clara daquilo que é a despesa pública. Apenas com consciência dos gastos concretos promovidos pelo Estado é que conseguimos ver para além da ideia imprecisa de que a despesa pública corresponde à satisfação das necessidades sentidas por uma comunidade política ou noutros termos à "afetação de bens obtidos pelo Estado aos seus fins"[231], consoante o acordado em abstrato no contrato social.

[230] Luis María Cazorla Prieto – *Derecho Financiero...*, p. 96.

[231] José Augusto Monteiro – *Manual de Classificação Orçamental das Despesas Públicas*, PCM, 1999, p. 14.

Da análise das despesas – quando apresentadas pelas classificações orgânica (que apresenta as despesas pelas unidades administrativas em que estão integradas[232]), funcional (que dá a conhecer a atividade do Estado, quanto à natureza das suas funções e quanto ao custo de cada uma delas) e económica (que apresenta os gastos correntes e os gastos com a formação bruta de capital fixo) – ressalta a ideia de que a despesa pública não é toda utilizada da mesma forma[233]. Dos mapas orçamentais resulta que esta é empregue essencialmente de três formas: consumos, transferências e investimentos.

Quando nos referimos aos *consumos* do Estado, estamos a referir-nos às despesas de funcionamento do Estado, ou seja, às despesas correntes do designado consumo público[234], juntando ainda a este agregado os encargos correntes da dívida pública, que são normalmente objeto de tratamento separado pela sua variabilidade e para permitirem uma mais fácil contabilização dos saldos primários. Ou seja, a este conjunto fazemos corresponder a soma das despesas correntes, subtraídas as transferências correntes.

Consumos = consumo público + juros

ou

Consumos = despesas correntes – transferências correntes

O que os *consumos*, como componente de despesa, têm em comum é o facto de diminuírem o ativo líquido do Estado, sendo insuscetíveis de gerar nova riqueza – seja por via da redistribuição ou do investimento. Ou seja, estas são despesas sem correspondência a movimentações de massas monetárias para outros grupos distintos do Estado (ou seja, não correspondem a redistribuições de receitas do Estado) e que não oferecem contrapartida em termos de acréscimo de bens duradouros. São

[232] Embora esta não nos permita mais do que um vislumbre daquilo que são os gastos de cada unidade administrativa sem identificação dos fins desses mesmos gastos.

[233] Estes componentes da despesa tornam-se cristalinos com as distinções operadas pela classificação económica francesa das despesas: despesas de funcionamento, de capital e de transferência. Embora os nossos mapas de classificação económica também permitam fazer com clareza esta distinção.

[234] Consumo público = despesas de pessoal + despesas de aquisição de bens e serviços correntes.

exemplos de *consumos* do Estado as remunerações certas e permanentes e os abonos variáveis ou eventuais que o Estado deve aos seus servidores; a aquisição de bens e serviços correntes; os encargos correntes da dívida pública.

A expressão *consumos*, remete-nos para o conceito liberal, já mencionado, de despesa pública, associado à "ideia de redução de riqueza, de património, ainda que redução considerada necessária, indispensável"[235]. Porém, mesmo numa visão moderna da despesa pública, teremos de considerar a dimensão do *consumo* público: o Estado continua a ter necessidades que se prendem com a sua existência. Apesar destas despesas poderem ser consideradas não reprodutivas, são fundamentais para a prossecução do interesse geral da comunidade pois sem elas também não existiria Estado. Quer queiramos quer não, haverá sempre uma parte da despesa pública que continua a não corresponder a despesa reprodutiva e a alimentar somente o Estado.

Não perder de vista que a despesa pública também é *consumo* e, sobretudo, não perder de vista as cautelas liberais relativamente ao "Estado-consumidor", é fundamental para que o mesmo não redunde em verdadeiro desperdício. O Estado como mero consumidor deve ser reduzido ao mínimo, para que não se transforme "numa espécie de «buraco», onde desaparecem para sempre as somas coletadas sobre o rendimento nacional"[236].

O destacamento das transferências no seio da despesa pública parte da existência de uma rubrica das *Outras Funções* da classificação funcional (transferências entre administrações) e uma rubrica existente tanto no seio das despesas correntes (transferências correntes) como no das despesas de capital (transferências de capital). Ao contrário do que sucede com a referência aos *consumos*, este remete-nos para uma perspetiva mais contemporânea da despesa pública, não exclusivamente associada à atividade do Estado. Com efeito, a expressão *transferências* remete-nos para uma ideia de movimento: transferência é sinónimo de deslocação, transporte, mudança de lugar, passagem.

No sentido em que as estamos a considerar, as *transferências* são uma componente da despesa pública, correspondente a prestações unilaterais

[235] Pedro Soares Martinez – *Esboço...*, p. 32.
[236] Maurice Duverger – *Finances Publiques...*, p. 40.

do Estado dirigidas a outro ente económico (público ou privado), sem que se verifique qualquer contraprestação por parte deste último.

Com o destaque das *transferências* no seio da despesa pública esfuma-se a imagem liberal do Estado como um "buraco", que faz desaparecer o dinheiro que coleta. A ideia de transferência aponta para uma ideia do Estado muito característica do século XX (embora já defendida desde o séc. XVIII por Autores como Adam Smith, Rousseau e Kant[237]). O Estado não é neutro, mas um "filtro", como já acima foi descrito. Com o reconhecimento das *transferências* no seio da despesa, o Estado apresenta-se como uma pessoa coletiva que também cria riqueza e que vai mesmo para além daquilo que é conseguido pela despesa privada: a despesa pública opera transferências de riqueza entre grupos sociais[238/239], gerando ela própria nova riqueza. Nesta perspetiva, a despesa pública não corresponde sempre a perda.

As despesas que correspondem a *transferências* podem ser dirigidas para o setor público, para o setor privado ou ainda para o exterior. Entre as transferências para o setor público, estão incluídas as que são feitas para as *administrações públicas*: fundos e serviços autónomos, administração local, Segurança Social e Regiões Autónomas. Entre as transferências para o setor privado compreendem-se as feitas para o que no Orçamento do Estado é designado por *administrações privadas* – Associações de beneficência; associações de futebol; associações de socorros mútuos; Automóvel Clube de Portugal; clubes vários; Confraria de S. Vicente de Paulo; Cruz Vermelha; Federações desportivas; Fundação

[237] Maria d'Oliveira Martins – *A despesa pública...*, pp. 34 a 47.

[238] Pedro Soares Martinez – *Esboço...*, p. 32.

[239] Bouvier, Esclassan e Lassale referem como despesas de transferência as despesas que correspondem à participação do Estado no sistema de segurança social (corresponde portanto àquilo a que o regime contributivo não consegue responder); as que correspondem a ajudas ao setor económico (agricultura, subvenções de funcionamento ou de compensação dirigidas às empresas públicas deficitárias, prémios ou subvenções dadas pelo Estado a empresas privadas como parte de uma política de incentivos); as que correspondem ao setor local (subvenções a coletividades descentralizadas); as que correspondem ao setor educativo e cultural (ajudas aos estabelecimentos de ensino privados, ajudas à criação artística); as que correspondem no setor exterior às ajudas aos países em vias de desenvolvimento e contribuições para organizações internacionais, incluindo a União Europeia – Michel Bouvier, Marie-Christine Esclassan, Marie-Christine Jean-Pierre Lassale – *Finances Publiques...*, pp. 59 e 60.

Calouste Gulbenkian e outras fundações; Instituições particulares de ensino e de investigação, organizações religiosas, sindicatos[240] – e as feitas às famílias[241]. Consideram-se como transferências para o exterior as que correspondem a contribuições para a União Europeia e outras transferências para o exterior (países terceiros e organizações internacionais). As transferências abrangem também os subsídios (subvenções ou indemnizações compensatórias) para unidades do setor empresarial de capital público para compensar défices de exploração tendo em conta a oferta de bens e serviços abaixo dos custos de produção[242].

No âmbito das *transferências* são de considerar tanto as transferências correntes – que visam o financiamento das despesas de consumo da entidade recebedora – quanto as transferências de capital – que visam o financiamento de despesas de capital da entidade recebedora, por ex. para financiamento da formação bruta de capital, para aquisição de ativos de capital, para compensação de danos, para aumento do capital financeiro ou para amortização de empréstimos –, embora não possamos deixar de considerar estas últimas também como despesas de investimento. Digamos que as transferências de capital correspondem a uma interseção entre o conjunto dos *investimentos* e das *transferências* como componentes de despesa pública.

Transferências = transferências correntes + transferências de capital

A deteção das *transferências* no âmbito da despesa pública é importante nomeadamente na conversão da execução orçamental para ótica da contabilidade nacional, pois "torna-se necessário conhecer os setores e subsetores institucionais de onde provêm e para onde vão as importâncias transferidas, visando a sua anulação ou compensação através da operação

[240] José Augusto Monteiro – *Manual...*, p. 103.

[241] José Augusto Monteiro – *Manual...*, pp. 73 e 74.

[242] "Estão neste caso, os apoios financeiros à CP (subvenção de equilíbrio pela obrigação de explorar os caminhos de ferro e de praticar preços sociais), as compensações financeiras a empresas de transportes, as indemnizações compensatórias à RTP, RDP e TAP face ao serviço público que prestam aos cidadãos nas respetivas áreas" – José Augusto Monteiro – *Manual...*, p. 117.

designada por 'consolidação entre setores ou subsetores institucionais' para evitar a duplicação de valores"[243].

Na perspetiva do controlo, a identificação das *transferências* constitui um claro alerta no sentido do escrutínio da sua produtividade. É que por vezes, estas acabam por corresponder a situações de retirada de "fundos a setores produtivos para beneficiar outros cuja utilidade social ou económica seria nula (ou, pelo menos, mais baixa)"[244/245]. A questão da produtividade ou improdutividade das transferências adquire particular relevância nas transferências para o setor privado, de forma a evitar a sua excessividade e, sempre que possível, até mesmo a improdutividade da despesa pública.

Os investimentos, como componente de despesa pública orçamental, englobam, de acordo com o que extraímos dos mapas orçamentais, todas as despesas de capital.

Os *investimentos* abarcam, portanto, todo o conjunto de despesas com efeitos na formação de capital fixo, que perduram no tempo, estendendo-se os seus efeitos para além do período orçamental a que dizem respeito. Ao contrário do que sucedia quanto aos *consumos*, os *investimentos* diminuem o ativo líquido do Estado, mas geram contrapartidas em termos de acréscimo de bens duradouros. São exemplos de investimentos na sua componente de despesas de capital "as despesas com a aquisição de bens de capital (investimentos), com operações financeiras (ativos e passivos financeiros) e com transferências de capital (despesas sem contraprestação para a entidade dadora)"[246].

A ideia de investimento público, sobretudo numa perspetiva de distribuição e repartição de riqueza, é uma ideia desenvolvida sobretudo no séc. XX com a difusão do pensamento keynesiano. Num contexto de finanças ativas, o investimento pelo Estado deixa de vez de ser desvalorizado perante a despesa privada, como sucedia na perspetiva clássica. A despesa privada não é, à partida, melhor do que a pública pelo

[243] José Augusto Monteiro – *Manual*..., p. 117.

[244] António L. de Sousa Franco – *Finanças Públicas (II)*..., p. 19.

[245] Ainda que nalguns casos a improdutividade não possa ser afastada – exemplo clássico de redistribuição de riqueza: transferência de riqueza dos mais ricos (tidos como mais produtivos) para os mais pobres (tidos como menos produtivos) – é necessária a tomada de consciência da mesma, para se poder controlar o papel do Governo neste domínio.

[246] José Augusto Monteiro – *Manual*..., p. 112.

facto de ser privada. Mas se a verdade é que o Estado pode fazer mais e melhor com a despesa pública em matéria de investimentos, o certo é que no controlo desta parte da despesa não podemos prescindir em cada passo de um confronto com a despesa privada, procurando limitar a ação do Estado àquilo em que a sua intervenção suplanta a dos privados[247].

Prosseguindo na análise dos mapas, é fácil de ver que os componentes de despesa pública não esgotam o seu conceito. Completando o que foi dito, prosseguiremos com a enunciação dos restantes elementos da noção de despesa pública.

A despesa pública corresponde ao *conjunto de consumos, transferências e investimentos, promovidos com a utilização de meios económicos monetários, por parte do Estado.*

De acordo com os mapas orçamentais, a despesa pública restringe-se ao universo dos gastos contabilizáveis (soma de meios económicos monetários empregue por entes públicos, tendo em vista a satisfação de necessidades públicas[248]). Ficam, portanto, fora do controlo orçamental todo os gastos não contabilizáveis também designados por gastos ocultos, por parte do Estado (de que são exemplos a oferta de transportes gratuitos e a possibilidade de utilização de imóveis pertencentes a entidades públicas)[249/250].

[247] Veja-se neste sentido o artigo 19.º da LEO que obriga no âmbito das PPP a pôr em confronto um programa com recurso a uma parceria público-privada e um "programa alternativo visando a obtenção dos mesmos objetivos com exclusão de financiamentos ou exploração a cargo de entidades privadas".

[248] Esta distinção entre despesa pública contabilizável e não contabilizável baseia-se na que é dada por Pedro Soares Martinez – *Esboço...*, p. 16).

[249] V. a este propósito Pedro Soares Martinez – *Esboço...*, p. 16. Soares Martinez que ainda junta a estes exemplos de remunerações de natureza económica sem caráter pecuniário as isenções de impostos. Suprimimos esse exemplo do âmbito das despesas ocultas, na medida em que algumas isenções são atualmente contabilizadas no Orçamento na rubrica de receitas cessantes (v. artigo 8.º, n.º 4, da LEO). As receitas cessantes correspondem a benefícios fiscais ou financeiros que importam a perda de receita. Apesar de, nos termos do artigo 6.º, n.º 2, da LEO se poderem deduzir às receitas as estimativas das receitas cessantes em virtude de benefícios tributários, como se dispõe neste número estas não podem deixar de ser discriminadas. Sê-lo-ão de acordo com os códigos de classificação económica das receitas, no mapa XXI (que é o mapa onde se registam as receitas negativas).

[250] Embora reconhecendo que a despesa pública entra materialmente no movimento de fundos de dinheiro como regra geral, Bayona de Perogordo e Soler Roch admitem,

Os gastos ocultos ou não contabilizáveis escapam, portanto, e a par do que sucede com as operações de tesouraria, a gestão patrimonial do Estado e os fenómenos de independência orçamental[251], à aplicação do princípio da plenitude orçamental.

Note-se, porém, que se relativamente às demais operações financeiras que escapam ao orçamento (as operações de tesouraria, a gestão patrimonial do Estado e os fenómenos de independência orçamental, já referidos) existe a possibilidade de escrutínio, por parte da Assembleia da República, por constarem obrigatoriamente dos elementos informativos que o Governo deve apresentar juntamente com a proposta do Orçamento (artigo 37.º da Lei de Enquadramento Orçamental), os gastos não contabilizáveis estão totalmente fora da vista quer da Assembleia da República, quer do Tribunal de Contas. É certo que, neste ponto, se poderá dizer que a sua não orçamentação não provoca dano de maior, por não se tratar de dispêndio de massas monetárias. Porém, tratando-se da utilização de bens públicos, bem ficaria ao legislador uma maior transparência no que toca a estes gastos, de forma a que também estes possam ser controlados política e juridicamente, enquanto benefícios e regalias concedidos pelo Estado, por forma a promover a sua parcimoniosa utilização, evitando abusos.

c) Os Orçamentos como autorizações de cobrança de receitas e de realização de despesas

É através do Orçamento que se faz o confronto das receitas e das despesas.

O orçamento é um instrumento financeiro, no qual se faz uma previsão de receitas e despesas. Mas o Orçamento não se limita a ser uma mera previsão. É nele que se encontra também a autorização política e jurídica para a efetivação de um determinado plano aprovado pelo órgão parlamentar, de forma a que os contribuintes autorizem a cobrança de impostos e sejam em simultâneo informados dos planos de intervenção do Governo. Esta é como vimos, uma herança do princípio do consentimento,

no entanto, o pagamento em espécie como meio de satisfação das necessidades públicas – Bayona de Perogordo e Soler Roch – *Derecho Financiero*, Vol. I. Alicante: Librería Compás, 1989, p. 474, *apud* Luis María Cazorla Prieto – *Derecho Financiero...*, pp. 96 e 97.

[251] Guilherme d'Oliveira Martins e outros – *A Lei de Enquadramento...*, pp. 65 e 66.

que tem na Magna Carta a sua pedra basilar, e encontra na evolução histórica um desenvolvimento significativo, como se dará nota adiante, a propósito dos princípios orçamentais. Deste princípio da autorização política resulta nomeadamente o princípio da renovação periódica deste consentimento (princípio da anualidade).

Para além, dos elementos económico e político que poderão saltar à vista mais imediatamente, o Orçamento tem também uma importantíssima função jurídica de limitação de poder. Por um lado, limitação do poder do Governo. E por outro, limitação do poder de toda a Administração.

A limitação ao Governo faz-se por intermédio do reconhecimento de valor reforçado à Lei do Orçamento (artigo 112.º, n.º 3, da Constituição). Este valor reforçado dota-o da capacidade de resistir a revogações ou alterações legislativas que não sejam operadas mediante a forma original de Lei do Orçamento do Estado.

A limitação de poder da Administração Pública, faz-se sentir no que toca quer à cobrança de receitas quer à realização da despesa. Com efeito, embora a Administração não esteja limitada quanto aos montantes de receitas previstos no Orçamento, está limitada quanto à espécie de receitas aí previstas e às taxas de impostos aí autorizadas. No que toca à despesa, a limitação é mais visível, uma vez que o Orçamento condiciona as receitas quanto à espécie e ao montante autorizado pelo Parlamento. As despesas orçamentadas constituem tetos máximos de gasto, passível de ser autorizado pelos serviços administrativos públicos.

É pensando nestes três significados do Orçamento (previsão, autorização e limitação) que Sousa Franco fala dos três elementos orçamentais (elemento económico, elemento político e elemento jurídico).

Nos nossos dias, a atividade pública encontra-se espelhada em vários instrumentos orçamentais, a saber: o Orçamento do Estado (artigo 105.º, n.º 1, da Constituição); os Orçamentos locais (artigo 238.º, n.º 1, da Constituição); e os Orçamentos regionais (artigo 227.º, n.º 1, al. p), da Constituição).

II.
A Organização Financeira Nacional

1. Uma administração constitucionalmente marcada pela desconcentração, devolução de poderes e pela descentralização financeira

Uma das heranças do Estado liberal muito reduzido, que acabou por ter algum seguimento no período do Estado Novo foi a de um Estado centralizador que procurava concentrar os poderes financeiros no Ministro das Finanças.

Se a lei nada dispusesse em contrário, os serviços administrativos eram serviços simples, ou seja, estavam integrados na administração financeira geral. Estes serviços recebiam as dotações inscritas no Orçamento por duodécimos. O seu orçamento integrava o da unidade administrativa em que estivesse integrado. Estes serviços não tinham personalidade jurídica própria. Não podiam também ordenar despesa pública autonomamente. Os critérios de execução do Orçamento eram definidos pelo Ministério das Finanças. Estes "serviços simples" eram tradicionalmente serviços, cujas responsabilidades em matéria de decisões financeiras estavam geralmente centralizadas ou no Ministro ou no Ministério das Finanças[252], embora já no final da década de 80 se falasse, ainda que de forma incipiente, em transferência das responsabilidades para os próprios serviços. Com efeito,

[252] António L. de Sousa Franco – *Finanças Públicas (I)...*, p. 161.

a realização de despesas por parte dos mesmos carecia de uma autorização prévia por parte da já extinta Direção-Geral da Contabilidade Pública.

O facto de, por via de regra, os serviços serem simples, fazia com que "[...] tradicionalmente quase todas as decisões, da fixação do conteúdo do orçamento até aos critérios da sua execução, c[oubessem] ao Ministério das Finanças (tendência reforçada pelas «origens financeiras» do «regime salazarista» do Estado Novo)"[253].

Se (e na medida em que) a lei assim o dispusesse, os serviços poderiam gozar de autonomia administrativa ou de autonomia financeira. Sendo estes regimes atribuídos por lei, havia regimes intermédios: "autonomia parcial" ou "semi-autonomia"[254]. Nestes regimes, a autonomia apenas dizia respeito a uma parte e não à totalidade das despesas a realizar.

A autonomia administrativa era atribuída quando existiam receitas próprias e consistia, por regra, na possibilidade de um serviço praticar atos administrativos definitivos e executórios ordenando despesa pública. Esta autonomia resultava do facto destes serviços serem dotados de um conselho de administração que tinha competência exclusiva em matéria financeira para gerir as receitas próprias de que dispunham. Assim sendo, estes serviços procediam à entrega de fundos nos cofres do Tesouro, podendo mais tarde requisitá-los para sua utilização. A requisição era registada pela Direção-Geral da Contabilidade Pública. A autonomia financeira era também atribuída por lei, quando isso se justificasse para a adequada gestão do serviço em causa, e consistia na possibilidade de um serviço ter um orçamento e contabilidade privativa. Este Orçamento era aprovado pelo Ministro da Tutela e pelo Ministro das Finanças. Cada serviço dispunha das suas "Contas de Ordem" inscritas no Orçamento do Estado do respetivo Ministério da Tutela.

Esta tendência centralista manteve-se até ao início da década de 1990 e foi alterada com a publicação da Lei de Bases da Contabilidade Pública (Lei n.º 8/90, de 20 de fevereiro), com efeitos ao nível da organização do setor público administrativo.

Até aos anos 1990, a excessiva centralização da Administração do Estado Central contribuiu para o desinteresse quanto à análise da

[253] António L. de Sousa Franco – *Finanças Públicas (I)...*, p. 161.

[254] António L. de Sousa Franco – *Finanças Públicas (I)...*, p. 161.

despesa de outro ponto de vista que não o da estrita aplicação do que estava previsto no Orçamento. Na parte em que cabia ao Ministério das Finanças a execução direta do Orçamento interessava-lhe sobretudo o cumprimento estrito daquilo que tinha previsto. Na parte em que os gastos correspondiam ao exercício da autonomia – fosse ela administrativa ou financeira – a Direção-Geral da Contabilidade Pública tinha apenas um papel de conferência dos montantes entregues e de autorização de pagamento.

A reforma da Administração Pública, visando a redução do peso burocrático do Estado, veio alterar este estado de coisas. Com esta reforma, deu-se, antes de mais, cumprimento ao imperativo do artigo 267.º, n.º 2 da Constituição, no sentido da desconcentração administrativa, numa altura em que foi necessário repensar a forma de atuação do Estado, de forma a que o mesmo pudesse controlar os seus gastos. Como dissemos, ao longo dos anos 1990 medidas legislativas adotadas foram neste sentido, sobretudo desde 1992, com a ratificação do Tratado de Maastricht, gerando a necessidade de controlar o défice orçamental e o recurso às receitas creditícias.

A desconcentração consistiu neste caso em tornar como regra o regime de autonomia administrativa, fazendo cessar a subordinação de grande parte da Administração Central ao poder do Ministério das Finanças. A Lei de Bases da Contabilidade Pública abandonou a lógica de controlo e de assunção central de responsabilidades, assumindo em troca uma nova lógica mais favorecedora da ação de cada uma das entidades que compõem o Estado. A partir de 1990, ao invés de termos uma Administração Central composta por um núcleo substancial de "serviços simples" e por um pequeno número de serviços dotados de autonomia, passamos a ter uma Administração composta apenas por entidades autónomas, em que a regra é a da autonomia administrativa.

Um dos pilares em que esta Lei assentou foi, pois, a eliminação dos poderes de controlo prévio das despesas públicas por parte da antiga Direção-Geral da Contabilidade Pública. Mesmo que não tivessem receitas próprias, todos os serviços administrativos passaram a dispor de autonomia administrativa, o que aumentou a sua capacidade de gestão, uma vez que passaram ter competência própria para autorizar despesa. Estes passam a poder autorizar despesa quanto aos atos de gestão corrente, a qual seria paga pelos cofres do Tesouro[255/256] e submetida apenas a um controlo sucessivo[257/258].

A ideia foi a de instalar uma cultura de gestão que assentasse mais na definição estratégica por parte dos serviços centrais do que na sua intervenção diária nos assuntos de administração corrente[259]. "A desconcentração f[e]z cessar a hierarquia"[260].

O reforço da capacidade de decisão dos dirigentes correspondeu, como se explicará adiante, naturalmente a um robustecimento do controlo concomitante e sucessivo (e consequentemente no enfraquecimento do controlo prévio) dos gastos operados pelos serviços e organismos da Administração Pública e à implementação de um sistema de acompanhamento da execução orçamental, nomeadamente através da implementação do Sistema de Informação para a Gestão Orçamental (Sistema SIGO).

A reforma da estruturação da Administração Central do Estado fez com que o sistema de controlo de cumprimento formal de regras de legalidade orçamental se tornasse insuficiente. Num contexto de maior autonomia, as tarefas deixam de ser controladas diariamente, para serem fixadas em torno de políticas e objetivos a cumprir. Deixa de ser relevante o controlo da despesa apenas do ponto de vista do cabimento orçamental, para se começar a introduzir outro tipo de controlo. A partir da lei de enquadramento orçamental de 1991 (Lei n.º 6/91, de 20 de fevereiro) começa a falar-se do controlo feito em torno dos 3 E's da economia, eficiência e eficácia[261]. Este controlo afasta o controlo da

255 Nos termos do artigo 3.º, n.º 1 a 4, da Lei de Bases da Contabilidade Pública.

256 No caso dos serviços dotados de autonomia administrativa e financeira, o pagamento é diretamente autorizado pelos respetivos dirigentes, sem necessidade de ir ao Tesouro (artigo 8.º, n.º 1, da Lei de Bases da Contabilidade Pública).

257 Artigos 3.º, n.º 4, e 10.º da Lei de Bases da Contabilidade Pública.

258 Também os serviços dotados de autonomia administrativa e financeira estão apenas sujeitos a um controlo sucessivo (artigo 8.º, n.º 2, da Lei de Bases da Contabilidade Pública).

259 MARIA DO ROSÁRIO TORRES – *Controlo e Avaliação...*, p. 122.

260 FREITAS DO AMARAL – *Curso de Direito Administrativo...*, vol I, p. 837 referindo-se aos casos de desconcentração absoluta: ela "é tão intensa e é levada tão longe que os órgãos por ela atingidos se transformam de órgãos subalternos em órgãos independentes".

261 Veja-se o comentário crítico de SOUSA FRANCO relativamente ao artigo da Lei de Enquadramento do Orçamento do Estado que acrescentava ao princípio de legalidade o princípio da economicidade e da justificação prévia das despesas no que toca à sua economia,

despesa de um princípio estrito de legalidade, abrindo a possibilidade de controlo do desempenho dos serviços, tendo em vista os objetivos previamente fixados.

Esta abertura do controlo da despesa foi facilitada pela revisão constitucional de 1989[262], a qual no artigo 219.º da Constituição, passou a definir a competência do Tribunal de Contas deixando cair a referência explícita a uma fiscalização da "legalidade das despesas públicas" e prevendo uma remissão para a lei. Como defende Paz Ferreira, a expressa inclusão na Constituição desta mesma remissão para a lei em 1989, pareceu abrir espaço para o exercício da liberdade legislativa no que toca à definição das competências deste tribunal. A abertura da norma passou então a sugerir uma abertura inequívoca de um "caminho para o desenvolvimento de métodos inovadores de controlo das contas [...], daqui resultando a possibilidade de se consagrar, por via legislativa a competência do Tribunal para uma fiscalização que abranja aspetos de eficiência, eficácia e economia"[263].

A reforma da lei de bases da contabilidade pública foi também pretexto para uma nova definição dos requisitos para a atribuição do regime de autonomia financeira, procurando disciplinar essa atribuição, respondendo em simultâneo a um imperativo de uma maior devolução de poderes, de forma a contribuir para a desburocratização e a libertação dos

eficiência e eficácia: "É duvidoso se não se irá criar uma nova formalidade burocrática, mais do que uma forma de controlo justificado, ao prever esta prévia justificação, cuja formalização tem, aliás, primado pela ausência e assim continuará provavelmente". – António L. Sousa Franco – *Finanças Públicas (I)...*, p. 434.

[262] *Vide*, ilustrando a prevalência de um controlo de legalidade estrito para as despesas do Estado, o Acórdão do Tribunal Constitucional n.º 461/87 apreciando a constitucionalidade do artigo 18.º da Lei n.º 49/86, na parte em que colocava no âmbito dos poderes do Tribunal de Contas o de apreciar não só a legalidade de todas as despesas autorizadas e pagas pelo Gabinete de Gestão Financeira do Ministério da Justiça, mas também a eficiência da respetiva gestão económica, financeira e patrimonial. Neste caso, o Tribunal Constitucional concluiu no sentido da inconstitucionalidade de apreciação da eficiência da gestão, por parte do Tribunal de Contas.

[263] Eduardo Paz Ferreira *in* Jorge Miranda e Rui Medeiros – *Constituição Portuguesa Anotada*, 2007, p. 159. *Vide* António L. Sousa Franco – *Finanças Públicas (I)...*, p. 459, falando de um "elenco aberto de poderes" e pp. 460-461 referindo-se às três ordens de poderes que vêm previstas na lei, completando a Constituição.

serviços centrais de algumas tarefas. Com esta nova disciplina procura dar-se resposta ao imperativo de integração orçamental dos serviços e fundos autónomos, fruto da revisão constitucional de 1989, constante do artigo 105.º, n.º 1, alínea a), *in fine* da Lei Fundamental.

Até 1990, a realidade dos serviços e fundos autónomos não era muito simples de dominar: a atribuição de autonomia financeira era feita *ad hoc*; apenas parte desses serviços tinham o seu orçamento integrado no Orçamento do Estado[264] e o seu regime não era uniforme, sendo definido pelo diploma que em concreto procedia à atribuição do regime de autonomia financeira[265].

Com a Lei de Bases de Contabilidade Pública, de 1990, é que se previram requisitos mais uniformes para a atribuição de uma autonomia qualificada – embora sem aniquilar uma grande margem de discricionariedade na atribuição deste regime. A partir daí, o reconhecimento da autonomia financeira passa a assentar, por via de regra, não só numa necessidade do serviço para a sua adequada gestão, mas também no facto de esse mesmo serviço dispor de receitas próprias que cobrissem, pelo menos, 2/3 das suas despesas. Nota-se, porém, que o aumento de organismos com autonomia administrativa e financeira esteve ligado a um aumento de despesa pública. Como afirma Paulo Trigo Pereira "estes processos de descentralização administrativa (passagem de organismos dos serviços integrados do Estado para FSA) contribuíram para aumentar substancialmente o peso da despesa pública na riqueza nacional, que passou de 35% em 1989 para quase 50% em 2010 [...]"[266]. Este aumento de despesa ficou muitas vezes a dever-se ao diferente regime remuneratório a que estas entidades ficavam sujeitas. Com efeito, houve nos últimos anos uma tendência de oferecer nos serviços e fundos

[264] V. artigo 25.º da Lei n.º 64/77, de 26 de agosto e artigo 24.º da Lei n.º 40/83, de 13 de dezembro. A Lei 6/91 é a primeira Lei de Enquadramento Orçamental a contar com a inserção orçamental dos fundos e serviços autónomos.

[265] V. nomeadamente o Decreto-Lei n.º 459/82, de 26 de novembro, sujeitando "a atividade financeira dos fundos autónomos e dos organismos dotados de autonomia administrativa e financeira, incluindo os institutos públicos financiados pelo Orçamento Geral do Estado em mais de 50%, [...] ao regime estabelecido no presente diploma".

[266] Paulo Trigo Pereira – *Portugal: Dívida Pública e Défice Democrático*. Lisboa: FFMS, 2012, p. 46.

autónomos maiores remunerações em relação àquelas que se ofereciam nos serviços integrados do Estado.

Mas descrever a Administração Pública portuguesa do ponto de vista jus financeiro não passa apenas pela compreensão dos fenómenos de desconcentração ou de devolução de poderes. Essa descrição tem também de contar com uma outra coordenada constitucional importante: a da descentralização, a qual tem não só, reflexos administrativos, mas também financeiros muito relevantes, uma vez que os mais relevantes fenómenos constitucionais de descentralização estão ligados a independência orçamental, que no nosso ordenamento é uma forma qualificada de autonomia financeira.

O primeiro fenómeno é referido nos artigos 225.º e ss. da Constituição.

Tal como é constitucionalmente reconhecida, a autonomia financeira das Regiões Autónomas consubstancia-se em autonomia patrimonial, independência orçamental e autonomia de tesouraria, as quais marcam toda a administração regional.

A autonomia patrimonial corresponde à possibilidade de disposição de bens próprios e à "liberdade de disposição dos bens que o integram, sem sujeição a qualquer poder de superintendência ou de tutela do Estado"[267]. A independência orçamental engloba o poder de aprovar um plano de desenvolvimento económico e social próprio, um orçamento regional e uma conta regional próprias para cada Região Autónoma[268]. A autonomia de tesouraria permite às Regiões Autónomas a arrecadação e disposição de receitas atribuídas por lei[269]. É por força desta autonomia que as Regiões Autónomas dispõem de poder tributário próprio e de poder para adaptar o sistema fiscal nacional às especificidades regionais[270]; dispõem de receitas fiscais nela cobradas ou geradas[271]; e dispõem de uma participação das receitas tributárias do Estado[272].

[267] V. artigo 227.º, n.º 1, al. h) da Constituição – Jorge Miranda e Rui Medeiros – *Constituição (III)...*, p. 273.

[268] V. artigo 227.º, n.º 1, al. p), da Constituição.

[269] Artigo 227.º, n.º 1, alíneas i), j) e r), da Constituição da República Portuguesa.

[270] Artigo 227.º, n.º 1, alínea i), da Constituição da República Portuguesa.

[271] Artigo 227.º, n.º 1, alínea j), primeira parte, da Constituição da República Portuguesa.

[272] Artigo 227.º, n.º 1, alínea j), segunda parte, da Constituição da República Portuguesa.

Também as autarquias locais dispõem de autonomia financeira, a qual resulta do imperativo constitucional, constante do artigo 238.º. "Conceber-se-ia mal que a autonomia administrativa não fosse acompanhada de autonomia financeira"[273]. É, pois, por imposição constitucional que as autarquias elaboram e aprovam, elas próprias, o seu orçamento, plano e outros documentos previsionais e de prestação de contas; arrecadam e dispõem de receitas atribuídas por lei[274]; e gerem o seu próprio património. Gozam, portanto, de independência orçamental.

A arquitetura financeira do Estado supõe também o conhecimento de alguns regimes específicos de autonomia, reconhecidos diretamente a partir do texto da Constituição.

Nos termos do artigo 76.º, n.º 2, as universidades públicas gozam de autonomia administrativa e financeira, mesmo que não preencham os requisitos já referidos da Lei de Bases da Contabilidade Pública. Esta autonomia administrativa e financeira resulta do próprio texto da Lei Fundamental e decorre do reconhecimento constitucional de um direito fundamental à autonomia estatutária, científica, pedagógica e administrativa por parte destas entidades públicas.

De acordo com o artigo 267.º, n.ºs 1 e 4, também as associações públicas beneficiam de um regime autonómico em termos financeiros.

Para além da descentralização, é importante dar nota da empresarialização de alguns setores do Estado. Esta prendeu-se com uma tentativa de agilização da atividade pública – libertando-o das pesadas regras de direito público –, numa busca de maior rentabilização dos recursos disponíveis e de captação de investimento privado. Prendeu-se também com a tentativa de tirar do orçamento do Estado alguma da sua despesa, visto que as empresas gozariam, por via de regra, de independência orçamental. A definição das entidades que integravam o setor público

[273] Jorge Miranda e Rui Medeiros – *Constituição Portuguesa Anotada* (tomo III). Coimbra: Coimbra Editora, p. 460.

[274] Paz Ferreira chama a atenção, a propósito do estabelecimento de uma relação entre receitas e despesas autárquicas, para a descentralização financeira incompleta de que são alvo as autarquias "na medida em que, sendo as autarquias locais [...] agentes de definição do volume e do tipo de despesa a efetuar, não o são, em termos gerais, quanto às receitas públicas" – Eduardo Paz Ferreira – *Ensinar Finanças Públicas...*, p. 126.

administrativo dependia exclusivamente de uma definição política. Bastava, portanto, nessa altura, a qualificação jurídico-institucional do legislador para incluir ou excluir uma entidade do perímetro orçamental.

Por força da intervenção legislativa (sobretudo desde 2011, como adiante se explicará) pode dizer-se que hoje, cada vez menos, o legislador se basta com a caracterização jurídico-institucional de uma entidade como pertencente ao Sector Empresarial do Estado para efeitos de exclusão da disciplina orçamental e de delimitação da despesa pública que deve controlar.

A empresarialização de algumas atividades mantém-se, não sendo, porém, alheia a um controlo orçamental mais próximo, de forma a que a sua situação financeira não venha a refletir-se nas contas do Estado, por conta do mecanismo de reclassificação das entidades públicas, que, como adiante explicaremos, pode fazer com que algumas empresas venham a ser integradas no perímetro orçamental.

O Tribunal de Contas tem vindo a chamar a atenção para o facto de ser difícil o controlo da atividade empresarial. Enumeraremos as razões que nos parecem mais significativas:

a) o aumento do número das empresas do setor empresarial do Estado, pela consideração das empresas participadas no seio do mesmo: "Acrescendo, ainda, as empresas participadas com caráter de permanência, o número de empresas do setor empresarial do Estado atinge uma dimensão significativa, cobrindo diversos setores de atividade, assinalando uma considerável dispersão e um elevado grau de volatilidade que o torna de difícil quantificação"[275];
b) a dispersão das participações de índole minoritária que tornam difícil um controlo rigoroso e atualizado da iniciativa económica empresarial pública[276];
c) a participação indireta do mesmo em muitas empresas, detidas por holdings públicas[277]; e

[275] Relatório n.º 1/2004 da 2.ª secção do Tribunal de Contas – *Setor Empresarial do Estado. Situação Financeira e Práticas de bom governo* (in www.tcontas.pt), p. 10.

[276] Relatório n.º 1/2004 da 2.ª secção do Tribunal de Contas – *Setor Empresarial do Estado. Situação Financeira e Práticas de bom governo* (in www.tcontas.pt), p. 10.

[277] O “”efeito de cascata” que determina a desmultiplicação sistemática e sucessiva das várias participações sociais através da aquisição ou alienação de participações pelas várias empresas

d) o facto de empresas públicas, sem a necessária autorização do Ministro das Finanças, viabilizarem a criação ou aquisição de participações no capital estatutário de outras[278].

2. Estrutura do setor público português

a) A Administração Central e sua organização financeira, para efeitos de elaboração do Orçamento do Estado: serviços integrados, serviços e fundos autónomos e Segurança Social

Tendo em conta as coordenadas fixadas pelo texto constitucional, a compreensão do setor público passa pela distinção entre aquilo que é a Administração Central do Estado, por um lado, e aquilo que é administração local e administração regional, por outro.

Comecemos por olhar para o Estado, Administração Central. A Administração Central do Estado é composta por um primeiro nível de serviços que podem ser identificados através da consulta do Orçamento do Estado. Para este efeito, o Estado surge sob a forma de serviços integrados, serviços e fundos autónomos e segurança social.

Os serviços integrados são serviços e organismos da Administração Central e dos institutos públicos que estão sujeitos ao regime de autonomia administrativa, nos termos da Lei n.º 8/90, de 20 de fevereiro (Lei de Bases da Contabilidade Pública). O regime de autonomia administrativa é o regime regra a que estão sujeitos todos os serviços e organismos da Administração Pública que não dispõem de autonomia administrativa e financeira.

Estes serviços podem ser identificados ou por referência expressa ao regime de autonomia administrativa na sua lei orgânica ou por uma ausência de identificação do regime financeiro aplicável.

Entre os serviços integrados encontramos, nomeadamente, os órgãos de soberania: a Presidência da República, a Assembleia da República, o Governo (dividido pelos diferentes ministérios) e os Tribunais.

agrupadas em holdings, [...] acaba por originar uma disseminação tal de participações, que dificulta ou inviabiliza a própria atividade de inventariação das mesmas, já para não falar do controlo jurisdicional, governamental e parlamentar a que deveriam estar sujeitas" – Sofia Tomé d'Alte – *A nova Configuração...*, p. 269.

[278] Relatório n.º 1/2004 da 2.ª secção do Tribunal de Contas – *Setor Empresarial do Estado. Situação Financeira e Práticas de bom governo* (in www.tcontas.pt), p. 11.

Estes serviços são financiados pelas receitas gerais, previstas no Orçamento do Estado. As entidades, dotadas de autonomia administrativa, não podem contrair empréstimos. Estas entidades não dispõem de orçamento próprio. O seu Orçamento do Estado está integrado no Orçamento do Estado. Para o pagamento das suas despesas, efetuam levantamentos mensais junto da Direção-Geral do Tesouro.

Poderemos dizer que os serviços integrados correspondem aos serviços, que sem personalidade jurídica, fazem parte da administração direta do Estado? Não. Uma vez que o regime da autonomia administrativa constitui o regime regra, pode dar-se o caso de estarmos, quer perante serviços integrados sem personalidade jurídica, quer perante serviços integrados com personalidade jurídica (por exemplo, um instituto público que, por não reunir os requisitos da Lei de Bases da Contabilidade Pública para gozar de autonomia administrativa e financeira, fica sujeito a esse mesmo regime regra[279]). Assim sendo, na maior parte dos casos, devemos identificar os serviços integrados pela ausência de uma Lei ou Decreto-Lei que expressamente diga que estes estão sujeitos a um regime diferente do regime regra.

Os serviços e fundos autónomos são os serviços e organismos da Administração Pública que gozam de autonomia administrativa e financeira[280].

Há três formas de obtenção do regime de autonomia administrativa e financeira: 1) nos termos da Lei de Bases da Contabilidade Pública; 2) por imperativo constitucional; e 3) por imperativo legal excecional.

Nos termos da Lei de Bases da Contabilidade Pública, fala-se de autonomia administrativa e financeira quando se encontrem reunidos os seguintes pressupostos cumulativos (artigos 6.º e seguintes):

1) Os serviços e organismos da Administração Pública carecem de aplicação deste regime para adequada gestão;
2) Os serviços e organismos da Administração Pública têm receitas próprias que cobrem pelo menos dois terços das despesas

[279] V. artigo 35.º, n.º 1 da Lei n.º 3/2004 (Lei-quadro dos institutos públicos).

[280] A Lei de Enquadramento Orçamental ainda refere um terceiro requisito: a existência de receitas próprias, mas pelas razões que acima serão expostas, este não é de considerar como verdadeiro requisito.

(com exclusão das despesas cofinanciadas pelo orçamento das comunidades europeias)[281];

3) Os serviços e organismos da Administração Pública, cumprindo os requisitos referidos em 1) e 2), têm uma Lei ou um Decreto-Lei que reconhece a sua autonomia administrativa e financeira.

Nos termos do artigo 76.º, n.º 2, da Constituição gozam também de autonomia administrativa e financeira – independentemente do cumprimento dos requisitos da Lei de Bases da Contabilidade Pública – as Universidades, numa decorrência do reconhecimento constitucional de um direito fundamental à autonomia estatutária, científica, pedagógica e administrativa por parte destas entidades públicas.

A autonomia administrativa e financeira pode ainda ser atribuída por lei. Como exemplo de lei especial, promovendo uma derrogação do regime geral e favorecendo a atribuição de autonomia administrativa e financeira para além dos casos já referidos, temos, desde logo, o n.º 4 do artigo 6.º da Lei de Bases da Contabilidade Pública, permitindo a atribuição de autonomia administrativa e financeira "em função de razões ponderosas expressamente reconhecidas por lei ou decreto-lei" e a Lei Quadro dos Institutos Públicos, Lei n.º 3/2004, de 15 de janeiro (veja-se, ilustrativamente o artigo 48.º, do qual se retira a possibilidade de mais organismos do Estado beneficiarem ainda de autonomia administrativa e financeira, independentemente do cumprimento dos requisitos da Lei de Bases da Contabilidade Pública).

Em concreto, beneficiam deste regime por força de reconhecimento legal os institutos politécnicos e suas unidades orgânicas; as instituições públicas de solidariedade e segurança social; os estabelecimentos do serviço nacional de saúde; as regiões de turismo; o Banco de Portugal e os fundos que funcionam junto dele; o Instituto de Gestão Financeira e Patrimonial de Justiça ou do Fundo de Garantia da Justiça gerido pelo Instituto de Gestão Financeira e Patrimonial de Justiça.

[281] Nota-se que muitas vezes, estes serviços e fundos autónomos não têm verdadeiras receitas próprias. O seu financiamento resulta muitas vezes de fenómenos de consignação de receitas. Fenómenos estes que acabam por desviar verbas que deveriam ser antes utilizadas para o financiamento geral das despesas orçamentadas.

A aquisição de autonomia administrativa e financeira corresponde à apresentação de orçamentos privativos, os quais são integrados no Orçamento do Estado. Os serviços e fundos autónomos dispõem de orçamentos privativos porque dispõem de receitas próprias e porque também dispõem de administração e contabilidade privativas. Mas atenção: o facto de disporem de orçamentos privativos não lhes dá a liberdade de os executarem como bem entendem. Estes são submetidos a regras (por exemplo, os serviços e fundos autónomos têm de utilizar prioritariamente as suas receitas próprias. Só no caso de estas serem insuficientes, é que estes devem proceder à cobertura das suas despesas através de transferências que recebam do Orçamento do Estado).

Estes serviços são financiados por receitas próprias – sempre que as haja – e, na sua insuficiência por transferências do Orçamento do Estado. É de notar, porém, que, muitas vezes, estes serviços e fundos autónomos não têm verdadeiras receitas próprias. O seu financiamento resulta frequentemente de fenómenos de consignação de receitas.

Os serviços e fundos autónomos podem recorrer ao crédito com autorização prévia do Ministro das Finanças (artigo 48.º do Regime da Administração Financeira do Estado[282]).

Estes serviços dispõem sempre de património próprio, do qual podem também extrair receita.

Nos termos do artigo 9.º da Lei de Bases da Contabilidade Pública, os serviços dotados de autonomia administrativa e financeira deveriam dispor sempre de personalidade jurídica própria. Mas, na realidade, encontram-se alguns organismos que gozam deste regime sem terem personalidade jurídica. Como exemplos disto, temos, o Fundo Ambiental e as CCDR. Vejam-se, a este propósito, o Decreto-Lei n.º 42-A/2016, de 12 de Agosto – artigo 2.º, n.º 2 – "O Fundo [Ambiental] tem a natureza de património autónomo, sem personalidade jurídica, e goza de autonomia administrativa, financeira e patrimonial e personalidade judiciária"; e o Decreto-Lei n.º 228/2012, de 25 de Outubro: "As comissões de coordenação e desenvolvimento regional, abreviadamente designadas

[282] Decreto-Lei n.º 155/92, de 28 de julho, com as alterações introduzidas pelo Decreto-Lei n.º 275-A/93, de 9 de agosto, pelo Decreto-Lei n.º 113/95, de 25 de maio, pela Lei n.º 10-B/96, de 23 de março, pelo Decreto-Lei n.º 190/96, de 9 de outubro, pela Lei n.º 55-B/2004, de 30 de dezembro e pelo Decreto-Lei n.º 29.º – A /2011, de 1 de março.

por CCDR, são serviços periféricos da administração direta do Estado, dotados de autonomia administrativa e financeira".

Do que se extrai, por um lado, que este regime foi inicialmente pensado para a Administração indireta do Estado (daí o imperativo de personalidade jurídica), como manifestação financeira da devolução de poderes que estes consubstanciam. E, por outro, que a sua lógica foi subvertida: a atribuição deste regime faz-se mais olhando, quer para a existência de receitas próprias, quer para a necessidade de uma adequada gestão de certos organismos públicos.

É até de notar que a listagem dos serviços e fundos autónomos nos apresenta um leque muito variado de entidades públicas. Entre estes encontramos Institutos Públicos, Fundações, Serviços administrativos variados, que vão desde Direções-Gerais a Universidades Públicas, passando pelas Escolas, Hospitais, Institutos Politécnicos, Fundos, Entidades Públicas Empresariais, Entidades Administrativas Independentes, Sociedades Anónimas (S.A.), a Santa Casa da Misericórdia... O que nos leva a dizer com segurança que, na prática – embora contrariando a lógica de correspondência que parece ter estado na base deste regime –, o regime financeiro a atribuir aos organismos não depende da caracterização jurídica que lhe seja atribuída em termos de direito administrativo.

A cessação deste regime para as entidades mencionadas no artigo 6.º, n.º 1, da Lei de Bases da Contabilidade Pública, será operada automaticamente caso deixem de se verificar os requisitos do artigo 6.º, n.º 1 durante dois anos consecutivos (nos termos do artigo 7.º da mesma lei[283]). Esta cessação será constatada por meio de portaria[284].

A Segurança Social corresponde a uma obrigação pública de cobertura dos riscos de doença, velhice, invalidez, viuvez, orfandade, desemprego

[283] Este preceito não se aplica nem aos serviços e organismos que gozem de autonomia administrativa e financeira por imperativo constitucional, nem àqueles a quem esse mesmo regime tenha sido reconhecido por razões ponderosas, previstas em lei ou decreto-lei.

[284] A interpretação acima apontada procura retirar um sentido não inconstitucional ao referido preceito legal. Com efeito, se se entendesse que a portaria aí referida poderia proceder à revogação do regime de autonomia administrativa e financeira, anteriormente reconhecido por meio de Lei ou de Decreto-Lei, ela padeceria de inconstitucionalidade por violação do art 112.º, n.º 5, da Constituição da República Portuguesa (proibição de regulamento delegado).

e outras situações de falta ou diminuição de meios de subsistência ou de capacidade para o trabalho, independentemente de se ser trabalhador ou não. E todas as pessoas devem poder aceder à Segurança Social, de forma acessível em termos económicos.

Por força de a Segurança Social ser composta por serviços integrados[285] e serviços e fundos autónomos[286], encontramos o seu orçamento global disperso pelo Orçamento do Estado. As receitas e despesas correspondentes aos serviços dotados de mera autonomia administrativa da Segurança Social estão previstas nos mapas correspondentes aos serviços integrados. Porém, no Orçamento as receitas e despesas da segurança social estão separadas dos mapas dos serviços integrados e dos fundos e serviços autónomos. No Orçamento da Segurança Social, estão previstas quase exclusivamente as receitas e despesas dos serviços e fundos autónomos da Segurança Social[287].

Para sabermos que prestações são concretamente oferecidas pela Segurança Social e que receitas as financiam, devemos analisar a Lei de Bases da Segurança Social. Nos termos da Lei de Bases da Segurança Social, encontramos as despesas públicas agrupadas, de acordo com as fontes de financiamento que lhes correspondem. Temos assim três sistemas de proteção.

O primeiro é o sistema de proteção social de cidadania, o qual tem por objetivos, por um lado, a garantia dos direitos básicos dos cidadãos e a igualdade de oportunidades e, por outro, a promoção do bem-estar e da coesão sociais. Nos termos do artigo 26.º, n.º 2, da Lei de Bases da Segurança Social, compete ao sistema de proteção social de cidadania: a) a efetivação do direito a mínimos vitais dos cidadãos em situação

[285] V. artigo 4.º, n.º 1 do Decreto-Lei n.º 549/77, de 31 de dezembro (são serviços integrados da Segurança Social: a Inspeção-Geral da Segurança Social; a Direção-Geral da Segurança Social; a Direção-Geral da Organização e Recursos Humanos; o Departamento de Planeamento da Segurança Social; o Departamento de Estudos Atuariais e de Estatística; o Centro de Documentação e Informação; o Departamento de Relações Internacionais e Convenções de Segurança Social; o Departamento de Acidentes de Trabalho e Doenças Profissionais; o Gabinete de Instalações e Equipamentos Sociais).

[286] V. artigo 4.º, n.º 2 do Decreto-Lei n.º 549/77, de 31 de dezembro. Nos termos deste são serviços dotados de autonomia administrativa e financeira o Instituto de Gestão Financeira da Segurança Social e o Centro Nacional de Pensões.

[287] Nazaré Costa Cabral – *O Orçamento...*, p. 17.

de carência económica; b) a prevenção e a erradicação de situações de pobreza e de exclusão; c) a compensação por encargos familiares; e d) a compensação por encargos nos domínios da deficiência e da dependência. Junta-se a estes objetivos a promoção da natalidade (artigo 27.º da Lei de Bases da Segurança Social). O sistema de proteção social de cidadania engloba pois: a) o subsistema de ação social, b) o subsistema de solidariedade e c) o subsistema de proteção familiar.

O segundo é o Sistema previdencial que abrange todos os trabalhadores por conta de outrem ou legalmente equiparados e trabalhadores independentes e tem em vista a garantia de prestações substitutivas de rendimentos de trabalho, perdido em consequência da verificação das circunstâncias legalmente previstas (artigos 50.º e 51.º Lei de Bases da Segurança Social). O sistema previdencial implica a assunção por parte do Estado de despesa pública com as prestações pecuniárias substitutivas do rendimento de trabalho em caso de doença, maternidade, paternidade e adoção, desemprego, acidentes de trabalho e doenças profissionais, invalidez, velhice, morte (artigo 52.º da Lei de Bases da Segurança Social). Neste sistema o direito às prestações tem como pressuposto a inscrição dos trabalhadores na Segurança Social[288] e o cumprimento das obrigações contributivas (artigos 54.º e 55.º da Lei de Bases da Segurança Social).

Por último, surge ainda o sistema complementar. O sistema complementar visa completar o subsistema previdencial, nas partes do rendimento que este não cobre ou nos casos que este não prevê. O referido complemento pode ser oferecido pelo Estado (regime público de capitalização), tendo em vista o reforço da proteção social dos beneficiários (artigo 82.º da Lei de Bases da Segurança Social). Este complemento pode ainda ser fruto da iniciativa coletiva (é o caso dos regimes profissionais complementares promovidos por uma empresa, um setor profissional ou de trabalhadores independentes – artigo 83.º da Lei de Bases da Segurança Social) ou de iniciativa individual (como sucede com os planos de poupança-reforma, de seguros de vida, de seguros de capitalização e de modalidades mutualistas – artigo 84.º da Lei de Bases da Segurança Social).

[288] A inscrição deve ser feita pela entidade patronal (artigo 59.º da Lei de Bases da Segurança Social) no caso de trabalho dependente e pelo trabalhador em caso de trabalho independente (artigo 59.º da Lei de Bases da Segurança Social).

No âmbito deste sistema cabem ao Estado as seguintes prestações: organização do sistema complementar público; articulação legislativa do sistema complementar com o sistema previdencial; regulação, supervisão e fiscalização dos regimes complementares; instituição de mecanismos de garantia destes regimes complementares (artigo 86.º da Lei de Bases da Segurança Social). Nestas funções, a despesa pública será suportada pelas receitas gerais previstas no Orçamento do Estado.

A cada um destes sistemas corresponde a sua fonte de financiamento. Com efeito, de acordo com o artigo 89.º da Lei de Bases da Segurança Social, o princípio da adequação seletiva impõe que os recursos financeiros disponíveis sejam afetados de acordo com a natureza e objetivos da proteção social em causa. Assim, o primeiro sistema é financiado por receitas gerais da Segurança Social, o segundo conta com as receitas das contribuições das entidades patronais e trabalhadores e o terceiro aposta num sistema de capitalização (de adesão facultativa) das receitas obtidas por via do pagamento de quotizações.

A relação que se estabelece entre as despesas e as receitas da segurança social permite-nos notar com Fernando Ribeiro Mendes que "a Segurança Social vincula obrigatoriamente os membros ativos da sociedade como financiadores diretos do sistema através de contribuições sociais sobre os rendimentos do seu trabalho, tendo por contrapartida serem beneficiários das prestações e dos serviços correspondentes tanto na fase ativa das suas vidas como na reforma. Estende a condição de beneficiário a todos os que partilham o mesmo estatuto de cidadania, mesmo sem terem tido atividade económica, em certas situações, usando as receitas gerais do Estado para financiar-lhes o apoio"[289]. Explicando melhor, e mais concretamente, a relação entre as despesas e a forma de financiamento dos diferentes sistemas, podemos dizer que a nossa segurança social embora assente ainda, numa pequena parte num sistema de capitalização (isto é, num sistema em que as prestações dão origem a reservas financeiras, cuja aplicação e rendimentos garantem o financiamento dos encargos[290]), apresenta uma forte componente de repartição (*pay-as-you-go*) ("método

[289] Fernando Ribeiro Mendes – *Segurança Social...*, p. 14.

[290] Sousa Franco – *Finanças Públicas (I)...*, p. 176. A noção de capitalização virtual ou nocional, adotada por ex. pela Itália, Polónia e Suécia, também pode ser consultada no glossário elaborado por Fernando Ribeiro Mendes – *Segurança Social...*, p. 148.

de financiamento em que as despesas correntes de pensões atribuídas aos beneficiários são suportadas pelas receitas correspondentes oriundas de uma contribuição social resultante da aplicação de uma certa taxa sobre os rendimentos do trabalho"[291]). Excluindo o sistema complementar – assente num regime de capitalização, mas que é de adesão facultativa – os demais sistemas apoiam-se essencialmente num sistema de repartição, existindo um Fundo de Estabilização da Segurança Social, o qual retém uma pequeníssima parcela das quotizações dos trabalhadores (entre 2% e 4% das quotizações dos trabalhadores por conta de outrem – artigo 91.º da Lei de Bases da Segurança Social) de forma a "estabilizar as variações conjunturais das receitas, dissociado da formação de direitos subjetivos à proteção"[292].

b) Entidades administrativas independentes: como as enquadrar em termos jurídico-financeiros?

As entidades administrativas independentes encontram-se tanto entre os serviços integrados quanto entre os serviços e fundos autónomos do Estado.

O texto da Constituição já previa a existência de duas entidades com um estatuto de independência: o Provedor de Justiça (artigo 23.º da Constituição) e a Entidade Reguladora para a Comunicação Social (artigo 35.º da Constituição). Estas entidades gozando de autonomia administrativa e financeira encontram-se entre os serviços e fundos autónomos do Estado.

Hoje, com "a intenção de subtrair a intervenção administrativa em certos domínios a influências partidárias e às vicissitudes das maiorias políticas contingentes, surgindo como uma garantia acrescida da imparcialidade da Administração Pública", o artigo 267.º, n.º 3, permite ainda que o Estado crie entidades administrativas independentes.

Estas entidades podem ter ou não personalidade jurídica própria e gozar ou não do regime de autonomia administrativa e financeira.

[291] FERNANDO RIBEIRO MENDES – *Segurança Social...*, p. 154. V. sobre a passagem de um sistema de capitalização para um de repartição em Portugal SOUSA FRANCO – *Finanças Públicas (I)...*, p. 177.

[292] FERNANDO RIBEIRO MENDES – *Segurança Social...*, p. 63.

Entre as entidades que gozam de autonomia administrativa e financeira contam-se, entre outras, as seguintes entidades reguladoras: a Autoridade Nacional de Comunicações (ANACOM), a Entidade Reguladora dos Serviços Energéticos (ERSE), a Entidade Reguladora da Saúde, a Comissão de Mercado de Valores Mobiliários (CMVM), o Instituto da Mobilidade e dos Transportes Terrestre (IMTT), o Instituto Nacional de Aviação Civil (INAC), o Instituto Regulador das Águas e Resíduos (IRAR), a Autoridade de Supervisão de Seguros e Fundos de Pensões (ASF). Integram, portanto, o conjunto dos serviços e fundos autónomos.

Por força da Lei-quadro das entidades administrativas independentes com funções de regulação da atividade económica dos setores privado, público e cooperativo (Lei n.º 67/2013, de 28 de agosto), as entidades acima mencionadas gozam de um regime orçamental e financeiro próprio, concretizando a independência reconhecida pela Constituição. Como explica Vital Moreira, "frequentemente as entidades administrativas independentes têm assegurados recursos financeiros próprios e uma extensa autonomia de gestão financeira, de modo a torná-las independentes do orçamento do Estado e da dependência relativa que isso poderia implicar em relação ao Governo. Também a dotação de pessoal próprio, com liberdade de recrutamento e de gestão, constitui um bom auxiliar da independência administrativa"[293]. Em concreto, não lhes são aplicáveis as regras da contabilidade pública e o regime dos fundos e serviços autónomos, nomeadamente as normas relativas à autorização de despesas, à transição e utilização dos resultados líquidos e às cativações de verbas, exceto no que toca às verbas provenientes da utilização de bens do domínio público ou que dependam de dotações do Orçamento do Estado. Nesse caso será aplicável o regime orçamental e financeiro dos serviços e fundos autónomos.

Embora não abrangidas pela presente Lei, o Provedor de Justiça[294], o Banco de Portugal, a Entidade Reguladora para a Comunicação Social

[293] Vital Moreira – "As entidades administrativas independentes e o Provedor de Justiça", *in O Cidadão, o Provedor de Justiça e as Entidades Administrativas Independentes*, Lisboa, 2002, p. 101 (disponível em http://www.provedor-jus.pt/archive/doc/Cidadao_ProvedorJustica_EntidadesAdministrativasIndependentes.pdf 17.05.2019).

[294] Havendo tanto autores que o consideram como uma entidade administrativa independente, como outros que repudiam esse entendimento – Maria Lúcia Amaral – "O Provedor de Justiça: garantia constitucional de uma instituição ou garantia de uma função?"

e o Conselho das Finanças Públicas também beneficiam de um regime orçamental e financeiro diferenciado, o qual deriva da aplicação das respetivas leis orgânicas.

Para além destas entidades administrativas independentes, integradas no âmbito dos serviços autónomos, existem outras que não têm personalidade jurídica e orbitam em torno da Assembleia da República, visando a defesa dos direitos fundamentais. Nestes termos, a Comissão de Acesso aos Documentos Administrativos (CADA), a Comissão Nacional de Proteção de Dados, a Comissão Nacional de Eleições, o Conselho Nacional de Ética para as Ciências da Vida, o Conselho de Fiscalização do Sistema de Informações da República Portuguesa, o Conselho dos Julgados de Paz, o Conselho Nacional de Procriação Medicamente Assistida, o Conselho de Fiscalização do Sistema Integrado de Informação Criminal, o Conselho de Fiscalização da Base de Dados de Perfis de ADN e a Entidade Fiscalizadora do Segredo do Estado, gozando do regime de autonomia administrativa, encontram-se no Orçamento englobadas entre as receitas e as despesas da Assembleia da República.

Seja qual for o lugar que ocupam no Orçamento do Estado, certo é que estas entidades devem ser dotadas dos instrumentos financeiros adequados para servir o seu estatuto de independência: estas entidades "dispõem de autonomia organizativa e funcional, fundamentalmente reconduzível à independência em relação à organização governamental e administrativa e a diretivas do governo e do parlamento"[295].

c) O Setor Público e sua organização financeira fora do Orçamento do Estado

Para além destas entidades integradas no Orçamento do Estado, cumpre fazer uma breve referência aos fenómenos públicos de descentralização.

Como é sabido, a prossecução de fins públicos não é apenas feita por meio de serviços públicos. Ela pode ser feita através de outras pessoas coletivas de natureza associativa ou assente num determinado património.

in *O Cidadão, o Provedor de Justiça e as Entidades Administrativas Independentes*, Lisboa, 2002, p. 69 (disponível em http://www.provedor-jus.pt/archive/doc/Cidadao_ProvedorJustica_EntidadesAdministrativasIndependentes.pdf 17.05.2019).

[295] J. J. Gomes Canotilho – *Direito Constitucional e Teoria da Constituição*. Almedina: Coimbra, 2003 (7.ª edição).

Assim sendo, cumpre referir brevemente o enquadramento financeiro das associações públicas e das fundações públicas.

Criadas para "assegurar autonomamente a prossecução de determinados interesses públicos pertencentes a um grupo de pessoas que se organizam com esse fim, as associações públicas beneficiam de um regime autonómico em termos financeiros, de acordo com o artigo 267.º, n.ºs 1 e 4 da Constituição. Este decorre da liberdade fundamental de associação[296], constitucionalmente reconhecida, a qual é exercida através da formação e funcionamento democrático dos seus órgãos. Este regime autonómico traduz-se no reconhecimento de independência orçamental, ou seja, na total separação jurídica de orçamentos entre estas entidades e o Orçamento do Estado. É esse facto que permite que as ordens profissionais não tenham o seu orçamento subordinado ao Orçamento do Estado e beneficiem de um regime financeiro próprio.

Importa também distinguir aqui as fundações públicas, embora seja frequente a confusão entre os conceitos de fundação pública e fundo público[297] e essa confusão a manter-se, neste domínio, pode conduzir, inaceitavelmente, à desorçamentação das receitas e despesas dos fundos públicos e consequentemente também dos fundos autónomos que a Lei de Enquadramento Orçamental integra expressamente, por imposição constitucional (artigo 105.º, n.º 1, alínea a) da Constituição), no Orçamento do Estado. Como explica o Grupo de Trabalho para os Institutos Públicos para que estejamos perante uma verdadeira fundação pública, ela "terá de preencher três requisitos: a) ser uma pessoa coletiva pública de natureza institucional; b) ter fins de interesse social, idênticos ou afins das fundações de direito privado, traduzidos na necessária existência de beneficiários externos da sua ação, não sendo suficiente qualquer interesse público de natureza administrativa; c) viver essencialmente de receitas próprias, provenientes de rendimentos de património ou do fundo que lhe foi afeto pela entidade instituidora, ou ainda provenientes das suas próprias atividades"[298].

[296] De acordo com o artigo 46.º, n.º 2 da Constituição "as associações prosseguem livremente os seus fins sem interferência das autoridades públicas".

[297] MARCELLO CAETANO – *Manual de Direito Administrativo*, 1968, p. 183.

[298] GRUPO DE TRABALHO PARA OS INSTITUTOS PÚBLICOS – Relatório e Proposta de Lei-Quadro..., p. 50.

Preenchendo estes requisitos, às fundações é reconhecida independência orçamental, consubstanciando-se na total separação jurídica de orçamentos entre estas entidades e o Orçamento do Estado.

Não preenchendo esses requisitos, as fundações devem ser integradas no Orçamento do Estado (como na realidade acontece). O que se justifica pelo facto de não viverem de receitas próprias, mas sim de dotações ordinárias regulares do orçamento do Estado. A exclusão das verdadeiras fundações públicas do Orçamento do Estado explica-se pelo facto de estas serem dotadas de um património próprio. Constituindo-se em torno de um património próprio ou de um fundo afeto por uma entidade instituidora e vivendo essencialmente de receitas próprias – rendimentos do próprio património –, as fundações públicas devem poder gerir as suas finanças de forma independente do Orçamento do Estado. Com efeito, a sujeição ao Orçamento do Estado apenas se justifica nos casos em que os serviços e organismos administrativos vivem dependentes de receitas do Estado.

As entidades que não estão integradas no Orçamento do Estado gozam de independência orçamental. Seguindo os ensinamentos de Sousa Franco[299], apontaremos como características da independência orçamental, as seguintes: 1) total separação jurídica de orçamentos entre a entidade considerada e o Orçamento do Estado (embora nada impeça a existência de transferências de um para outro); 2) existência de processos próprios de elaboração e aprovação do Orçamento; 3) administração financeira própria e formas próprias de execução e controlo, perceção de receitas e realização de despesas, nalguns casos, há mesmo uma estrutura própria de execução orçamental[300]; e 4) existência de formas de responsabilidade próprias.

d) A Administração Local

Dentro de cada uma das Autarquias Locais, podemos, à semelhança do que sucede com o Estado, falar de uma Administração Local dotada de serviços integrados, que são os organismos centrais municipais e

[299] António L. Sousa Franco – *Finanças Públicas (I)...*, p. 155.

[300] Nos casos em que não existe essa estrutura, utiliza-se a administração do Estado. Esta atua como executora de um orçamento diferente do seu/um orçamento alheio. Nestes casos, todas as receitas que a Administração Pública arrecadar revertem a favor da entidade que se encontra a executar o orçamento que as prevê.

das freguesias e de serviços e fundos autónomos, que são os serviços autónomos do setor local[301].

À semelhança do que foi apontado para as associações e fundações públicas, também as Autarquias Locais estão excluídas do perímetro do Orçamento do Estado. A autonomia financeira das autarquias locais resulta do imperativo constitucional, constante do artigo 238.º. Nos termos do n.º 1 do artigo 238.º da Constituição, as Autarquias Locais dispõem de património e finanças próprios. "Conceber-se-ia mal que a autonomia administrativa não fosse acompanhada de autonomia financeira"[302]. É, pois, por imposição constitucional que as autarquias elaboram e aprovam, elas próprias, o seu orçamento, plano e outros documentos previsionais e de prestação de contas; arrecadam e dispõem de receitas atribuídas por lei[303]; e gerem o seu próprio património. Gozam, portanto, de independência orçamental.

A independência orçamental está ao serviço da autonomia local, a qual é objeto de reconhecimento e proteção constitucional (artigo 235º e ss.), num reconhecimento de que o poder político não se esgota ao nível estadual. As comunidades locais reúnem-se, portanto, em torno de órgãos próprios eleitos localmente e a elas a Constituição reconhece capacidade de gerirem os seus próprios assuntos sem interferência do poder central.

Esta independência orçamental faz com que as autarquias tenham o seu próprio regime de enquadramento orçamental, ao lado daquele, que é operado pela Lei de Enquadramento Orçamental, permitindo-lhes administrar os seus recursos de forma independente em relação à gestão dos recursos do Estado Central. Na sua atividade de previsão e gestão de receitas e despesas, as autarquias regem-se pelo Regime Financeiro das Autarquias Locais e das entidades intermunicipais[304].

[301] Serviços que podem ter ou não personalidade jurídica, mas que são dotados de autonomia administrativa e financeira – artigo 2.º, al. f) do Regime Financeiro das Autarquias Locais e das entidades intermunicipais (Lei n.º 73/2013, de 3 de setembro).

[302] Jorge Miranda e Rui Medeiros – *Constituição Portuguesa Anotada* (tomo III). Coimbra: Coimbra Editora, p. 460.

[303] Paz Ferreira chama a atenção, a propósito do estabelecimento de uma relação entre receitas e despesas autárquicas, para a descentralização financeira incompleta de que são alvo as autarquias "na medida em que, sendo as autarquias locais [...] agentes de definição do volume e do tipo de despesa a efetuar, não o são, em termos gerais, quanto às receitas públicas" – Eduardo Paz Ferreira – *Ensinar Finanças Públicas...*, p. 126.

[304] Lei n.º 73/2013, de 3 de setembro.

Algumas notas para que a referência à independência orçamental não nos leve ao engano. Primeira nota: independência orçamental não é sinónimo de autossuficiência, como adiante melhor se perceberá. As receitas próprias de que dispõem as autarquias não cobrem a totalidade das despesas que lhes incumbem. Esta é "[...] uma consequência do modelo de repartição das receitas entre o Estado e as autarquias que privilegia um financiamento local dependente de transferências de Estado. Encontramo-nos, assim, perante uma forma de 'federalismo financeiro'[305]. Segunda nota: apesar de gozarem de independência orçamental, as autarquias estão sujeitas ao exercício de uma tutela inspetiva de legalidade[306]. Terceira nota: não obstante gozarem de independência orçamental e de terem regime próprio nesta matéria, as autarquias locais estão vinculadas pelos mesmos princípios orçamentais, aplicáveis ao Orçamento do Estado (v. artigos 105.º da Constituição; 1.º, alínea a), da Lei de Enquadramento Orçamental e 3.º do Regime Financeiro das Autarquias Locais e das entidades intermunicipais). Última nota: apesar da independência orçamental, as autarquias locais também contribuem para os objetivos e metas orçamentais traçados no âmbito das políticas de convergência a que Portugal está obrigado perante a União Europeia[307].

Olhando para os restantes números do artigo 238.º – e para o artigo 254.º especificamente em relação aos Municípios –, ambos da Constituição, e ainda para o artigo 9.º da Carta Europeia de Autonomia Local[308/309], vemos que o imperativo de autonomia financeira não se queda pela exigência de independência orçamental[310].

[305] Jorge Miranda e Rui Medeiros – *Constituição (III)...*, p. 460.

[306] António de Sousa Franco e José F. F. Tavares – *Orçamento – conceito, natureza e regime dos Orçamentos públicos portugueses*. Lisboa: 2006, p. 63.

[307] V. também a este respeito os artigos 3.º, n.º 2, al. b) e 5.º do Regime Financeiro das Autarquias Locais e das entidades intermunicipais relativo à coordenação das finanças locais com as finanças estaduais.

[308] Aprovada para ratificação pela Resolução da Assembleia da República n.º 28/90, de 23 de outubro, e ratificada pelo Decreto do Presidente da República, n.º 58/90, de 23 de outubro. Sobre esta e a relação entre esta e o ordenamento jurídico português – Marta Rebelo – *Descentralização...*, pp. 89 e ss. e João Paulo Zbyszewski – *O Financiamento das Autarquias...*, p. 45.

[309] Casalta Nabais – *A autonomia financeira...*, p. 28.

[310] Sousa Franco fala de uma consagração constitucional que "abrange tanto o domínio patrimonial como a independência orçamental" – António L. Sousa Franco – *Finanças Públicas (I)...*, p. 213.

Da autonomia financeira, tal como ela é gizada na ordem jurídica portuguesa, resultam também as seguintes imposições:

- As autarquias têm direito a recursos próprios adequados para prossecução das suas atribuições (artigo 9.º, n.º 1, da Carta Europeia de Autonomia Local). Embora não haja base constitucional para a exigência de um determinado montante, em concreto, por parte das autarquias locais, a verdade é que se entende que o Estado as deve dotar de recursos suficientes para a prossecução das atribuições que lhes remete e para a manutenção do estatuto de autonomia, que lhes reconhece constitucionalmente[311];
- Com o mesmo intuito de prever o direito a recursos próprios, a Constituição, no n.º 2 do artigo 238.º, vai mais longe, esclarecendo que o regime das finanças locais "visará a justa repartição dos recursos públicos pelo Estado e pelas autarquias e a necessária correção de desigualdades entre autarquias do mesmo grau", introduzindo aqui a ideia de que as relações financeiras entre o Estado e as autarquias locais obedecem "aos princípios da solidariedade e da igualdade ativa"[312];
- As autarquias locais devem ter recursos financeiros provenientes de (pelo menos, uma parte de) rendimentos e de impostos locais (artigo 9.º, n.º 3, da Carta Europeia de Autonomia Local);

[311] V. Acórdão do Tribunal Constitucional n.º 361/91: "[...] deve levar-se em conta que a Constituição não contém nenhuma imposição no que toca ao montante do FEF ou ao seu modo de cálculo. [...] O FEF é, assim, uma imposição constitucional ao legislador ordinário, visto que a justa repartição dos recursos públicos pelo Estado e pelas autarquias é alcançada pela atribuição de transferências de fundos do Orçamento do Estado para as autarquias. Embora a Constituição não diga como é calculado o FEF, há de entender-se que ele não pode ser reduzido a um montante tal que impeça «a justa repartição dos recursos públicos», no plano vertical, isto é, que comprometa o núcleo essencial da autonomia financeira local. Mas não pode falar-se de um montante certo de FEF garantido constitucionalmente, em cada ano económico". Para o Tribunal Constitucional, apenas serão inconstitucionais as reduções destas transferências que sejam desproporcionais, em relação àquilo que resulta da fórmula de cálculo aplicável e intoleráveis para a sua autonomia financeira e patrimonial.

[312] Sousa Franco – *Finanças Públicas (I)...*, p. 213.

- As autarquias locais gozam de receitas próprias que incluem obrigatoriamente receitas provenientes da gestão do seu património e receitas provenientes da utilização dos seus serviços (238.º, n.º 3);
- As autarquias locais podem dispor de poderes tributários, nos termos da lei (238.º, n.º 4, da Constituição artigo 9.º, n.º 3, da Carta Europeia de Autonomia Local);
- Os municípios participam em receitas provenientes de impostos diretos (artigo 254.º, n.º 1, da Constituição);
- Os municípios dispõem de receitas tributárias, nos termos da lei (artigo 254.º, n.º 2, da Constituição).

Desta breve análise retiram-se, com Casalta Nabais[313], essencialmente duas conclusões. Por um lado, que a autonomia financeira não se confunde com autossuficiência económica, "entendida como o poder das autarquias para decidir de todas as suas fontes de financiamento"[314]. Por outro, nem todas as suas receitas se devem ter como receitas próprias das autarquias[315].

Esta autonomia financeira, com os traços constitucionais acima apontados, é objeto de definição, por lei que estabeleça o regime das finanças locais. Faz-se notar que esta é uma matéria da reserva relativa da Assembleia da República (165.º, al. q) da Constituição). Como tal, podemos encontrá-la tratada, quer por meio de Lei da Assembleia da República, quer por meio de Decreto-Lei autorizado. Presentemente, é o Regime financeiro das autarquias locais e das entidades intermunicipais acima já mencionado que cumpre esta função de definição da autonomia financeira das autarquias.

[313] Casalta Nabais – *A autonomia financeira...*, p. 29.

[314] Casalta Nabais – *A autonomia financeira...*, p. 29. Sobre a mesma ideia, falando porém de uma "descentralização incompleta", v. Eduardo Paz Ferreira – *Ensinar Finanças Públicas...*, p. 126.

[315] "Mas como é fácil de ver e largamente reconhecido, a autonomia financeira das comunidades locais será assegurada em termos mais adequados e eficazes se uma parte significativa das suas receitas se configurar como receitas próprias, devendo, por conseguinte, a lei atribuir às autarquias locais, no seu conjunto ou a cada uma das suas categorias (ou níveis) – sobretudo aos municípios – , receitas que tenham essa natureza, nomeadamente certos impostos cobrados nas respetivas circunscrições ou impostos locais" – Casalta Nabais – *A autonomia financeira...*, pp. 29 e 30.

As autarquias locais prosseguem as atribuições e competências materiais definidas pela Lei das Autarquias Locais (Lei n.º 75/2013, de 12 de setembro) e as competências transferidas pelo Estado, por via legislativa, nos termos da Lei n.º 50/2018, de 16 de agosto. É a partir destas atribuições e competências que se afere o universo das despesas que podem ser autorizadas pelos órgãos autárquicos.

A compreensão da atividade financeira das Autarquias Locais supõe, pois, a conjugação da Lei das Autarquias Locais e dos diplomas legais de âmbito setorial relativos às diversas áreas a descentralizar da administração direta e indireta do Estado, para o apuramento das tarefas que são atribuídas às Autarquias Locais[316], que importam a realização de despesa pública, com o Regime Financeiro das Autarquias Locais e das entidades intermunicipais, que nos permite ver as receitas que correspondem às despesas que estas assumem.

Da comparação entre municípios e freguesias, resulta notoriamente que as freguesias têm muito menos receitas do que as primeiras. A escassez de receitas acompanha o número diminuto de tarefas que lhes incumbem. "O valor destas receitas [das freguesias] é diminuto em razão das escassas competências de que estas dispõem"[317]. As escassas competências que lhe cabem explicam-se facilmente pelo facto de estas estarem remetidas para um nível secundário de atuação, uma vez que ao nível do poder autárquico, os municípios são aqueles que surgem com as funções principais[318].

[316] Para perceber a questão da suscetibilidade de descentralização de determinadas tarefas do Estado – Marta Rebelo – *Descentralização e Justa Repartição...*, pp. 121 e ss. (na perspetiva do princípio da subsidiariedade, a partir da ideia da escola da escolha pública) e João Paulo Zbyszewski – *O Financiamento das Autarquias...*, pp. 162 e ss. (numa perspetiva diferente, em que se busca sobretudo a eficiência).

[317] João Paulo Zbyszewski – *O Financiamento das Autarquias...*, p. 87.
Casalta Nabais – *A autonomia financeira...*, p. 28.

[318] Como explica Marta Rebelo, "a freguesia constitui um elemento de originalidade do modelo de organização administrativa do território português, dado que, nos demais países, a autarquia de nível inferior é o município. [...] Nos dias de hoje, a freguesia mantêm o papel secundário que há muitos lhes é atribuído, permanecendo a dúvida sobre a sua real importância" – Marta Rebelo – *Descentralização e Justa Repartição...*, p. 160 (note-se porém que apesar de fazer essa consideração não deixa de referir o pensamento de Autores, como Sousa Franco, Sérvulo Correia, Freitas do Amaral, Jorge Miranda e Cândido de Oliveira, defensores da importância das freguesias, nos domínios da

A principal receita das autarquias locais resulta das transferências orçamentais que o Estado faz para estas[319] na ótica da partilha dos recursos de que dispõe com elas. Esta tem o objetivo, quer da dotação das autarquias de condições financeiras adequadas à prossecução das suas atribuições, quer da promoção da correção de desigualdades, tendo em vista um desenvolvimento harmonioso de todo o território nacional. Esta partilha de recursos é operada, anualmente, pelo Orçamento do Estado, o qual não determina apenas os montantes globais a atribuir a cada um dos fundos, mas aquilo que cabe em concreto a cada autarquia[320]. A partilha de recursos consubstancia-se em concreto pela repartição de recursos provenientes de IRS, IRC e IVA.

Para além das transferências, as autarquias dispõem de receitas tributárias, nos termos dos artigos 14.º do Regime Financeiro das Autarquias Locais e das entidades intermunicipais. Conforme já foi dito, estas receitas tributárias não cobrem a maior parte das despesas das autarquias locais. Encontramo-nos, assim, perante uma forma imperfeita de 'federalismo financeiro'"[321].

Para melhor compreender esta matéria, impõe-se ter em conta o artigo 238.º, n.º 4, da Constituição (introduzido pela Revisão Constitucional de 2007) que refere a existência de poderes tributários autárquicos e o disposto no Regime Financeiro das Autarquias Locais e das entidades intermunicipais. Casalta Nabais falava em 2007 de três manifestações destes poderes tributários para os municípios presentes na Lei das

proteção do ambiente, assistência às populações mais carenciadas, abastecimento alternativo de água e recolha seletiva de lixo – pp. 160 e 161).

319 A transferências municipais representam mais de 50% das receitas de que auferem – Casalta Nabais – *A autonomia financeira...*, p. 79. V. também João Paulo Zbyszewski – *O Financiamento das Autarquias...*, p. 88, admitindo que "as transferências para as freguesias são a sua principal fonte de receita [...]". V. ainda apontando para os problemas destas transferências: "[...] sendo as transferências vitais para a economia autárquica, são simultaneamente o seu maior problema, representando uma parcela essencial das receitas locais, geradora de dependência, de desvios na racionalidade económica dos decisores financeiros e extremamente restritiva da autonomia financeira, pilar hodierno do próprio conceito de autonomia local" – Marta Rebelo – *Descentralização e Justa Repartição...*, p. 19. Casalta Nabais – *A autonomia financeira...*, p. 28.

320 Casalta Nabais – *A autonomia financeira...*, p. 60.

321 Jorge Miranda e Rui Medeiros – *Constituição (III)...*, p. 460.

Finanças Locais: "duas positivas e uma negativa"[322]. Não obstante a revisão desta mesma lei, parece-nos que o seu pensamento continua atual. Desta forma, podemos dizer que mesmo com a nova lei as manifestações positivas prendem-se, por um lado, com os poderes de fixação da taxa do IMI relativos aos prédios urbanos[323/324], e por outro, com o poder de lançamento da derrama, até ao limite máximo de 1.5% do IRC. A manifestação negativa de poderes tributários continua a prender-se com a concessão de isenções e benefícios fiscais, pois nos termos do artigo 16.º, n.ºs 2 e 3 do Regime Financeiro das Autarquias Locais e das entidades intermunicipais, podem ser concedidas, pelos municípios, isenções totais ou parciais em relação aos impostos ou tributos próprios.

Daqui se conclui, que estes poderes tributários das Autarquias não lhes concedem, nem o poder de criar impostos próprios, nem o poder de proceder a adaptações do sistema fiscal nacional. O que se confirma, de resto, pela leitura do artigo 15.º do mesmo regime que associa o poder tributário ao acesso à informação sobre os impostos municipais e a derrama; à possibilidade de liquidação e cobrança (e cobrança coerciva) desses mesmos impostos; e à concessão (e compensação) de isenções e benefícios fiscais. O artigo 4.º, n.º 2, do Regime Financeiro das Autarquias Locais e das entidades intermunicipais corrobora também este entendimento, quando comina a nulidade para as deliberações que envolvam o exercício de poderes tributários ou determinem o lançamento de taxas não previstas na lei.

Perante estas manifestações de poder tributário local, continuamos a dizer como Casalta Nabais que "mais significativo do que o poder tributário acabado de referir é, apesar de tudo, o concretizado na titularidade da receita, ou seja, o respeitante a impostos de receita legalmente reservada aos municípios"[325]. Hoje concretizado pela titularidade do imposto municipal sobre imóveis (IMI) e de uma parcela do imposto único de

[322] Casalta Nabais – *A autonomia financeira...*, p. 37.

[323] Casalta Nabais – *A autonomia financeira...*, p. 37.

[324] Os poderes tributários ligados à construção e ao loteamento proporcionam às autarquias uma parte significativa das suas receitas. Mas, como assinala Paz Ferreira, estes contêm em si uma perversidade: podem "estimular a redução dos níveis de exigência em matéria de proteção ambiental ou de património cultural" – Eduardo Paz Ferreira – *Ensinar Finanças Públicas...*, p. 126.

[325] Casalta Nabais – *A autonomia financeira...*, p. 41.

circulação; o produto da cobrança de derramas (adicional sobre a coleta de IRC, que corresponda ao rendimento gerado na sua área geográfica por sujeitos passivos que exerçam a título principal uma atividade de natureza comercial, industrial ou agrícola, até ao limite máximo de 1,5% sobre o lucro tributável – artigos 18.º do Regime Financeiro das Autarquias Locais e das entidades intermunicipais). São também receitas tributárias aquelas que correspondem ao produto da cobrança de mais-valias (artigo 14.º, alínea f), do Regime Financeiro das Autarquias Locais e das entidades intermunicipais)[326].

De entre as receitas das freguesias, destacamos neste domínio a titularidade da totalidade do produto do imposto municipal sobre imóveis dos prédios rústicos e uma participação de 1% na receita do IMI sobre prédios urbanos.

Entre as receitas dos municípios destacamos, para além das já mencionadas, as receitas patrimoniais: rendimento de bens próprios, móveis ou imóveis, por eles administrados, dados em concessão ou cedidos para exploração e receitas provenientes da participação nos lucros das sociedades em que tomem parte.

As freguesias também dispõem de receitas patrimoniais: os rendimentos próprios de bens móveis ou imóveis por eles administrados, os rendimentos de mercados e cemitérios das freguesias e o produto da alienação de bens próprios móveis ou imóveis – artigo 23.º, alíneas c), e) e g), do Regime Financeiro das Autarquias Locais e das entidades intermunicipais.

Municípios e freguesias poderão sempre contar com receitas creditícias. Embora seja de notar, à partida, que a capacidade de endividamento das freguesias (que só podem recorrer aos empréstimos de curto prazo) é menor do que a dos municípios.

No Regime Financeiro das Autarquias Locais e das entidades intermunicipais encontram-se fixados os limites máximos de endividamento. Porém, por força da Lei de Enquadramento Orçamental, a Lei do Orçamento do Estado pode estabelecer limites específicos de endividamento anual para as autarquias locais. Limites estes que podem

[326] Casalta Nabais chama a atenção para a cobrança de rendas (por exemplo pelas empresas detentoras de licenças de exploração de parques eólicos) – Casalta Nabais – *A autonomia financeira...*, p. 45.

ser inferiores aos que resultariam, neste caso, do Regime Financeiro das Autarquias Locais e das entidades intermunicipais. Está aqui em causa a coordenação entre subsetores que radica no princípio da estabilidade orçamental, que abordaremos mais adiante.

O tratamento da matéria relativa à administração local tem de ser atualmente complementado, fruto da complexidade institucional que se gera em torno da sua atividade[327]. Com efeito, hoje, não é possível compreender cabalmente a realidade autárquica e a sua atividade sem pensar no importante papel de articulação da atividade das diferentes autarquias feito pelas Comissões de Coordenação e Desenvolvimento Regional (CCDR)[328] ou mesmo na relevante concentração de esforços e meios das autarquias, através da criação de Associações de freguesias[329],

[327] "O elenco das competências autárquicas é hoje muito vasto e tende a alargar-se ainda mais com iniciativas descentralizadoras do governo ou com as novas formas de provisão pública. Os municípios intervêm já na definição da atividade dos serviços desconcentrados de alguns ministérios e tornaram-se em alguns casos autênticas holdings de grupos de empresas municipais, intermunicipais, de fundações, de sociedades de desenvolvimento regional ou de empresas privadas pois até nestas, eles podem deter participações" – João Paulo Zbyszewski – *O Financiamento das Autarquias...*, pp. 215-216.

[328] V. Decreto-Lei n.º 228/2012, de 25 de outubro. As CCDR resultam de um fenómeno de desconcentração administrativa do Ministério da Agricultura, do Mar, do Ambiente e do Ordenamento do Território (são serviços periféricos da administração direta do Estado), mas são dotadas de autonomia administrativa e financeira. Atualmente existem 5 CCDR (Norte, Centro, Lisboa e Vale do Tejo, Alentejo e Algarve). As CCDR têm um quadro próprio de receitas e despesas (artigos 9.º e 10.º do Decreto-Lei n.º 228/2012).
Entre outras atribuições elas executam, avaliam e fiscalizam, ao nível regional, as políticas de ambiente, de conservação da natureza, de ordenamento do território e de cidades, articulando-se, para o efeito, com os outros serviços do Ministério do Ambiente e Ordenamento do Território e pessoas coletivas públicas tuteladas por aquele Ministério; elas dinamizam a cooperação inter-regional e asseguram a articulação entre instituições da administração direta do Estado, autarquias locais e entidades equiparadas, contribuindo para a integração europeia do espaço regional e para o reforço da sua competitividade interna e externa com base em estratégias de desenvolvimento sustentável de níveis regional e local; elas prestam ainda apoio técnico às autarquias locais e as suas associações, em articulação com a Direção-Geral das Autarquias Locais (v. artigo 2.º do Decreto-Lei n.º 228/2012).
Entre as suas receitas contam-se receitas próprias (fruto da autonomia administrativa e financeira de que dispõem) e receitas transferidas do Orçamento do Estado (artigo 9.º do Decreto-Lei n.º 228/2012).

[329] V. Lei n.º 175/99, de 21 de setembro.

Áreas Metropolitanas, de Comunidades intermunicipais e de Associações de Municípios de fins específicos. O esforço de agregação sentido ao nível autárquico que estas representam procura, sobretudo, pôr cobro às ineficiências geradas por certas decisões isoladas, sem pensar naquilo que está a ser feito na(s) área(s) contígua(s)[330].

Constatando isso mesmo, o legislador no regime jurídico-financeiro relativo às Autarquias reservou uma parte relativa às entidades intermunicipais (título III), prevendo a existência de transferências orçamentais diretas para as mesmas e de recurso direto a receitas creditícias (artigos 69.º e 70.º do Regime Financeiro das Autarquias Locais e entidades intermunicipais). Não obstante o passo dado no sentido de uma maior autonomização destas entidades, continua a faltar-lhes poder político próprio, baseado na existência de órgãos eleitos. E isso faz com que estas entidades não consigam muitas vezes nem resolver alguns impasses na articulação entre as autarquias que integram, nem angariar as receitas suficientes para os projetos que quereriam implementar.

e) A Administração regional

Nas administrações das Regiões Autónomas, temos o correspondente aos serviços integrados (departamentos regionais) e aos serviços e fundos autónomos (serviços e fundos autónomos da Administração regional).

As Regiões Autónomas gozam, por imperativo constitucional, de autonomia financeira.

Esta autonomia financeira é um garante da autonomia político-administrativa de que gozam as Regiões Autónomas, nos termos da Constituição. Ao contrário do que sucede em relação às Autarquias Locais e às Associações Públicas, não se trata aqui de uma mera descentralização administrativa. A autonomia de que gozam as Regiões Autónomas é, portanto, uma autonomia qualificada, pois que se trata de reconhecer que os interesses regionais podem ser prosseguidos (até sob a forma de ato legislativo) pelas comunidades regionais, as quais agem por intermédio dos seus órgãos eleitos. A Autonomia regional permite, desta forma, a partilha de poderes políticos e legislativos com o Estado (embora não se possa falar numa partilha de soberania, visto que Portugal é um Estado unitário), de forma ímpar no nosso ordenamento jurídico.

[330] MARTA REBELO – *Descentralização e Justa Repartição...*, pp. 167 e ss.

A autonomia financeira das Regiões Autónomas, tal como é constitucionalmente reconhecida, consubstancia-se em autonomia patrimonial, independência orçamental e autonomia de tesouraria.

A autonomia patrimonial corresponde à possibilidade de disposição de bens próprios e à "liberdade de disposição dos bens que o integram, sem sujeição a qualquer poder de superintendência ou de tutela do Estado"[331] (227.º, n.º 1, al. h) da Constituição);

À semelhança do que sucede com as autarquias locais, a independência orçamental regional – que inclui o poder de aprovar um plano de desenvolvimento económico e social próprio, o seu orçamento regional e a sua conta regional (artigo 227.º, n.º 1, al. p), da Constituição)[332] – surge como consequência da autonomia financeira de que gozam.

Mas diferentemente do que sucede com as autarquias locais, a independência orçamental, correspondendo a uma autonomia qualificada, vai ao ponto de, em certos domínios, permitir a substituição da ação do Estado no território que lhes corresponde[333]. É, aliás, esta associação de ideias de independência orçamental e de autonomia político-legislativa que conduzirá ao reconhecimento às Regiões Autónomas, por um lado, de um volume maior de receitas em relação ao que é atribuído às autarquias locais e, por outro, de maior participação quanto às receitas de que auferem. Será também esta associação de ideias que nos permitirá falar ainda do reconhecimento de verdadeiros poderes tributários. São estes poderes tributários que diferenciam as finanças das Regiões Autónomas das autarquias locais, cujos poderes tributários são muito reduzidos. Uma nota para explicar, porém, que, à semelhança do que sucede com as autarquias locais, o reconhecimento destes poderes tributários também não significa que as Regiões Autónomas sejam agentes de definição do volume de receitas públicas[334].

[331] Jorge Miranda e Rui Medeiros – *Constituição (III)*..., p. 273.

[332] Cada Região tem a sua lei de enquadramento orçamental: a Lei n.º 79/98, de 24 de novembro para os Açores e a Lei n.º 28/92, de 1 de setembro para a Madeira.

[333] Eduardo Paz Ferreira – *Ensinar Finanças Públicas*..., p. 126.

[334] Paz Ferreira fala a este propósito também de uma "*descentralização incompleta*", tal como fizera em relação às autarquias locais – Eduardo Paz Ferreira – *Ensinar Finanças Públicas*..., p. 126.

As relações financeiras entre o Estado e as Regiões Autónomas, são atualmente reguladas pela Lei de Finanças das Regiões Autónomas[335] e pela Lei de Enquadramento Orçamental[336].

A definição da autonomia financeira é concretizada em leis que versam sobre as relações financeiras entre o Estado e as Regiões. Estas são da reserva absoluta da competência legislativa da Assembleia da República (artigo 164.º, al. t) da Constituição). Aí se encontram normas mais precisas em termos das receitas de que as regiões podem dispor. Incluem-se na competência da Assembleia da República, em matéria de definição das relações financeiras entre o Estado e as Regiões Autónomas, entre outras:

i) a definição da solidariedade nacional constitucionalmente prescrita;
ii) a definição daquilo que caberá às Regiões no que toca à participação das receitas do Estado;
iii) a forma concreta do exercício do poder tributário próprio e do poder de adaptação do sistema fiscal nacional às especificidades regionais (uma vez que a lei e a lei quadro que são mencionadas no artigo 227.º, n.º 1, al. i), correspondem à Lei de Finanças das Regiões Autónomas);

[335] Lei Orgânica n.º 2/2013, de 2 de setembro.

[336] Para serem objeto de alteração, as normas, relativas às relações financeiras entre o Estado e as Regiões, devem revestir a forma de lei orgânica. Por exemplo foi a alteração das relações financeiras entre o Estado e as Regiões Autónomas que justificou a necessidade da aprovação de uma lei orgânica, aquando da introdução do título V da Lei de Enquadramento Orçamental de 2001 (Lei Orgânica n.º 2/2002). Com efeito, a Lei de Enquadramento Orçamental não tem forma de lei orgânica nem carece para a sua alteração dessa forma. Mas, como estava em causa introduzir normas que alteravam o disposto em termos de relações financeiras com as Regiões Autónomas, impunha-se esta fórmula, por força do artigo 166.º, n.º 2, aplicável à al. t), do artigo 164.º – V. Acórdão do Tribunal Constitucional n.º 567/04: "Não se vê igualmente que resulte qualquer violação da Constituição do facto de estas normas não estarem formalmente inseridas no texto da Lei de Finanças das Regiões Autónomas, uma vez que o ato normativo de que constam obedece aos requisitos de forma exigidos pelo artigo 166º, nº 2, da Constituição (lei orgânica) e que a sua aplicação está prevista por uma norma que, do mesmo passo, foi introduzida naquela Lei. A adoção de uma lei orgânica pelo Parlamento não merece o juízo de inconstitucionalidade (por "imponderação") que lhe dirige a requerente.".

iv) a definição da forma de cálculo das transferências orçamentais;
v) a definição da possibilidade de prestação de garantias pessoais aos empréstimos contraídos pelas Regiões Autónomas;
vi) os limites máximos aos empréstimos e as sanções a cumprir em caso de incumprimento dos mesmos.

É frequente as Regiões Autónomas invocarem os seus Estatutos Político-Administrativos, perante o Estado, tendo em vista a reclamação de deveres financeiros por parte deste ou para invocação da ilegalidade de novos diplomas que os contrariem. No entanto, é jurisprudência consolidada no Tribunal Constitucional que as normas relativas às relações financeiras entre o Estado e as Regiões Autónomas não estão abrangidas pela reserva de Estatuto Político-Administrativo, podendo, portanto, ser alteradas por Lei Orgânica da Assembleia da República, sempre que esta o desejar (artigos 164.º, al. t) e 166.º, n.º 2 da Constituição). Não há nesta matéria, como o Tribunal Constitucional afirmou expressamente, nos Acórdãos n.ºs 162/99, 567/04 e 346/08 nenhuma reserva de estatuto. Com efeito, a existir esta esvaziaria de sentido a al. t) do artigo 164.º e a remissão contida no artigo 229.º, n.º 3, da Constituição[337]. Como reconhece Rui Medeiros, "as normas contidas num Estatuto Político-administrativo, mas que não façam parte da reserva de estatuto devem ser consideradas sem o valor material reforçado correspondente"[338].

A independência orçamental, surge, associada a um imperativo constitucional de autonomia de tesouraria que não devemos descurar. É com base na autonomia de tesouraria que as Regiões Autónomas arrecadam e dispõem de receitas atribuídas por lei (artigo 227.º, n.º 1, alíneas i), j) e r), da Constituição da República Portuguesa).

Por força desta autonomia, as Regiões Autónomas dispõem de poder tributário próprio e de poder para adaptar o sistema fiscal nacional às especificidades regionais (artigo 227.º, n.º 1, alínea i), da Constituição da República Portuguesa); dispõem de receitas fiscais nela cobradas ou geradas (artigo 227.º, n.º 1, alínea j), primeira parte, da Constituição

[337] V. neste sentido os Acórdãos do Tribunal Constitucional n.ºs 162/99; 567/04; 11/2007; 238/2008; 346/2008.

[338] *In* Jorge Miranda e Rui Medeiros – *Constituição (III)...*, p. 295 (no mesmo sentido do texto, v. p. 323).

da República Portuguesa); e dispõem de uma participação das receitas tributárias do Estado (artigo 227.º, n.º 1, alínea j), segunda parte, da Constituição da República Portuguesa).

Apesar de conter algumas diretivas em matéria de receitas, a Constituição não é exaustiva quanto às receitas de que as Regiões Autónomas podem beneficiar (veja-se a última parte da alínea j) do n.º 1 do artigo 227.º que fala de "outras receitas que lhe sejam atribuídas").

As relações entre o Estado e as Regiões Autónomas estão intimamente marcadas pelo princípio da solidariedade nacional (artigos 225.º, n.º 2, e 229.º da Constituição). E este, como se adivinha tem óbvias repercussões ao nível das relações financeiras que se estabelecem entre os sujeitos em causa.

O princípio da solidariedade nacional vem concretizado na Lei de Finanças das Regiões Autónomas. Como é um princípio com aplicação recíproca ao Estado e às Regiões, por um lado, obriga o Estado:

- a assegurar um nível adequado de serviços públicos e atividades privadas (artigo 8.º, n.º 1, da Lei de Finanças das Regiões Autónomas);
- a fazer transferências para as Regiões Autónomas dotando-as dos meios necessários para a prossecução dos seus fins (artigos 8.º, n.º 4, 48.º e 49.º da Lei de Finanças das Regiões Autónomas);
- a promover a eliminação de desigualdades, resultantes da sua situação de insularidade ou ultraperiférica em relação ao restante território (artigo 8.º, n.º 3, da Lei de Finanças das Regiões Autónomas);
- a conceder apoios extraordinários em situações imprevistas (ex. calamidades) (artigo 8.º, n.º 5, da Lei de Finanças das Regiões Autónomas);
- a repor a situação anterior à prática de danos ambientais por ele causados nas Regiões Autónomas (artigo 8.º, n.º 6 da Lei de Finanças das Regiões Autónomas);
- a comparticipar em incentivos ao setor produtivo das regiões (artigo 50.º Lei de Finanças das Regiões Autónomas);
- a financiar projetos de interesse comum (artigo 51.º da Lei de Finanças das Regiões Autónomas);

e por outro, obriga as Regiões Autónomas:

- a contribuírem para o equilibrado desenvolvimento do país;
- a contribuírem para o cumprimento dos objetivos orçamentais (artigo 8.º, n.º 7 da Lei de Finanças das Regiões Autónomas);
- a promover uma situação de estabilidade orçamental, nos termos do artigo 6.º da Lei de Finanças das Regiões Autónomas;
- a "contribuírem para o equilibrado desenvolvimento do País e para o cumprimento dos objetivos de política económica a que o Estado Português esteja vinculado por força de tratados ou acordos internacionais, nomeadamente os que decorrem de políticas comuns ou coordenadas de crescimento, emprego e estabilidade e de política monetária comum da União Europeia" (artigo 8.º, n.º 2 da Lei de Finanças das Regiões Autónomas).

Por força deste princípio da solidariedade nacional, podemos dizer que a autonomia financeira reconhecida às Regiões Autónomas não é ilimitada. As Regiões Autónomas estão obrigadas a coordenar as suas finanças com as do Estado. Para tanto,

- O Estado e as Regiões Autónomas prestam mutuamente toda a informação em matéria económica e financeira necessária à cabal prossecução das respetivas políticas financeiras;
- As Regiões Autónomas devem apresentar, anualmente, uma estimativa de contas não financeiras e da dívida pública das administrações públicas regionais, para os anos anteriores e corrente, de acordo com a metodologia do SEC 2010 e do Manual do Défice e da Dívida aprovado pelo Eurostat (artigo 21.º da Lei de Finanças das Regiões Autónomas);
- As Regiões Autónomas devem apresentar relatórios mensais de estimativas da execução orçamental e da dívida pública do Governo Regional (a falta de apresentação é sancionada: retenção de 10% ou 20% (no caso de já haver um trimestre de atraso) dos duodécimos das transferências orçamentais do Orçamento do Estado – artigo 22.º da Lei de Finanças das Regiões Autónomas);
- As Regiões Autónomas devem suportar reduções aos limites legais de endividamento, quando tal se torne necessário para cumprimento da estabilidade orçamental decorrente do Pacto de Estabilidade e Crescimento;

- As Regiões Autónomas podem ter de suportar uma redução das receitas que lhes estão atribuídas (vejam-se a, este propósito, os Acórdãos n.ºs 412/2012, 568/2012 e 252/2014, reconhecendo a possibilidade de, excecionalmente, o Estado de reservar para si uma parte das receitas que resultam da cobrança de IRS nas Regiões Autónomas).

Estes elementos permitem-nos, portanto, afirmar com segurança que "a ideia de solidariedade coenvolve a de reciprocidade"[339].

Para assegurar a coordenação entre as finanças das Regiões Autónomas e do Estado, as Regiões Autónomas estão sujeitas aos controlos administrativo, político e jurisdicional.

Com o mesmo objetivo e sem prejuízo da autonomia financeira regional e da independência orçamental, a situação orçamental das Regiões Autónomas é seguida de perto pelo Conselho de Acompanhamento das Políticas Financeiras, o qual funciona junto do Ministério das Finanças. Este órgão vigia as políticas orçamentais regionais, as suas necessidades de financiamento, e o seu nível de endividamento. Assegura ainda a coerência entre o sistema fiscal nacional e o regional. Caso este Conselho detete alguma situação de irregularidade financeira e orçamental, deve comunicá-la à Assembleia da República ou à Assembleia Legislativa da Região Autónoma a que essa irregularidade respeita. Neste papel, acaba por auxiliar à fiscalização política da execução orçamental regional e contribuir para o bom funcionamento dos controlos jurídicos neste domínio, permitindo, se for caso disso, o acionamento dos mecanismos de responsabilidade financeira.

Tendo em vista um aprofundamento da autonomia financeira das Regiões Autónomas, sobretudo, no que toca à autonomia de tesouraria, descreveremos, sucintamente, o seu quadro de receitas.

As Regiões Autónomas dispõem, antes de mais, de receitas tributárias do Estado cobradas nas Regiões Autónomas ou com conexão com pessoas aí residentes ou representadas ou com bens nelas localizados:

[339] Jorge Pereira da Silva – "As Finanças Regionais na Jurisprudência Constitucional da Crise. O estranho caso do Acórdão sobre o Orçamento dos Açores", in Gonçalo de Almeida Ribeiro e Luís Pereira Coutinho – *O Tribunal Constitucional e a Crise - Ensaios Críticos*. Coimbra: Almedina, 2014).

- IRS devido ou retido por pessoas singulares residentes nas Regiões Autónomas (artigo 25.º da Lei de Finanças das Regiões Autónomas);
- IRC devido por pessoas coletivas residentes nas Regiões Autónomas (artigo 26.º da Lei de Finanças das Regiões Autónomas);
- IVA cobrado pelas operações realizadas na Regiões Autónomas (artigo 28.º da Lei de Finanças das Regiões Autónomas)[340];
- Impostos especiais de consumo cobrados sobre os produtos tributáveis que sejam introduzidos no consumo da Regiões Autónomas (artigo 29.º da Lei de Finanças das Regiões Autónomas);
- Imposto de selo devido por sujeitos passivos com sede ou direção efetiva nas Regiões Autónomas ou com sede ou direção efetiva em território nacional, mas com sucursais, delegações, ou quaisquer formas de representação permanente nas Regiões Autónomas (artigo 31.º da Lei de Finanças das Regiões Autónomas);
- Impostos extraordinários liquidados como adicionais ou sobre a matéria coletável ou a coleta de outros impostos que já constituem receita da Regiões Autónomas; e os impostos extraordinários autónomos respeitantes a bens localizados nas Regiões, a contratos aí celebrados ou a bens que garantam obrigações que se situem nessas mesmas Regiões (artigo 32.º da Lei de Finanças das Regiões Autónomas);
- Imposto especial pelo exercício da atividade do jogo devido pelas empresas concessionárias nas respetivas circunscrições territoriais (artigo 30.º da Lei de Finanças das Regiões Autónomas).

As Regiões Autónomas beneficiam também de receitas tributárias do Estado sobre rendimentos de pessoas singulares ou coletivas sem residência ou sede, respetivamente, em território português (como resulta dos artigos 19.º, al. b) e 20.º, n.º 1 al. c), da Lei de Finanças das Regiões Autónomas);

Para além das duas receitas tributárias acima mencionadas, as Regiões beneficiam ainda de receitas próprias, resultantes do exercício de poder tributário próprio.

[340] "A dificuldade na determinação da receita do IVA pertencente a cada Região levou [...] a que se optasse pela solução de recorrer a uma transferência fixa, calculada em função da capitação do imposto a nível nacional" – JORGE MIRANDA e RUI MEDEIROS – *Constituição (III)...*, p. 326.

Este poder tributário próprio é exercido de três formas distintas:

- Adaptação do sistema fiscal às especificidades regionais (artigo 227.º, alínea i), da Constituição). Esta adaptação deve ser feita pelas Assembleias Legislativas das Regiões Autónomas, nos termos dos artigos 56.º, n.º 2, al. b) e 59.º da Lei de Finanças das Regiões Autónomas.
- Criação de impostos (artigo 56.º, n.º 2, al. a), da Lei de Finanças das Regiões Autónomas): estes são criados pelas Assembleias Legislativas das Regiões Autónomas. Pode haver impostos apenas vigentes nas Regiões Autónomas, desde que não incidam sobre matéria já objeto da incidência prevista para qualquer dos impostos nacionais (artigo 57.º, n.º 1, da Lei de Finanças das Regiões Autónomas). Aliás, os impostos regionais caducam, se forem criados outros semelhantes de âmbito nacional (artigo 57.º, n.º 2, da Lei de Finanças das Regiões Autónomas). Neste âmbito compreendem-se entre outros (artigo 57, n.º 3, da Lei de Finanças das Regiões Autónomas), os impostos correspondentes a contribuições de melhoria para tributar aumentos de valor de imóveis decorrentes de obras e investimentos públicos regionais e contribuições especiais tendentes a compensar as maiores despesas regionais decorrentes de atividades privadas desgastantes ou agressoras dos bens públicos ou do ambiente regional.

  As Regiões Autónomas podem proceder à cobrança destes impostos, criando para o efeito serviços fiscais competentes ou utilizar os serviços regionais do Estado, mediante o pagamento de uma compensação (artigo 61.º, n.º 2 da Lei de Finanças das Regiões Autónomas).
- Adicionais a impostos (artigo 58.º): Estes adicionais têm de ser criados pelas Assembleias Legislativas das Regiões Autónomas. Podem ser lançados adicionais – até 10% – sobre a coleta dos impostos em vigor nas Regiões Autónomas.

Para além dos poderes sobre impostos, as Regiões Autónomas podem fixar taxas (artigo 61.º, n.º 1, al. c) da Lei de Finanças das Regiões Autónomas): as Regiões Autónomas podem fixar o quantitativo de taxas, tarifas e preços devidos pela prestação de serviços regionais, pela outorga de licenças, alvarás e outras remoções de limites jurídicos às atividades regionais dos particulares e pela utilização dos bens de domínio público regional.

Para além das receitas tributárias, as Regiões Autónomas podem dispor de receitas creditícias.

Notamos que o recurso ao crédito pelas Regiões Autónomas, apesar de nunca ter sido constitucionalmente previsto de forma expressa, é pacificamente reconhecido, fruto da combinação do 227.º, n.º 1, alíneas h) e p), da Constituição da República Portuguesa. E que, apesar de o texto constitucional, também não dizer expressamente que este deve ser limitado, se retira essa necessidade de limitação da capacidade de endividamento regional do caráter unitário do Estado[341]. Desta forma, podemos afirmar, com segurança, que as Regiões Autónomas podem contrair empréstimos públicos de longo e curto prazo (dívida fundada e dívida flutuante, respetivamente), nos limitados termos definidos pela Lei de Finanças das Regiões Autónomas.

A competência para autorização da dívida regional é, por via de regra, das Assembleias Legislativas das Regiões Autónomas. Só é necessária prévia autorização da Assembleia da República para contração de empréstimos em moeda sem curso legal em Portugal, de forma a não provocar efeitos negativos quanto ao *rating* de dívida da República (artigo 37.º, n.º 2 da Lei de Finanças das Regiões Autónomas).

A dívida contraída a longo prazo destina-se exclusivamente a financiar investimentos ou a substituir e amortizar empréstimos anteriormente contraídos (artigo 38.º Lei de Finanças das Regiões Autónomas). A dívida de curto prazo deve ser contraída para fazer face a necessidades de tesouraria e, portanto, paga até ao último dia do ano em que for contraída. Esta não deverá ultrapassar 35% das receitas correntes líquidas cobradas nos três anos anteriores (artigo 39.º Lei de Finanças das Regiões Autónomas).

À semelhança do que sucede com as autarquias locais, é na Lei de Finanças das Regiões Autónomas que se encontram fixados os limites máximos de endividamento (artigo 40.º da Lei de Finanças das Regiões Autónomas[342]). Porém a Lei do Orçamento do Estado pode estabelecer

[341] Neste sentido, Acórdão do Tribunal Constitucional n.º 624/97.

[342] Está prevista a possibilidade de ultrapassagem deste limite com prévia autorização do Ministro das Finanças, precedido de parecer prévio favorável do Conselho de

limites específicos de endividamento anual para as Regiões Autónomas. Limites estes que podem ser inferiores aos que resultariam, neste caso, da Lei de Finanças das Regiões Autónomas. Está, aqui, em causa, mais uma vez, a coordenação entre subsetores, que radica no princípio da estabilidade orçamental. O incumprimento dos limites de endividamento dará lugar a redução do montante das transferências orçamentais no ano subsequente[343].

Desde 2010, admite-se que o Estado assuma uma posição devedora no que toca às dívidas das Regiões Autónomas, se prestar uma garantia pessoal (aval ou fiança) ou se isso resultar de lei expressa (artigo 43.º da Lei de Finanças das Regiões Autónomas). Contraria-se, portanto, a ideia da versão de 2007 da Lei de Finanças das Regiões Autónomas no sentido de impedir a assunção de dívidas regionais por parte do Estado (*cf.* artigos 35.º e 36.º da Lei de Finanças das Regiões Autónomas, tal como resultava da redação da Lei Orgânica n.º 1 /2007).

Para além destas receitas, as Regiões Autónomas contam ainda com transferências orçamentais. PAZ FERREIRA explica a sua necessidade com referência a dois fatores: por um lado, a tendencial assunção da generalidade das funções do Estado e, por outro, os problemas especiais de desenvolvimento que se fazem sentir e que decorrem da localização ultraperiférica destas regiões[344].

No que toca às transferências, assinalamos que a sua concessão não resulta de negociação prévia com as Regiões Autónomas, mas apenas a aplicação de fórmulas matemáticas (v. artigo 48.º da Lei de Finanças das Regiões Autónomas). Uma parte das transferências orçamentais revertem para o Fundo de coesão das regiões ultraperiféricas, com vista a assegurar a convergência económica de todo o território nacional (artigo 49.º da Lei de Finanças das Regiões Autónomas).

Acompanhamento das Políticas Financeiras nos casos excecionais referidos no n.º 2 do artigo 40.º. Caso haja violação destes requisitos, haverá lugar à aplicação de uma sanção: retenção das transferências do Estado devidas em anos subsequentes (artigo 40.º, n.º 6 e 45.º da Lei de Finanças das Regiões Autónomas).

[343] O montante das transferências orçamentais reduzido nos termos do artigo 5.º, n.º 4, reverte para o Fundo de Regularização Municipal (artigo 60.º, n.º 4 do Regime Financeiro das Autarquias Locais), para fazer face a situações de desequilíbrio estrutural ou rutura financeira dos municípios.

[344] EDUARDO PAZ FERREIRA – *Ensinar Finanças Públicas...*, p. 127.

Nos termos da Lei de Enquadramento Orçamental e da Lei de Finanças das Regiões Autónomas, as transferências orçamentais podem ser reduzidas[345]. Esta redução pode ficar a dever-se a uma violação dos limites ao endividamento impostos pela Lei do Orçamento do Estado ou à necessidade de assegurar o estrito cumprimento dos princípios da estabilidade orçamental e da solidariedade recíproca, para assegurar o cumprimento do artigo 126.º do Tratado sobre o Funcionamento da União Europeia e do Pacto de Estabilidade e Crescimento. O montante desta suspensão destas transferências, retido pelo Estado, é desde 2010 afeto à amortização da dívida da Região a que diz respeito (artigo 45.º, n.º 2, da Lei de Finanças das Regiões Autónomas).

As Regiões Autónomas dispõem também de património próprio e, como tal, das receitas patrimoniais que resultam da sua fruição.

Para além das que já indicamos, há ainda outras receitas de que as Regiões Autónomas podem beneficiar. Constituem ainda receitas das Regiões Autónomas os juros sobre impostos que constituem receitas próprias (artigo 33.º da Lei de Finanças das Regiões Autónomas); as multas e coimas se a ação ou omissão que consubstancia a infração se tiver verificado nas Regiões Autónomas (artigo 34.º da Lei de Finanças das Regiões Autónomas); os preços públicos devidos pelas prestação de serviços regionais (artigo 35.º); e a participação sobre os resultados líquidos da exploração dos jogos sociais explorados pela Santa Casa da Misericórdia de Lisboa (artigo 36.º).

Às Regiões Autónomas aplica-se o que dissemos a propósito das autarquias locais e da sua excessiva dependência em relação a transferências por parte do Estado[346].

f) O Setor Empresarial

Atualmente, o setor empresarial do Estado é o responsável pela construção e gestão de infraestruturas públicas fundamentais e pela prestação de

[345] Os efeitos desta redução de transferência fazem-se normalmente sentir no Orçamento do Estado do ano seguinte ao da verificação do incumprimento (v. neste sentido PAULO PEREIRA GOUVEIA – *Os poderes do Estado e a autonomia regional*. In Direito Regional e Local, n.º 13, Jan/Mar 2011, p. 18).

[346] É criticamente que a OCDE reconhece um baixo nível de independência fiscal por parte do Governo Local e Regional, maioritariamente subsidiados por transferências do Orçamento do Estado – OCDE – *Government at a glance...*, p. 1.

serviços públicos essenciais e é responsável por um conjunto diversificado de outras funções de caráter instrumental.

O setor empresarial do Estado tem o regime jurídico definido pelo Decreto-Lei n.º 133/2013, de 3 de outubro (doravante designado por Regime Jurídico do Setor Público Empresarial), e é composto pelo conjunto das empresas públicas e empresas participadas. Tanto empresas públicas quanto empresas participadas são organizações empresariais que se regem pelo direito privado, em que o Estado detém uma participação permanente.

As empresas públicas distinguem-se das participadas pela influência dominante, exercida no seu seio pelo Estado ou outras entidades públicas estaduais. Nas empresas públicas, o Estado – ou outra entidade pública estadual – ou detém maioria do seu capital social[347] ou dos direitos de voto ou tem o direito de designar ou de destituir a maioria dos membros dos seus órgãos de administração ou de fiscalização ou dispõem de participações qualificadas ou direitos especiais que lhe permitam influenciar de forma determinante os processos decisórios ou as opções estratégicas adotadas pela empresa ou entidade participada[348].

Entre as empresas públicas distinguem-se as sociedades constituídas nos termos da lei comercial (sociedades de responsabilidade limitada) e as entidades públicas empresariais. As entidades públicas empresariais, estando embora sujeitas – como todas as outras entidades do setor empresarial do Estado – em geral às regras do direito privado[349] (note-se que inclusivamente não estão, tal como as demais, sujeitas às normas de contabilidade pública[350]) não revestem, como as demais, a forma de sociedade, constituída nos termos da lei comercial. Estas são, sim, produto de criação governamental e estão sujeitas a tutela económica e financeira do Ministro das Finanças. São as empresas de base institucional[351].

As empresas participadas são "as organizações empresariais em que o Estado ou quaisquer outras entidades públicas, de caráter administrativo

[347] Exemplos de empresas em que o Estado detém 100% do capital social: Parpública; CTT; CP; Metropolitano de Lisboa; Companhia de Carris de Ferro de Lisboa; STCP; Parque Expo; REFER; Estradas de Portugal e CTT.

[348] Artigo 9.º do Decreto-Lei n.º 13/2013, de 3 de outubro.

[349] Artigo 60.º do Decreto-Lei n.º 13/2013, de 3 de outubro.

[350] Artigo 58.º do Decreto-Lei n.º 13/2013, de 3 de outubro.

[351] Sofia Tomé d'Alte – *A nova Configuração...*, p. 282.

ou empresarial, detenham uma participação permanente de forma direta ou indireta", desde que nessas o Estado não exerça influência dominante, nos termos descritos no parágrafo anterior[352].

Por via de regra, as entidades do setor empresarial do Estado gozam de independência orçamental. A independência orçamental das empresas justifica-se, por um lado, para apartar a contabilidade complexa das mesmas do processo orçamental e, por outro, para permitir que a atividade empresarial se possa reger pelas regras privadas do mercado. Porém, nem sempre é fácil distinguir, dentro da atividade financeira do Estado, aquilo que é administrativo do que é empresarial.

Para efeitos de reporte do défice à União Europeia, a aplicação das regras de contabilidade nacional obriga, desde 1999, a um recorte do setor administrativo, aí designado como *administrações públicas* (S.13), feito através de um critério económico, consistindo este no apuramento do caráter mercantil de uma entidade pública. Através deste apuramento procuravam identificar-se as situações em que a produção se destinava a ser vendida no mercado a preços que permitam o lucro ou a cobertura de custos. Todavia, internamente e para efeitos de contabilidade pública, e até à revisão da Lei de Enquadramento Orçamental de 2011, era unicamente a caracterização jurídico-institucional dada às entidades públicas pelo legislador que relevava. Ou seja, até esse ano, o legislador aceitava, que internamente valesse como único critério para exclusão do universo orçamental – sem cuidar de prever mecanismos corretivos –, a qualificação jurídica de uma entidade pública como empresarial. Partia, portanto, do pressuposto a qualificação jurídica empresarial correspondia sempre ao exercício de atividade económica mercantil/empresarial.

Este desfasamento gerava – entre outros fatores – diferenças nos valores apurados de défice orçamental, atendendo à disparidade entre as entidades identificadas como empresariais no setor *administrações públicas* no Sistema Europeu de Contas e no perímetro do Orçamento do Estado.

De molde a aproximar os resultados contabilísticos (da contabilidade pública e da contabilidade nacional), foi necessário proceder a algumas alterações. Entre essas[353], conta-se a que entrou em vigor por força da

[352] Artigo 7.º do Decreto-Lei n.º 13/2013, de 3 de outubro.

[353] Entre as alterações relevantes para efeito de compatibilização da contabilidade nacional com a contabilidade pública contam-se a adoção de um novo esquema de classificação

revisão de 2011 da Lei de Enquadramento Orçamental, procurando reverter esta disparidade. A alteração no seio da Lei de Enquadramento Orçamental introduziu um novo n.º 5 ao artigo 2.º, que determina que o Orçamento do Estado passe a integrar as "entidades que, independentemente da sua natureza e forma, tenham sido incluídas em cada subsetor no âmbito do Sistema Europeu de Contas Nacionais e Regionais, nas últimas contas sectoriais publicadas pela autoridade estatística nacional, referentes ao ano anterior ao da apresentação do Orçamento". Ou seja, esta alteração minimiza a disparidade notada, neste domínio, entre as regras de contabilidade pública e contabilidade nacional. Assim, hoje a distinção entre o setor público administrativo e o setor empresarial do Estado, assenta, antes de mais, na qualificação jurídico-institucional do legislador (já que esta é a que determina, à partida, a exclusão ou inclusão no perímetro orçamental). No entanto, por força do artigo 2.º, n.º 5, da Lei de Enquadramento Orçamental e da aplicação das regras comunitárias para que ele remete, estará sempre sujeita a correção de acordo com a verificação do duplo critério económico

económica das receitas e despesas, em 2002 e a necessidade de informação à Assembleia de uma estimativa do orçamento consolidado (estamos a falar da estimativa de orçamento consolidado, referida no artigo 37.º, n.º 1 al. d) da Lei de Enquadramento Orçamental de 2011). Estava em causa o dever de informar cabalmente a Assembleia da República, no momento da previsão orçamental, daquilo que se esperava que viesse a ser a execução orçamental, quer em termos internos, quer para efeitos de reporte à União Europeia. Estas estimativas refletem a realidade não só do Orçamento do Estado, mas também dos orçamentos regionais e locais. A falta de conhecimento desta estimativa consolidada colocaria a Assembleia da República numa situação de desconhecimento em relação às verdadeiras e despesas do Estado. Colocá-la-ia numa situação de impossibilidade de avaliação das transferências previstas no Orçamento do Estado para cada um dos subsetores e, em geral, numa situação de impossibilidade de fazer um controlo da previsão e execução orçamental no sentido de evitar desvios significativos aos limites de défice e endividamento, impostos pela União Europeia. Na verdade, a análise isolada de cada um dos orçamentos geraria uma aparência de mais receita (com efeito, só depois de consolidadas as contas é que se subtraem às receitas as provenientes das subvenções intergovernamentais dentro do setor público administrativo). Só obtendo os valores consolidados é que se consegue também compreender exatamente em que medida cada um dos subsetores contribui para a estabilidade orçamental a que estamos obrigados – MARIA D'OLIVEIRA MARTINS – *Lições*... (3.ª edição, 2013), pp. 298 e 299.

do SEC 2010. Ou seja, a primazia do critério jurídico-institucional apenas se mantém enquanto o critério económico não o contradisser.

A lei de enquadramento orçamental de 2015 mantém esta correção, procurando uma atualização permanente da informação orçamental. Nos termos da lei de 2015, "integram ainda o setor das administrações públicas as entidades que, independentemente da sua natureza e forma, tenham sido incluídas em cada subsetor no âmbito do Sistema Europeu de Contas Nacionais e Regionais, na última lista das entidades que compõem o setor das administrações públicas divulgada até 30 de junho, pela autoridade estatística nacional (...)".

Retomando e completando o que acima se dizia, podemos dizer então, que, não obstante as dificuldades de divisão do que é administrativo e do que é empresarial que, por via de regra, as entidades do setor empresarial do Estado gozam de independência orçamental. Só não será assim se se concluir que essas entidades fazem parte das administrações públicas. Caso se conclua neste último sentido, estas entidades passam a integrar o perímetro orçamental como "entidades públicas reclassificadas".

As entidades públicas reclassificadas são sujeitas ao regime aplicável às demais entidades administrativas, gozando de autonomia administrativa e financeira, podendo, porém, beneficiar de um regime simplificado de controlo da execução orçamental. Este regime tem sido previsto nos sucessivos decretos-leis de execução orçamental. Entre as simplificações previstas, contam-se a não aplicação das regras relativas à cabimentação orçamental, às alterações orçamentais, à transição de saldos, aos prazos para autorização de pagamentos e cobrança de receita e à adoção do SNC-AP. Relativamente a este último ponto, nota-se que desde 2012, a Direção-Geral do Orçamento entende que estas entidades podem continuar a fazer uso do sistema de contabilístico a que já estavam sujeitas, com algumas adaptações. Adaptações estas que, visando a diminuição do impacto (sobretudo informático) da sua integração no Orçamento do Estado, acabam por compatibilizar a linguagem contabilística utilizada com a contabilidade pública.

Mais uma vez à semelhança do que já foi dito quer em relação às Autarquias Locais, quer em relação às Regiões Autónomas a independência orçamental não pode ser tida como sinónimo de total indiferença perante a situação orçamental nacional. Prova disto mesmo é o facto de as empresas carecerem de autorização para a sua constituição (artigo 10.º) ou de estarem sujeitas a um controlo permanente do Governo (com intervenção direta do Ministro das Finanças seja no exercício da função acionista das empresas públicas, seja em todas as decisões que impliquem aumento de despesa ou redução de receita para o Orçamento do Estado – artigos 37.º e 24.º). Como já foi indicado, o facto de o critério relevante para integração no setor *administrações públicas* para efeitos de aplicação do Sistema Europeu de Contas ser económico, faz com que a situação económica de algumas destas empresas do setor empresarial do Estado tenha reflexos no apuramento dos défices excessivos.

Esta consideração torna-se relevante, sobretudo, se tivermos em conta que, em geral, todas as empresas que integram o setor empresarial do Estado têm capacidade para contrair dívidas. É a possibilidade da contabilização da sua situação financeira para efeitos do apuramento de défices excessivos que faz com que o legislador tenha tomado especiais cuidados no que toca à autorização de dívida não orçamentada em relação a algumas entidades do setor empresarial do Estado. Veja-se o artigo 29.º do Regime Jurídico do Setor Público Empresarial estabelecendo limites à capacidade de endividamento de certas empresas públicas, num agravamento significativo das limitações já constantes do Decreto-Lei n.º 558/99. De acordo com o preceito mencionado só as empresas públicas não financeiras que apresentem capital próprio positivo e não tenham sido integradas no setor administrações públicas no sistema europeu de contas podem de forma direta e autónoma negociar e contrair financiamento para a prossecução das suas atividades (necessitando apenas de parecer prévio do IGCP, EPE para operações de prazo superior a um ano e operações de derivados financeiros).

As empresas públicas não financeiras com capital próprio negativo e não tenham sido integradas no setor administrações públicas no sistema europeu de contas só podem aceder a financiamento com prévia autorização da DGTF.

As empresas públicas não financeiras que tenham sido integradas no setor administrações públicas, nos termos do sistema europeu de contas, e as empresas sobre as quais exerçam influência dominante não podem aceder a novos financiamentos junto de instituições de crédito (com a ressalva do n.º 1 do artigo 29.º).

Estes mecanismos de autorização devem ser encarados como uma extensão das regras de limite ao endividamento das demais entidades que gozam de independência orçamental: Regiões Autónomas e Autarquias Locais. Convém deixar claro que em caso algum a intervenção do Estado corresponde à colocação do Estado numa posição devedora. O Estado não se torna por força de qualquer destas intervenções, nem no devedor principal, nem no devedor acessório destes créditos perante a entidade que os concede. Isto torna-se mais patente se, por um lado, tivermos em conta a autonomia creditícia de que gozam as entidades do setor empresarial do Estado e, por outro, se considerarmos o disposto na Lei n.º 112/97, de 16 de setembro, em que se estatui claramente que a assunção de garantias pessoais pelo Estado deve ser expressa e revestir a forma ou de aval ou de fiança.

Não obstante a independência orçamental deste setor, importa compreender que a sua atividade está longe de ser inócua em termos orçamentais. Com efeito, a íntima relação que se estabelece entre estas e o Estado, pela participação no seu capital, faz com que, tanto do ponto de vista das receitas como das despesas orçamentais, encontremos sinais da atuação empresarial estadual.

Apontamos de seguida as despesas que se refletem no Orçamento do Estado no domínio das relações deste com o setor empresarial:

- dotações de capital, tendo em vista a cobertura de realizações do capital estatutário da empresa (ex. aumento de capital estatutário);
- subvenções do Estado às Empresas Públicas (exemplo: indemnizações compensatórias para compensar custos de exploração resultante de prestação de serviços de interesse geral[354];
- concessão de empréstimos (estes devem ser concedidos às empresas públicas em circunstâncias excecionais e em condições financeiras similares às do mercado);
- assunção de passivos, que corresponde à tomada de dívidas de empresas pelo Estado. A assunção de passivos e responsabilidades está, em princípio excluída, mas tem vindo a ser admitida no

[354] Também às empresas privadas, o Estado concede indemnizações compensatórias pela prestação de serviços públicos.

contexto de planos estratégicos de reestruturação e de saneamento financeiro ou no âmbito de processos de liquidação[355].

Para além destas despesas, o Estado pode assumir ainda compromissos de despesas, concedendo garantias a operações financeiras de empresas públicas (exemplos: garantia a todas as operações de crédito ou de assistência de liquidez, praticados pela Caixa Geral de Depósitos a favor do BPN, no contexto da sua nacionalização – Lei n.º 62-A/2008, de 11 de novembro). As garantias concedidas às Empresas Públicas não Financeiras visam facilitar ou criar melhores condições financeiras na obtenção de fundos nos mercados financeiros, tendo em vista o financiamento de planos de investimento das empresas públicas, de elevado montante e duração, nomeadamente com a construção/ /beneficiação de infraestruturas e com a aquisição de equipamentos de transporte público. Estas garantias colocam o Estado na posição de devedor subsidiário. O Estado apenas intervém no caso de a empresa a quem concedeu a garantia (devedor principal) entre em incumprimento.

As receitas geradas pelo setor empresarial do Estado com reflexos orçamentais são as seguintes:

- dividendos pagos ao Estado;
- remuneração do capital estatutário;
- recuperação de créditos (por exemplo, por empréstimos concedidos).
- receitas resultantes das

  • privatizações; e
  • reprivatizações – referem-se aos meios de produção e outros bens nacionalizados depois do 25 de Abril. As receitas que daí resultarem devem ser exclusivamente utilizadas, para: amortização da dívida pública; amortização da dívida do setor empresarial do Estado; serviço da dívida resultante de nacionalizações; e novas aplicações de capital no setor produtivo. (293.º, n.º 1 al. b)

[355] "No caso de processo de saneamento financeiro, o Estado pode ainda assumir passivos das empresas, regra geral convertidos em dívida pública" – http://www.dgtf.pt/setor-empresarial-do-estado-see/esforco-financeiro-publico/entidade/esforco-financeiro-publico 02.06.2011 13:13.

da Constituição da República Portuguesa e artigo 16.º da Lei n.º 11/90, de 5 de abril). Nem mesmo para este efeito, se confunde o setor empresarial do Estado com os Setores Empresariais das Regiões Autónomas O produto das receitas provenientes das reprivatizações destas empresas "será exclusivamente aplicado na amortização da dívida pública regional e em novas aplicações de capital no setor produtivo regional" (artigo 17.º, n.º 3 da Lei 11/90).

III.
A Atividade Financeira Nacional

1. A atividade financeira pública do ponto de vista constitucional

a) O percurso constitucional de um Estado socializante a um Estado de bem-estar

Em Portugal, assiste-se no século XX a uma evolução crescente em matéria de intervenção do Estado. Em termos constitucionais, a intervenção do Estado atingiu o seu máximo expoente em 1976. Nesse ano, a Lei Fundamental propôs-se fazer uma reconstrução da realidade social. Como é sabido, o nosso texto constitucional de 1976 está associado à convivência de "universos ideológicos diversos, como os do marxismo, da social-democracia ou da democracia-cristã" e à influência cruzada de fatores externos como "a tradição Continental de direito civil, a doutrina social da Igreja ou o Zeitgeist do pós-guerra sobre direitos sociais"[356].

Representativa da natureza compromissória que daqui resulta para a nossa Constituição, no que toca em particular à forma de encarar a intervenção do Estado, é a discussão sobre despesa pública que se travou em torno dos direitos sociais. Em torno destes direitos opuseram-se sobretudo um modelo ocidental de Estado de Direito a um modelo revolucionário anticapitalista (Reis Novais) ou, noutra terminologia, o constitucionalismo ocidental ao constitucionalismo de matriz soviética e

[356] MÓNICA BRITO VIEIRA e FILIPE CARREIRA DA SILVA – *O Momento Constituinte – Os Direitos Sociais na Constituição*. Coimbra: Almedina, 2010, p. 87.

leninista (Jorge Miranda) ou ainda uma via eleitoral a uma via revolucionária[357] (Medeiros Ferreira)[358].

Num dos lados do diálogo, temos as ideias revolucionárias marxistas, com influências de matriz soviética (marxismo-leninismo) e temperadas por ideias do socialismo democrático[359]. De acordo com estas ideias, os direitos sociais deviam a sua génese e evolução ao materialismo histórico e dialético marxista[360], sendo olhados como direitos que rompiam com os interesses da "burguesia e do Estado burguês", como que fruto de uma conquista a essa classe pelo proletariado. Estes não seriam direitos da pessoa ou do homem, mas "histórica e fundamentalmente direitos de classe", no dizer de Vital Moreira[361]. Seriam direitos para atacar o problema da exploração e da desigualdade e deveriam ser exclusivos dos trabalhadores[362]. De acordo com esta influência, os direitos não se fundariam, pois, numa ideia de solidariedade entre classes[363]. Com efeito, tendo como objetivo a transição para o socialismo,

[357] Mónica Brito Vieira e Filipe Carreira da Silva – *O Momento Constituinte...*, pp. 128-129.

[358] Mónica Brito Vieira e Filipe Carreira da Silva – *O Momento Constituinte...*, p. 133- 134. A divisão da Assembleia Constituinte em blocos dividia, por um lado, o PS, o PPD e o CDS (bloco ocidental) e, por outro, o PCP, o MDP/CDE, a UDP e a AOC (bloco de Leste).

[359] Dando nota da sua influência de 1974 até 1976 – Franco e Martins, 1993, p. 135: "[...] no âmbito de acentuada tensão e lutas sociais [...] verifica-se uma atuação constante dos poderes públicos no sentido da atribuição de benefícios sociais, do favorecimento de benefícios sociais, do favorecimento dos trabalhadores, dos estratos sociais populares e mais pobres e, após o 11 de Março de 1975 (e até 25 de Novembro de 1975), no sentido da socialização e, por vezes, da estatização da estrutura económica".

[360] Mónica Brito Vieira e Filipe Carreira da Silva – *O Momento Constituinte...*, p. 111.

[361] *Apud* Mónica Brito Vieira e Filipe Carreira da Silva – *O Momento Constituinte...*, p. 111.

[362] *Vide* o caso do direito à segurança social – PS, PPD e CDS defendiam que deveria ser universal, reconhecido a todos os cidadãos, ao passo que os projetos do PCP e do MDP/CDE os reduziam a direitos dos trabalhadores – Mónica Brito Vieira e Filipe Carreira da Silva – *O Momento Constituinte...*, p. 134.

[363] "*Não é pela solidariedade social* que as classes trabalhadoras veem «reconhecido» pelo capital o seu direito ao trabalho; *não foi pela solidariedade social* que o patronato «reconheceu» aos trabalhadores o direito à greve; *não foi pela solidariedade social* que os trabalhadores obtiveram da burguesia e do Estado burguês o reconhecimento da liberdade sindical; *não*

a Constituição colocaria o Estado ao serviço da luta de classes – ainda que prevendo que estas tivessem de exercer o poder de acordo com regras democráticas (influência social-democrata) –, para que este pusesse termo às relações de opressão. Na génese constitucional está, pois, a ideia já referida da subordinação de toda a atividade económica a um plano democrático e público, em que o lucro é aproveitado em benefício dos trabalhadores.

Dialogando com a corrente marxista, encontramos ideias personalistas. Estas consubstanciam-se no reconhecimento dos direitos sociais ao lado dos direitos, liberdades e garantias; no reconhecimento universal dos mesmos, como expressão natural da solidariedade social que deve existir entre todos; e no reconhecimento de que a pessoa só se realiza em relação com as demais[364]. Tratava-se aqui da afirmação dos direitos da pessoa, assentes no estabelecimento de laços solidariedade que assenta na natureza do homem e não em privilégios de classe ou grupo[365]. Os direitos seriam não apenas concedidos pelo Estado, mas garantidos pelo Estado e pela sociedade. Recorde-se que a perspetiva personalista se opõe a uma relação com o Estado que não seja favorecedora da liberdade e da autonomia dos cidadãos. Deste entendimento resulta a recusa de uma pura estatização dos direitos económicos sociais e culturais e a ênfase da solidariedade que deve existir entre os cidadãos, começando pela família estendendo-se à comunidade política em círculos sucessivos[366].

Tanto uma como outra corrente tiveram clara influência nas soluções constituintes.

será pela solidariedade social que as massas trabalhadoras conquistarão o direito à saúde, o direito ao ensino, o direito à habitação" – Vital Moreira *apud* Mónica Brito Vieira e Filipe Carreira da Silva – *O Momento Constituinte...*, p. 113.

[364] "Embora encarnada num corpo, a pessoa tem, para os personalistas, uma clara dimensão espiritual e comunitária" – Mónica Brito Vieira e Filipe Carreira da Silva – *O Momento Constituinte...*, p. 110.

[365] "Laços de solidariedade que [...] não se devem desenvolver verticalmente apenas, 'através de direitos e deveres entre cidadãos e o Estado', mas também 'através de direitos e deveres entre os cidadãos' " – Mónica Brito Vieira e Filipe Carreira da Silva – *O Momento Constituinte...*, p. 110.

[366] Mónica Brito Vieira e Filipe Carreira da Silva – *O Momento Constituinte...*, 2010, p. 139.

Fruto da influência marxista, são de destacar todas as referências à transição para o socialismo que encontramos na versão originária da Constituição. Exemplificativamente, são de referir como relevantes para a compreensão da influência marcadamente socialista, as obrigações que o Estado assumia quer quanto ao direito ao trabalho, quer quanto ao reconhecimento dos direitos dos trabalhadores (artigos 52.º e 54.º, nomeadamente); o favorecimento público da criação de cooperativas e experiências de autogestão (artigos 61.º e 84.º), colocando o Estado ao serviço da ideia de autorrealização, através da produção cooperativa, tão cara aos marxistas, tendo como objetivo último a abolição do trabalho assalariado; o favorecimento dos trabalhadores (quer no que toca ao reconhecimento de certos direitos sociais – de que são exemplos os casos paradigmáticos dos artigos 74.º, n.º 3, alínea g), prevendo o estímulo na formação de "quadros científicos e técnicos originários das classes trabalhadoras" e 76.º, prevendo que o acesso à Universidade se fizesse favorecendo "a entrada dos trabalhadores e dos filhos das classes trabalhadoras" –, quer no que toca à promoção da melhoria da situação económica, social e cultural – vejam-se os objetivos da reforma agrária no artigo 96.º); a apropriação coletiva dos meios de produção, por meio de "intervenção, nacionalização e socialização" ou expropriações sem direito a indemnizações (artigos 82.º e 83.º); a vedação de sectores à iniciativa privada (artigo 85.º) e assunção de gerência pelo Estado ou por pessoas coletivas públicas de bens e unidades de produção; e a assunção pública de funções planeamento central da economia (artigos 91.º a 95.º).

Fruto da influência das ideias personalistas, destacam-se as grandes semelhanças entre os direitos que resultam da leitura dos principais documentos da doutrina social da Igreja e as funções que são atribuídas ao Estado: veja-se, por exemplo, o destaque dado aos direitos dos trabalhadores ou à função social da propriedade privada[367], demonstrativa da adoção da ideia de solidariedade personalista. Também fruto desta influência é de recordar que na enumeração dos direitos, o direito à existência é o

[367] Há quem associe a dignidade da pessoa humana a uma leitura religiosa – *vide* por exemplo L. Pereira Coutinho, 2010, p. 16: "[...] a significação correspondente à dignidade humana não pode ser acedida ou precisada sem referência a uma "verdade" matricialmente religiosa, a qual radicalmente não se confunde com a "verdade" kantiana de que o homem é ou pode ser o senhor de uma integralmente emancipada autonomia e autodeterminação moral".

que vem enunciado à cabeça (artigo 25.º)[368/369], acompanhando de perto as posições assumidas pelos documentos de doutrina social da igreja[370].

Deste "consenso por sobreposição" resultou claramente a adesão ao paradigma moderno de despesa[371] por parte da Constituição, logo na sua versão originária, com uma clara intenção de atribuir ao Estado a incumbência de transformação (senão mesmo de reconstrução[372]) da sociedade[373].

[368] ISABEL MOREIRA – *A Solução dos Direitos, Liberdades e Garantias e dos Direitos Económicos, Sociais e Culturais na Constituição Portuguesa*. Coimbra: Almedina, 2007, p. 137.

[369] Mesmo o desenvolvimento que a "operatividade transformadora" da dignidade da pessoa humana tem permitido – nomeadamente com a afirmação do direito ao mínimo existencial – parece ir beber à mesma fonte da doutrina social da Igreja.

[370] Esta dupla influência a que vimos fazendo referência teve reflexos práticos, desde logo, na discussão relativa aos modos de financiamento do direito à Segurança Social: uns defendendo um esquema em que seriam as classes mais favorecidas a suportar a segurança social dos mais pobres e outros a defender um financiamento pago por receitas próprias do sistema de previdência com uma pequena comparticipação do Estado. Em concreto, "todos os partidos à esquerda do PPD defendem um sistema de segurança social altamente redistributivo, em que as classes mais favorecidas suportem a segurança social das menos favorecidas". O PS defendia a universalidade da segurança social, com financiamento através de uma política fiscal redistributiva; o PCP reservava as prestações para os trabalhadores, mas procurava envolver todos os portugueses no seu financiamento. O PPD defendia, pelo contrário, um sistema público financiado por receitas próprias do sistema de previdência a que acresceria uma subsidiação por parte do Estado – MÓNICA BRITO VIEIRA e FILIPE CARREIRA DA SILVA – *O Momento Constituinte...*, p. 136-137.

[371] J. J. GOMES CANOTILHO e VITAL MOREIRA – *Constituição da República Portuguesa Anotada*. Coimbra: Coimbra Editora, 1993, p. 36, tornando claro o afastamento da Constituição em relação aos ideais liberais, afirmando que esta não é alheia à sociedade, nem à estrutura económica e social, nem sequer às relações entre os cidadãos; que esta impõe tarefas ao Estado a favor dos cidadãos. Nas suas palavras, "não é apenas um limite negativo à atividade do Estado; é também um caderno de encargos do Estado, nas suas tarefas e obrigações, no sentido de satisfazer as necessidades económicas, sociais e culturais dos cidadãos e dos grupos sociais".

[372] Atendendo à finalidade de transição para o socialismo que desde logo se expressa – neste sentido, J. J. GOMES CANOTILHO e VITAL MOREIRA – *Constituição da República Portuguesa Anotada*. Coimbra: Coimbra Editora, 1993, p. 31.

[373] Paradigmáticas de conceção moderna de despesa pública que predominava ao tempo da feitura da Constituição são as disposições legais estabelecidas já entre 1974-76, estabelecendo a nacionalização de bancos e seguradoras ou a criação do subsídio de desemprego ou ainda a regulação de pensões e outras prestações sociais.

Claro que este debate não esgota o universo das influências a que o texto constitucional originário esteve sujeito. É preciso não esquecer, nomeadamente, as ideias democráticas – consubstanciadas na ideia de uma Constituição mais programática do que diretiva que se foi desenvolvendo progressivamente, clarificando-se no final dos anos 1980 – ou de adesão a uma economia capitalista – com reconhecimento da propriedade privada, liberdade económica ou do mercado – que também marcam decisivamente o texto (e sobretudo a prática[374]) constituinte[375]. Isto não esquecendo que a compreensão do texto Constitucional deve ir para além dos debates da Assembleia Constituinte, uma vez que as sucessivas revisões constitucionais contribuíram para um apagamento sucessivo da herança revolucionária e para o surgimento de outras ideias[376].

Com a eliminação das referências ao poder das classes trabalhadoras, a atenuação do papel do plano e a atenuação da reforma agrária (logo

[374] É aqui de sublinhar a formação de duas correntes: uma que vê logo no modelo de 1976 a consagração de um modelo de economia de mercado e outra que situará a adoção desse modelo entre a revisão de 1982 e 1989 "por efeito conjugado de ambas ou combinando as duas com a integração na Comunidade Económica Europeia (cujo sentido constitucionalizante, ao menos, indireto, é inequívoco neste domínio)" – António L. de Sousa Franco e Guilherme d'Oliveira Martins – *A Constituição económica...*, p. 149-150 (significativamente falando de uma prática *contra legem* em matéria de direito económico entre 1976 e 1982 pelo facto de as referências ao socialismo nunca terem sido concretizadas e de se terem assumido sucessivamente políticas em sentido contrário – Marcelo Rebelo de Sousa – "10 questões sobre a Constituição..., p. 118). Do ponto de vista atual, a querela resolve-se tendo simplesmente em vista, como afirmaram Sousa Franco e Oliveira Martins – ainda que esses autores perfilhassem a primeira visão –, que, pelo menos, "parece inegável que a segunda linha [economia de mercado] prevaleceu ao longo da execução da Constituição. A ela se conformaram diversas leis, por alguns chamadas leis fundamentais, que afastaram claramente a lógica da economia coletivista e se conformaram à economia mista de mercado" (*Ibidem*, pp. 142-143).

[375] Mesmo na determinação das funções do Estado são notórias estas influências: vejam-se as ideias de plano indicativo e não imperativo como poderia retirar-se da existência de um Estado socialista – António L. de Sousa Franco e Guilherme d'Oliveira Martins – *A Constituição económica...*, p. 141. Estes autores falam mesmo de um "dirigismo, mais burocrático do que planificador" (*Ibidem*, p. 147).

[376] *Vide* J. J. Gomes Canotilho e Vital Moreira – *Constituição da República Portuguesa Anotada*. Coimbra: Coimbra Editora, 1993, pp. 48 e ss.

na revisão constitucional de 1982[377/378]), e das expressões relativas à "sociedade sem classes", "à transição para o socialismo", à "socialização dos meios de produção", e sobretudo com a abolição da garantia da irreversibilidade das nacionalizações[379] (revisão constitucional de 1989) esbate-se claramente a visão marxista-leninista de despesa pública[380]. Fala-se de uma "desmarxização"[381] ou de uma "«desideologização» ou «desdogmatização» marxista da Constituição"[382]. Tarefa que foi concluída em 1997, através da flexibilização "das reservas a favor de um sector público (artigo 86.º, n.º 3)"[383].

É também interessante notar que do estudo da doutrina de direito económico e da jurisprudência do Tribunal Constitucional parece resultar, de certa forma, uma contradição entre um texto constitucional ainda com uma visão socializante e uma prática de economia mercado mais liberalizante, que foi sendo progressivamente assumida pela

[377] Fala-se a este propósito da consolidação de um sistema de economia mista, desta vez definitivo, abandonando-se a ideia da transitoriedade deste sistema afirmada pela versão de 1976 – António Carlos dos Santos, Maria Eduarda Gonçalves e Manuel Marques, 2014, p. 43.

[378] Muitos autores situam o início da desmarxização antes de 1982 – Paulo Otero, por exemplo, chama a atenção para o facto de à luz da versão originária da Constituição ser já feita uma leitura dos direitos de matriz ocidental, "reduzindo ao mínimo a vertente socialista-marxista da letra do texto oficial da Constituição" – Paulo Otero *in* Tribunal Constitucional (vol. I), 2012, p. 39.

[379] Apesar da irreversibilidade das nacionalizações ser "matéria muito controversa no momento da revisão constitucional de 1982" só foi alterada em 1989 por só aí se ter formado a maioria de dois terços necessária para a revisão constitucional. De facto em 1982, apesar de já haver uma maioria favorável à sua alteração (PSD/CDS), ela não foi suficiente para chegar à maioria qualificada necessária – António L. de Sousa Franco e Guilherme d'Oliveira Martins – *A Constituição económica...*, p. 149. Só em 1989 se "completou a descarga ideológica socializante" – António Carlos dos Santos, Maria Eduarda Gonçalves e Maria Manuel Marques, 2014, p. 43.

[380] Canotilho e Vital Moreira falam mesmo de uma "neutralização ideológica" do texto constitucional – J. J. Gomes Canotilho e Vital Moreira, Vital – *Constituição da República Portuguesa Anotada*. Coimbra: Coimbra Editora, 1993, 1993, p. 24.

[381] António L. de Sousa Franco e Guilherme d'Oliveira Martins – *A Constituição económica...*, 1993, p. 145.

[382] Paulo Otero – *Vinculação e Liberdade...*, p. 32.

[383] António Carlos dos Santos, Maria Eduarda Gonçalves e Maria Manuel Marques, 2014, p. 43.

Constituição formal. Com efeito, não obstante só em 1997 se tenha desconstitucionalizado a existência de sectores vedados, a verdade é que sempre o Tribunal Constitucional foi defendendo ao longo do tempo um entendimento "muito liberal a este respeito, considerando como conformes à Constituição as sucessivas leis que o Governo publicou, sempre restringindo o número de sectores reservados ou liberalizando o tipo de reserva"[384].

O paradigma de despesa adotado continua a apresentar "uma conceção «amiga» dos desfavorecidos «dirigida à eliminação das carências [...] que condicionam a promoção da dignidade humana e limitam a participação na vida política da coletividade"[385]. É que ao mesmo tempo que a Constituição deixa de tomar partido claro pelos trabalhadores, vai assumindo claramente uma ideia de solidariedade (a partir de 1989, fala-se mesmo na "construção de uma sociedade livre, justa e solidária"). Sousa Franco e Oliveira Martins denotam que "a lei fundamental tornou-se, mais claramente neutra, programática, mediadora ou simplesmente intervencionista, assumindo um potencial de transformação da estrutura económica, através do estabelecimento de um programa constitucional de privatização, em substituição e com sentido oposto da anterior garantia de irreversibilidade das nacionalizações [...]"[386].

[384] António Carlos dos Santos, Maria Eduarda Gonçalves e Maria Manuel Marques, 2014, p. 55. Cfr. Acórdãos do Tribunal Constitucional n.ºs 25/85 e 186/88 referindo a impossibilidade de fundar na Constituição a ideia de um "«princípio da incompressibilidade do sector público» ou o «correlativo princípio da inexpansibilidade do sector privado»" (Acórdão n.º 186/88), tomando-o como "pouco harmónico com o princípio democrático e [...] potencialmente anquilosador da atuação do próprio Estado, retirando-lhe a necessária maleabilidade no campo do direito económico, onde dela particularmente carece" (Acórdão n.º 25/85). Logo em 1985, o TC não hesitou em afirmar que a propriedade privada e a liberdade de iniciativa privada constituíam a regra, mais uma vez no já mencionado Acórdão n.º 25/85. Mesmo uma parte da doutrina assumiu logo no modelo de 1976 a consagração de um modelo de economia de mercado – António L. de Sousa Franco e Guilherme d'Oliveira Martins – *A Constituição económica...*, p. 149-150.

[385] J. J. Gomes Canotilho e Vital Moreira – *Constituição da República Portuguesa Anotada*. Coimbra: Coimbra Editora, 1993, p. 31.

[386] António L. de Sousa Franco e Guilherme d'Oliveira Martins – *A Constituição económica...*, 1993, p. 150-151.

Desde a década de 80 do século XX, a tendência é, pois, a de redução do papel do Estado, dando voz às críticas dirigidas à excessiva intervenção do Estado e às suas ineficiências[387]. Demonstrativa, porém, da abertura a outras influências, também elas modernas, atente-se à receção, já em 1989, pelo texto constitucional, do princípio da "igualdade de oportunidades" no artigo 81.º, alínea b), um dos princípios de justiça rawlsiano[388]. De facto, mesmo tendo deixado cair as referências explícitas a um objetivo socialista, a Constituição não renega as suas origens: a existência de uma parte consagrada à organização económica denuncia ainda a sua génese socializante[389].

Hoje e sobretudo depois da revisão constitucional de 1997, não podemos, claro está, deixar de considerar que a Constituição está bastante diferente. Tomam-se aqui como significativas da revisão de 1997, a proclamação da "liberdade de iniciativa e de organização empresarial como princípio fundamental da organização económico-social" feita pelo artigo 80.º, alínea c); a vinculação do Estado "a incentivar a atividade empresarial privada" (artigo 86.º, n.º 3) e a desconstitucionalização da exigência de sectores básicos vedados à iniciativa privada (artigo

387 António Carlos dos Santos, Maria Eduarda Gonçalves e Maria Manuel Marques, 2014, p. 16: "A partir dos anos setenta, com maior intensidade na década de oitenta, a intervenção estadual na economia, e particularmente a participação direta do Estado na atividade económica [...] veio a ser objeto de diversas críticas, provindas especialmente dos sectores neoliberais, que em geral discutem as ineficiências a que ela conduz e apontam a possibilidade de os mesmos objetivos poderem ser atingidos mais eficazmente pelo livre jogo das forças de mercado."

388 Manuel Afonso Vaz estabelece mesmo uma aproximação ao sistema rawlsiano de Estado com referência por um lado, o sistema de iguais direitos-liberdades de todos e, por outro, à ideia de que o Estado deve promover a proteção dos menos favorecidos e uma justa igualdade de oportunidades. Este autor faz derivar da receção desta ideia da justa igualdade de oportunidades os deveres que resultam para o Estado Português constantes dos artigos 9.º, alínea d) e 81.º, alíneas a), b) – conjuntamente com o artigo 104.º na parte em que se refere à realização de uma função redistributiva através da política fiscal), d), e), h) e com os 94.º e 95.º – e i) – Manuel Afonso Vaz *in* Jorge Miranda e Rui Medeiros – *Constituição Portuguesa Anotada*, 2006, pp. 18 e 19. Também estabelecendo uma relação clara entre as ideias de Rawls e o consenso social-democrata que tem vigorado em Portugal entre as "forças políticas menos radicais e de vocação governativa" – Rosas, J. Cardoso, 2012, p. 52.

389 António L. de Sousa Franco e Guilherme d'Oliveira Martins – *A Constituição económica...*, p. 158.

86.º, n.º 3), reduzindo os privilégios do sector público. Atualmente, a Lei Fundamental afirma claramente a existência de uma economia de mercado sujeita, quer à vontade da maioria, quer ao controlo de constitucionalidade pelo Tribunal Constitucional, fazendo valer os limites que ela própria prevê em relação à intervenção pública. Para trás ficam definitivamente as nacionalizações irreversíveis, o controlo operário, a reforma agrária, a apropriação coletiva dos meios de produção com predomínio da propriedade social, a ideia da igualdade económica a prosseguir pelo Estado ou de Plano ou de economia planificada, a de intervenção do Estado com referência secundária ao mercado, o dirigismo socialista e a existência de uma economia nacional administrativamente condicionada. Ao invés e em substituição dos conceitos originários, a Constituição afirma atualmente a liberdade das reprivatizações, os direitos dos trabalhadores e a liberdade de empresa, as políticas agrícolas, a coexistência concorrencial dos sectores de produção, a ideia de redução das desigualdades, de planos, de programas de transformação económica, concorrência e mercado, de intervencionismo regulador e, por fim, a existência de uma economia aberta[390]. Para trás ficam também as dúvidas quanto ao reconhecimento dos direitos de propriedade privada e liberdade de iniciativa, causada pela omissão formal destes do catálogo dos direitos, liberdades e garantias. Até porque ninguém hoje duvida da natureza jusfundamental destes direitos, aplicando-lhes por analogia o regime dos direitos, liberdades e garantias[391].

Apesar de a evolução constitucional ir mostrando um Estado em mutação, este não deixa de assumir a intervenção no mercado e em alguns sectores sociais[392]. Constitucionalmente, temos hoje um Estado

[390] Esta correspondência baseia-se numa que foi feita, em jeito de síntese da evolução constitucional, por António L. Sousa Franco – *Sumários de Direito da Economia/Direito Económico* (ano letivo 2002/2003, da Faculdade de Direito da Universidade Católica Portuguesa), inédito..

[391] Evaristo Ferreira Mendes *in* Jorge Miranda e Rui Medeiros – *Constituição Portuguesa Anotada*, 2010, pp. 1183, 1188 e 1889. *Vide* ainda Rui Medeiros *in* Jorge Miranda e Rui Medeiros – *Constituição Portuguesa Anotada*, pp. 1243.

[392] Mesmo as alterações que têm derivado das críticas à intervenção do Estado não se traduzem "numa pura desregulamentação da economia". Com efeito, estas mais depressa conduzem a outras formas de regulação que ainda assim não desresponsabilizam totalmente o Estado: "[...] substituição de formas de regulação direta por regulação proveniente de

que reconhece a existência de uma economia mista. E vai mostrando um Estado que, não obstante ir reduzindo as suas funções, se assume ainda hoje como promotor bem-estar[393]. Sendo que este "bem-estar constitui o objetivo último da atividade pública de um modelo de Estado baseado na dignidade da pessoa humana, enquanto realização da justiça e da solidariedade através da democracia económica, social e cultural"[394].

Como não poderá deixar de ser, isso não pode deixar de produzir reflexos quanto à forma como concebemos a despesa pública, no âmbito de uma perspetiva moderna.

Não é possível, todavia, extrair da Constituição uma visão claramente balizada da despesa pública. Para chegar a esta conclusão, bastará traçar a fronteira da função de alocação pública.

Este traçado depende, em grande medida, do lugar que confiramos ao princípio da subsidiariedade nas relações entre o Estado e o mercado.

Se entendermos que a subsidiariedade é recebida como princípio constitucional, ficará mais fácil entender que o Estado "só deveria intervir na esfera económica em caso de défice da iniciativa privada e ou de «falhas do mercado»"[395]. Mas se pelo contrário não encararmos essa subsidiariedade, o raio de atuação pública tenderá a crescer (pelo menos potencialmente)[396].

entidades semipúblicas ou mesmo privadas encarregadas dessas funções; substituição da produção pública direta de bens ou serviços pela sua contratação a entidades privadas, mantendo-se o financiamento público [...]" – António Carlos dos Santos, Maria Eduarda Gonçalves e Maria Manuel Marques, 2014, p. 16.

393 Constitucionalmente, temos um Estado que reconhece direitos para além dos direitos liberdades e garantias (a sua constituição é, neste sentido, uma constituição programática), que reconhece a existência de uma economia mista.

394 Paulo Otero – *Vinculação e Liberdade...*, p. 13 e pp. 20-22, vendo na nossa Constituição os traços de efetivação e garantia deste bem-estar: imposição de deveres ao Estado; atribuição de jurisdição ao Tribunal Constitucional para verificação do incumprimento da Constituição; e adoção de mecanismos de efetivação de bem-estar – proibição de revogação pura e simples de norma ordinária concretizadora de preceito constitucional não exequível, interpretação das normas no sentido mais favorecedor do bem-estar e necessidade de justificação do retrocesso na efetivação de um determinado grau de satisfação do bem-estar.

395 J. J. Gomes Canotilho e Vital Moreira – *Constituição da República Portuguesa Anotada*. Coimbra: Coimbra Editora, 2007 (vol. I), p. 962.

396 *Vide* por exemplo, António Carlos dos Santos, Maria Eduarda Gonçalves e Maria Manuel Marques, 2014, p. 58 recusando a decorrência constitucional deste princípio.

Numa perspetiva restritiva poderíamos, por exemplo, defender o carácter tendencialmente excecional da intervenção do Estado, como o faz Paulo Otero, por exemplo. A sua argumentação assenta, antes de mais, na demonstração de que a assunção de um modelo de economia de bem-estar não é incompatível com o reconhecimento do princípio da subsidiariedade[397/398], quer em termos teóricos (apresentando, por exemplo, a doutrina social da igreja como modelo teórico em que isso é sugerido), quer em termos aplicados, referindo-se ao direito comunitário e ao reconhecimento da subsidiariedade que é feito no seu seio. Para além disso, Otero defende que, após 1997, não se pode deixar de considerar que o princípio da subsidiariedade rege – se não de forma explícita, pelo menos implicitamente – as relações do Estado com os particulares[399]. Por várias razões. Primeira, porque isso resulta do postulado da dignidade da pessoa humana em que se baseia a Constituição, do qual resulta quer um princípio de liberdade para a sociedade civil, quer uma proibição de instrumentalização da pessoa ao serviço do Estado. Segunda, porque a revisão constitucional de 1997 reconheceu no artigo 6.º a aplicação do princípio da subsidiariedade que faz com que Otero reconheça que corresponde a "uma afirmação implícita de subsidiariedade

[397] Como o faz Paulo Otero, embora este autor reconheça que "a existência obrigatória de um sector público de propriedade dos meios de produção não permite uma privatização integral da respetiva titularidade e gestão" – Paulo Otero – *Vinculação e Liberdade...*, p. 41.

[398] Ainda que Paulo Otero admita que esta subsidiariedade tem de ser entendida de forma mitigada – Paulo Otero – *Vinculação e Liberdade...*, pp. 42 e 58: "A consagração constitucional implícita do princípio da subsidiariedade do Estado tem de conviver e se compatibilizar, todavia, com um princípio expresso de intervencionismo público sobre a economia, gerando um modelo de economia social de mercado ou economia mista de bem-estar". *Vide* Acórdão do Tribunal Constitucional n.º 25/85 referindo-se ao modelo de economia.

[399] Paulo Otero não está isolado nesta consideração da subsidiariedade. A propósito da crise, há quem chame a atenção para a adoção de soluções no plano social que obrigam ao financiamento público de muitos direitos, notando que o texto constitucional não importa necessariamente a assunção de níveis incomportáveis de despesa pública, dadas as inúmeras referências que a Constituição contém ao princípio da subsidiariedade – A. Oliveira Martins – "A Constituição e a Crise", *Estudos em Homenagem ao Prof. Doutor Jorge Miranda*, vol. I. Coimbra: Almedina, 2012, p. 90.

económica do Estado"[400]. E terceiro, porque a Otero esta perspetiva parece coadunar-se com a proclamação da "liberdade de iniciativa e de organização empresarial como princípio fundamental da organização económico-social", com a vinculação do Estado "a incentivar a atividade empresarial privada" e com a desconstitucionalização da exigência de sectores básicos vedados à iniciativa privada, todas operadas pela revisão de 1997[401]. Deste entendimento resulta a defesa de uma preferência pela intervenção privada, deixando a intervenção pública para os casos em que esta falha[402/403].

Porém, com entendimento distinto, defendemos que o Estado gozará de uma grande liberdade nessas escolhas. Dizendo nomeadamente que não há propriamente um limite constitucional estabelecido em relação à intervenção pública. Esta posição escuda-se, quer no facto de a Constituição não tomar uma posição expressa quanto à dimensão concreta do setor público, quer na ideia de que tem de existir obrigatoriamente um setor público[404]. Embora nesta defesa, não se deixe de reconhecer que

[400] Paulo Otero – *Vinculação e Liberdade...*, p. 37: "o Estado não pode estar mais limitado na sua atuação perante outras entidades públicas do que está diante de entidades não públicas. Os princípios da igualdade e *in dubio pro libertate* não permitem extrair outra solução interpretativa: o Estado deve pautar-se nas suas relações com a sociedade civil de harmonia com o princípio da subsidiariedade".

[401] Paulo Otero – *Vinculação e Liberdade...*, pp. 33-38.

[402] Se bem que Otero não adira a uma pura visão do Estado como supridor das falhas de mercado, uma vez que ele próprio reconhece que em certos casos há "uma certa desvalorização da ideia de subsidiariedade" quer nas relações entre o Estado e as demais entidades públicas infra estaduais, quer nas relações com a sociedade civil. Como o faz por exemplo em relação à interpretação do artigo 199.º, al. g) "atribuindo ao Governo, em última (ou primeira) instância, poderes de intervenção ativa sobre a própria atividade económica ou sobre entidades que se situam no âmbito do sector público empresarial" ou ainda em relação a atividades do sector privado "sempre que a ação ou a omissão destas seja passível de colocar em causa a promoção do desenvolvimento económico-social ou a satisfação das necessidades coletivas" – ambas as citações estão em Paulo Otero – *Vinculação e Liberdade...*, p. 44.

[403] Contra, afirmando que a iniciativa económica pública não é de natureza subsidiária – *vide* Acórdão do Tribunal Constitucional n.º 186/88. *Vide* Porém Paulo Otero – *Vinculação e Liberdade...*, p. 117 reconhecendo que o Tribunal Constitucional neste aspeto tem uma jurisprudência que já exprimiu o contrário no Acórdão n.º 25/85.

[404] Manuel Afonso Vaz *in* Jorge Miranda e Rui Medeiros – *Constituição Portuguesa Anotada*, 2006, p. 41. Embora Manuel Afonso Vaz reconheça que "não se afigura fácil,

a importância do setor público tem vindo a diminuir progressivamente. Se até 1989, a sua importância era grande, sobretudo por causa da irreversibilidade das nacionalizações e da previsão de sectores vedados à economia, depois da revisão operada nesse ano e, sobretudo depois de 1997, ela tem vindo a diminuir.

Poderemos ainda assim, nesta perspetiva, oscilar entre conceber a intervenção do Estado no que toca à função de alocação ou como mero fornecedor de bens correspondentes a falhas de mercado ou defender uma ampla margem de liberdade para o legislador escolher os meios e as necessidades que reputasse importantes de satisfazer.

Poderemos hoje, quando muito, dizer que a correção das falhas de mercado corresponde ao conteúdo mínimo do artigo 80.º na parte em que consagra a garantia institucional de existência dos sectores público, privado e cooperativo[405] e na parte em que garante a propriedade pública "de meios de produção, de acordo com o interesse coletivo", conjugado com o artigo 81.º, alínea f), nos termos do qual incumbe ao Estado assegurar o "funcionamento eficiente dos mercados". É que, não obstante estes preceitos constitucionais poderem ter uma interpretação mais ou menos restrita, a verdade é que, no mínimo, eles implicarão essa leitura: reduzida à sua expressão mínima o sector público não poderá de deixar de contemplar a cobertura das falhas de mercado (resolvendo as questões resultantes da existência de bens públicos puros, falhas na concorrência, exterioridades/externalidades, assimetria de informação, mercados incompletos e, em geral, provendo os bens e serviços que o mercado não consiga assegurar em condições ótimas).

No entanto, é necessário reconhecer que, por causa do silêncio do legislador quanto a estas, se abre uma "grande margem de liberdade"[406]. A realidade constitucional parece, por isso, não se contentar com esta

no atual quadro constitucional, configurar um conteúdo essencial do sector público absolutamente garantido pela Lei Fundamental e suscetível de ser imposto pelo TC [Tribunal Constitucional]". Afirmação da qual discordamos, em parte, tendo em conta a posição que assumimos quanto às falhas de mercado.

[405] Manuel Afonso Vaz *in* Jorge Miranda e Rui Medeiros – *Constituição Portuguesa Anotada*, 2006, p. 13 e J. J. Gomes Canotilho e Vital Moreira – *Constituição da República Portuguesa Anotada*. Coimbra: Coimbra Editora, 2007 (vol. I), p. 958.

[406] J. J. Gomes Canotilho e Vital Moreira – *Constituição da República Portuguesa Anotada*. Coimbra: Coimbra Editora, 2007 (vol. I), p. 959.

perspetiva minimalista. O que parece resultar claro, quer do artigo 84.º, permitindo ao legislador a definição dos bens do domínio público[407], quer do artigo 86.º, n.º 3, referindo-se aos setores vedados à iniciativa económica privada. Ambos permitindo o alargamento do setor público, não o balizando pela existência das falhas de mercado[408]. Para além disto, é a própria Constituição que estabelece imperativos claros de intervenção pública que vão bem para lá de um minimalismo. Em primeiro lugar, quando atribui tarefas ou incumbências no sentido da concretização do modelo do Estado de bem-estar (vide nomeadamente o artigo 199.º, alínea g))[409]. Em segundo lugar, quando a Constituição reconhece a existência de uma iniciativa económica pública Ainda que não a reconheçamos como um direito fundamental[410], sempre teremos de concluir que "sempre que se trate da promoção do desenvolvimento económico-social e da satisfação das necessidades coletivas, o Governo goza de uma competência para «praticar todos os atos e tomar todas as providências necessárias»"[411]. Parece ser o que resulta dos artigos

[407] Estes meios de produção regem-se pelo direito público e integram sempre o sector público.

[408] De notar que as aprovações das leis de definição de bens do domínio público ou sobre sectores vedados não estão sujeitas a uma regra de maioria qualificada. Elas podem ser aprovadas por maioria simples por meio de lei ou por meio de decreto-lei autorizado (artigo 165.º, alíneas v) e j), respetivamente da Constituição). RUI MEDEIROS E LINO TORGAL *in* JORGE MIRANDA e RUI MEDEIROS – *Constituição Portuguesa Anotada*, 2006, p. 81: "Tal como a sua antecessora, a Constituição consagra, pois, uma cláusula aberta em matérias dominiais, permitindo que o legislador democraticamente legitimado identifique e defina o regime de outras categorias de bens sujeitas [...] a um especial regime jurídico-público".

[409] PAULO OTERO – *Vinculação e Liberdade...*, p. 119: "[...] a verdade é que a Constituição elimina, deste modo, a existência de atividades económicas subtraídas *a priori* à direta ação ou intervenção empresarial pública ou, pelo menos, estadual".

[410] No mesmo sentido, para PAULO OTERO, esta apenas "assume a natureza de verdadeiro poder-funcional ou competência" – PAULO OTERO – *Vinculação e Liberdade...*, p. 125. No mesmo sentido, ANTÓNIO L. DE SOUSA FRANCO e GUILHERME D'OLIVEIRA MARTINS – *A Constituição económica...*, p. 207: "é um mero poder do Estado e de outras entidades públicas". SOUSA FRANCO reafirmou esta ideia no ano letivo 2002/2003. Para este professor, nesta altura, a iniciativa pública deveria ser encarada ou como um poder funcional ou como uma garantia institucional)

[411] PAULO OTERO – *Vinculação e Liberdade...*, p. 120. Ainda assim este autor – insistindo na tónica da subsidiariedade – defende que esta intervenção é sempre subsidiária da iniciativa

80.º, alínea. d), e 83.º, reconhecendo ao legislador ordinário liberdade quanto à determinação dos meios, formas e condições de apropriação de meios de produção e solos[412]. Em terceiro lugar, porque é a própria Constituição que estabelece a intervenção pública sobre bens que extravasam as típicas falhas de mercado: vide exemplificativamente os artigos 38.º, n.º 5, impondo ao Estado que assegure "a existência e o funcionamento de um serviço público de rádio e televisão"; 63.º, n.º 5, afirmando que ao Estado cabe apoiar e fiscalizar "a atividade e o funcionamento das instituições particulares de solidariedade social e de outras de reconhecido interesse público sem carácter lucrativo, com vista à prossecução de objetivos de solidariedade social"; 64.º, referindo a criação e a manutenção de um serviço nacional de saúde universal e geral e tendencialmente gratuito; 74.º, n.º 2, alínea b), incumbindo o Estado de criar um sistema público de ensino e desenvolver um sistema geral de educação pré-escolar[413]; e o artigo 75.º, n.º 1, atribuindo-lhe o encargo de criação de uma rede de estabelecimentos públicos de ensino. E, por último, porque é a consagração constitucional em Portugal de tantos direitos sociais, e sobretudo o reconhecimento para todos do direito à segurança social, à saúde e à educação – pautados ainda por cima por princípios de universalidade, generalidade e gratuitidade – que põe de parte a ideia de um Estado mínimo[414]. A garantia constitucional dos direitos económicos, sociais e culturais foi, aliás, tomada logo em 1976 como um primeiro passo para a resolução dos "problemas reais do país real em que vivemos"[415]. Com a consagração constitucional dos

económica privada. Ou seja, "só encontram legitimidade perante ações ou omissões das iniciativas económicas não públicas" (*Ibidem*).

412 Paulo Otero – *Vinculação e Liberdade...*, p. 152.

413 Havendo aqui a imposição da existência de um serviço público, fica arredada a possibilidade de "o Estado criar entidades empresariais ou de participar no capital de entidades privadas" – Paulo Otero – *Vinculação e Liberdade...*, p. 203.

414 Jorge Miranda – *Manual...*, (tomo IV), 2008, p. 445. Põe de parte até mesmo a ideia de desmantelamento mesmo, porque como veremos mais adiante, a compreensão contemporânea do princípio da dignidade da pessoa humana sempre exigirá que a atuação do Estado vá além das clássicas funções de defesa, segurança, administração geral e manutenção da ordem.

415 Pedro Roseta *apud* Mónica Brito Vieira e Filipe Carreira da Silva – *O Momento Constituinte...*, p. 128.

direitos sociais, o Estado assumiu "responsabilidade pela constituição, financiamento e gestão de um ambicioso sistema de valências sociais"[416], que vai muito para além do Estado mínimo.

Dito isto, fica claro que aos nossos olhos, o Estado não surge constitucionalmente como um mero supridor de falhas de mercado, pois como vimos, a Constituição impõe-lhe também o fornecimento ou a prestação de bens de mérito[417].

Mesmo hoje, a reflexão sobre o Estado "bem-estar reforçado"[418], que acaba por ser escrutinada pela ONU e invocada nos termos do direito internacional[419], não pode deixar de nos influenciar na leitura da Constituição. Com efeito, ela não pode deixar de incutir em nós uma perspetiva em que o Estado – pelo lugar privilegiado que ocupa – surge claramente incumbido de tarefas na definição de metas e na promoção das boas condições de vida, na promoção do pleno emprego e na promoção ativa dos direitos das mulheres ou do direito ao ambiente. O que é, de resto, confirmado pela dimensão programática dos direitos fundamentais. Vide exemplificativamente os artigos 58.º, falando da promoção de política de trabalho para todos, de pleno emprego, de igualdade de oportunidades e de formação profissional e técnica e valorização profissional dos trabalhadores; 64.º referindo a proteção da infância, da juventude e da velhice, da promoção da cultura física e desportiva, escolar e popular ou da promoção do desenvolvimento

[416] Mónica Brito Vieira e Filipe Carreira da Silva – *O Momento Constituinte...*, p. 122.

[417] Paulo Otero – *Vinculação e Liberdade...*, p. 45: "Numa certa perspetiva, quase se pode dizer que a Constituição permite em matéria da atividade económica que o Estado defina as regras do jogo, participe nele diretamente, jogando e/ou escolhendo os parceiros e, se necessário, alterando as regras do jogo em proveito da promoção do desenvolvimento económico-social ou da satisfação das necessidades coletivas de um modelo de Estado de bem-estar". Para Otero esta preferência constitucional pela intervenção direta do Estado é um resquício ainda do marxismo que influenciou o texto constitucional português de 1976.

[418] V. Maria d'Oliveira Martins – *A despesa pública...*, pp. 129 e ss.

[419] Por força do artigo 25.º da Declaração Universal dos Direitos do Homem e Convenções e das conferências da ONU que estabelecem o princípio do desenvolvimento centrado na pessoa (Convenção dos direitos da criança, Convenção para os DESC, Convenção para os direitos civis e políticos, Convenção para a eliminação de todas as formas de discriminação das mulheres).

de práticas de vida saudável[420]; o 66.º impondo ao Estado a criação e desenvolvimento de zonas de recreio; ou o artigo 72.º prescrevendo a promoção pública de políticas de terceira idade que evitem e superem o isolamento ou a marginalização social.

b) Leitura da Constituição no contexto europeu

Apesar de não haver um limite constitucional expresso em relação à intervenção pública, é importante notar que hoje o Estado Português não pode deixar de contar com os limites orçamentais ao défice e à contração de dívida, impostos pela União Europeia.

O artigo 126.º do Tratado sobre o funcionamento da União Europeia exige o cumprimento de uma disciplina orçamental assente na não ultrapassagem de um valor de referência, por um lado, no que toca à relação entre o défice orçamental e o PIB e, por outro, à relação entre a dívida pública e o produto interno bruto, a preços de mercado[421]. De acordo com o Protocolo 20 sobre o procedimento relativo aos défices excessivos, anexo ao Tratado, os valores de referência seriam de 3% para a relação entre o défice orçamental programado ou verificado e o produto

[420] É que a prossecução do *desenvolvimento humano* liga intimamente os problemas ambientais à pobreza – muitos são causados e até mesmo agravados pela situação de extrema vulnerabilidade em que se encontram as pessoas (PNUD, 1991, p. 79); liga intimamente o agravamento da pobreza e da falta de desenvolvimento humano à degradação da condição das mulheres (PNUD, 1998, p. 80. "Many women continue to face substantial disempowerment in the household, evident in data on violence against women. [...] Women are often disempowered in other ways. In many countries women are far less likely and less able to own property and other assets than men are, with negative implications for their absolute and relative status and likelihood of experiencing marital violence. [...] Access to full and decent employment remains a challenge for many women who have to work in insecure, low-paying jobs while bearing a disproportionate burden of unpaid care" – PNUD, 2010, pp. 76 e 77); liga intimamente o direito à água e as condições de saneamento básico aos direitos das mulheres – quando estes não são assegurados fica em causa a possibilidade de estas se ocuparem de outras atividades que não as domésticas, o que põe em causa quer a educação das raparigas, quer o acesso ao local de trabalho às mulheres mais velhas. Quando não existem condições de saneamento básico a dignidade da mulher fica mesmo posta em causa (PNUD, 2006, pp. 6, 10, 23, 31 e ss., 47 e 48).

[421] Estes critérios de convergência foram definidos em momento anterior com o Tratado de Maastricht (que entrou em vigor em 1993), o qual previu criação da União Económica e Monetária e do Euro.

interno bruto, a preços de mercado; e de 60% para a relação entre a dívida pública e o produto interno bruto, a preços de mercado[422/423].

Apesar de estes condicionamentos à contração de défice e dívida estarem previstos desde o Tratado de Maastricht a verdade é que até 2012 o controlo feito pelas instituições comunitárias se baseava essencialmente no défice orçamental.

Foi com o Tratado sobre a Estabilidade, Coordenação e Governação na União Económica e Monetária (também conhecido por *Fiscal Compact* ou Pacto Orçamental) que a União Europeia veio corrigir esta situação, em 2012.

Este novo foco no limite ao nível de endividamento teve dois reflexos principais. Por um lado, a dívida excessiva passou a ser objeto de um tratamento específico: um Estado sujeito a um procedimento de dívida excessiva, ou seja, acima dos 60% do PIB, deverá promover a sua redução numa média de 20% por ano. Por outro, o défice excessivo passou a ser aferido em função do nível de dívida pública: para os países com dívida acima dos 60% o saldo da despesa administração pública não deve apresentar desvios de mais de 0,5% do PIB em relação ao objetivo orçamental de médio prazo; para países com dívida abaixo dos 60% e onde os riscos de sustentabilidade das finanças públicas a longo prazo são baixos, o limite de défice estrutural pode ascender a 1% do PIB em relação ao objetivo orçamental de médio prazo.

Não obstante a ausência de limites constitucionais em relação ao endividamento público e ao défice orçamental, Portugal, tal como muitos outros Estados-Membros da União Europeia, tem procurado assegurar o equilíbrio e a manutenção dos défice e dívida públicos nos níveis

[422] "[...] as razões que se invocam para justificar a inclusão de tais regras, são de dois tipos: um primeiro teria a ver com as consequências negativas que teria para os restantes países o excesso de endividamento por parte de um Estado membro e um segundo, que resultaria da convicção de que o processo de integração económica reforçaria a tendência natural dos governos para recorrerem ao endividamento em detrimento do reforço da carga fiscal" – Eduardo M. H. da Paz Ferreira – *Da Dívida Pública...*, p. 127.

[423] "Tem sido generalizadamente posta em evidência a questão da total aleatoriedade dos valores previstos no Tratado, que não correspondem a qualquer critério económico razoável, não espelhando, designadamente, a problemática da "sustentabilidade" da dívida e antes refletindo, simplesmente, um valor médio registado em certa altura nos países da Comunidade" – Eduardo M. H. da Paz Ferreira – *Da Dívida Pública...*, pp. 127 e 128.

previstos no Tratado sobre o Funcionamento da União Europeia e do Protocolo dos Défices Excessivos por meio de dispositivos estabelecidos por lei ordinária, mais concretamente por via da Lei de Enquadramento Orçamental.

Nas Leis n.ºs 64/77 e 40/83 estava prevista a aplicação do critério do ativo patrimonial do Estado. Porém, o critério de equilíbrio orçamental foi alterado logo no início da década de 1990, no sentido de um aperto das condições para a verificação deste mesmo equilíbrio: nas Leis n.ºs 6/91 e 91/2001, passou a adotar-se o critério do ativo de tesouraria

Reconhecendo a insuficiência da verificação de critérios de equilíbrio, aplicados a cada um dos vários orçamentos que compunham o Orçamento do Estado ou aos orçamentos autárquicos e regionais, a Lei de Enquadramento Orçamental passou, em 2002, a prever o princípio da estabilidade orçamental, impondo a existência de um saldo orçamental nulo ou positivo em relação ao conjunto dos orçamentos das administrações públicas. Prevê a lei também a partir de 2002 a aplicação de mecanismos corretivos e de coordenação dos vários orçamentos do setor público (incluindo os que gozam de independência orçamental), prevenindo derrapagens.

Ao longo do tempo, este princípio da estabilidade orçamental foi-se desenvolvendo de forma a aperfeiçoar o funcionamento coordenado dos vários subsetores públicos. Ilustrativamente, é de destacar a revisão de 2011 (Lei n.º 22/2011) da Lei de Enquadramento Orçamental, autorizando o legislador orçamental a definir limites de endividamento diferentes dos que resultariam da estrita aplicação das leis de financiamento, quer das Regiões Autónomas, quer das Autarquias Locais (artigos 12.º-A, n.º 1, e 87.º, n.º 1) e prevendo a redução de transferências orçamentais, tendo em vista a correção de situações de défice excessivo (artigos 12.º-A, n.º 2, e 88.º).

Ainda que reconhecendo a debilidade da Lei de Enquadramento Orçamental para operar estas limitações, por não estar blindada procedimentalmente perante a Lei do Orçamento do Estado, a verdade é que, nesta matéria de limitações de défice e dívida, a liberdade do legislador ordinário para dispor em contrário, tem vindo a reduzir-se com o aprofundamento europeu da coordenação orçamental. Parece-nos, neste ponto, que as normas comunitárias impondo limitações ao défice e à dívida não podem deixar de ser consideradas como integrando a nossa ordem jurídica, constrangendo as opções constitucionais neste domínio. Assumimos nesta conclusão a ideia de um constitucionalismo multinível que sugere uma redução da autoridade da Constituição nacional pela emergência de redes de governação transnacional. Se é certo que os tratados europeus foram assinados e ratificados de acordo com as normas constitucionais de cada um dos Estados-membros, a verdade é que estes se converteram em Constituição, fruto da prática constitucional[424]. Com efeito, o movimento de integração na Comunidade Económica Europeia, primeiro, e na União Europeia, depois, não nos pode fazer olvidar o facto de em muitas matérias o espaço da Constituição nacional se ter reduzido e perdido a oportunidade de tudo regular[425]. Trata-se aqui da aceitação da ideia de que as grandes linhas das finanças públicas deixaram de ser definidas internamente pelo Estado, tendo passado a ser matéria regulada pelas instâncias comunitárias. Aliás, a aprovação do Pacto Orçamental pela Assembleia da República – sem qualquer alternativa possível – e dos limites de défice e dívida dele constantes na Lei do Enquadramento Orçamental deixou patente esta cedência na definição das grandes orientações acerca das finanças públicas. Pode, pois, entender-se que hoje a aplicação das regras comunitárias veio inscrever um princípio de equilíbrio orçamental efetivo e substancial na Constituição material, o qual não deve deixar de ser tido em conta na leitura da Constituição instrumental, prendendo inevitavelmente a mão do legislador em matéria de despesa pública[426].

[424] Mattias Kumm, "The Best of Times and the Worst of Times: Between constitutional Thriumphalism and Nostalgia" *in* Petra Dobner e Martin Loughlin, *The Twilight of Constitutionalism?* Oxford, Oxford University Press, 2012, p. 214. V. também com interesse Rui Medeiros, *A Constituição portuguesa num contexto global*, Lisboa, UCE, 2015, p. 383, falando do pacto orçamental como um instrumento para-constitucional, criando uma "nova fronteira no direito constitucional europeu".

[425] Martin Loughlin, "What is Constitutionalisation?" *in* Petra Dobner e Martin Loughlin, *The Twilight of Constitutionalism?* Oxford, Oxford University Press, 2012, p. 63.

[426] Afonso d'Oliveira Martins, "A Constituição e a Crise", *Estudos em Homenagem ao Prof. Doutor Jorge Miranda*, vol. I. Coimbra: Almedina, 2012, pp. 90 e 91.

2. A despesa pública imposta pela Constituição

a) Custos com funcionamento do Estado e de outras entidades públicas constitucionalmente previstas

Não obstante dizermos que não há propriamente um limite à intervenção do Estado, a verdade é a que há despesa pública, imposta diretamente pelo texto da Constituição.

A primeira despesa pública que identificamos como exigida pelo texto constitucional prende-se com a existência do próprio Estado. Há despesa pública pelo facto de o Estado prever a existência e funcionamento dos órgãos de soberania: Presidência da República, Assembleia da República, Governo e Tribunais (artigo 110.º da Constituição).

Há também despesa implicada ao prever a existência de órgãos políticos, seja ao nível das Regiões Autónomas, seja ao nível de cada uma das Autarquias Locais (Freguesias e Municípios).

Para além destas, a Lei Fundamental exige ainda a constituição e a manutenção de forças policiais e de Forças Armadas (artigos 272.º e 275.º), o que também implica gastos. Neste domínio, é preciso reconhecer, porém, alguma margem de discricionariedade quanto à composição e estrutura destas forças, a qual poderá ser determinada no plano da lei ordinária.

Decorre também da Constituição, a existência de uma Administração Pública, que promova o desenvolvimento económico-social e a satisfação das necessidades coletivas e de um sistema fiscal que garanta a cobrança dos meios económicos necessários à satisfação das necessidades coletivas.

Necessários também para o bom funcionamento do Estado são os gastos para organização de sufrágios diretos. Estes vão desde os essenciais ao recenseamento eleitoral até aos imprescindíveis para a realização de atos eleitorais num regime que se quer democrático.

A Constituição prevê ainda algumas despesas que estão relacionadas com a criação de estruturas auxiliares ao bom funcionamento do Estado: veja-se a previsão da existência no artigo 219.º do Ministério Público, com importantes funções para o funcionamento do sistema judicial, detendo tarefas de representação do Estado e de defesa da legalidade (nomeadamente, através da participação na execução da política criminal e do exercício da ação penal); no artigo 23.º, do Provedor de Justiça, "dirigindo aos órgãos competentes as recomendações necessárias para prevenir e reparar injustiças"; no artigo 102.º do Banco de Portugal, hoje parte integrante do Sistema Europeu de Bancos Centrais e, detendo, entre outras missões a de supervisão financeira e superintendência dos sistemas de pagamentos.; e no artigo 267.º, n.º 3, de entidades administrativas independentes (entre outras, para regulação da comunicação social – artigo 39.º – ou para proteção dos dados pessoais – artigo 35.º), as quais já foram acima mencionadas.

b) Direitos fundamentais e despesa pública: a reserva do financeiramente possível, a proibição do retrocesso social e a teoria do custo dos direitos

Para além dos deveres de despesa pública que resultam da própria existência do Estado, é nos direitos fundamentais que encontramos uma parte substancial do tratamento constitucional da intervenção e do gasto público.

Numa perspetiva mais tradicional, para efeitos de despesa pública, os direitos fundamentais deveriam ser divididos em direitos, liberdades e garantias e direitos económicos sociais e culturais, daqui resultando particulares deveres de despesa. Os primeiros, tidos como direitos de abstenção ou direitos que não implicariam custos significativos; os segundos é que deveriam ser associados a direitos de intervenção com um custo económico mais avultado.

Expliquemos um pouco melhor.

Os direitos, liberdades e garantias, são desde o constitucionalismo liberal, associados a deveres de abstenção por parte do Estado, para proteção de uma esfera de liberdade individual que não deve ser invadida pelo Estado. São direitos estabelecidos contra o Estado, de cuja intervenção devem ser preservados ao máximo. O papel da lei, no que toca a estes direitos, não é o de definir o direito. A lei serve apenas em relação a estes direitos para dar corpo a restrições. Restrições estas que podem e devem ser escrutinadas tomando como base a Constituição. Por causa desta forma de encarar os direitos, é-lhes reconhecida aplicabilidade direta. A abstenção do Estado ajuda à criação de uma ideia de *determinidade* que faz com que os preceitos que os contêm sejam tidos como "preceitos constitucionais [que] fornecem autonomamente todos os elementos e critérios necessários e suficientes para a sua aplicação direta como norma constitucional"[427].

[427] Manuel Afonso Vaz – "O Enquadramento jurídico-constitucional dos "Direitos Económicos, Sociais e Culturais„". *In* Juris et de Jure. Porto: UCP Editora, 1998., 1998, p. 437.

Pelo contrário, os direitos, económicos, sociais e culturais estão ligados a uma ideia de atividade por parte do Estado. Para os concretizar o Estado tem de levar a cabo uma série de ações que cumpram os desígnios para que estes direitos apontam. Este dever de intervenção pública fez com que se olhasse para as leis ordinárias que lhes estão associadas com outros olhos. Estas não são encaradas como possíveis normas restritivas, mas como verdadeiras definições do direito. Este papel de intermediação da lei para os concretizar fez com que em torno dos mesmos se construísse uma ideia de *indeterminidade* ou *indeterminabilidade*, ou seja, de insusceptibilidade de retirar desses direitos todos os elementos para a sua aplicação direta. Há quem se refira aos direitos sociais como direitos sob reserva (condição) de lei, já que a medida dc apropriação jurídica do direito só se determina na lei[428]. O enunciado constitucional destes direitos permite, pois, que se forme um juízo de alternatividade. Ou seja, estes não consentem apenas um meio único para satisfazer o seu fim, mas inúmeros meios alternativos que o servem[429]. A única maneira de dar cumprimento a estes direitos seria a de ir permitindo uma intervenção faseada do legislador.

Desta diferença de enunciados resulta, de acordo com o pensamento tradicional, uma conceção de despesa pública para cada um dos conjuntos de normas. Da abstenção associada aos direitos, liberdades e garantias extrai-se a ideia de que estes geram pouca ou nenhuma despesa. Da *indeterminidade* ou *indeterminabilidade* dos direitos e do espaço que esta abre à intervenção legislativa resulta a ideia de que estes implicam mais dispêndio público e, portanto, a necessidade de um confronto permanente da sua concretização com a realidade orçamental[430]. O legislador vai concretizando os direitos na medida do que vai sendo

[428] Manuel Afonso Vaz – "O Enquadramento..., p. 373.

[429] Robert Alexy – *Derechos Sociales y ponderación*. Madrid: Fundación Colóquio Jurídico Europeo, 2009, p. 54.

[430] Andrade, J. Vieira de, 2012, p. 368: "A não inclusão dos preceitos relativos aos «direitos económicos, sociais e culturais» no regime de aplicabilidade imediata dos direitos, liberdades e garantias, a limitação dos casos de inconstitucionalidade por omissão ao incumprimento de imposições legiferantes concretas (com exclusão das normas programáticas) e, indiretamente, o próprio carácter de mera notificação em que se concretiza o juízo de censura da inconstitucionalidade por omissão provam o reconhecimento constitucional de um *poder de conformação autónoma* do legislador que, não sendo livre, está por vezes escassamente vinculado pelas diretivas materiais da Constituição).

possível. Deste confronto com a realidade orçamental em relação aos direitos sociais, desenvolve-se o conceito de *reserva do financeiramente possível.*

A *reserva do financeiramente possível* é um conceito nascido da jurisprudência do Tribunal Constitucional federal alemão. Tal como definido pelo *Bundesverfassungsgericht*, a *reserva do financeiramente possível* obriga a um reconhecimento da limitação dos recursos na concretização de direitos a prestações a exigir do Estado. Perante esta limitação, o *Bundesverfassungsgericht* esclarece que ao nível dos direitos fundamentais, ancorados na cláusula do Estado social, só se podiam fazer valer contra o Estado prestações que razoavelmente pudessem dele ser exigidas[431/432]. Corresponde, portanto, esta reserva a uma ideia de que em cada momento o Estado – atendendo às suas possibilidades – tem um limite máximo, o qual não pode transcender, no que toca à concretização dos direitos sociais[433]. Para lá deste limite máximo, intervém uma regra de razoabilidade que conduz à denegação das pretensões que nele se

[431] "Auch soweit Teilhaberechte nicht von vornherein auf das jeweils Vorhandene beschränkt sind, stehen sie doch unter dem Vorbehalt des Möglichen im Sinne dessen, was der Einzelne vernunftigerweise von der Gesellschaft beanspruchen kann" – BVerfGE 33, 303 (333). Sobre esta decisão *vide* nomeadamente Robert Alexy – *Teoria de los derechos fundamentales.* Madrid: Centro de Estudios Constitucionales, 1997, pp. 494 e ss. e Ingo Sarlet – *A eficácia dos direitos fundamentais.* Porto Alegre, 2009, p. 309.

[432] À decisão *Numerus Clausus I* seguiram-se outras por parte do Tribunal Constitucional alemão reafirmando a reserva do possível: *Hochschul Urteil* (BVerfGE 35, 79) e *Numerus Clausus II* (BVerfGE 43, 291) – Fernando Sgarbossa – *Do Estado-Providência ao Mercado-Providência: Direitos sob a "reserva do possível" em tempos de globalização neoliberal.* Curitiba, 2009, pp. 79 e ss. (disponível em http://dspace.c3sl.ufpr.br:8080/dspace/bitstream/handle/1884/18011/DISSERTACAO%20SGARBOSSA.pdf;jsessionid=7B9C7C3E81DC96A71F2FA6390DE452BB?sequence=1 último acesso em 26.05.2011), pp. 79 e ss.

[433] Por que razão se associam os direitos sociais à reserva do financeiramente possível? A razão que está por detrás disto prende-se obviamente com a escassez de recursos, mas também com a ideia que se desenvolveu de Estado social, responsável pelo bem-estar da sociedade. Bem-estar este que vai muito para além da previsão de gastos públicos para manutenção das necessidades básicas do seu povo, promovendo antes uma política orçamental de bem-estar que garanta a todos uma "vida decente" e que é por isso muitíssimo dispendiosa (Cécile Fabre – *Social Rights...*, ponto 1.2, em especial onde defende que "if people's needs for income, housing, education and health care are not met, they cannot be autonomous and they cannot be autonomous and they therefore cannot be the kind

fundem. Introduz-se assim, por força desse conceito, uma certa conceção de igualdade que impede uma interpretação que conduza ao absurdo a aplicação dos direitos sociais: uma aplicação ultra-extensiva de igualdade, sem consideração dos recursos disponíveis[434].

Subjazendo aos direitos sociais a *reserva do possível* e a escassez de recursos, o seu conteúdo não é passível de ser *determinado* a partir do texto constitucional. Isso faz com que a decisão última no que toca à sua concretização seja atribuída exclusivamente ao poder político, reduzindo-a no fundo a uma decisão orçamental. Subtrai-se assim poder ao juiz, no que toca ao seu controlo, já que este não tem poder de decisão orçamental[435]. Nestes casos, os direitos só seriam invocáveis na medida da previsão legal e da previsão orçamental[436] (exemplos típicos disto seriam os direitos sociais à habitação e à saúde, que não poderiam ser invocados se o legislador ordinário não se decidisse pela previsão prévia de despesa pública concretizadora dos mesmos)[437]. A *reserva do possível* – confirmando

of person who leads a decent life" – Cécile Fabre – *Social Rights under the Constitution*. Oxford: Clarendon Press, 2000, na conclusão da secção 1.3.1).

434 Quando esgotados os recursos disponíveis (naquele caso as vagas) não seria razoavelmente possível defender a continuação da admissão de candidatos. A igualdade é, de acordo com este entendimento, aferida pela análise do procedimento estabelecido tendo em vista a concretização do direito.

435 "Não fixando a Constituição quaisquer diretivas de orientação quanto às prioridades dentro do domínio da realização dos direitos sociais, essa é uma área que cai na margem de livre e exclusiva decisão do legislador democrático. Só na medida em que a própria norma constitucional já determina o conteúdo do direito e delimita precisamente o acesso do particular ao bem protegido é que as decisões políticas do legislador democrático estão sujeitas a um controlo judicial pleno" – Jorge Reis Novais – *Direitos Sociais*. Coimbra: Coimbra Editora, p. 139, nota 228.

436 No mesmo sentido, criticando a atuação dos tribunais em que estes, diz Reis Novais: "mesmo na ausência da correspondente dotação orçamental, se consideram legitimados a impor coativamente à administração e ao legislador que aprova o orçamento a concessão individual de prestações baseadas na titularidade de direitos sociais" (Jorge Reis Novais – *Direitos Sociais...*, 2010, p. 26). E continua "é que o desvio forçado de verbas não negligenciáveis para atender às imposições judiciais concretas pode pôr em causa e forçar mesmo a inflexão significativa ou o retrocesso nas políticas (...) que haviam sido globalmente programadas e planificadas (...)" (*Ibidem*, p. 27).

437 "(...) A reserva do possível marca, condiciona o próprio direito, desde a sua origem e consagração constitucional, o que significa que, no caso concreto, só há violação do meu direito ao trabalho ou à habitação se o Estado tiver condições financeiras de o garantir ou

a natureza política da decisão de despesa – impede, assim, o juiz de procurar adiantar-se ao legislador e ao decisor orçamental. O direito não existe enquanto não for conformado pelo legislador e orçamentalmente cabimentado[438].

A sujeição dos direitos sociais à reserva do financeiramente possível tem consequências que não podem ser ignoradas: coloca estes direitos à mercê do legislador, fazendo-os incorrer no risco de ser negada a sua fundamentalidade. Para impedir justamente a negação da sua fundamentalidade, foi criado o conceito de proibição do retrocesso. A proibição do retrocesso surgiu no contexto da Constituição alemã, de forma a que a estes fosse reconhecida fundamentalidade, não obstante essa Constituição não prever a existência de direitos sociais[439]. No entanto foi também adotada pela nossa jurisprudência e doutrina[440]/[441].

de garantir alguma compensação e não o fizer" – Jorge Reis Novais – *Direitos Sociais...*, p. 100.

[438] Ora isto é diferente do que acontece com os direitos dotados de *determinidade* constitucional: eles pré-existem em relação à intervenção do legislador (mesmo que não se consigam fazer valer). Nestes casos, a intervenção serve apenas para os tornar efetivos, para definição dos meios pelos quais eles se efetivam e que podem em concreto à sua luz ser reclamados.

[439] Jorge Reis Novais – *Direitos Sociais...*, p. 241: a proibição do retrocesso é "uma invenção engenhosa destinada a justificar uma proteção jurídica reforçada a direitos a que se recusara natureza constitucional, jusfundamental".

[440] Embora como nota Jorge Pereira da Silva não seja uma invenção portuguesa – Jorge Pereira da Silva, – *Dever de legislar e proteção jurisdicional contra omissões legislativas*. Lisboa: UCP Editora, 2003, 2003, pp. 245 e 246.

[441] Embora haja autores que contestem esta adesão, com base no argumento de que esta só se justificaria em ordens sociais em que os direitos sociais não são direitos fundamentais – Jorge Reis Novais – *Direitos Sociais...*, p. 241 – Se não custa admitir a proibição do retrocesso em relação a uma Constituição que não consagra direitos sociais ou em relação a direitos sociais que apenas têm um reconhecimento legal e não constitucional, é difícil de compreender em relação a uma Constituição como a nossa. No contexto jurídico-constitucional português não deveria a determinação da violação dos direitos sociais pelo legislador ordinário "ser algo independente do grau de realização que esse legislador tenha ou não concedido aos mesmos direitos"? (Luís Pereira Coutinho – "Os direitos sociais e a Crise: Breve Reflexão". *In* Direito e Política, Out/Dez 2012, pp. 74 e ss., 2012, p. 76).

Para os autores que negam a proibição do retrocesso, a sua aceitação tornaria incompreensível o facto de os direitos sociais terem força não só em países mais ricos como França e Bélgica, mas também em países mais pobres como a Índia ou a África do Sul.

A proibição do retrocesso está associada a uma ideia de defesa dos próprios direitos sociais. Isto porque o facto de estarem dependentes de uma atuação conformadora do legislador, poderia colocá-los, sem mais proteção, à mercê das opções orçamentais, como se fossem meras liberalidades ou concessões graciosas, livremente decididas pelas maiorias que ocupam o poder. A proibição do retrocesso destina-se, portanto, a cristalizar juízos de oportunidade e juízos sobre a disponibilidade de recursos, impedindo o legislador de retornar sobre os seus próprios passos.

A aceitação da proibição do retrocesso teve, durante alguns anos, efeitos no modo de encarar o poder do controlo judicial da constitucionalidade das leis que concretizam direitos sociais. À sua luz, o Tribunal Constitucional sentiu-se habilitado a passar por cima da *reserva do possível* implicada nas normas de direitos sociais, controlando a inconstitucionalidade de normas que violassem os direitos sociais, tal como reconhecidos na Constituição, nomeadamente, por violação do mínimo de proteção ou por voltarem atrás na concretização dos direitos, mesmo que esta fosse feita por direito ordinário. Ou seja, por força da proibição do retrocesso, o Tribunal Constitucional sentiu-se autorizado a aprofundar o controlo em normas constitucionais à partida *indeterminadas*, nomeadamente entrando na apreciação de fatores externos ao estrito cumprimento das normas e que normalmente não controlaria: quer a existência de recursos financeiros disponíveis para concretização da norma, quer a oportunidade política da atuação legislativa[442].

Um entendimento rígido sobre proibição do retrocesso foi expresso no Acórdão do Tribunal Constitucional n.º 39/84, indo buscar à figura das garantias institucionais fundamento para impedir ao legislador o "retorno sobre os seus próprios passos". Para os juízes do palácio Ratton, em 1984, a Constituição protegeria os direitos apenas depois de eles terem sido criados pelo legislador ordinário. Assim, no caso em concreto, a proteção do direito à saúde feita pelo legislador ordinário foi apresentada

[442] *Vide* LUÍS PEREIRA COUTINHO – "Os direitos sociais..., p. 76, distinguindo inconstitucionalidade por violação do direito social e retrocesso social.

como correspondente à proteção de uma garantia institucional[443]/[444] e, portanto, insuscetível de ser violado.

Vozes críticas, porém, desde logo, se levantaram em relação à aceitação pura e simples desta proibição[445]. Para quem se recusava a aceitá-la, ela implicaria, por um lado, aceitar o progressivo crescimento dos recursos e, por outro, que seria possível caminhar sempre para uma melhoria na concretização dos direitos sociais[446]. A rejeição – ou pelo menos o aligeiramento – desta proibição foi tida como implicando necessariamente

[443] Como já afirmámos na nossa tese de mestrado, a ideia em que o Tribunal assentou o dito aresto foi a de que, uma vez concretizada a referência constitucional a uma instituição ou instituto, estas ficariam ao abrigo das ameaças de aniquilamento ou desvirtuamento – MARIA D'OLIVEIRA MARTINS – *Contributo para a compreensão das garantias institucionais*. Coimbra: Almedina, 2007, p. 146. *Vide* criticamente a esta perspetiva COUTINHO, L. Pereira, 2004, nota 202, e JORGE REIS NOVAIS – *Direitos Sociais*..., p. 244, chamando a atenção para o facto desta rigidez absoluta não ter paralelo na proteção constitucional dos demais direitos fundamentais "conhecida que é a admissibilidade de cedência destes [...] sempre que tal se mostre necessário e adequado à proteção de outros bens e interesses igualmente dignos de proteção jurídica".

[444] Rígido também e neste sentido é de assinalar o pensamento de JORGE MIRANDA, GOMES CANOTILHO e VITAL MOREIRA, falando na elevação dos direitos derivados a um nível constitucional material. Para GOMES CANOTILHO trata-se da "força dirigente irradiante das normas constitucionais" (JORGE PEREIRA DA SILVA, – *Dever de legislar*..., p. 253). É de assinalar, porém, que estes autores têm vindo a mitigar o seu entendimento (*vide* JORGE MIRANDA – *Manual de Direito Constitucional*, tomo IV, Coimbra: Coimbra Editora, 2012, pp. 485-495).

[445] Como explica JORGE PEREIRA DA SILVA, a proibição do retrocesso "apresentava-se como uma garantia dos direitos sociais enquanto instrumentos para alcançar progressivamente o socialismo" (JORGE PEREIRA DA SILVA, – *Dever de legislar*..., p. 249). Nesta perspetiva, a proibição do retrocesso era o "cavalo de Troia do socialismo" (SILVA, 2003, p. 249. *Vide* também RUI MEDEIROS *in* JORGE MIRANDA e RUI MEDEIROS – *Constituição Portuguesa Anotada*, 2007, p. 885), tendo subjacente uma conceção historicista e igualitarista da realidade. Historicista, como se a realidade fosse um caminho em que não é possível voltar para trás, sendo apenas necessário percorrê-lo. Igualitarista, no sentido de conferir a todos, todos os direitos sociais de forma a possa haver acesso universal ao pleno exercício da liberdade (criticamente JORGE PEREIRA DA SILVA, – *Dever de legislar*..., p. 250).

[446] Embora seja muito difícil distinguir avanços e recuos na concretização dos direitos – FERNANDO ATRIA – "Réplica: derecho y politica a propósito de los derechos sociales". *In* Discussiones: Derechos Sociales n.º 4, 2004 (disponível em http://bibliotecadigital.uns.edu.ar/scielo.php?script=sci_arttext&pid=S1515-73262004000100007 último acesso em 22.11.2013).

um afrouxamento do controlo jurídico-constitucional relativo às normas de direitos sociais, em nome do princípio da alternância democrática, pois que o problema que o reconhecimento da proibição de retrocesso colocava verdadeiramente era o de saber até que ponto poderia o juiz constitucional controlar o juízo feito pelo legislador, no sentido da concretização de um direito social.

Num reconhecimento cada vez maior desta ideia de alternância democrática, a proibição do retrocesso foi, porém, sendo progressivamente contrariada. Reis Novais reconhece, aliás, já nos Acórdãos do Tribunal Constitucional n.os 330/89, 148/94, 590/04 uma "condescendência para com as opções políticas do legislador, mesmo quando aparentemente, elas contradizem o sentido daquelas imposições constitucionais"[447]. Este autor fala até de um relativo abandono da proibição do retrocesso por parte da jurisprudência do Tribunal Constitucional, dando lugar à ideia de que o legislador tem sempre liberdade conformadora só estando impedido de destruir a cobertura constitucional que já fazia parte do acervo constitucional[448].

Nos Acórdãos n.os 3/2010 e 188/09, o Tribunal Constitucional afirma, aliás, com clareza que apenas aceita a proibição de retrocesso numa "aceção restrita, valendo, por conseguinte, apenas quando a alteração redutora do conteúdo do direito social se faça com violação de outros princípios constitucionais"[449]. No âmbito desse entendimento, a proibição de retrocesso só valeria verdadeiramente em dois casos: ou em conjugação com normas constitucionais determináveis[450] ou em casos limite[451].

[447] Jorge Reis Novais – *Direitos Fundamentais – Trunfos contra a maioria*. Coimbra: Coimbra Editora, 2006, p. 193.

[448] Jorge Reis Novais – *Direitos Fundamentais – Trunfos...*, p. 195.

[449] Acórdão do Tribunal Constitucional n.º 3/2010.

[450] "Aí, por exemplo, onde a Constituição contenha uma ordem de legislar, suficientemente precisa e concreta, de tal sorte que seja possível «determinar, com segurança, quais as medidas jurídicas necessárias para lhe conferir exequibilidade» (cfr. acórdão nº 474/02), a margem de liberdade do legislador para retroceder no grau de proteção já atingido é necessariamente mínima, já que só o poderá fazer na estrita medida em que a alteração legislativa pretendida não venha a consequenciar uma inconstitucionalidade por omissão – e terá sido essa a situação que se entendeu verdadeiramente ocorrer no caso tratado no já referido acórdão nº 39/84" (Acórdão do Tribunal Constitucional n.º 509/2002).

[451] "Noutras circunstâncias, porém, a proibição do retrocesso social apenas pode funcionar em casos-limite, uma vez que, desde logo, o princípio da alternância democrática, sob pena

Todavia, esta contraposição entre direitos, liberdades e garantias e direitos sociais altera-se com a adesão à teoria do custo dos direitos, contribuindo para a mitigação da ideia da diferenciação dos direitos sociais e para uma tentativa de unificação do tratamento dos direitos fundamentais.

A teoria do custo dos direitos teve origem no texto precursor de Stephen Holmes e Cass Sunstein, *The Costs of Rights* (1999). Em Portugal, esta teoria teve eco pela mão de Casalta Nabais (2007 e 2008), sendo hoje habitual vê-la citada quando se referem as consequências financeiras dos direitos fundamentais.

Uma das ideias que esta teoria do custo dos direitos põe em causa é justamente a da existência de direitos sem custos ou se quisermos de que há direitos neutros, em termos económico-financeiros[452], que acaba por estar, no fundo, por detrás da diferenciação de direitos, liberdades e garantias e direitos sociais: "não há direitos gratuitos, direitos de borla, uma vez que todos eles se nos apresentam como bens públicos em sentido estrito"[453]. De acordo com esta teoria, tanto direitos de liberdade, quanto direitos sociais implicariam despesa pública. Daqui se extraindo que se um Estado não dispuser de recursos, não poderá reconhecer, de forma plena e efetiva, qualquer direito fundamental que seja[454].

de se lhe reconhecer uma subsistência meramente formal, inculca a revisibilidade das opções político-legislativas, ainda quando estas assumam o carácter de opções legislativas fundamentais" (Acórdão do Tribunal Constitucional n.º 509/2002).

[452] Ingo Sarlet e Mariana Filchtiner Figueiredo – Reserva do possível, mínimo existencial e direito à saúde: algumas aproximações. *In* Revista de Doutrina da 4.ª Região, n.º 24, 2008 (disponível em http://www.revistadoutrina.trf4.jus.br/index.htm?http://www.revistadoutrina.trf4.jus.br/artigos/edicao024/ingo_mariana.html último acesso 23.07.2014).

[453] Casalta Nabais – "A face oculta dos direitos fundamentais; os deveres e os custos dos direitos fundamentais: os deveres e os custos dos direitos". *In* Por uma liberdade com responsabilidade. Coimbra: Coimbra Editora, 2007, p. 176.

[454] A teoria do custo dos direitos olha para os direitos de liberdade como direitos complexos que carecem para a sua aplicação, do cumprimento de uma série de obrigações públicas positivas: "Sin embargo, incluso para los pensadores más caracterizados de la economía política clásica, como Adam Smith e David Ricardo, resultaba más que obvia la interrelación entre las supuestas "obligaciones negativas" del Estado, en especial en materia de garantia de la libertad de comercio, y una larga serie de obligaciones positivas, vinculadas con el mantenimiento de las instituciones políticas, judiciales, de seguridad y de defensa necesarias

Peguemos, por exemplo, na ideia de ação justa, implicada na defesa de um qualquer direito, para ficarmos com uma ideia melhor do que resulta desta teoria. A ação justa remete-nos naturalmente para os custos de funcionamento dos tribunais[455/456], mas essa é só a ponta do *iceberg* de despesas públicas implicadas: o funcionamento dos tribunais implica despesas de defesa dos direitos em caso de insuficiência de meios (pagamento de advogados oficiosos e demais apoio judiciário); o funcionamento dos tribunais implica despesas com a constituição, manutenção e formação contínua das forças policiais (por exemplo, as forças policiais devem ser continuamente formadas para garantir os direitos dos arguidos – *v.g.* direito de não serem torturados); o funcionamento dos tribunais implica despesas que resultam das delongas necessárias de um processo criminal que assegura todas as garantias de defesa

como condición del ejercicio de la libertad individual. En Smith, por ejemplo, se asigna al Estado un rol activo en la creación de las condiciones institucionales y legales para la consolidación, funcionamiento y expasión del mercado. Aun aquellos derechos que parecen ajustarse más facilmente a la caracterización de «obligación negativa», es decir, los que requieren una limitación en la actividad del Estado a fin de no interferir la libertad de los particulares [...] conllevan una intensa actividad estatal destinada a que otros particulares no interfierean esa libertad y al restablecimiento de la libertad o la reparación del perjuicio una vez producida una interferencia indebida, de modo tal que la contracara del ejercicio de estos derechos está dada por el cumplimiento de funciones de policía, seguridad, defensa y justicia por parte del Estado" – Victor Abramovich e Christian Courtis – *Los Derechos sociales como derechos exigibles*. Madrid: editorial Trotta, 2002, pp. 23 e 24.
Ao olhar para cada um dos direitos de liberdade, temos de imediato de atentar sobre as ideias de que cada direito corresponde a uma ação justa; de que a violação do direito pode dar lugar ao pagamento de indemnizações; de que se gera atividade legislativa e administrativa em torno da proteção dos direitos; de que a proteção dos direitos supõe o exercício da atividade policial (por exemplo, a proteção do direito de propriedade deve-se em grande parte à existência de forças policiais que repõem a ordem em caso de invasão, arrombamento ou qualquer forma de intrusão no espaço privado), etc...

[455] "«Where there is a right, there is a remedy» [...] This simple point goes a long way toward disclosing the inadequacy of the negative rights/positive rights distinction. What it shows is that all legally enforced rights are necessarily positive rights"- Stephen Holmes e Cass R. Sunstein – *The Cost of Rights*. New York: W.W. Norton & Company, 1999, p. 43.

[456] O direito de asilo não inclui o direito de recurso aos tribunais – "Recorrer aos tribunais do Estado da sua nacionalidade [...] é quase um "non sense"", como explica J. J. Gomes Canotilho – *Direito Constitucional e Teoria da Constituição*. Coimbra: Almedina, 2003 (7.ª edição), p. 402.

(ex. despesas que derivam do facto de uma investigação ter de ser reiniciada pelo facto de se verem anuladas provas decorrentes de escutas inválidas); o funcionamento dos tribunais implica despesas com construção e manutenção de prisões que respeitem os direitos dos prisioneiros (celas arejadas e com dimensões mínimas de habitabilidade). E quem pensa nestas despesas, pode também pensar noutras implicadas na defesa dos direitos fundamentais: despesas com entidades reguladoras com missão de fiscalizar a verificação dos direitos e liberdades constitucionalmente reconhecidos (ex. entidade reguladora da comunicação social); despesas com organização de sufrágios que garantam uma participação efetiva dos cidadãos na vida pública; despesas de fiscalização (ex. fiscalização para respeito da proibição de trabalho infantil); etc., etc. Até o mais insuspeito reconhecimento da liberdade de religião tem custos[457]: proteção dos edifícios ou instituições religiosas (despesas de polícia, bombeiros, por exemplo); ações judiciais em caso de violação da liberdade em causa; isenções fiscais que sejam concedidas às igrejas, de acordo com o princípio da igualdade; despesas com prevenção de atos de violência devidos a fanatismo religioso; despesas com prevenção de atos de coerção por parte das igrejas, nomeadamente, no sentido de impedir a saída dos fiéis ou a apostasia entre estes[458].

Deste prisma, de acordo com o que a teoria do custo dos direitos afirma, "um direito só existe, na realidade, somente quando e se

[457] Stephen Holmes e Cass R. Sunstein – *The Cost of Rights*..., pp. 82 e 183. Também reconhecendo o papel ativo do Estado no que toca à liberdade religiosa, *vide* Amartya Sen – "Why and how is health a human right?". *In* www.thelancet.com, vol. 372, 13 de Dezembro de 2008 – "Even the fulfillment of the first-generation rights (such as religious liberty, freedom from arbitrary arrest, the right no to be assaulted and killed) depends not only on legislation but also on public discussion, monitoring, investigative reporting, and social work". *Vide* Parecer da Comissão Constitucional n.º 17/82 e Acórdão do Tribunal Constitucional n.º 423/87, reconhecendo a assunção de despesa por parte do Estado no que toca ao ensino religioso nas escolas.

[458] Com uma perspetiva diferente – Luís Pereira Coutinho – "Os direitos sociais..., p. 79 distingue aquilo que é o direito em si da "garantia ou proteção dessas situações jurídicas contra interferências de terceiros". Pereira Coutinho faz esta distinção com um propósito: o de distinguir o controlo judicial dos direitos sociais e dos direitos de liberdade. É que se nos direitos sociais, o legislador tem margem de manobra para conformar o seu conteúdo, nos direitos de liberdade, "tal conteúdo típico é imediatamente determinável por referência à Constituição".

tem custos orçamentais"[459]. E, consequentemente, quando fala em direitos – quaisquer que eles sejam –, fala, portanto, de bens com custos financeiros[460]. O reconhecimento de custos para os direitos leva os estudiosos da teoria do custo dos direitos a propor que se leve a sério a escassez de recursos, pois do reconhecimento dos custos e da necessidade de articulação com a realidade orçamental resulta necessariamente uma visão pragmática dos direitos fundamentais que tem efeitos na perspetivação jurídica dos mesmos. Antes de mais, estendendo a *reserva do possível* a todos os direitos.

Comecemos pelo primeiro ponto: a teoria do custo dos direitos faz com que os direitos fundamentais (direitos, liberdades e garantias e direitos económicos, sociais e culturais) se apresentem sem grandes diferenças estruturais. Todos os direitos fundamentais surgem assim com componentes de caráter positivo e deveres de prestação por parte do Estado. É a negação da existência de uma distinção entre direitos meramente negativos ou de omissão ou ainda de defesa (na terminologia alemã *Abwehrrechte*)[461] e direitos positivos ou direitos a ações ou prestações

[459] STEPHEN HOLMES e CASS R. SUNSTEIN – *The Cost of Rights...*, p. 19.

[460] Veja-se a este propósito a definição de direitos segundo HOLMES e SUNSTEIN. Definição esta que incorpora a ideia de escassez de recursos: "It is more realistic and more productive to define rights as individual powers deriving from membership in, or affiliation with, a political community, and as selective investments of scarce collective resources, made to achieve common aims and to resolve what are generally perceived to be urgent common problems" – STEPHEN HOLMES e CASS R. SUNSTEIN – *The Cost of Rights...*, p. 123.

[461] O entendimento liberal da teoria dos direitos fundamentais via os direitos de liberdade como direitos de abstenção por parte do Estado. *Vide* ilustrativamente Decisão do Tribunal Constitucional alemão BverfGE 7, 198, de 15 de janeiro de 1958 (Lüth) ainda defendendo que os direitos de liberdade eram principalmente (na sua função primária) direitos meramente negativos ou direitos de abstenção.: "One Zweifel, sind die Grundrechte in erster Linie dazu bestimmt, die Freiheitsphäre des einzelnen zu schützen; sie sind Abwehrrechte des Bürgers gegen den Staat". Como explica KLAUS STERN, na doutrina alemã dos direitos fundamentais é frequente encontrar, numa tentativa de simplificação, o conceito direito de defesa como sinónimo de direito fundamental (note-se que a *Grundgesetz* não contém um elenco de direitos sociais). Simplificação esta que é muitas vezes generalizada e em nada contribui para um esclarecimento cabal acerca dos diferentes grupos de direitos agrupados sob a designação de direitos fundamentais – STERN, Klaus – *Das Staatsrecht der Bundesrepublik Deutschland*, vol. III/1, Munchen: C.H. Beck, 1988, p. 560. Também partindo do princípio que os direitos liberais clássicos correspondem apenas a ações negativas ou omissões – ALEXY *in* ROBERT ALEXY – *Derechos Sociales...*, p. 45.

(*Leistungrechte*). Todos os direitos são, desta forma, tomados como um todo, contendo – seja a título principal ou secundário – uma dimensão positiva e negativa. Isto não exclui, naturalmente, que se possa reconhecer em relação a determinados direitos – que se destacam e se analisam isoladamente em relação ao todo – que nuns possa avultar uma ou outra dimensão.

Os direitos passam a ser encarados como "um complexo de posições ou pretensões jurídicas de direitos fundamentais"[462], em que se misturam elementos positivos e negativos de proteção dos mesmos[463]. À dimensão positiva associam-se os deveres de proteção e promoção do direito[464]. À dimensão negativa associa-se o dever de respeitar o direito. Reis Novais assume, perfilhando esta perspetiva, que se podem encontrar num mesmo direito pretensões que à partida são identificáveis com direitos, liberdades e garantias e pretensões identificáveis com direitos sociais[465].

A consideração dos direitos fundamentais como um feixe de direitos principais e instrumentais, com a presença constante de uma dimensão positiva, leva-nos necessariamente a pensar em tudo o que o Estado deve fazer para tornar efetivos os direitos. Ou seja, leva-nos a afastar a ideia de abstenção, desde há muito, sublinhada em relação aos direitos de liberdade e a olhar para o Estado como agente e não apenas como

[462] Jorge Reis Novais – *Restrições aos direitos fundamentais...*, p. 129.

[463] *Vide* Robert Alexy – *Theorie der Grundrechte*. Frankfurt: Suhrkamp, 1986, pp. 171 e ss. Este Autor dá uma ideia da complexidade das normas constitucionais de direitos a alguma coisa (distintas das liberdades e das competências) e das possíveis relações que se podem estabelecer na relação tripartida que o mesmo estabelece (entre o detentor – *Träger* ; o destinatário – *Adressat* –; e o objeto do direito – *Gegenstand*). Não obstante ainda considera que a diferença entre ações negativas e positivas é o critério principal para a classificação dos direitos a alguma coisa (*Rechte auf etwas*) (*Ibidem*, p. 173).
Dando ênfase às relações que se estabelecem entre os diferentes direitos e deveres numa mesma norma e a o carácter principal ou instrumental como que se apresentam numa mesma norma, *vide* Klaus Stern, 1988, pp. 554 e ss.

[464] Jorge Reis Novais – *Restrições aos direitos fundamentais...*, pp. 86-95.

[465] "Só muito raramente a Constituição se preocupa e, especificar, como fez, todavia, no caso do ensino, quando distingue a liberdade de aprender e de ensinar (art. 43.º, como direito, liberdade e garantia) do direito ao ensino (art. 74.º, como direito social), ou no caso da família, quando distingue o direito, liberdade e garantia (art. 36.º) do direito social (art. 67.º)" – Jorge Reis Novais – *Restrições aos direitos fundamentais...*, p. 131. Também no mesmo sentido *vide ibidem*, p. 51.

destinatário dos direitos. Mesmo perante direitos com uma vertente negativa predominante, não vemos, pois, como eles se efetivam sem qualquer esforço por parte do Estado (seja ele legislativo ou de construção e manutenção de uma máquina judicial). "Os ditos direitos negativos, são, afinal de contas, tão positivos como os outros, como os direitos positivos"[466].

Reconhecendo despesas em todos os direitos, a teoria do custo dos direitos vem afinal pôr a nu a contabilidade dos direitos de liberdade que se encontrava oculta, quer porque os custos destes direitos se mediam habitualmente em liberdade e não propriamente em dinheiro ou prestações mensuráveis na esfera jurídica de cada um, quer porque os custos com os clássicos direitos de liberdade correspondiam a despesas que se ocultavam por detrás dos gastos de manutenção e funcionamento do próprio Estado[467]. A existência do Estado dependia tão intimamente da defesa destes direitos, que as suas despesas acabavam por se esfumar nos gastos com a sua estrutura.

A perspetiva dos direitos fundamentais através da despesa que eles implicam permite estabelecer outro tipo de relações entre os direitos, afastando-nos das conceções tradicionalmente expostas sobre as gerações dos direitos, as quais nos apresentam os direitos sociais como se estes representassem um acrescento ao elenco já constitucionalmente reconhecido. Ou seja, como se a sua explicação, caracterização ou mesmo concretização fosse passível de ser entendida de forma dissociada em relação aos direitos de liberdade.

Mesmo numa perspetiva linear – baseada na ideia de que os direitos de liberdade e direitos sociais são realidades estanques –, se olharmos para os Orçamentos do Estado em busca da despesa implicada pelos direitos fundamentais, ficamos com uma ideia de que não só a concretização dos direitos sociais importa gastos. Também as atividades legislativa, judicial, administrativa necessárias para proteção dos direitos de liberdade

[466] Casalta Nabais – "A face oculta dos direitos fundamentais; os deveres e os custos dos direitos fundamentais: os deveres e os custos dos direitos". *In* Por uma liberdade com responsabilidade. Coimbra: Coimbra Editora, 2007, p. 176.

[467] Casalta Nabais – *Reflexões sobre quem paga a conta do Estado Social*. In Ciência e Técnica Fiscal, Janeiro – Junho, 2008, n.º 421, p. 10, falando da "ficção da inexistência de custos financeiros em relação a tais direitos".

envolvem o dispêndio de importantes somas de dinheiro, que nada têm de irrisório. Obviamente que com isto não pretendemos escamotear o facto de as despesas com a concretização dos direitos sociais serem bem mais elevadas do que as despesas de funcionamento do Estado (aliás basta olhar para os mapas orçamentais dos Serviços e Fundos Autónomos na parte que se refere à Saúde ou para o Orçamento da Segurança Social para ficar com esta ideia)[468].

A leitura orçamental, porém, tendo em conta a teoria do custo dos direitos não pode ser tão linear. A perspetiva da despesa pública deixa-nos insatisfeitos com a divisão artificial entre os direitos. Se bem que para efeitos teóricos nos satisfazemos com as diferenças estruturais e regimentais entre direitos de liberdade e direitos sociais, em termos práticos, vemos que a ação do Estado é um todo. Não conseguimos divisar, por exemplo, em termos de esforço financeiro, a proteção do direito à saúde do direito à vida ou a proteção do direito ao trabalho do direito de propriedade. Por uma razão simples: o Estado no esforço de proteção destes direitos de liberdade, não se limita a legislar ou a manter o sistema judicial a funcionar. Vai mais longe: faz esforços para garantir a propagação de doenças, por fornecer a todos a possibilidade de ter um médico de família e de ter acesso aos medicamentos existentes no mercado ou, então, promove a igualdade de oportunidades, construindo escolas e proporciona ensino a todos, de forma a assegurar que todos tenham uma fonte de rendimento que permita prover à subsistência, viver em sociedade, adquirir bens[469].

[468] Apesar de a grandeza destas ser incomparável com a dos números aí apresentados no que toca à atividade legislativa, judicial e administrativa do Estado, a verdade uma compreensão profunda do Orçamento obriga a ver que os números devem ser interpretados, tendo em consideração que essas despesas são em parte financiadas por receitas próprias. De facto, de acordo com regime de autonomia administrativa e financeira, os Hospitais podem gozar de receitas consignadas; assim com a Segurança Social, cuja autonomia administrativa e financeira prevê a cobrança de quotizações aos trabalhadores incluídos no regime previdencial, as quais cobrem mais de metade das suas despesas.

[469] *Vide* Amartya Sen – "Why and how is health a human right?..., p. 2010: "[...] Good health does not depend only on health care. It also depends on nutrition, lifestyle, education, women's empowerment, and the extent of inequality and unfreedom in society".

De acordo com a teoria do custo dos direitos, os direitos fundamentais são entendidos numa lógica de trocas (*social bargain*[470]): os direitos sociais assumidos pelo Estado em relação aos mais desfavorecidos surgem indissociáveis dos clássicos direitos de liberdade e em particular do direito de propriedade[471]. Os direitos sociais são apresentados como a contrapartida para a proteção dos direitos dos mais abastados[472]. Do ponto de vista do gasto, os direitos sociais são, pois, encarados, a esta luz, como a outra face dos direitos de liberdade. Os direitos de liberdade e os direitos sociais acabam assim por ser tomados como duas faces da mesma moeda. Os direitos sociais são assumidos como um pressuposto de certos direitos ditos clássicos: o direito à saúde é um guarda avançado do direito à vida; o direito ao trabalho é uma contrapartida do direito de propriedade; o direito à educação é a outra face da liberdade de expressão[473].

Numa perspetiva em que os direitos fundamentais se imbricam uns nos outros – na medida em que se olha para alguns direitos sociais como pressupostos de algumas liberdades supostas nos ditos direitos clássicos – deixamos de fazer a tal contabilidade linear assente na separação dos direitos e acabamos por fazer uma leitura de custos que implicará necessariamente um aumento significativo da despesa pública relativa

[470] Stephen Holmes e Cass R. Sunstein – *The Cost of Rights...*, p. 194.

[471] "[...] The holders of property rights are indispensable partners of the modern liberal state. Institutionalized in memory of the last war and partly in anticipation of the next, welfare rights – involving cash transfers, medical care, food, housing, job training, or some combination of these – are one means among many to make the disadvantage feel they, too, are participants in a shared national adventure. Because all parties benefit, such a conjugation of property rights and welfare rights can be self-enforcing and stable over time" – Stephen Holmes e Cass R. Sunstein – *The Cost of Rights...*, p. 198.

[472] Holmes e Sunstein chamam à atenção para que esta troca a que se referem não serve uma conceção igualitária: "Inequality of results will always be inescapable so long as rights impose private as well as public costs. [...] Vital public services are allocated unequally because the weak and the poor, being relatively disorganized, have too little political leverage to obtain their share of public resources. [...] Politically untouchable expenditures are usually those that provide special benefits to well-organized social groups" – Stephen Holmes e Cass R. Sunstein – *The Cost of Rights...*, pp. 202-203.

[473] "Both property rights and welfare rights represent efforts to integrate differently situated citizens into a common social life" – Stephen Holmes e Cass R. Sunstein – *The Cost of Rights...*, 1999, p. 198.

aos direitos ditos de liberdade. Ilustrando o que acabamos de dizer, deixaremos de olhar para os custos dos direitos de liberdade olhando apenas para os gastos com a máquina do Estado, para ter uma visão abrangente. Contabilizaremos também no âmbito destes, pelo menos, uma parte dos direitos sociais. Os direitos sociais são encarados como "guarda avançada" dos direitos de liberdade e isso não pode deixar de se refletir na nossa análise de custo dos mesmos[474].

Esta visão dos direitos leva-nos, portanto, à afirmação de que todos os direitos têm custos elevados[475]/[476], embora se admita que nem sempre é fácil quantificar o seu custo[477]/[478] até por causa da relação

[474] A perspetiva das despesas parece ir no sentido da solução dos direitos fundamentais (Isabel Moreira, Reis Novais, Vasco Pereira da Silva e André Salgado MATOS – Jorge Reis Novais – *Direitos Sociais..., passim*, nomeadamente pp. 251 e ss., pp. 358 e ss.; Vasco Pereira da Silva – *A Cultura a que Tenho Direito – Direitos Fundamentais e Cultura*. Coimbra: Almedina, 2007, pp. 133 e ss.; André Salgado de Matos – *O direito ao ensino na Constituição. Contributo para uma dogmática unitária dos Direitos fundamentais*. Lisboa (inédito), 1998, pp. 18 e ss. *Vide* também Ricardo Lobo Torres *in* Sarlet, Ingo Wolfgang e Timm, Luciano Benetti – *Direitos Fundamentais: orçamento e reserva do possível*. Porto Alegre: Livraria do Advogado, 2008, pp. 72-75, falando da adesão dos autores brasileiros à tese da indivisibilidade dos direitos humanos, embora notando uma menorização dos direitos sociais.

[475] Casalta Nabais – "A face oculta..., p. 176: "Os direitos, todos os direitos, porque não são uma dádiva divina, nem frutos da natureza, porque não são autorrealizáveis nem podem ser realisticamente protegidos num estado falido ou incapacitado, implicam a cooperação social e a responsabilidade individual. Daí decorre que a melhor abordagem para os Direitos seja vê-los como liberdades privadas com custos públicos".

[476] Não nos bastamos pois com as afirmações correntemente feitas na doutrina portuguesa, segundo as quais não se vai para além do reconhecimento de que "quanto a algumas liberdades exigem-se prestações positivas ou ajudas materiais" – Jorge Miranda – *Manual de Direito Constitucional...*, 2012, p. 110 ou de que só os direitos sociais e não os direitos, liberdades e garantias têm custos de difícil sustentabilidade – Isabel Moreira – *A Solução...*, p. 41 (embora esta Autora reconheça na p. 68 que "todos os direitos fundamentais têm uma dimensão constitutiva e de fomento de tal sorte que pode falar-se numa "exigência genérica de fomento da liberdade [...]", conquanto também verifique que "a estrutura das normas consagradoras de direitos sociais aponta para dimensões objetivas de forma muito mais evidente do que as que consagram direitos de liberdade").

[477] Stephen Holmes e Cass R. Sunstein – *The Cost of Rights...*, 1999, pp. 23, 24 e 63).

[478] Embora se reconheçam algumas hesitações quanto à revelação destas despesas: "liberals may hesitate to throw a spotlight on the public burdens attached to civil liberties. Conservatives [...] may prefer to keep quiet about [...] the way that the taxes of the whole

que se estabelece entre as despesas do Estado e as de promoção dos direitos de liberdade e dos direitos sociais com eles relacionados, acima explicada.

Todavia, o reconhecimento do custo de todos os direitos traz uma consequência importante e que não pode deixar de ser assinalada: a importação da *reserva do possível* para o seio dos direitos de liberdade. Parafraseando Reis Novais, a *reserva do possível* passa assim a ser um traço que une direitos de liberdade e direitos sociais ("[...] há [...] pretensões instrumentais de direitos de liberdade, que assumindo um carácter essencialmente fáctico padecem das mesmas condicionantes orçamentais, reservas do possível e indeterminabilidade que caracterizam os direitos sociais [...]"[479]).

Perante esta indistinção de direitos fundamentais e de custos, coloca-se a questão de saber como se alocam os recursos, necessariamente escassos. Há duas perspetivas em confronto. Por um lado, a dos que defendem uma perspetiva de gasto indiscriminado (ou seja, uma oferta universal de saúde, educação e segurança social) e por outro, os que defendem uma estratégia de gastos baseada nas necessidades.

Ilustrativo deste debate foram os argumentos esgrimidos entre Bacelar Gouveia e Jorge Miranda o que toca à prestação pública do ensino superior e ao pagamento de propinas. Bacelar Gouveia defendendo, por um lado, a gratuidade *para todos* dos bens fornecidos pelo Estado, com o argumento de que a atribuição deste direito apenas a alguns, esbarra inevitavelmente "com a universal titularidade do direito ao ensino, que nunca toleraria diferentes modos da sua atribuição subjetiva ativa"[480]. Jorge Miranda sustentando, por outro, que a prestação de bens, como o ensino superior não obrigatório, deveria ser feita pelo Estado a pensar especialmente nas pessoas mais pobres. Isto porque só "faz sentido

community are used to protect the property rights of wealthy individuals. [...] Indeed, we might even speak here of cultural taboo – grounded in perhaps realistic worries – against the "costing out" of rights enforcement" – Stephen Holmes e Cass R. Sunstein – *The Cost of Rights...*, p. 25.

[479] Jorge Reis Novais – *Restrições...*2003, p. 141.

[480] Jorge Bacelar Gouveia – "A inconstitucionalidade da lei das propinas – anotação ao Acórdão nº 148/94 do Tribunal Constitucional". *In* Revista da Faculdade de Direito da Universidade de Lisboa, XXXVI, Lisboa, 1995, nº 1, pp. 257 e ss., pp. 267-268.

enquanto contribui para diminuir ou vencer desigualdades; não, se, porventura, as mantém ou agrava"[481].

3. Como se desenvolve a atividade financeira pública?

a) Princípios que condicionam a atividade financeira pública: interesse público, justiça, boa administração e solidariedade entre gerações

Não obstante admitirmos o fornecimento público de bens de mérito, não poderemos deixar obviamente de considerar que sempre haverá limites à intervenção do Estado.

O primeiro de todos é o de que a intervenção do Estado sempre terá de se pautar pelo interesse público, que se prende naturalmente com o interesse geral: "O interesse público representa o fundamento, o limite e o critério da atuação económica pública e, consequentemente, da iniciativa económica pública"[482].

O interesse público tem, porém, certos limites constitucionalmente definidos:

- o Estado deve reservar para os seus órgãos certas atividades inerentes à soberania ou ao poder político, porque nesses casos ele beneficia de uma reserva absoluta[483];
- o Estado não poderá assumir a intervenção direta na gestão de empresas[484] (no caso da apropriação dos bens de produção há mesmo uma submissão ao princípio da legalidade – artigo 83.º da Constituição); e
- o Estado não poderá pôr em causa direitos, liberdades e garantias.

[481] Jorge Miranda – "Sobre as Propinas Universitárias". *In* Revista da Faculdade de Direito da Universidade de Lisba, vol XXXIV, 1993, p. 485.

[482] Paulo Otero – *Vinculação e Liberdade...*, p. 124. Recorde-se que para Paulo Otero a intervenção do Estado só deve ser possível nos casos em que a intervenção privada é insuficiente. A esta luz, o Estado deve: fornecer recursos e serviços essenciais à comunidade; promover o bem-estar económico; evitar a formação de monopólios – *Ibidem*, pp. 126 e 127. Também Sousa Franco também elenca nos limites à iniciativa privada o interesse geral – A. L. Sousa Franco, 2002/2003.

[483] *Vide*, porém, artigos 22.º e 55.º Decreto-Lei n.º 133/2013 admitindo a atribuição de certas atividades a empresas públicas.

[484] Cfr. artigo 86.º, n. 2 da Constituição – a menos que isso seja a título transitório, nos casos expressamente previstos na lei e mediante decisão judicial prévia.

- o Estado nunca poderá nomeadamente pôr em causa a coexistência dos sectores público, privado e cooperativo (artigo 80.º, alínea b), da Constituição) ou esvaziar os direitos de iniciativa e propriedade privadas[485];
- O Estado não poderá atentar contra o funcionamento da economia de mercado e deverá respeitar as regras da concorrência (reconhecidas expressamente pela Constituição desde 1989 – artigos 81.º, alínea f), e 99.º da Constituição)[486/487] e os limites relativos aos monopólios de natureza comercial[488];
- O Estado terá ainda de respeitar o princípio da igualdade de tratamento perante as empresas privadas (proibição de auxílios financeiros[489]).

Estes três últimos limites decorrem de uma conceção da economia como "social de mercado aberta e concorrencial"[490] que a Constituição perfilha. Tendo em conta a qualificação da nossa economia como uma economia de mercado e a evolução constitucional, poderemos dizer também que fica arredada a hipótese de o Estado adotar uma postura de planificação da economia, a pretexto de escolher as necessidades públicas

[485] Este imperativo de coexistência faz até Paulo Otero defender que a ideia de "preferência constitucional pela atribuição da gestão de meios de produção públicos a entidades privadas" que retira do princípio da subsidiariedade não possa traduzir-se numa imposição para o legislador, "sob pena da sua utilização excessiva inutilizar a garantia constitucional de existência de um sector público dos meios de produção" – Paulo Otero – *Vinculação e Liberdade...*, p. 68.

[486] Paulo Otero – *Vinculação e Liberdade...*, pp. 41 e 46; Manuel Afonso Vaz, *in* Jorge Miranda e Rui Medeiros – *Constituição Portuguesa Anotada*, 2007, p. 41; J. J. Gomes Canotilho e Vital Moreira – *Constituição da República Portuguesa Anotada*. Coimbra: Coimbra Editora,, 2007 (vol. I), p. 962.

[487] Nem sequer as empresas do sector público devem ser monopolistas – António L. de Sousa Franco e Guilherme d'Oliveira Martins – *A Constituição económica...*, pp. 250-215; Paulo Otero, 1998, pp. 40 e ss. e 297 e ss.; Ferreira, Eduardo da Paz, 2001, pp. 212-213.

[488] Paulo Otero – *Vinculação e Liberdade...*, p. 157.

[489] António Carlos dos Santos, Maria Eduarda Gonçalves e Maria Manuel Marques, Maria Manuel, 2014, pp. 373 e ss.

[490] Manuel Afonso Vaz *in* Jorge Miranda e Rui Medeiros – *Constituição Portuguesa Anotada*, p. 33.

que devem ser satisfeitas. A configuração constitucional da economia e do modelo de Estado, impedem-no, pois, de definir "objetivos globais e sectoriais e estratégias de comportamento, por eles ditadas, impondo-as mediante o plano imperativo, à generalidade dos sujeitos económicos, ou só aos sujeitos produtivos"[491].

Para além do princípio do interesse público, o Estado está também limitado na sua ação pelo princípio da justiça, o qual o obrigará a acorrer a certas prioridades antes de optar por outras intervenções possíveis.

Podemos encontrar estas prioridades ditadas pelo princípio da justiça nos limites à reserva do financeiramente possível que são identificáveis através da interpretação constitucional.

O primeiro limite diz respeito ao direito a um mínimo de existência condigna[492]. Este deve ser o núcleo da despesa pública justa e deve apenas incluir os gastos, destinados a assegurar um mínimo de vida condigna para aqueles que não têm outros meios para o fazer – ou seja a partir de uma situação de pobreza extrema a que seja necessário acorrer. Esta despesa deveria ser tida como correspondente a um consenso relativamente ao respeito do igual valor e dignidade de todos.

Neste nível encontra-se a despesa que deriva do reconhecimento da dignidade da pessoa humana. É neste nível que se encontra, portanto, o conteúdo mínimo da função de distribuição que o Estado assume – o mínimo dos mínimos. Neste círculo de gastos do Estado inclui-se a despesa pública relativa ao mínimo vital, já reconhecido, de resto, na nossa ordem jurídica, muito por força da intervenção do Tribunal

[491] O Estado português assumirá, quando muito, um papel de intervencionismo simples, "respeitando no essencial a liberdade de atuação dos agentes económicos privados" – António L. de Sousa Franco e Guilherme d'Oliveira Martins – *A Constituição económica...*, p. 221.

[492] Como defende o Tribunal Constitucional alemão (BVerfGE 125, 175) quando se refere a um direito a uma existência condigna ("Article 1.1 of the Basic Law declares human dignity to be inviolable and obliges all state authority to respect and protect it [...]. As a fundamental right, the provision is not only a defensive right against encroachments on the part of the state. The state must also protect human dignity in positive terms [...]. If a person does not have the material means to guarantee an existence that is in line with human dignity because he or she is unable to obtain it either out of his or her gainful employment, or from own property or by benefits from third parties, the state is obliged within its mandate to protect human dignity and to ensure, in the implementation of its social welfare state mandate, that the material prerequisites for this are at the disposal of the person in need of assistance").

Constitucional. Mas o mínimo vital que é reconhecido não deve ser daquela forma que aplicamos em Portugal[493]. Neste nível de despesa, não pode, assim, deixar de se incluir o gasto público derivado da promoção pública de uma "vida minimamente condigna", da *minimally decent life* de que fala Cécile Fabre[494]. Este círculo que se desenha como nuclear de despesa pública justa deve partir de uma situação de pobreza extrema a que seja necessário acorrer, sem que o Estado possa fazer qualquer julgamento moral sobre a conduta do indivíduo, que pede ajuda e prova a sua situação de extrema pobreza.

A despesa deste núcleo deve ser de inscrição prioritária, até mesmo à frente das despesas decorrentes de leis e de contratos que nos termos do artigo 105.º, n.º 2, da Constituição parecem ser as únicas limitações ao legislador orçamental.

Para além do respeito pelo direito a um mínimo de existência condigna, o Estado também não pode invocar a reserva do financeiramente possível perante o conteúdo mínimo dos direitos, liberdades e garantias e direitos fundamentais de natureza análoga, no que respeita às normas determináveis. Isto porque quando conjugada com um direito diretamente exigível a partir da Constituição, a reserva do possível nunca poderá conceder liberdade legislativa plena para a definição da despesa necessária à concretização dos direitos fundamentais em si mesmos, sob pena de restrição inconstitucional do direito. No âmbito destes gastos são identificados como despesa pública constitucionalmente prioritária a que se baseia no carácter determinável de algumas normas constitucionais.

[493] Em Portugal, o Rendimento Social de Inserção cobre somente, nas grandes cidades, as despesas de alojamento, deixando todas as outras necessidades à mercê da caridade individual voluntária – vide Maria d'Oliveira Martins – *A despesa...*, pp. 351 e ss.

[494] *Vide* Cécile Fabre – *Social Rights...*, *passim*, quando defende o direito a uma *minimally decent life*: "We should concentrate on making sure that people have the prerequisites demanded by minimal autonomy and well-being [...] I would deny that we should maximize people's autonomy by giving them whatever resources they need in order to pursue their conception of good life, to the extent that they have chosen this conception and should therefore take some responsibility for it. In other words, autonomy and well-being are important enough to impose on people duties to give others the resources necessary for them to be able to lead a minimally decent life" – *Ibidem*, secção 1.4.1. V. também na literatura brasileira Ricardo Lobo Torres – *O direito ao mínimo existencial*. Rio de Janeiro: Renovar, 2009, p. 8, Ingo Sarlet – *A eficácia dos direitos...*, p. 322 e Ingo Sarlet e Mariana Filchtiner Figueiredo – Reserva do possível.

Isto porque quando conjugada com um direito diretamente exigível a partir da Constituição, a *reserva do possível* nunca poderá conceder liberdade legislativa plena para a definição da despesa necessária à concretização dos direitos fundamentais em si mesmos, sob pena de restrição inconstitucional do direito. Nesta medida, a atividade do legislador orçamental poderá e deverá ser controlada pelo poder jurisdicional, no sentido deste último aferir da constitucionalidade das escolhas feitas. Nestas normas, a *reserva do possível* tolher-se-á, surgindo, as mais das vezes, reduzida a uma reserva geral de ponderação. Esta reserva impedirá o poder judicial de controlar, por princípio, o *como* e o *quanto* decididos pelo legislador orçamental; mas e uma vez que estamos no âmbito das normas determináveis, o controlo judicial será sempre possível. Desde logo, no que toca ao *quando* do direito em causa[495]. Para além disso, no que toca à despesa que resulta destas normas, ela deverá sempre ser controlada quer de acordo com os parâmetros mínimos de respeito pelo conteúdo essencial do direito em causa, quer de acordo com os limites impostos pelo Estado de direito democrático (igualdade, proporcionalidade ou proteção da confiança).

No seio destas normas, a reserva do possível pode estreitar-se ainda mais quando é a Constituição que impõe especificamente ao legislador a adoção de despesas públicas específicas.

A reserva do financeiramente possível também não pode ser invocada para impedir a realização de um conteúdo mínimo dos direitos económicos sociais e culturais.

Este nível de despesa prioritária corresponde à identificação de um conteúdo mínimo de realização dos direitos económicos, sociais e culturais, ainda que atendendo a preocupações com a sustentabilidade financeira, defendamos, neste domínio, uma visão que admite necessariamente a uma certa abertura à conformação do legislador orçamental, para que este em cada momento possa adequar as despesas às necessidades e aos recursos do momento.

No que toca à definição do universo de pessoas para quem o Estado deve prestar serviços gratuitamente, pensa-se que a prioridade deve estar definida por uma ideia de *necessidade recetiva* (conceito simétrico ao de capacidade contributiva, utilizado para falar sobre a justiça fiscal).

[495] Jorge Reis Novais – *Direitos sociais...*, p. 290.

Este conceito afasta o igualitarismo puro e adere a uma perspetiva de igualdade complexa (Walzer), obrigando o Estado a uma permanente e multiforme intervenção, impondo-lhe a prestação de serviços a todos aqueles que demonstrem, quer incapacidade para aceder a eles, quer que sem essas prestações poderiam ficar numa situação de vulnerabilidade ou numa situação que pudesse fazer perigar uma vida condigna.

A promoção de um conteúdo mínimo nos direitos fundamentais só faz sentido se esses mesmos direitos puderem ter uma leitura dinâmica, reeditando de novo uma certa ideia de proibição de retrocesso: sempre que o legislador dê passos na concretização da Justiça Social, no sentido de promover melhorias nas situações concretas das pessoas e de as tirar de situações de vulnerabilidade, deve ficar impedido de colocar as pessoas que estavam protegidas por essa medida numa situação pior do que aquela que já tinha sido encontrada ou até de desproteção. O objetivo é, pois, o de impedir que o Estado volte atrás em medidas de proteção às pessoas, em casos que as coloquem em perigo de ficar em situações de submissão, exploração, dominação, violência ou extrema carência.

Esta consideração de um conteúdo mínimo dos direitos sociais, reeditando a proibição do retrocesso, leva-nos até a alargar o âmbito de despesa obrigatória que vislumbramos no seio dos direitos, liberdades e garantias. Aplicando também aí uma visão substancialista que permita ao poder judicial travar a mão do legislador, advogamos que, até mesmo nos casos de restrição desses direitos em que não seja atingido o seu conteúdo essencial, o poder judicial deve poder intervir mais ativamente no sentido de garantir a forma como os direitos, liberdades e garantias se vai consolidando no tempo; isto faz com que admitamos que o poder judicial possa ter uma palavra a dizer quanto à reorganização e ao desmantelamento de alguns serviços (de saúde, de educação ou de administração da Justiça) que o Estado leva a cabo, puramente por razões de poupança.

Fora destes constrangimentos substanciais à intervenção pública, a decisão orçamental pode ser assumida como uma decisão legislativa, com plena liberdade de conformação legislativa.

Também limitador da intervenção do Estado é o princípio da boa administração, visando por cobro ao desperdício de recursos e a promover a reforma da Administração no sentido de a tornar mais eficiente.

O dever de boa administração no que toca ao dispêndio público funda-se no artigo 81.º, n.º 1, alínea c), da Constituição, que desde 1982 reconhece o dever de eficiência na atuação da administração e no artigo 267.º, n.º 5, que logo desde 1976, prevê o dever da racionalização de meios públicos.

Se interpretássemos o referido preceito em sentido estrito (ou seja, num sentido económico), a eficiência estaria "voltada para a melhor maneira pela qual as coisas deve[ria]m ser feitas ou executadas (métodos de trabalho) a fim de que os recursos [... fossem] aplicados de forma mais racional possível"[496] e estaria ligada com a maximização dos meios para determinada quantidade e qualidade de resultados[497]. Ou seja, eficiência seria um conceito que avaliaria de forma prevalente os aspetos internos de organização. Neste sentido estrito, a eficiência não se confundiria com o conceito de eficácia. Conceito este mais voltado para os resultados a atingir (a eficácia está relacionada com "o grau de realização dos objetivos e a relação entre os objetivos fixados e os resultados obtidos"[498]; "a eficácia resulta em fazer as coisas corretas para atender às necessidades da empresa e do ambiente que a circunda"[499]). Também não se confundiria com o conceito de economia, em que está em causa a "minimização dos custos dos recursos adquiridos ou de utilização dos bens públicos afetos a uma atividade, aferida em função da qualidade, da quantidade, do preço e da oportunidade da sua aquisição, de acordo com práticas e princípios administrativos corretos e com as políticas de gestão"[500].

Mas, se a interpretação do artigo 81.º, n.º 1, alínea c), se restringisse a este sentido estrito, isso significaria que de alguma forma o legislador constituinte pretenderia colocar a ênfase nos métodos e procedimentos administrativos e não nos fins a atingir[501], o que entra em contradição

[496] Chiavenato *apud* Renan Baleeiro e Jayme Baleeiro Neto – "O princípio de eficiência e os tribunais de contas". *In* Os Tribunais de Contas e as Reformas Constitucionais. Salvador: Tribunal de Contas do Estado da Bahia, 1999, pp. 61-69, p. 61.

[497] V. ainda noção de eficiência – Tribunal de Contas, p. 132 e Anexo I, p. 13.

[498] Tribunal de Contas, p. 132.

[499] Renan Baleeiro e Jayme Baleeiro Neto – "O princípio de eficiência ..., p. 61.

[500] Tribunal de Contas, p. 132.

[501] Renan Baleeiro e Jayme Baleeiro Neto – "O princípio de eficiência ..., p. 64.

direta com as exigências que se fazem ao Estado de otimização da sua ação e de realização dos fins a que se propõe da melhor maneira. Por isso, este sentido estrito não serve para uma interpretação jurídico-constitucional.

Tal como sucede em Espanha, a referência constitucional portuguesa à eficiência, deve ser, pois, tomada em sentido amplo – ou se quisermos num sentido mais coloquial, da expressão, no sentido de ver nela "a qualidade de algo que produz bons resultados"[502]. Trata-se aqui, pois, de relacionar os meios que estão à disposição das entidades públicas para se conseguirem resultados, os quais permitirão atingir os objetivos propostos.

E com este sentido, a expressão jurídica eficiência ganha nova dimensão: eficiência é mais do que eficiência em sentido estrito; é mais do que economia; e é também mais do que eficácia. A eficiência abarca o conceito de eficácia: "a eficiência pressupõe a eficácia do agir humano, mas não se limita a isto, já que a eficácia é, juridicamente, um *prius* da eficiência"[503]. A eficiência abarca também o conceito de economia: "não se pode obter esta [eficiência] com atuações antieconómicas («opção menos onerosa»)"[504]. O dever de eficiência, em termos jurídicos, corresponde, pois a um "superconceito (*Oberbegriff*) caracterizado pela nota da pluridimensionalidade"[505]. Eficiência abarca assim o dever de atuação racional, expedita, económica, eficiente e eficaz[506].

De acordo com o dever de eficiência, constitucionalmente prescrita, a Administração deve então realizar eficazmente os fins pré-dados, deve otimizar os meios ao seu dispor, deve atuar com celeridade e de acordo

502 Renan Baleeiro e Jayme Baleeiro Neto– "O princípio de eficiência ..., p. 64.

503 Paulo Modesto – "Notas para um debate sobre o princípio da eficiência. *In* Revista do Tribunal de Contas do Estado de Minas Gerais. Ano XIX, n.º 2, 2001, pp. 193-212, p. 207 e Renan Baleeiro e Baleeiro Neto – "O princípio de eficiência..., p. 64.

504 Fernando Augusto Monteiro Correia – "Medidas de desempenho de gestão pública – economia, eficácia e eficiência. *In* Revista de Economia, Finanças e Contabilidade, ano 34, n.º 445, Nov. 2002, pp. 301-309 (2.ª parte), p. 302.

505 João Carlos Simões Gonçalves Loureiro – *O procedimento administrativo entre a eficiência e a garantia dos particulares*. Studia Juridica n.º 3 – Boletim da Faculdade de Direito da Universidade de Coimbra. Coimbra: Coimbra Editora, 1995, p. 133.

506 Amaral, Diogo Freitas do – *Curso de Direito Administrativo* (vol. II). Coimbra: Almedina, 2011, p. 47.

com o princípio da economia[507]. Esta correspondência é aliás reforçada no plano da legislação ordinária, pois sempre que o legislador se refere à boa administração financeira menciona simultaneamente os 3E's da economia, a eficiência e a eficácia[508].

Na esteira do que explicam Gomes Canotilho e Vital Moreira, poderíamos até olhar para o conceito constitucional de com mais largueza, vendo-o trazer para o Estado os deveres de gestão empresarial do sector público, de sujeição a mecanismos de concorrência[509], de transparência nas relações financeiras com o Estado, a redução das transferências financeiras e a compensação pelos encargos de serviços públicos[510].

Tal como prescrito pela Constituição, o dever de eficiência está intimamente ligado com o dever de racionalização de meios previsto no artigo 267.º, n.º 5, também da Lei Fundamental. Deste retiram-se cinco ideias-chave, a saber:

1) os meios públicos são escassos;
2) os meios públicos devem ser alocados de acordo com uma escala de prioridades;
3) os meios utilizados devem ter cabimento orçamental;
4) os meios utilizados devem ser usados de acordo com o interesse público e nunca fora dele; e, por último,
5) os meios públicos não devem ser utilizados sem que satisfaçam os requisitos da economia, eficiência e eficácia.

[507] João Carlos Simões Gonçalves Loureiro – *O procedimento administrativo entre a eficiência...*, p. 131-133.

[508] Veja-se a Lei de Enquadramento Orçamental exigindo a sua verificação como um dos requisitos de autorização ou pagamento de uma despesa pública, sendo-lhe dada particular importância nas despesas ou de elevado montante ou que pela sua continuidade, ou por qualquer outro motivo, envolvem um dispêndio significativo de dinheiros públicos. V. neste sentido, os últimos desenvolvimentos da Lei de Enquadramento Orçamental, elevando a economia, a eficiência e a eficácia a princípios do direito orçamental, no artigo 10.º-E a Lei n.º 37/2013, de 14 de junho e artigo 18.º da Lei n.º 151/2016, de 11 de setembro. Veja-se ainda o ponto 2.3, n.º 2, do POCAL.

[509] Referindo-se também à concorrência v. Vaz in Jorge Miranda e Rui Medeiros – *Constituição Portuguesa Anotada*, 2007, pp. 20 e 21.

[510] J. J. Gomes Canotilho e Vital Moreira – *Constituição da República Portuguesa...*, pp. 968 e 969.

O fundamento constitucional, aliado a todo o desenvolvimento que as ideias de economia, eficiência e eficácia verificado no direito financeiro, faz-nos retirar uma primeira conclusão: não há razões para crer, sobretudo hoje, que estas referências constitucionais sejam inúteis ou desprovidas de sentido prático. Assim sendo, cada vez mais a atividade administrativa é jogada entre duas perspetivas: uma mais burocrática que privilegia o cumprimento das normas jurídicas gerais e outra mais tecnocrática, cujo barómetro do seu êxito é a eficiência[511].

A única forma destas coexistirem sem se anularem é a de um controlo sob as duas perspetivas. Tende assim a estabelecer-se um equilíbrio entre o cumprimento da legalidade e aquilo que são os resultados da gestão financeira, sob pena de a legalidade se sobrepor e contrariar a eficiência ou vice-versa. É aqui que situamos a necessidade da consideração do controlo da eficiência como um controlo da atuação do Estado que implica despesa. Diríamos até, de forma a clarificar o nosso pensamento, que o controlo da eficiência deve mesmo ser tomado como a contrapartida natural da atribuição a todos os serviços administrativos de um regime de autonomia – ou autonomia administrativa ou autonomia financeira. Mais autónomos e menos sujeitos a controlos prévios de despesa, os serviços públicos acabam por ser dotados de um maior dinamismo e flexibilidade necessários para cumprir objetivos[512]. E assim, sujeitos a regimes autonómicos devem ser controlados quanto ao cumprimento dos objetivos que lhes são definidos.

Resta dizer que as questões de eficiência se colocam no direito financeiro por exigência do desenvolvimento da ideia de Estado Social. E isto não é um traço que distinga Portugal. Esta é uma tendência geral[513]. A eficiência "surge da pressão social para o aumento da intervenção do Estado e dos seus serviços, para o aumento da sua qualidade, ao mesmo tempo que se exige a manutenção ou mesmo a diminuição da pressão fiscal"[514].

[511] RENAN BALEEIRO e JAYME BALEEIRO NETO – "O princípio de eficiência ..., p. 67.

[512] FERNANDO AUGUSTO MONTEIRO CORREIA – "Medidas de desempenho de gestão pública – economia, eficácia e eficiência. *In* Revista de Economia, Finanças e Contabilidade, ano 34, n.º 444, Out 2002, pp. 275-283 (1.ª parte), p. 276.

[513] PAULO MODESTO aponta para a doutrina alemã neste sentido – PAULO MODESTO – "Notas para um debate sobre o princípio da eficiência, p. 203.

[514] JOÃOFIGUEIREDO – "Eficiência e legalidade na Administração Pública". *In* Revista do Tribunal de Contas, n.º 51, Janeiro/junho 2009, p. 59.

O controlo da eficiência decorre, neste contexto, da justificação que o Estado tem de dar acerca dos recursos que extrai da sociedade e dos resultados sociais que estes apresentam[515]. A avaliação da gestão financeira "numa perspetiva técnica ou económico-social, quer através da apreciação da sua economia, eficiência e eficácia [...], quer através da apreciação da coerência e efetividade das «políticas públicas»"[516]. O controlo desta mesma eficiência resulta ainda mais claro com a alteração do panorama do direito orçamental – a Administração é cada vez mais avaliada na sua *performance*[517]. Como vimos, as novas técnicas de orçamentação sugerem que se dê mais ênfase aos fins do que aos meios. Porquê? Para que se permita um controlo mais abrangente, que não deixe de cobrir os momentos discricionários da decisão de despesa[518]. Sendo a gestão pública moderna marcada pelas preocupações de autonomia, flexibilidade, desconcentração e descentralização, isso significa que esta também é marcada pelo aumento dos poderes discricionários. Mas como discricionariedade não é sinónimo de arbitrariedade, a preocupação com a eficiência não pode deixar de ganhar protagonismo. A eficiência afirma-se, desta forma, para evitar o arbítrio: "um mínimo de eficiência é uma exigência que integra a ideia de Justiça"[519]. Mesmo que se alterem as prioridades teleológicas orçamentais, as ideias de combate a gastos desnecessários e de reorientação da despesa pública para domínios prioritários não podem deixar de resultar de uma ideia de justiça[520] ou até mesmo de um dever jurídico cujo desrespeito deve ser controlado e sancionado.

No que toca ao tema dos limites à intervenção do Estado, é relevante também uma referência à solidariedade entre gerações. Só o tendo presente é que poderemos responder à questão de saber em que medida

[515] Paulo Modesto – "Notas para um debate sobre o princípio da eficiência, p. 195.

[516] António L. Sousa Franco – *Finanças Públicas (I)*, p. 467.

[517] Michel Bouvier, Marie-Christine Esclassan, Marie-Christine Jean-Pierre Lassale – *Finances Publiques...*, p. 32, falando de uma "culture de la performance".

[518] Paulo Modesto – "Notas para um debate sobre o princípio da eficiência, p. 209.

[519] Olívio Mota Amador – "O Dilema Teleológico do Orçamento num Contexto de Incerteza". *In Estudos em Homenagem ao Professor Doutor Paulo de Pitta e Cunha*, vol. II. Coimbra: Almedina, 2010, p. 646.

[520] Amador, 2010, p. 646.

o Estado pode limitar o bem-estar das gerações presentes em benefício das gerações futuras.

Como o faz PAULO OTERO, poderemos partir da distinção entre "Administração predadora" e "Administração sustentável", indagando se estamos perante uma Administração que tem "subjacente uma hipervalorização egoísta e utilitarista dos "direitos adquiridos" da geração presente, à custa de recursos económicos futuros, numa total indiferença face ao destino das gerações que virão depois (...)" ou, pelo contrário, perante uma Administração em que "o presente seja ditado pelo futuro, numa preocupação crescente com as gerações futuras, interpretando-se o fideicomisso como compromisso ou contrato entre os vivos e os que estão por nascer, sem que a geração presente possa consumir, esgotar ou sacrificar as gerações futuras (...)"[521].

A resposta a esta dúvida é dada pela Constituição que em 1997 reconheceu o "respeito pelo princípio da solidariedade entre gerações"[522], através do seu artigo 66.º, n.º 2, alínea d). Sendo certo, todavia, que desta primeira referência não podemos de imediato extravasar uma influência, seja para o tratamento, seja para o controlo da despesa pública. Com efeito, como explica JORGE PEREIRA DA SILVA, a nossa Constituição, tal como, de resto, todos os exemplos constitucionais de reconhecimento da solidariedade intergeracional acabou por aderir apenas à "narrativa constitucional de afirmação do «Estado de Direito Ambiental»"[523].

No plano jurídico-financeiro, o tema da solidariedade entre gerações acabou por ser abordado *ex professo* apenas com a revisão da Lei de Enquadramento Orçamental, operada pela Lei n.º 48/2004, de 24 de Agosto. No artigo 10.º desta mesma lei passou a ler-se no seu n.º 1 que "o Orçamento do Estado subordina-se ao princípio da equidade na distribuição de benefícios e custos entre as gerações" e no seu n.º 2 que

[521] PAULO OTERO – *Manual de Direito Administrativo*, vol. I. Coimbra: Almedina, 2013, p.139.

[522] Como explica JORGE MIRANDA, encontram-se aí as ideias-chave das políticas públicas ambientais, de desenvolvimentos sustentável e de solidariedade entre gerações – MIRANDA, 2005, p. 682.

[523] SILVA, Jorge Pereira da – "Breve ensaio sobre a protecção constitucional dos direitos das gerações futuras". *In* Em Homenagem ao Professor Doutor Diogo Freitas do Amaral. Coimbra: Almedina, 2010, p. 485.

"a apreciação da equidade intergeracional incluirá necessariamente a incidência orçamental: a) das medidas e ações incluídas no mapa XVII; b) do investimento público; c) do investimento em capacitação humana, cofinanciado pelo Estado; d) dos encargos com a dívida pública; e) das necessidades de financiamento do sector empresarial do Estado; f) das pensões de reforma ou de outro tipo".

Atualmente, o princípio da solidariedade intergeracional consubstancia-se, sobretudo, num controlo das despesas que se prolonguem no tempo, as despesas plurianuais. É o que se retira, de resto, do artigo 13.º, n.º 3, da Lei de Enquadramento Orçamental de 2015, que adiante será melhor explicado.

Outra das faces visíveis da proteção das gerações futuras é a limitação do défice e dívida, imposta por força da aplicação dos tratados europeus. Com efeito, esta impede grandes excessos na assunção de compromissos de dívida pública comprometedores da saúde das finanças públicas.

Não obstante estes limites, o princípio da solidariedade intergeracional não está densificado de forma a que se fale de uma limitação concreta à despesa e à intervenção públicas. A Constituição não obriga à adoção de uma lógica sacrificial das gerações presentes pelas gerações futuras. Ou seja, nos termos da Constituição a geração presente não tem de prescindir de bem-estar, em benefício de interesses hipotéticos da geração futura. O que se compreende dado o nevoeiro informativo que temos em relação ao futuro: não sabemos ao certo que interesses terão as gerações futuras; não sabemos como será o desenvolvimento técnico; não sabemos como será o mundo... A rápida ultrapassagem da teoria da população de Malthus é, aliás, um bom exemplo da falibilidade das previsões feitas sobre o futuro.

Prescindindo de uma visão maximalista, pensamos ficar mais próximos daquilo que afirmava a Conselheira Maria Lúcia Amaral quando, no voto de vencido ao Acórdão do Tribunal Constitucional n.º 353/2012, defendia que o justo limite de encargos a deixar para o futuro "se ultrapassa quando se oneram as gerações seguintes de tal forma que é a sua própria esfera de decisão que é esvaziada" (parece aqui apontar-se para o tal critério de evidência que referimos) do que de Jorge Pereira da Silva quando, numa abordagem aparentemente maximalista a este tema, defende que a responsabilidade para com o futuro deve ser considerada como um limite imanente – quando não mesmo uma restrição implícita – aos direitos fundamentais[524], obrigando, portanto, o Estado a garantir que as gerações posteriores beneficiem de oportunidades de vida e de liberdade idênticas às da geração presente[525].

Uma visão minimalista da solidariedade entre gerações leva-nos, assim, à defesa não de uma proteção de interesses hipotéticos ou de um certo nível de vida desejável, mas tão-só à defesa da tomada de decisões que evitem os desastres futuros que se adivinham desde já[526]. Portanto, para nós, a solidariedade para com a gerações futuras tem impacto na despesa pública apenas e na medida em que permita a resolução de problemas que se detetam hoje. Esta é a perspetiva mais consentânea com o controlo das despesas, impeditivo da assunção de despesas impagáveis ou pagáveis com sacrifício futuro ou favorecedor da afirmação de um princípio geral de equilíbrio temporal dos pagamentos plurianuais no espaço da legislatura, ainda há pouco extraídos da ideia da solidariedade entre gerações[527].

[524] Jorge Pereira da Silva – "Breve ensaio..., p. 490: "os direitos fundamentais presentes incorporam como limites (imanentes), se não mesmo como restrições, a responsabilidade dos seus atuais titulares para com todos aqueles que lhes hão de suceder nessa posição". Que direitos estariam abrangidos por esta limitação? Os direitos consagrados em cada momento na Constituição "desconsiderando todos os eventuais alargamentos subsequentes" (*Ibidem*, p. 493).

[525] Jorge Pereira da Silva – "Breve ensaio..., p. 495.

[526] "A clear and simple example suggested by Parfit: "Suppose that I leave some broken glass in the undergrowth of a wood. A hundred years later this glass wounds a child. My act harms this child. If I had buried the glass, this child would have walked through the wood unharmed. Does it make a moral difference that the child whom I harm does not exist?" [...] Parfit's answer is that it does not, and I agree with him that we have a moral obligation to take account of our actions for future people" – Wilfred Beckerman – "The impossibility of a theory of intergenerational justice", *in* Jeorg Chet Tremmel (ed.) – *Handbook of Intergenerational Justice*. Cheltenham/Northampton: Edward Elgar Publishing, 2006, p. 64, p. 64.

[527] Para mais desenvolvimentos, v. Maria d'Oliveira Martins – "Ensaio sobre a solidariedade intergeracional e sua incidência na despesa pública", in Jorge Pereira da Silva e Gonçalo Almeida Ribeiro (coord.) – *Justiça entre gerações*. Lisboa: UCE, 2017, pp. 261- 289, passim.

b) Forma e procedimentos de realização de despesa

Analisadas as imposições e constrangimentos orçamentais em matéria constitucional, passaremos à compreensão dos modos de atuação dos serviços administrativos, para efeitos de realização de atividade financeira.

Antes de passar aos regimes particulares a que estão sujeitos os diferentes serviços administrativos, é de referir que para efeitos jurídico-financeiros os modos de atuação administrativa coincidem com os que são estudados na disciplina de Direito Administrativo. O que significa que a ordenação de despesa é feita por meio de atos, contratos e regulamentos administrativos.

Grande parte das despesas públicas é ordenada por meio de atos e contratos administrativos. É também, por vezes, operada por meio de atuações materiais da Administração (notas de encomenda, ordem de compra, assinatura de um protocolo, etc...).

Nas entidades que compõem o setor público administrativo (serviços integrados e serviços e fundos autónomos) podem, por esta via, autorizar despesa e respetivo pagamento os dirigentes máximos dos serviços (v. artigos 2.º e 8.º da Lei de Bases da Contabilidade Pública e artigos 3.º, 23.º do Regime da Administração Financeira do Estado).

Todavia, por força do regime que corresponde à autonomia administrativa, os dirigentes dos serviços e organismos da Administração Pública, sujeitos a este regime, apenas são livres no que toca à prática de atos de gestão corrente[528]. Nos termos do artigo 2.º, n.º 2, da Lei de Bases da Contabilidade Pública são atos de gestão corrente todos os que integram a atividade que os serviços e organismos normalmente desenvolvem para a prossecução das suas atribuições. Destes atos estão excluídos os mencionados no artigo 2.º, n.º 3, da Lei de Bases da Contabilidade Pública (atos que envolvam opções fundamentais de enquadramento da atividade destes serviços)[529]. Estes serviços dotados de autonomia

[528] Por força do disposto no artigo 12.º da Lei n.º 4/2004 que contém os princípios e normas a que obedece a organização da administração direta do Estado (republicada pela Lei n.º 105/2007) também se esclarece que "os serviços da administração direta do Estado dispõem, em regra, de autonomia administrativa para atos de gestão corrente".

[529] V. a este propósito o artigo 4.º do Regime da Administração Financeira do Estado (Decreto-Lei n.º 155/92, de 28 de julho, alterado pelos Decretos-Leis n.ºs 275-A/93, de 9 de agosto, e 113/95, de 25 de maio, pela Lei n.º 10-B/96, de 30 de dezembro e pelo recente Decreto-Lei n.º 29-A/2011, de 1 de março).

administrativa, estão apenas sujeitos a controlo sistemático sucessivo por parte das entidades que supervisionam a sua atividade. Este controlo inclui a "fiscalização da conformidade legal e regularidade financeira das despesas efetuadas, abrangendo ainda a análise da sua eficiência e eficácia" (artigo 10.º, n.º 1 da Lei de Bases da Contabilidade Pública). Nos termos do artigo 2.º, n.º 4, da Lei de Bases da Contabilidade Pública, estes organismos estão sujeitos aos poderes de direção, supervisão e inspeção dos membros do Governo. Esta sujeição explica-se para garantir que a competência dos dirigentes destes serviços se restringe aos atos de gestão corrente e para garantir que a tomada de decisões respeitantes aos atos que não são de gestão corrente fica para órgãos superiores (por exemplo, tomar opções de fundo de enquadramento de atividade destes serviços e organismos – aprovação de planos e programas de atividades nomeadamente). Estes serviços integrados estão também sujeitos, nos termos do artigo 2.º, n.º 4, à intervenção de órgãos de planeamento, sempre que esteja em causa a aprovação de planos e programas.

Fora da gestão corrente, os dirigentes podem praticar atos de autorização de despesa, desde que tenham autorização prévia por parte da Direção Geral do Orçamento.

Esta limitação não se faz, todavia, sentir em relação aos dirigentes dos serviços e fundos autónomos. A autonomia administrativa e financeira consubstancia-se na competência dos seus dirigentes realizarem despesas e ordenarem o seu pagamento mesmo que fora dos atos de gestão corrente. Na sua atuação, estes serviços e fundos autónomos estão apenas sujeitos a controlo sistemático sucessivo por parte das entidades que supervisionam a sua atividade (artigo 11.º da Lei de Bases da Contabilidade Pública). Este controlo abrange a "regularidade financeira e a eficácia e a eficiência das despesas efetuadas" (artigo 11.º, n.º 2 da Lei de Bases da Contabilidade Pública). Na prática, a autonomia administrativa e financeira, de que estão dotados os serviços e fundos autónomos, permite-lhes uma maior liberdade de atuação. Estes executam o seu orçamento contando apenas com um controlo sucessivo por parte do Ministério das Finanças e, em última instância, do Tribunal de Contas.

Em comum, uns e outros – serviços integrados e serviços e fundos autónomos – estão limitados quantitativamente quanto às despesas a realizar. Segundo o Decreto-Lei n.º 197/99, os diretores-gerais e os órgãos máximos dos serviços integrados podem, por via de regra, autorizar despesas até €99.759,58, ao passo que os órgãos máximos dos serviços e fundos autónomos podem autorizar despesa até € 199.519,16.

Fora estes limites, poderão autorizar as respetivas despesas os Ministros do setor de atividade (até um limite de €3.740.984,23), o Primeiro-Ministro (desde que a despesa seja de um montante inferior a €7.481.968,46) ou o Conselho de Ministros. Este último pode praticar atos de autorização de despesa sem qualquer limite de despesa.

Há regras especiais de competência para autorização de despesas com seguros e para autorização de despesas com arrendamento de imóveis para instalação de serviços do Estado, sejam eles serviços integrados ou serviços e fundos autónomos.

No caso das despesas com seguros, estas carecem de autorização prévia do respetivo Ministro e do Ministro das Finanças (artigo 19.º do Decreto-Lei n.º 197/99, de 8 de junho, com exceções previstas no seu n.º 2).

No caso de autorização de despesas com arrendamento de imóveis para instalação de serviços do Estado, estas devem ser autorizadas pelo respetivo ministro (quando a renda não exceda €199.519,16) ou pelo respetivo ministro e pelo Ministro das Finanças quando a renda anual superar o limite previsto para a autorização ministerial (artigo 20.º do Decreto-Lei n.º 197/99).

É necessário ainda referir a existência de um regime específico para a gestão de bens imóveis, sejam do domínio público, sejam do domínio privado. Este regime é estabelecido pelo Decreto-Lei n.º 280/2007, de 7 de agosto[530].

Em relação aos bens do domínio público a aplicação de regras especiais prende-se com o facto destes bens serem inalienáveis, insuscetíveis de aquisição por usucapião, impenhoráveis e sujeitos a autotutela, podendo, todavia, ser concedido o uso privativo dos mesmos, mediante ato ou contrato administrativos.

Em relação aos bens imóveis do domínio privado, o tratamento especial deve-se à não só à necessidade de proteção do património do Estado,

[530] Este regime aplica-se aos bens imóveis do domínio público do Estado, das Regiões Autónomas e das autarquias locais e aos bens imóveis do domínio privado do Estado e dos institutos públicos – artigo 1.º do Decreto-Lei n.º 280/2007, de 7 de agosto.

mas também de avaliação da necessidade centralizada das decisões de investimento imobiliários públicos. É de chamar a atenção para o facto de a aquisição de bens imóveis (do domínio privado) estar sujeita a autorização do Ministro das Finanças, do Primeiro-Ministro ou do Conselho de Ministros, com consulta prévia da Direção-Geral do Tesouro e Finanças (dependendo do valor da despesa pública correspondente – artigos 32.º e 33.º do Decreto-Lei n.º 280/2007, de 7 de agosto). Também a alienação de imóveis carece de autorização do Ministro das Finanças (artigo 78.º do Decreto-Lei n.º 280/2007, de 7 de agosto).

As autarquias locais têm também um regime próprio para autorização de despesa, definido pelo artigo 18.º do Decreto-Lei n.º 197/99. Também este artigo estabelece os limites para a realização de despesas com obras ou reparações por administração direta: as juntas de freguesia podem autorizar despesa até €49.879, 79 e as câmaras municipais podem autorizar despesa até €149.639,37 (salvo se estes limites foram aumentados pelas assembleias deliberativas respetivas).

No que toca a aquisição de bens e serviços e autorização de despesas com locação, os presidentes de câmara e os conselhos de administração dos serviços municipalizados podem autorizar despesa até €149.639,37. Acima deste valor e sem limite, podem autorizar despesa as câmaras municipais e as juntas de freguesia. Por força do artigo 18.º, n.º 1, alínea h) da Lei n.º 75/2013, de 12 de setembro e, tanto os presidentes das juntas de freguesia como os presidentes da câmara, podem ser autorizados, por delegação, da junta de freguesia ou da câmara municipal a realizar despesas até um limite que extravase os limites da lei.

Nas Regiões Autónomas, os limites de despesa que podem ser autorizados devem ser consultados nos Decretos Regulamentares Regionais de que constam as regras de execução orçamental em relação ao orçamento do ano respetivo.

Para além dos atos e contratos administrativos, reveste também de grande importância a figura dos regulamentos administrativos no que toca à autorização de despesa.

Se estiverem em causa autorizações de despesas públicas que impliquem despesas para anos económicos seguintes, estas só podem ser praticadas por meio de ato administrativo ou de contrato, se forem precedidas de portaria do Ministro das Finanças e do Ministro da tutela ou de plano plurianual legalmente aprovado (ex. por meio do Orçamento do Estado)[531].

Para as Autarquias Locais, esta autorização deve ser dada pela respetiva Assembleia Municipal. Nas Regiões Autónomas, se o compromisso for assumido por entidades da administração regional, a assunção de compromissos deve ser precedida de autorização do membro do Governo regional responsável pelas finanças.

Nestes casos de autorização de despesas que tenham sido previamente objeto de aprovação ministerial, sobem os valores máximos de autorização de despesa por meio de ato administrativo ou de contrato seja para os serviços integrados, seja para os serviços autónomos (v. artigo 17.º, n.º 2 do Decreto-Lei n.º 197/99, de 8 de junho). Caso estas despesas tenham sido legalmente aprovadas, sobem ainda mais os limites de despesa a autorizar para os organismos dotados de autonomia administrativa e de autonomia administrativa e financeira.

Pelo que acima fica dito, os regulamentos são fundamentais no que toca à previsão de despesas para anos subsequentes ao momento da sua autorização. O legislador optou pela forma de regulamento ou de lei para proceder à autorização de despesas plurianuais pela publicidade a que estes diplomas são sujeitos. Estes são sujeitos a publicação no Diário da República e permitem uma fácil identificação das despesas a orçamentar nos anos subsequentes ao da sua autorização.

Dá-se a estes regulamentos o nome de portarias de extensão de encargos.

Sem ter por base um destes regulamentos, a despesa plurianual a autorizar, seja por meio de ato ou por meio de contrato, será violadora de uma norma financeira[532].

Os regulamentos são também importantes nos procedimentos de contratação pública como elementos limitadores de despesa. Recorde-se que na contratação pública, tanto o programa de concurso e caderno de encargos têm natureza regulamentar.

[531] É o que resulta dos artigos 25.º do RAFE, 22.º, n.º 1 e 2 do DL 197/99 e artigo 6.º LCPA e artigo 6.º, n.º 1 da Lei 8/2012, de 21 de fevereiro (Lei dos Compromissos e Pagamentos em Atraso).

[532] V. na jurisprudência do Tribunal de Contas, importando isso recusa de visto os Ac.15/2016-1.ªS/SS; Ac.13/2017-1.ªS/SS;Ac.2/2018-1.ªS/PL

c) Validade e eficácia da autorização de despesa pública

Qualquer autorização de despesa está dependente da verificação dos seguintes requisitos: a) conformidade legal, b) regularidade financeira e c) economia, eficiência e eficácia.

O princípio da legalidade, aplicável à despesa pública, significa que todo o facto gerador de despesa deve respeitar as normas legais aplicáveis.

Antes de mais, sendo assumidas por meio de instrumentos da atividade administrativa, as autorizações de despesa e pagamento não podem deixar de se conformar ao bloco de legalidade administrativa. Com efeito, uma autorização de despesa não pode ser válida de um ponto de vista financeira se não for também ela válida, no plano administrativo. Faz-se neste ponto uma remissão para a matéria dos vícios da atuação administrativa abordada na disciplina de Direito Administrativo.

Mas esta verificação não é suficiente para se averiguar da validade de uma autorização de despesa. Como ficou acima clarificado, a regularidade financeira não pode deixar de ser respeitada.

Isto significa, por um lado, que a despesa só é válida se respeitar o cabimento orçamental. Ou seja, se estiver prevista qualitativa e quantitativamente no Orçamento do Estado, pois é através deste instrumento jurídico que é dada autorização para dispêndio de verbas. Como veremos adiante, não há nenhuma despesa que escape ao Orçamento do Estado, devendo elas ser individualizadas, de forma que a Administração Pública fique limitada àquilo que foi consentido no Parlamento para o dispêndio de verbas.

Por outro lado, isto significa também que qualquer despesa só pode ser autorizada se estiver conforme com os diplomas que contém as chamadas normas financeiras, que são aquelas que têm como principal objeto a disciplina da realização de despesa e da arrecadação de receita.

Estas normas financeiras encontram-se nos diplomas que estudamos na disciplina de finanças públicas, nomeadamente: as regras e princípios da Lei de Enquadramento Orçamental e o disposto na Lei do Orçamento do Estado, na Lei de Bases da Contabilidade Pública, no Regime da Administração Financeira do Estado, no Decreto-Lei n.º 197/99, na Lei dos Compromissos e Pagamentos em Atraso, nos Decretos-Leis ou Decretos regulamentares regionais de execução orçamental, nos diplomas legais contendo as regras de contabilidade pública, etc.

É também possível, todavia, encontrar normas financeiras fora de diplomas legais incontestadamente financeiros. Por exemplo, dentro do Código dos Contratos Públicos encontramos muitas normas com o mesmo desiderato financeiro, embora à partida, não as qualifiquemos como financeiras. Nestes casos, a identificação das normas financeiras terá de atender ao objetivo do preceito em causa.

São de assinalar alguns casos de nulidade por violação específica de normas financeiras:

a) os compromissos assumidos sem seguir o procedimento previsto na Lei dos Compromissos e Pagamentos em Atraso (artigo 5.º, n.º 3, da Lei dos Compromissos e Pagamentos em Atraso);
b) os atos que determinem ou autorizem despesa não permitida por lei, praticados pelas autarquias locais (artigo 59.º, n.º 2, alínea c) da Lei n.º 75/2013);
c) os atos praticados por titulares de cargos políticos, no caso de contraírem encargos não permitidos por lei; no caso de autorizarem despesa sem o visto do Tribunal de Contas legalmente exigido; no caso de autorizarem ou promoverem operações de tesouraria ou alterações orçamentais proibidas por lei e no caso de utilizarem dotações ou fundos secretos, com violação das regras da universalidade e especificação legalmente previstas, por constituírem crime (artigo 14.º da Lei n.º 34/87, de 16 de julho);
d) os atos que criem obrigações pecuniárias não previstas na lei (artigo 161.º, alínea k), do Código do Procedimento Administrativo).

À autorização de despesa públicas sem cabimento orçamental deve também ser atribuído o vício da nulidade. A referência constitucional à despesa pública, associada ao Orçamento do Estado (tomada como garantia institucional), não deve ser tida como sem significado. A referência constitucional ao Orçamento deve ser lida com o sentido de o proteger da ingerência dos poderes públicos (legislador, executivo e judicial) na sua compreensão e tem o sentido da proteção do seu conteúdo mínimo intocável. Ou seja, o facto de a Constituição se referir ao Orçamento deve ser tomado como uma limitação dos poderes de conformação do seu regime, tendo em vista a manutenção da realidade institucional orçamental, impedindo-o de destruir ou desvirtuar ou desfigurar esta instituição, constitucionalmente reputada como estruturante do Estado.

Exigindo a lei uma ligação efetiva da despesa com o Orçamento esta ideia tem, sem dúvida, implicações ao nível da compreensão do regime jurídico da despesa pública. A implicação mais notória é a de que toda a despesa pública deve ser, por via de regra, fruto de autorização parlamentar. Sob pena de passarem ao lado do Orçamento massas de receitas e despesas do Estado sem a autorização política devida (as únicas exceções constitucionais à inalterabilidade do Orçamento encontram-se no artigo 105.º, n.º 4, parte final, autorizando o Governo a introduzir, durante a execução orçamental, alterações nas rubricas de classificação orgânica de despesa, no âmbito de cada programa orçamental aprovado pela Assembleia da República, tendo em vista a sua plena realização[533]). E, pegando nas palavras de Canotilho e Vital Moreira, "o que não pode ser constitucionalmente admitido é a realização de despesas à margem do orçamento, pagas com excedentes de receita ou com recurso direto à dívida pública"[534]. Em certos casos, este dever de inscrição orçamental pode gerar fenómenos de dupla legalidade de despesas que já tinham sido criadas por meio de diploma legislativo, pois nem mesmo nesses casos se dispensa a inscrição na Lei do Orçamento do Estado[535].

Não podendo haver receitas e despesas à margem do Orçamento, os fenómenos de desorçamentação e de suborçamentação de despesa não podem, pois, deixar de ser tidos como inconstitucionais por desvirtuarem

[533] *Vide* criticamente Tiago Duarte – *A Lei por detrás do Orçamento*. Coimbra: Almedina, 2007, p. 259, nota 524, acabando por defender que muitas das alterações orçamentais que vinham autorizadas na Lei de Enquadramento Orçamental eram inconstitucionais por desrespeitarem os limites impostos neste artigo 105.º.

[534] J. J. Gomes Canotilho e Vital Moreira – *Constituição da República* ...(vol. I), p. 1113: "o referido expediente da sub-orçamentação obnubila também o cálculo do défice orçamental, que fica subavaliado em relação às despesas efetivamente previsíveis". Sobre o fenómeno de desorçamentação *vide* Bento, Vítor, 2000, pp. 23-35.

[535] Tiago Duarte – *A Lei por detrás...*, p. 241 e 248, nota 511. Se assim não fosse, as leis de programação plurianual de despesa poderiam substituir o orçamento anual o que não é suposto acontecer (*vide* artigo 106.º, n.º 1 da Constituição). Um dos requisitos para a realização de despesa é justamente o do cabimento orçamental – artigo 42, n.º 6, alínea. b) da Lei de Enquadramento Orçamental.

a própria ideia de Orçamento. Retiramos assim desta necessidade de autorização parlamentar prévia, o imperativo de ditar a nulidade de qualquer ato, regulamento e contrato administrativo que implique a realização de despesas públicas sem cabimento orçamental. Com efeito, não se vê como a inconstitucionalidade da realização das despesas não orçamentadas pudesse resultar numa mera determinação da anulabilidade dos atos, regulamentos e contratos administrativos sem cabimento, o que poderia ter como efeito a convalidação na ordem jurídica de atos legislativos de despesa fora do Orçamento. O que equivaleria na prática a uma menorização do Orçamento. A inconstitucionalidade que daqui resulta deve, pois, impor ao legislador a fixação de um regime jurídico que impeça a produção de efeitos jurídicos de toda a atuação administrativa desconforme com o Orçamento. Relativamente às leis e aos contratos, parece-nos, porém, que se pode abrir espaço à ponderação de interesses e legítimas expectativas que o Estado – ainda que à margem do orçamento – possa ter assumido. Corroborando esta solução vejam-se os casos de nulidade que se podem extrair da aplicação das normas financeiras, todos eles confirmando a vinculação da administração pública à vontade expressa pelo legislador orçamental.

O controlo da legalidade da despesa pública vai, porém, ainda mais longe do que a averiguação da compatibilidade da atuação financeira pública com as normas financeiras. Isto fica patente no âmbito dos poderes de fiscalização prévia do Tribunal de Contas. Com efeito, ainda que este Tribunal apenas possa fiscalizar – para efeitos de concessão de visto prévio – a atividade administrativa que é geradora de despesa ou representativa de responsabilidades financeiras diretas ou indiretas, este tem um campo de ação que suplanta a verificação do cumprimento das normas financeiras. Com efeito, podem implicar recusa de visto não só a violação direta de normas financeiras ou a falta de cabimento orçamental, como também a nulidade e a ilegalidade que altere ou possa alterar o respetivo resultado financeiro do ato ou contrato a visar.

O que significa que o princípio da legalidade da despesa é bem mais amplo do que à partida poderíamos supor. Como é explicado no Acórdão do Tribunal de Contas n.º 142/94 (1.ª secção): "[...] a ilegalidade de uma despesa pública (financeira) pode decorrer não só da desconformidade da sua assunção ou pagamento com normas orçamentais, da contabilidade pública, ou procedimentais (...), como também da ilegalidade administrativa "*tout court*", substantiva ou procedimental do ato ou contrato donde a mesma emerge".

As normas sobre o visto do Tribunal de Contas também devem ser tomadas como fazendo parte das normas financeiras a que deve obediência a atuação da Administração Pública.

O visto prévio é um ato do Tribunal de Contas, que verifica a conformidade legal e o cabimento orçamental. A sua recusa implica a impossibilidade de o ato ou contrato apreciado produzir efeitos. Não se trata, pois, de mais um requisito de validade da atuação administrativa, mas de uma condição de eficácia.

Para além do cumprimento do princípio da legalidade e da regularidade financeira, a despesa pública deve também sujeitar-se a um juízo de economia, eficiência e eficácia.

Contrariando a ideia da redução destes 3 E's da economia, da eficiência e da eficácia a um critério de controlo de mérito da atividade administrativa, afirmada por muitos cultores do Direito Administrativo[536], de há uns

[536] Fala-se é certo de um princípio de boa administração. Todavia, muitos tomam-no apenas como um controlo de mérito não integrando o "espaço de justiciabilidade, em virtude de não comportar uma proteção jurisdicional" (D. FREITAS DO AMARAL, 2011, p. 47). Esta é a perspetiva, por exemplo, de PAULO OTERO, FREITAS DO AMARAL, ESTEVES DE OLIVEIRA, COSTA GONÇALVES e PACHECO AMORIM, quando defendem que este é um dever jurídico a que não corresponde sanção jurídica em caso de violação (Diogo Freitas do AMARAL– *Curso de Direito Administrativo* (vol. II)..., p. 47, Paulo OTERO – *O Poder de Substituição em Direito Administrativo, Enquadramento Dogmático-Constitucional*, vol. II. Lisboa: Lex, 1995, p. 638, M. ESTEVES DE OLIVEIRA, P. COSTA GONÇALVES e J. PACHECO AMORIM – *Comentário ao Código de Procedimento Administrativo.* Coimbra: Almedina,1997, comentário ao artigo 10.º. Embora alguns autores enquadrem também SÉRVULO CORREIA nesta perspetiva (TIAGO MACIEIRINHA – "Avaliar a avaliação custo-benefício: um olhar sobre a conceção francesa do princípio da proporcionalidade". *In* Estudos de Homenagem ao Prof. Doutor Jorge Miranda, vol. IV. Coimbra: Coimbra Editora, 2012, pp. 833-863, p. 858), não nos parece que isso se possa afirmar de forma tão perentória, já que este último chega a afirmar, contradizendo isso mesmo que "o valor da proporcionalidade como diretriz normativa da ação administrativa reduzir-se-ia muitíssimo se ela não pudesse constituir uma base para o controlo jurisdicional de legalidade" (JOSÉ MANUEL SÉRVULO CORREIA – *Legalidade e Autonomia Contratual nos Contratos Administrativos.* Coimbra: Almedina, 2003, p. 671). Isto porque o controlo da boa administração é encarado como correspondendo a um mero controlo de mérito ou como um controlo apenas feito ao nível político. Note-se,

anos para cá (sobretudo desde década de 90 do século XX), o dever de boa administração tem-se afirmado – pelo menos de uma perspetiva jurídico-financeira – como muito mais do que uma mera indicação sem consequências jurídicas.

A introdução da economia, eficiência e eficácia como critérios de controlo da realização de despesa pública foi paulatina. Ela é uma consequência do esforço empreendido na modernização da Administração Pública portuguesa, o qual se tem traduzido num redimensionamento do Estado, numa desburocratização e numa redução dos mecanismos de gestão assentes na mera legalidade e sua substituição por mecanismos de gestão pelos resultados[537], através da importação de técnicas de gestão privada para o âmbito da ação do Estado (*New Public Management*[538]).

porém, que este entendimento não é totalmente unânime. Para outros autores, o dever de boa administração é tomado como um controlo jurídico, suscetível de ser controlado pelos tribunais. Neste caso, o seu desrespeito comportará a aplicação de sanções. Esta é a opinião defendida, por exemplo, por Colaço Antunes – A. Colaço Nunes – "Interesse público, proporcionalidade e mérito: relevância e autonomia processual da proporcionalidade". *In* Estudos em Homenagem à Professora Doutora Isabel de Magalhães Collaço, vol. II. Coimbra: Almedina, 2002, p. 547.

537 Note-se que a preocupação com a avaliação dos 3 E's no tratamento da despesa pública foi reflexo da tendência que, a nível europeu, teve início no decurso dos anos 70 e 80 "sob influência da crise económica, por um lado, e a procura crescente dum serviço público mais amplo e de melhor qualidade, por outro [...]" e da crise de legitimidade da política governamental (J. Beckers – *A auditoria de resultados do Tribunal de Contas belga no contexto da Administração Pública. In* Revista do Tribunal de Contas, n.º 35, Jan./Jun. 2001, p. 33). Esta tendência consubstanciou-se na emergência de um novo modelo de Administração Pública "que faz apelo a valores como a eficácia e a rentabilidade em detrimento dos valores tradicionais da segurança, da continuidade e da regularidade" (Maria do Rosário Torres – *Controlo e Avaliação – Instrumentos Indispensáveis numa Administração Pública Moderna.* In Revista do Tribunal de Contas, n.º 26, Jul./Dez. 1996, pp. 117 e 118).

538 V. *A New Public Management* tem inspirado reformas do Estado, tendo em vista: "Reajustes nas entidades que compõem a Administração Pública; Substituição do controlo focado nos inputs para o controlo nos outputs; Implementação de regimes contabilísticos em base de acréscimo, em simultâneo com sistemas de avaliação de desempenho, descentralização e desconcentração, empresarialização e subcontratação; Adoção de novas formas de gestão baseadas na competência e na delegação de responsabilidades, assim como na participação ativa dos cidadãos e funcionários; Redefinição do papel do Estado e da sua relação com o cidadão, designadamente quanto à acessibilidade (maior e melhor utilização das tecnologias de informação, simplificação de procedimentos) e qualidade dos serviços prestados" – Maria Antónia Jorge de Jesus – *A Contabilidade Pública...*, p. 17.

A concretização da prévia justificação da economia, eficiência e eficácia da despesa pública corresponde, pois, a uma realidade complexa no âmbito do nosso ordenamento jurídico, que resulta da alteração de vários aspetos no nosso regime jurídico-financeiro: estrutura da Administração Central do Estado; regime de contabilidade pública; enquadramento e estrutura orçamental; e controlo orçamental.

Vejamo-las em pormenor para ficarmos com uma ideia de como a introdução destes três E's alterou a forma de tratamento jurídico da matéria da despesa pública.

Um dos aspetos do nosso ordenamento jurídico-financeiro que favorecia o tratamento da despesa pública, apenas do ponto de vista da aplicação de regras de legalidade, prendia-se com a própria estrutura, ainda muito centralizada, do setor público administrativo do Estado Português. Como explicamos acima, o setor público administrativo era composto, além da Segurança Social, pelo conjunto das entidades que integravam a Administração central (serviços simples e serviços dotados de autonomia administrativa ou financeira). Porém, ao contrário do que sucede atualmente, e como de resto já foi explicado, a regra não era a da autonomia dos serviços. A regra era a de que os serviços eram "serviços simples", quase inteiramente subordinados em matéria financeira ao poder do Governo. Assim sendo, o Ministério das Finanças acabava por fazer e executar, ele próprio, grande parte do Orçamento do Estado. Interessava-lhe, por isso, no exercício das suas funções de executor apenas o cumprimento estrito daquilo que tinha previsto.

Tudo isto se alterou com reforma da Administração Pública, que em Portugal se iniciou na década de 90. Visando a redução do peso burocrático do Estado, o legislador da Lei de Bases da Contabilidade Pública, implementou uma lógica diferente de gestão da Administração central. Esta baseou-se não mais numa lógica de controlo e de assunção central de responsabilidades, mas numa lógica de compromissos, mais favorecedora da autonomia de cada uma das entidades que compõem o Estado. A partir desta altura, ao invés de termos uma Administração Central composta por um núcleo substancial de "serviços simples" e por um pequeno número de serviços dotados de autonomia, temos uma Administração composta apenas por entidades autónomas, em que a regra é a da autonomia administrativa. Um dos pilares em que a Lei de Bases da Contabilidade Pública assentou foi, pois, a eliminação dos poderes de controlo prévio das despesas públicas. Nos termos da Lei de Bases da Contabilidade Pública, aprovada em 1990, os antigos serviços simples passaram a dispor de autonomia administrativa, o que aumentou a sua capacidade de gestão, uma vez que passaram ter competência para autorizar despesa, eliminando-se o antigo sistema de autorização prévia da Direção-Geral da Contabilidade Pública: estes passam, assim, a poder autorizar despesa quanto aos atos de gestão corrente, a qual será paga pelos cofres do Tesouro e submetida apenas a um controlo sucessivo.

A ideia foi a de instalar uma cultura de gestão que assentasse mais na definição estratégica por parte dos serviços centrais do que na sua intervenção diária nos assuntos de administração corrente._

A reforma da estruturação da Administração Central do Estado, assente na atribuição de autonomia gerou simultaneamente a necessidade de controlo da economia, eficiência e eficácia, uma vez que o sistema de controlo de cumprimento formal de regras de legalidade se torna insuficiente num contexto autonómico, em que as tarefas não sendo mais controladas diariamente, mas são fixadas em torno de políticas e objetivos a cumprir. É a autonomia que justifica a necessidade de controlo dos organismos do Estado também em relação ao seu desempenho[539], sendo a economia, eficiência e eficácia considerados indicadores deste mesmo desempenho, uma vez que não se bastam com considerações formais acerca da realização de despesa e que questionam a substância e os resultados produzidos pela mesma.

Também as alterações no sistema de contabilidade pública favoreceram o controlo da economia eficiência e eficácia.A leitura da despesa apenas de acordo com as regras de legalidade era favorecida, em parte, também pelo sistema de contabilidade pública aplicável em Portugal até à década de 90. O sistema tradicional de contabilidade pública era assente num mero registo caixa[540]. Este sistema assentava num esquema de

[539] "Em matéria de gestão, este [conceito performance] traduz a realização de objetivos operacionais e corresponde a um potencial de criação de valor". – MARIA DO ROSÁRIO TORRES – *Controlo e Avaliação...*, p. 125.

[540] O registo numa base de caixa "[...] mede o fluxo de recursos de tesouraria, isto é, reconhece as operações apenas quando se efetua o recebimento ou o pagamento."- International Federation of Accountants (2001) IPSAS 1 "Presentation of Financial Statements", London, §82 apud SÓNIA PAULA DA SILVA NOGUEIRA e NUNO ADRIANO BATISTA RIBEIRO – *A contabilidade pública...*, p. 22.

escrituração simples (em que se fazia apenas o registo dos montantes arrecadados e dos montantes gastos) e era exclusivamente baseado no princípio da legalidade: eram tão-só registados os montantes arrecadados e os montantes gastos, sempre que havia um suporte legal para a entrada dessas receitas ou para a efetuação dessas despesas (ou seja, sempre que estas ou correspondessem a uma rubrica orçamental – caso das receitas – ou tivessem cabimento orçamental – caso das despesas –). Este permitia que no final do exercício se elaborasse uma "conta de gerência, onde se apurava um saldo, coincidente com as disponibilidades"[541]. A esta forma tradicional de contabilidade pública dá-se o nome de contabilidade de registo unigráfico, numa lógica de caixa[542].Com a reforma do sistema de contabilidade pública (Decreto-Lei n.º 232/97), assumiu-se, como já se indicou, um sistema de base do acréscimo modificado, fruto da articulação entre a base de caixa e a base do acréscimo. Embora este sistema de acréscimo permita obter uma perspetiva mais abrangente da despesa pública, a sua adoção suscitou diversas interrogações "designadamente quanto à aplicação do conceito de proveito (rendimento) à generalidade dos organismos do setor público [...], porque estamos perante organismos sem finalidade lucrativa e os outputs são de difícil quantificação e enquadramento"[543]).

As alterações no âmbito da contabilidade pública não ficaram, porém, por aqui: esta recebeu também instrumentos tipicamente aceites pelo setor de mercado (tais como: o planeamento estratégico e operacional, o benchmarking[544] e novas formas de medir as realizações[545]). O sistema de contabilidade pública aproximou-se, assim, do sistema de contabilidade

[541] Maria da Conceição Costa Marques – *A importância da gestão financeira na Administração Pública (abril 2004)*, p. 13. In www.acede.org.pdf 12.02.2008 17:30.

[542] J.J. Marques de Almeida e Maria da Conceição Costa Marques – *A Contabilidade Pública e o Setor da Educação em Portugal*. In Education Policy Analysis Archives, vol. 11, n.º 42, 2003 (http://epaa. Asu.edu/epaa/v11n42. 24.01.2008 16:29).

[543] António C. Pires Caiado – *A contabilidade pública...*, p. 3.

[544] "O *benchmarking* é uma das numerosas formas de melhorar a qualidade dos serviços públicos, consistindo em estudar uma organização considerada performant com a finalidade de introduzir melhorias na sua própria organização" – Maria do Rosário Torres – *Controlo e Avaliação...*, p. 163.

[545] J. Beckers – *A auditoria de resultados...*, p. 33.

privada[546], com a principal vantagem de ter deixado de refletir apenas a realidade orçamental, proporcionando agora também informação sobre a situação patrimonial e financeira[547].

Baseado num sistema digráfico, o POCP adotou um sistema de contabilidade financeira e patrimonial, contemplando mais aspetos da despesa pública, para além do cumprimento estrito das regras de legalidade. Inspirado em técnicas de gestão do setor privado, a contabilidade pública passa, por isso, a integrar as preocupações de análise da despesa também do ponto de vista da economia, eficiência e eficácia[548].

Passou-se de um sistema em que a execução orçamental era controlada numa lógica de caixa para outro assente também numa lógica de compromissos, aliás, condizente, como se viu com as alterações promovidas no que toca à estruturação da Administração Central do Estado.Pode, assim, dizer-se que "a legalidade deixa de ser a grande preocupação, dando lugar a critérios emergentes de economia, eficácia e eficiência"[549], sem que, no entanto, a própria legalidade tenha sido descurada pelas novas regras de contabilidade[550].

A mudança de paradigma da Administração Pública teve também reflexos no panorama orçamental. Perante as novas preocupações de

[546] Referimos a existência de uma mera aproximação entre os dois sistemas de contabilidade, uma vez que estes têm diferenças inultrapassáveis. Uma delas prende-se com o facto de a contabilidade pública se referir a entidades que não empresariais (e, portanto, sem lucro) ao contrário do que sucede com a contabilidade privada. A outra tem a ver com o facto de as entidades públicas, ao contrário das privadas, estarem sujeitas a um Orçamento que, por um lado, limita a aplicação de determinadas regras e princípios contabilísticos utilizados no setor empresarial e, por outro, obriga as regras de contabilidade pública a irem para além das de contabilidade privada. Enquanto as de contabilidade privada apenas devem proporcionar informação sobre património e custos, as de contabilidade pública devem também promover a informação sobre a execução orçamental – Sónia Paula da Silva Nogueira e Nuno Adriano Batista Ribeiro – *A contabilidade pública...*, pp. 24 a 26.

[547] Maria Antónia Jorge de Jesus – *A Contabilidade Pública...*, p. 86.

[548] Maria Antónia Jorge de Jesus – *A Contabilidade Pública...*, p. 15.

[549] J.J. Marques de Almeida e Maria da Conceição Costa Marques – *A Contabilidade Pública...*, ponto 2.2.

[550] Pode mesmo afirmar-se que a definição dos princípios contabilísticos públicos foi feita "em consonância com os da contabilidade privada sem prejuízo do cumprimento da legalidade". – Sónia Paula da Silva Nogueira e Nuno Adriano Batista Ribeiro – *A contabilidade pública...*, p. 23.

avaliação da gestão das entidades públicas, a forma de elaboração dos orçamentos e das contas a eles correspondentes foi sendo alterada de forma a poderem oferecer respostas não só no domínio da legalidade, mas também sobre os resultados da ação governativa. Hoje, a técnica da programação financeira plurianual vai adquirindo cada vez mais importância. Com efeito, as decisões orçamentais não são mais pensadas apenas em função de *inputs* (pessoal e custos com equipamento), mas também em função de *outputs* (objetivos e medidas concretas)[551].

A reforma da Administração Pública veio também mexer com o controlo orçamental. Com efeito, a função do controlo acaba por força da alteração do paradigma da atividade administrativa por estar hoje mais centrada na noção de *accountability*[552], uma vez que se exige cada vez mais que o Governo preste contas não só acerca da legalidade e regularidade da sua execução orçamental, mas também acerca dos resultados em concreto obtidos com os dispêndios operados. O controlo correspondente a esta obrigação de *accountability* deve ser feito pelas Instituições Superiores de Controlo[553], uma vez que a missão destas é "defender e fomentar a obrigação de prestar contas, o que inclui a promoção de boas práticas de gestão económico-financeira". Ou seja, em Portugal, cabe ao Tribunal de Contas.

Um dos sinais de que o entendimento relativo à eficiência se tem vindo a alterar é-nos dado pela discussão que, desde cedo, se travou – e ainda hoje se trava – acerca do alcance da competência do Tribunal de Contas para o próprio controlo jurídico das despesas públicas, fixada

[551] "Se todas as despesas estivessem estruturadas por programas (conjunto de verbas que se destinam à realização de determinado objetivo) viabilizava-se o conhecimento dos objetivos prosseguidos pelas atividades e projetos (nível micro) e também o custo orçamental da realização de cada objetivo e a comparação entre os custos e os resultados" – MARIA DO ROSÁRIO TORRES – *Controlo e Avaliação...*, p. 173.

[552] Accountability é "a obrigação, legal e ética que um governante tem de informar o governado sobre como utiliza, e utilizou, o dinheiro e outros recursos que lhe foram entregues pelo povo para os empregar em benefício da sociedade governada e não em proveito do governante". – ANGEL GONZALEZ MALAXECHEVARRIA – *Da auditoria integrada à auditoria global no setor público: análise dos objetivos e conteúdo da informação nacional produzida pelo Estado moderno.* In Revista do Tribunal de Contas, n.º 29, Jan./Jun. 1998, p. 47.

[553] FERNANDO MOUTINHO RAMALHO BITTENCOURT – *A missão das ISC e a auditoria operacional. In* Revista do Tribunal de Contas, n.º 34 Jul./Dez. 2000, p. 51.

hoje no artigo 214.º da Constituição. A discussão que surgiu quanto ao âmbito de controlo por parte do Tribunal de Contas remonta já a 1987, quando o Tribunal Constitucional assumiu que o Tribunal de Contas se encontrava constitucionalmente limitado a uma apreciação de legalidade estrita, devendo qualquer tipo de controlo de economia, eficiência e eficácia ser configurado como uma violação da separação de poderes e portanto inadmissível à luz da Constituição. *Vide* Acórdão do Tribunal Constitucional n.º 461/87 apreciando a constitucionalidade do artigo 18.º da Lei n.º 49/86, na parte em que colocava no âmbito dos poderes do Tribunal de Contas o de apreciar não só a legalidade de todas as despesas autorizadas e pagas pelo Gabinete de Gestão Financeira do Ministério da Justiça, mas também a eficiência da respetiva gestão económica, financeira e patrimonial. Neste caso, o Tribunal Constitucional concluiu no sentido da inconstitucionalidade de apreciação da eficiência da gestão, por parte do Tribunal de Contas.

Mas se antes de 1989, esta interpretação do Tribunal Constitucional poderia escudar-se no teor literal do artigo 219.º (rezava o artigo 219.º "compete ao Tribunal de Contas dar parecer sobre a Conta geral do Estado, fiscalizar a legalidade das despesas públicas e julgar as contas que a lei mandar submeter-lhe"), parecendo circunscrever o Tribunal a uma mera apreciação de legalidade, a partir daí a questão alterou-se inequivocamente[554]. É que depois dessa revisão, a Constituição previu a competência do Tribunal de Contas abrindo uma remissão para a lei. Se antes de 1989, a inexistência de uma remissão para a lei podia levantar dúvidas quanto à possibilidade de ampliação da competência, a expressa inclusão na Constituição desta mesma remissão para a lei em 1989, pareceu abrir espaço para o exercício da liberdade legislativa no que toca à definição das competências deste tribunal. E a verdade é que cada vez mais, na atuação do Tribunal de Contas a apreciação dos 3 E's da economia, eficiência e eficácia é recorrente e tem cada vez mais consequências jurídicas. A análise feita de acordo com este parâmetros transparece sobretudo, nos relatórios de auditoria – pensamos em particular nas auditorias de gestão operacional do Tribunal de Contas,

[554] É de notar que já antes da revisão constitucional de 1989, Sousa Franco previa a possibilidade de extensão do conceito de legalidade para abranger esse tipo de fiscalização – *apud* Acórdão do Tribunal Constitucional n.º 461/87

as quais servem como base para o trabalho desenvolvido quer pelos órgãos de controlo interno (controlo administrativo da execução orçamental), quer pela Assembleia da República (controlo político), permitindo que os deputados formem uma opinião crítica acerca da gestão de recursos do ponto de vista da eficiência e da forma como se pode oferecer à população serviços melhores ou até mesmo mais abrangentes com custo idêntico ou inferior[555].

A ponderação da economia, eficiência e eficácia tem vindo a tornar-se central nos processos decisórios. Cada vez mais a atuação pública que importa despesa procura conformar-se a critérios de racionalização e eficiência nos seus juízos. Hoje não se dispensa a utilização da análise custo-benefício na tomada de decisões que importam investimentos avultados. Recordem-se os grandes investimentos no Alqueva, Autoeuropa, Novo Aeroporto de Lisboa, TGV, os quais não dispensaram esta análise. Mesmo a realização de uma simples parceria público-privada (PPP) implica atualmente a elaboração de uma análise custo-benefício[556].

[555] Para mais desenvolvimentos v. MARIA D'OLIVEIRA MARTINS – *A despesa pública justa*. Coimbra: Almedina, 2016, nota 1332, pp. 283-286.

[556] A ponderação da eficiência tanto coloca face a face os interesses públicos e os privados como vários interesses públicos ("a jurisprudência do *bilan côut-avantages* é também fruto do reconhecimento de que o interesse público deixou de ser uma realidade monolítica e definida em abstrato, para passara a ser encarado como o resultado de uma arbitragem de interesses divergentes que necessitam de compatibilização no caso concreto" – TIAGO MACIEIRINHA, 2012, p. 846)
A grande novidade do método *bilan* (e do Acórdão Ville Nouvelle Est) é, segundo aponta TIAGO MACIEIRINHA a ideia de autorização de ponderação judicial dos custos financeiros de um projecto, tendo em vista apurar se estes são ou não excessivos em relação ao interesse público prosseguido – TIAGO MACIEIRINHA, 2012, p. 852. Este autor chama a atenção para os Acórdãos franceses: *Vile Nouvelle Est* (28 de maio de 1973), afirmando que uma operação só pode ser legalmente declarada de utilidade pública se os atentados à propriedade privada, o custo financeiro e eventualmente os inconvenientes de ordem social e os atentados a outros interesses públicos não forem excessivos em relação ao interesse que ela apresenta; *Grassin* (26 de Outubro de 1973), chamando a atenção para que "as vantagens para o transporte, para a prática de desportos aéreos e para a economia regional da construção de um aeródromo a cinquenta quilómetros de Poitiers eram desproporcionais em relação às necessidades reais de melhoria da economia daquela região, para além de representar um custo excessivo em relação aos recursos financeiros daquela comuna"; *Delle Drezel* (27 de Julho de 1979), em que o tribunal se pronunciou "no sentido de que os custos de aquisição e de instalação eram desproporcionais em relação às vantagens associados a uma implantação de carácter

Até mesmo a atuação do Tribunal de Contas está cada vez mais associada a um controlo da eficiência para além do controlo da legalidade das despesas públicas.

Manifesta-se assim em geral, quer no momento de orçamentar, quer no momento de controlar a execução do Orçamento, uma tendência que cada vez mais aponta para que a decisão orçamental seja tomada como uma decisão mais técnica e menos política[557]. Assiste-se, assim, a uma "abertura do discurso jurídico a valores que pertenciam ao discurso da economia e da gestão"[558].

A penetração das ideias de economia e eficácia no direito financeiro tem conduzido a um alargamento do conceito de legalidade financeira, distinguindo-o melhor em relação à tradicional forma de entendimento da legalidade. Como explica o Paz Ferreira, "tal construção não vem questionar a sujeição das despesas públicas à exigência da conformidade

temporário da referida escola"; e o *Autoroute Transchablaisienne*, de 28 de Março de 1997: neste considera-se que uma operação só pode ser legalmente declarada de utilidade pública se os atentados à propriedade privada, o custo financeiro e eventualmente os inconvenientes de ordem social e os atentados a outros interesses públicos não forem excessivos em relação ao interesse que ela apresenta. Chega mesmo a considerar que "le coût financier au regard du trafic attendu doit être regardé à lui seul comme excédant l'intérêt de l'opération". Consequências de uma análise custo-benefício numa perspectiva de direito financeiro (*vide* jurisprudência francesa): "a satisfação do princípio da prossecução do interesse público pela administração deixou, portanto, de se bastar com a enunciação de um fim genérico de interesse público, sendo necessário demonstrar que existe um saldo positivo entre as vantagens da medida e as suas desvantagens ou, pelo menos, que não existe ou saldo negativo ou manifestamente negativo" – *Ibidem*, 2012, p. 850. "[...] o método do *bilan* é considerado um caso de controlo máximo da discricionariedade administrativa" – *Ibidem*, 2012, p. 851. Para quem tem dificuldade em entender a extensão do poder judicial, aponta-se como desvantagem do método *bilan* o facto de este poder transformar-se no cálculo de eficiência económica das escolhas orçamentais, "em que o juiz não enuncia um bem jurídico concreto que lhe compete proteger – de natureza pública ou privada – ele transforma-se, puramente, no juiz da eficiência económicas das medidas administrativas" – *Ibidem*, 2012, p. 857. Juízo em que o juiz se limita a dizer que o custo é demasiado avultado tendo em conta os benefícios que se extraem da utilização desse bem. O juiz torna-se assim, nas palavras de Macieirinha no juiz daquilo que é ou não do interesse público.

557 Olívio Mota Amador, 2010, p. 642.

558 António M. Hespanha, 2012, p. 24. Este autor defende que muitas vezes essa abertura se faz subalternizando "valores de natureza «geral», «publicística» que tinham dado aos profissionais do direito um tom de guardiões de algo mais (e mais elevado) [...]".

com a lei, mas apenas alargar o seu âmbito, tornando o princípio da legalidade um conceito mais amplo e exigente"[559].

Levando em consideração tudo quanto acima foi dito, diríamos, pois, que a verificação do princípio da legalidade da despesa pública corresponde hoje, em concreto, ao cumprimento da legalidade genérica, ao cumprimento das normas legais aplicáveis ao caso (legalidade financeira), ao cabimento orçamental (legalidade orçamental), ao respeito das regras de contabilidade e à verificação da economia, eficiência e eficácia.

[559] Eduardo Paz Ferreira – *Ensinar Finanças Públicas...*, p.178.

IV.
Organização e atividade financeira no âmbito internacional

1. Organização e atividade financeira das organizações internacionais

Os Estados não atuam sozinhos. Muitas vezes, reúnem-se constituindo organizações internacionais para prossecução de finalidades conjuntas.

Uma das organizações mais relevantes é a ONU, criada em 1945 para promoção da paz, dos direitos humanos fundamentais, para estabelecimento das condições para o respeito dos tratados e instrumentos de direito internacional, para a promoção do progresso social, a qual atua por meio de vários programas e fundos (nomeadamente o PNUD, a UNICEF, a ACNUR, o Programa Mundial de Alimentos, a UNCTAD). Tem ainda agências especializadas para determinadas finalidades, nomeadamente o Banco Mundial, o FMI, a OMS, a UNESCO, a OIT, a FAO.

Mas quem fala da participação na ONU pode falar da participação na OCDE, na ESA ou na CPLP e em muitas outras[560].

Cada organização tem os seus objetivos definidos pelos seus membros e o seu modo de atuar em termos financeiro. No entanto, em geral, podemos dizer que a vida financeira das organizações internacionais

[560] V. as organizações internacionais de que Portugal faz parte: https://www.portugal.gov.pt/pt/gc21/area-de-governo/negocios-estrangeiros/informacao-adicional/organizacoes-internacionais-de-que-portugal-e-membro.aspx.

assenta no mesmo tripé de conceitos que acima avançamos: receitas, despesas e orçamento. Todas elas têm a sua vida financeira assente num orçamento, sujeito aos mesmos princípios orçamentais clássicos (que mais adiante serão estudados), aprovado pela assembleia deliberativa que os constitui, sobretudo financiado através de quotas pagas pelos seus membros, de acordo com a sua capacidade contributiva. Poderá haver a previsão de outras receitas (contribuições voluntárias, donativos, etc.), mas estas últimas não são, normalmente, as receitas dominantes nestas organizações.

As regras sobre organização financeira (elaboração de orçamentos, receitas, despesas e controlo) estão previstas, por via de regra, nos seus estatutos ou em Regulamentos Financeiros, anexos aos estatutos.

2. Estrutura e Funcionamento das instituições da União Europeia

a) Principais despesas e receitas da União Europeia

Uma das organizações internacionais a que nos referiremos especificamente é a União Europeia. Faz sentido uma referência mais detalhada à vida financeira da mesma, uma vez que a distribuição das suas receitas e despesas tem um impacto orçamental direto em cada um dos Estados-Membros. Com efeito, como bem se compreenderá, as contribuições dos Estados-Membros, que constituem a principal receita da União Europeia, revertem depois para os Estados-Membros, sob a forma de despesas.

Para ficarmos com uma ideia dessa atividade financeira, enunciaremos brevemente as despesas e receitas da União Europeia.

O orçamento comunitário compõe-se essencialmente de despesas ligadas ao funcionamento da União Europeia, de despesas que visam o desenvolvimento harmonioso dos Estados-Membros e de despesas com ajuda a países (ou organizações) que não sejam membros da União Europeia. As primeiras são as despesas de administração e as despesas internas, ligadas à cidadania, segurança e justiça europeias. As despesas de desenvolvimento são as que comportam uma incidência sectorial – nomeadamente na agricultura, no desenvolvimento rural, no ambiente e nas pescas –, um propósito de coesão social ou a finalidade de fomentar a investigação e desenvolvimento. E, por último, as despesas relativas a países que não são membros da União Europeia são as que se referem ao auxílio a reformas e investimentos estruturais de países-candidatos à União Europeia e ao suporte de custos da cooperação quer com organizações internacionais, quer com países vizinhos, tendo em vista a defesa de valores comuns, a cooperação transfronteiriça e o desenvolvimento regional integrado e sustentável. Estas despesas são reguladas pelos Instrumentos de Assistência Pré-Adesão.

As despesas mais relevantes em termos do Orçamento da União Europeia são as despesas de coesão e as despesas com agricultura, desenvolvimento rural, pescas e proteção do ambiente, representando cada uma cerca de 40% do total das despesas. Uma nota para assinalar que ao passo que as despesas com a política agrícola comum têm vindo a ser reduzidas (tendo chegado aos 75% das despesas das Comunidades, em 1985), as despesas com a coesão têm registado um forte aumento (dos 6% previstos a 1965 aos 40% que se preveem até 2020)[561].

Entre as despesas com agricultura, desenvolvimento rural, ambiente e pescas, destacam-se, nomeadamente:

- as despesas com a política agrícola comum[562] (artigo 39.º do Tratado sobre o funcionamento da União Europeia): Fundo Europeu Agrícola de Garantia (FEAGA) e Fundo Europeu Agrícola para o Desenvolvimento Rural (FEADER)[563]; e

[561] "Em 1986, na sequência do Ato Único Europeu, a Política de Coesão assume maior relevância como forma de auxiliar as regiões menos desenvolvidas a ajustar-se aos choques resultantes da integração de mercados. Tal veio a traduzir-se, em 1988, na adoção do primeiro regulamento dos Fundos estruturais sob o chapéu da Política de Coesão, no âmbito do "pacote Delors I", sendo então introduzidos princípios que ainda hoje se mantêm relevantes como: foco nas regiões menos desenvolvidas, programação financeira plurianual; orientação estratégica dos investimentos e envolvimento dos parceiros locais e regionais". "Portugal beneficia da Política de Coesão, de forma mais significativa, desde 1989, quando da aplicação do primeiro Quadro Comunitário de Apoio (QCA I), não obstante os apoios recebidos desde a sua adesão, em 1986, até então" – Observatório do QREN – *A Política de Coesão até 2007* (http://www.observatorio.pt/item1.php?lang=0&id_channel=18&id_page=13 13.07.2011 00:43).

[562] Esta despesa surgiu nos anos 60 para apoio aos preços e à produção de certos produtos agrícolas. Era tida como um meio para fazer face às desigualdades agrícolas apresentadas entre os países e como meio de promover o aumento da produção alimentar, deteriorada durante a II Guerra Mundial.

[563] Daniel Gros tem criticado a estrutura do orçamento comunitário nas últimas três décadas, sobretudo no que toca à prevalência da despesa na agricultura. Para este autor, a despesa da União Europeia ficou parada no tempo, dando prevalência a despesas que, as mais

– as despesas com as pescas: Fundo Europeu dos Assuntos Marítimos e das Pescas (FEAMP)

Entre as despesas para o crescimento sustentável, destacaremos:

– as despesas de coesão, visando o reforço da coesão económica, social e territorial, ou seja, a redução da disparidade entre os níveis de desenvolvimento das diversas regiões e o atraso das regiões menos favorecidas (artigo 174.º e seguintes do Tratado sobre o funcionamento da União Europeia), nomeadamente: o Fundo Social de Desenvolvimento regional (FEDER) (artigo 176.º do Tratado sobre o funcionamento da União Europeia); e o Fundo de Coesão (artigos 171.º, n.º 1, e 177.º do Tratado sobre o funcionamento da União Europeia); e
– as despesas com competitividade, nomeadamente o Fundo Social Europeu que visa uma melhoria das oportunidades de emprego dos trabalhadores e contribuir para uma melhoria do nível de vida (artigo 162.º do Tratado sobre o funcionamento da União Europeia.

Para além destas despesas, a União Europeia pode ainda complementar as despesas dos Estados-Membros em casos de emergência, causados por catástrofes naturais: apoio para serviços de socorros, restabelecimento de infraestruturas, proteção do património cultural e recuperação de zonas naturais afetadas. Estas despesas são assumidas através do Fundo de Solidariedade da União Europeia, instituído em 2002 (Regulamento (CE) n.º 2012/2002 do Conselho, de 11 de novembro de 2002).

O Fundo Social Europeu, o FEDER, o Fundo de Coesão, FEADER, FEAMP integram os Fundos Europeus Estruturais e de Investimento (FEEI) e funcionam articuladamente. Ou seja, devem ser pedidos e executados tendo em conta uma ação coordenada dos investimentos.

das vezes, não refletem a realidade presente dos Estados-Membros. Admitindo a dificuldade de alterar, sugere a introdução de "sunset clauses" relativamente aos maiores programas de despesas (sobretudo despesas de agricultura e fundos estruturais) para assegurar que é necessário um acordo explícito para eles prosseguirem. Presentemente, apenas é necessário acordo explícito para cortar despesa, não sendo necessário para a manter – Daniel Gros – *How to Achieve a Better Budget for the European Union*, 2008, p. 16 (disponível em http://ec.europa.eu/dgs/policy_advisers/conference_docs/gros_bepa_conference_final.pdf).

Esta coordenação dá-se sobretudo ao nível da União Europeia ("em consonância com as metas e os objetivos e da estratégia da União para um crescimento inteligente, sustentável e inclusivo, tendo em conta os desafios territoriais fundamentais para os vários tipos de territórios" – artigo 10.º do Regulamento n.º 1303/2013 do Parlamento Europeu e do Conselho, de 17 de dezembro), embora se deva também fazer ao nível de cada um dos Estados-Membros que deles beneficiam. Com efeito, que estes fundos assumem uma função de complementaridade em relação à despesa pública de cada um dos Estados-Membros.

À luz deste quadro, é interessante notar que a União Europeia tem vindo a assumir também despesas que vão permitindo aos Estados-Membros a libertação das suas verbas para outras finalidades, pondo em comum um número crescente de objetivos. Referimo-nos aqui a despesas com investigação (*v.g.* projeto *Galileu*), a despesas de financiamento de redes transeuropeias, a despesas de educação e formação (financiamento do programa *Erasmus* para estudantes universitários e do programa *Leonardo da Vinci* para formação profissional) e a despesas de cooperação para o desenvolvimento (intervenções humanitárias e alimentares de urgência, programas de assistência técnica a países em desenvolvimento, parcerias com países vizinhos, subvenções a ONG's e fundos multilaterais, por exemplo, em matéria de saúde, direitos humanos e gestão de crises[564]).

Significativo deste abandono progressivo de despesas por parte dos Estados-Membros que acabam por as remeter para a União Europeia, é a eternização da Política Agrícola Comum no âmbito do orçamento comunitário. Não obstante, muitos a critiquem, a verdade, é que se torna difícil para os Estados reassumirem estas despesas, por si sós, quando o seu espaço há muito já foi tomado por outros gastos.

Estas despesas são pagas com as receitas da União Europeia.

Inicialmente, as despesas das diferentes comunidades europeias eram maioritariamente pagas como sucede em qualquer organização internacional: com as contribuições dos vários Estados-Membros[565].

[564] François Adam, Olivier Fernand e Rémy Rioux – *Finances Publiques*. Paris: Dalloz, 2010, pp. 343-345.

[565] Não obstante o Tratado CECA de 1951 ter desde logo previsto a imposição de contribuições sobre a produção do carvão e do aço e a possibilidade de contratação de empréstimos – European Comission – European Union Public Finance. Luxemburgo: Publications Office of the European Union, 2014, p. 21.

Porém, desde os anos 1970, as despesas comunitárias passaram a ser pagas com os chamados recursos próprios tradicionais[566]. Estes correspondiam, essencialmente, aos direitos aduaneiros cobrados nas fronteiras exteriores das Comunidades Europeias; aos direitos niveladores agrícolas (direito de importação de terceiros Estados sobre os produtos agrícolas); e às quotizações e outros direitos previstos no âmbito da organização comum do mercado do setor do açúcar[567].

Em 1979, começou a ser cobrada uma nova receita baseada no IVA, para substituir as contribuições dos Estados que continuavam a ser necessárias para financiar as despesas das Comunidades Europeias.

Na insuficiência destas receitas (sentida sobretudo desde 1984, altura em que foi elevada a percentagem do IVA a transferir para cobrir os gastos comunitários), foi previsto em 1988 mais um recurso. O chamado "quarto recurso": o recurso baseado no Rendimento Nacional Bruto (RNB) dos Estados-Membros[568]. Este recurso tem um papel residual, sendo calculado depois de os outros recursos serem conhecidos, de forma a assegurar o equilíbrio entre receitas e despesas.

A criação deste "quarto recurso" está ligada com os problemas de financiamento das despesas que as Comunidades Europeias vinham sentido. Estes problemas têm várias causas. A primeira relaciona-se com o clima de conflito institucional sentido sobretudo a partir de 1974, altura em que o Conselho deixa de ser a única autoridade legislativa e passa a partilhar o seu poder orçamental com o Parlamento, o qual introduz várias linhas de despesa, para além da prevista até aí. A segunda causa prende-se com o aumento de despesas, sobretudo a partir dos anos 1960 (altura em que surgiram os primeiros programas de despesa). Este aumento foi agravado nos anos 1980 devido ao fortalecimento do

[566] Estes recursos foram adotados por decisão do Conselho de 21 de abril de 1970, substituindo as contribuições nacionais que os Estado faziam para as Comunidades que vigoravam desde a fundação da primeira das Comunidades Europeias (CECA). Esta foi a fórmula encontrada para que os Estados-membros pudessem exercer um controlo direto sobre as despesas das comunidades que iam surgindo – European Comission – European Union Public Finance. Luxemburgo: Publications Office of the European Union, 2014, p. 22.

[567] Estes direitos cessaram de ser cobrados em 2018. Foram cobrados pela última vez em março de 2017 e junho de 2018 (https://ec.europa.eu/info/about-european-commission/eu-budget/revenue/own-resources/duties-and-levies_en 02/07/2019).

[568] Decisão 88/376/CEE do Conselho.

fundo social europeu e do Fundo Social de Desenvolvimento Regional, ao lançamento do programa de política comum de pescas e ao impacto financeiro da entrada nas Comunidades Europeias da Grécia, Portugal e Espanha que passam a ser beneficiários do Orçamento Comunitário[569].

Atualmente, o montante total dos recursos próprios atribuído à União para cobrir as dotações de pagamento anuais está limitado. Ele não deve exceder 1,23 % da soma do RNB de todos os Estados-Membros[570]. Este limite de receita constrange – em conjunto com o que está estabelecido na programação orçamental para o quadriénio – o montante das despesas. Vigorando o princípio do equilíbrio entre as receitas e as despesas e a impossibilidade de recurso ao crédito para financiamento das despesas orçamentadas[571], estas últimas não podem exceder as primeiras.

Todas estas receitas são cobradas pelos Estados-Membros, colocando-as posteriormente à disposição da União Europeia, por meio de depósitos mensais, para financiamento das suas despesas. Qualquer atraso na entrega destas verbas, dá lugar ao pagamento de juros de mora[572].

A cobrança e entrega das receitas à União Europeia é realizada sob controlo e supervisão do Conselho[573]. Por esta cobrança de receitas da União Europeia, os Estados-Membros podem reter 20% da receita cobrada.

As receitas não devem ser afetas a nenhuma despesa particular, devendo poder financiar todas as despesas comunitárias. Caso haja excedente não utilizado desta receita, ele poderá transitar para o Orçamento do ano seguinte, de forma a que não haja desperdício de recursos.

[569] European Comission – European Union Public Finance. Luxemburgo: Publications Office of the European Union, 2014, pp. 25- 31.

[570] V. artigo 3.º, n.º 3 da Decisão do Conselho de 26 de maio de 2014, relativa ao sistema de recursos próprios da União Europeia – 2014/335/EU EURATOM.

[571] Artigo 17.º, n.º 2, do Regulamento (EU, Euratom) 2018/1046 do Parlamento Europeu e do Conselho, de 18 de Julho de 2018, relativo às disposições financeiras aplicáveis ao orçamento geral da União.

[572] Regulamento (UE, Euratom) n.º 609/2014 do Conselho de 26 de maio de 2014, relativo aos métodos e ao procedimento para a colocação à disposição dos recursos próprios tradicionais e dos recursos próprios baseados no IVA e no RNB e às medidas destinadas a satisfazer as necessidades da tesouraria.

[573] Regulamento (UE, Euratom) n.º 608/2014 do Conselho de 26 de maio de 2014 que estabelece as medidas de execução do sistema de recursos próprios da União Europeia.

Para além dos recursos próprios, embora com menor expressão, poderá falar-se de outras receitas: "taxas cobradas sobre os rendimentos do pessoal, juros bancários, contribuições dos países terceiros a certos programas comunitários (por exemplo, no domínio da investigação), reembolsos de ajudas comunitárias não utilizadas, juros de mora, bem como o saldo do exercício precedente"[574]. Mas estas não são reduzidas no cômputo geral das receitas da União.

Como foi indicado, as despesas da União Europeia não podem ser financiadas com recurso a receitas creditícias. Isto não significa, porém, que as instituições comunitárias fiquem impedidas de fornecer e contrair empréstimos ou até de atuar como garante de empréstimos. Fornecem empréstimos, por ex. quando oferecem assistência a Estados-Membros ou a Estados-terceiros (não-membros), por meio do Mecanismo de Estabilidade Europeia (que tomou o lugar dos temporários Mecanismo europeu de estabilização financeira e Fundo Europeu de Estabilização Financeira) e do mecanismo de apoio financeiro às balanças de pagamentos. A Comissão pode pedir empréstimos para, por sua vez, emprestar dinheiro a uma terceira parte. A União Europeia pode ainda oferecer garantia orçamental a empréstimos do Banco Europeu de Investimento[575].

Nas receitas, a mais relevante é a que se baseia no RNB dos Estados-Membros, correspondendo a cerca de dois terços do total de receitas cobradas. Segue-se-lhe, em importância, a receita baseada no IVA e os recursos próprios tradicionais. Estes representam, cada um, cerca de 15% do total das receitas comunitárias.

Daniel Gros chama a atenção para o facto de existir neste sistema de financiamento, essencialmente assente nas contribuições dos Estados-Membros, uma contradição com o artigo 311.º do Tratado de Funcionamento da União Europeia, na medida em que este obriga a que o orçamento comunitário seja integralmente financiado por recursos próprios[576]. Com efeito, o chamado "quarto recurso" acaba por representar um recuo em relação à definição de uma política de recursos próprios.

[574] http://europa.eu/legislation_summaries/budget/l34011_pt.htm 13.07.2011 01:31.

[575] EUROPEAN COMISSION – European Union Public Finance. Luxemburgo: Publications Office of the European Union, 2014, pp. 282-295.

[576] DANIEL GROS – *How to Achieve...*, p. 8.

O sistema de financiamento comunitário, desde 1988, voltou a assentar de forma significativa nas contribuições dos Estados-Membros.

O facto de o Orçamento comunitário assentar essencialmente em transferências por parte dos Estados-Membros traz, para além da contradição com o Tratado de Funcionamento da União Europeia, alguns problemas. O mais relevante prende-se com o condicionamento que inevitavelmente gera nas negociações orçamentais entre os Estados--Membros. Ao invés de assentar numa lógica de integração de um espaço europeu solidário, as relações financeiras entre os Estados tendem a concentrar-se na relação que resulta das contribuições nacionais para o orçamento da União Europeia e dos fundos recebidos ao abrigo dos vários programas de despesa, esperando que se estabeleça um "jogo de soma-zero" entre o que se contribui e o que se recebe[577].

À luz deste entendimento, têm sido aplicados mecanismos de correção (alguns permanentes outros temporários), com base nas reclamações de alguns Estados-Membros, alegando cargas orçamentais excessivas, tendo em conta os benefícios financeiros de que auferem.

A primeira reclamação neste sentido foi feita pelo Reino Unido, logo nos anos 1970, assente essencialmente na conjugação de dois fatores. Por um lado, porque apesar de ter um RNB abaixo da média europeia, acabava por ser um grande contribuinte europeu, por ter recursos de IVA mais elevados do que a média dos outros Estados-Membros. Por outro lado, por que contava com um setor agrícola diminuto, o que o fazia beneficiar pouco das políticas comunitárias (nesta altura, muito assentes na política agrícola comum)[578]. Com base nestes pressupostos, o Reino Unido conseguiu desde 1984 (em Fontainebleau) o reembolso de uma percentagem da diferença entre os montantes pagos para o financiamento do orçamento europeu e os montantes recebidos em fundos comunitários. Este benefício começou a ser aplicado em 1985, uma vez que passou a constar da Decisão de Recursos Próprios. Tornou-se, pela exigência

[577] Como é reconhecido no Final Report and recommendations of the High-Level Group on Own Resources, em dezembro de 2016, p. 10. V. também Daniel Gros – *How to Achieve...*, p. 2.

[578] European Comission – European Union Public Finance. Luxemburgo: Publications Office of the European Union, 2014, p. 29.

de unanimidade para alterar esta mesma decisão, um mecanismo permanente de correção.

A permanência deste mecanismo, juntamente com o princípio estabelecido em Fontainebleau segundo o qual qualquer país que sustentasse um encargo excessivo poderia beneficiar de uma correção no tempo adequado, levou a que outros Estados-Membros também exigissem reduções nas suas contribuições. Na decorrência disto, algumas correções foram introduzidas *ad hoc* (por exemplo, em 2007/2013 a Áustria, a Alemanha, a Holanda e a Suécia beneficiaram de correções temporárias ao recurso baseado no IVA e no período de 2014/2020 a Dinamarca, a Holanda e a Suécia beneficiaram de uma redução do recurso baseado no RNB e a Alemanha, a Holanda e a Suécia beneficiaram de uma redução no recurso baseado no IVA). Para além destes mecanismos, têm também sido introduzidos alguns ajustamentos no sistema de financiamento que têm servido para ocultar alguma correção na contribuição dos Estados-Membros (ex. o aumento dos direitos aduaneiros beneficiou a Bélgica e a Holanda, atendendo ao elevado nível de importações para o mercado interno europeu)[579].

A crescente complexidade no sistema de financiamento da União Europeia, assente nos recursos próprios baseados nas contribuições dos Estados-Membros, faz aumentar o coro de críticas, sobretudo aos mecanismos de correção. As principais críticas prendem-se com a ausência de critérios objetivos para determinar a excessividade dos encargos orçamentais em que se baseiam as compensações; com a ausência de mecanismos de monitorização da situação dos vários Estados-Membros, para garantir que a comparação dos vários Estados-Membros; com a falta de simplicidade e transparência no que toca ao financiamento das despesas da União; com a regressividade do sistema contributivo que faz com que os países mais ricos não sejam necessariamente os maior contribuintes para as despesas europeias[580].

[579] Alessandro D'Alfonso – "The UK 'rebate' on the EU budget: An explanation of the abatement and other correction mechanisms", 2016 (disponível em http://www.europarl.europa.eu/RegData/etudes/BRIE/2016/577973/EPRS_BRI(2016)577973_EN.pdf 02.07.2019).

[580] Alessandro D'Alfonso – "The UK 'rebate' on the EU budget: An explanation of the abatement and other correction mechanisms", 2016, p. 8 (disponível em http://www.europarl.europa.eu/RegData/etudes/BRIE/2016/577973/EPRS_BRI(2016)577973_EN.pdf 02.07.2019).

Para além deste problema, é de assinalar que o facto de os recursos comunitários estarem muito assentes nas transferências orçamentais dos Estados cria um afastamento entre os contribuintes e as políticas da União. Dificilmente os cidadãos têm perceção dos gastos comunitários e da contribuição que fazem para os financiar. Isto gera uma sensação de alheamento do processo orçamental e de distribuição de fundos entre os vários participantes da União[581].

Procurando corrigir estas disfuncionalidades no financiamento da União Europeia, um Grupo Independente sobre Recursos Próprios propôs num relatório de 2016 uma reforma dos recursos comunitários. De acordo com a reforma proposta, o novo sistema de financiamento deveria ser simultaneamente favorecedor do Mercado único e de uma maior uma coordenação financeira (através da reforma do recurso baseado no IVA, da introdução de um recurso próprio baseado em impostos sobre o rendimento das empresas, sobre as transações financeiras) e da promoção de políticas comuns sobre energia, ambiente, clima e transportes (através da criação de uma taxa sobre emissão de dióxido de carbono e exploração do regime europeu de comércio de licenças de emissão; imposto sobre a eletricidade; taxa sobre os combustíveis automóveis e tributação indireta de bens importados produzidos em países terceiros com emissões de dióxido de carbono elevadas[582].

b) O Orçamento da União Europeia

Estas receitas e despesas que acabamos de enumerar são inscritas no Orçamento da União Europeia.

[581] Para lhe responder, alguns Autores defendem a implementação de um imposto europeu diretamente coletado aos cidadãos. Mas esta ideia tem-se deparado com uma oposição forte. Alguns dizem que isso levaria a uma distribuição desigual do ónus contributivo dos Estados-Membros, dada a disparidade existente no que toca à definição nacional dos rendimentos tributáveis. DANIEL GROS – *How to Achieve...*, p. 8. Outros dizem que isso teria um impacto negativo na opinião pública europeia: porque seria considerado um luxo desnecessário e porque poderia gerar hostilidade por parte dos cidadãos, fazendo soçobrar o seu apoio ao processo de integração europeia – GABRIELE CIPRIANI – *The EU Budget: responsibility without accountability*. Brussels: Centre for European Policy Studies, 2010, p. 16.

[582] Final Report and recommendations of the High-Level Group on Own Resources, em dezembro de 2016 p. 12.

À medida que foram surgindo, as comunidades europeias foram prevendo, nos seus tratados constitutivos, a existência dos seus próprios orçamentos. Como acima foi assinalado, estes, à semelhança das demais organizações internacionais, eram sobretudo financiados por contribuições dos Estados-Membros.

Em 1965 dá-se início a um movimento de integração dos vários orçamentos administrativos da CECA e do EURATOM no orçamento da CEE. A primeira integração consistiu na junção dos orçamentos administrativos no da CEE, logo em 1965. Em 1975, o Orçamento de investigação e investimento da EURATOM é também integrado no referido Orçamento geral. Em 2002, com o termo da vigência da CECA, deixa de coexistir o orçamento geral com o orçamento operacional da CECA.

Atualmente, o Orçamento da União Europeia rege-se pelos princípios orçamentais da unidade, universalidade, da não consignação, da não compensação, da anualidade, do equilíbrio, da verdade, da especificação, da boa gestão financeira (ou seja economia, eficiência e eficácia) e da transparência na elaboração, execução e prestação de contas naquilo que lhe corresponde.

A análise destes princípios orçamentais permite compreender um pouco melhor as finanças europeias.

De acordo com o princípio da unidade o Orçamento da União Europeia deve ser um só e juntar todas as receitas a cobrar e as despesas a realizar no âmbito dos seus programas de ação (artigo 7.º do RF). Não obstante este imperativo, algumas operações escapam ao orçamento como é o caso das operações de empréstimo (por meio do mecanismo europeu de estabilização financeira[583] ou do mecanismo de apoio financeiro às balanças de pagamentos). É também o caso dos pedidos de empréstimo para concessão de crédito a uma terceira parte ou da concessão de garantias a créditos do Banco Europeu de Investimento.

Também o Fundo Europeu de Desenvolvimento está fora do Orçamento Comunitário. Este Fundo permite a cooperação técnica e financeira entre a União Europeia e países em vias de desenvolvimento e outros países que mantém relações históricas com Estados-Membros. Estão abrangidos por esta ajuda Estados de África, das Caraíbas e do

[583] Regulamento (UE) n.º 407/2010 do Conselho, de 11 de maio de 2010.

Pacífico, assim como dos países e territórios ultramarinos. Consistindo esta ajuda em empréstimos e acordos de comércio é financiada pelas contribuições dos Estados-Membros[584].

De fora do Orçamento da União Europeia fica também a atividade financeira do Banco Europeu de Investimento. O Banco Europeu de Investimento arranja dinheiro nos mercados de capitais para o emprestar em condições favoráveis. O objetivo da sua ação é favorecer os objetivos da União Europeia. Pode emprestar a Estados-Membros ou não-Membros e os capitais mutuados podem servir tanto para financiamento de investimentos como para junção a capitais nacionais para desenvolvimento de projetos.

De acordo com o princípio da universalidade, "a totalidade das receitas deve cobrir a totalidade das dotações de pagamento" (artigo 20.º do RF). Este princípio tem subjacente o princípio da não consignação, que impede a afetação de determinadas receitas a determinadas despesas. Trata-se aqui de impedir o surgimento de uma Administração fragmentária. Há, porém, exceções a este princípio estabelecidas no artigo 21.º do RF. Estas exceções estão ligadas, nomeadamente, com o aproveitamento de contribuições financeiras específicas, com o aproveitamento dos juros sobre os depósitos e as sanções pecuniárias aplicadas no âmbito do procedimento por défices excessivos e com o aproveitamento de fundos específicos (de que são exemplos o Fundo de Investigação do Carvão e do Aço e o Centro Comum de Investigação).

Associado a este princípio, também com previsão no artigo 20.º do RF, está previsto o princípio da não compensação, segundo o qual "as receitas e as despesas são inscritas no orçamento sem qualquer compensação entre si", significando isto que as receitas devem ser inscritas de forma bruta e não líquida no Orçamento da União Europeia. Prevê-se, todavia, no artigo 27.º RF que podem ser efetuadas algumas deduções aos pedidos de pagamento que são objeto de uma ordem de pagamento pelo seu valor líquido, no caso das sanções aplicadas às partes em contratos ou aos beneficiários, no caso de descontos, bónus e abatimentos efetuados sobre o valor das faturas e declarações de custos, no caso de juros gerados

[584] EUROPEAN COMISSION – European Union Public Finance. Luxemburgo: Publications Office of the European Union, 2014, pp. 298-302.

pelos pagamentos de pré-financiamento e no caso de regularizações de montantes indevidamente pagos.

O Orçamento comunitário rege-se pelo princípio da anualidade, vigorando de 1 de janeiro a 31 de dezembro, nos termos dos artigos 310.º, n.º 1, e 313.º do Tratado sobre o funcionamento da União Europeia. No Orçamento Comunitário, o princípio da anualidade tem de ter uma leitura articulada com uma ideia de planeamento plurianual de despesas. Isto porque, com o principal intuito de garantir uma evolução ordenada das despesas, o Orçamento da União Europeia está sujeito, ele próprio, a um quadro plurianual quinquenal, de forma as suas despesas sigam sendo sempre financiadas exclusivamente pelos recursos próprios da União Europeia. Para tanto, fixa tetos anuais de dotações para autorizações e tetos anuais de dotações para pagamentos (artigo 312.º do Tratado sobre o funcionamento da União Europeia).

Assim sendo, certos programas de despesa são concebidos não para se esgotarem num ano, mas para serem executados durante vários anos. Assim sendo, a compreensão da anualidade do Orçamento não dispensa a compreensão da distinção entre *despesas diferenciadas* e *não diferenciadas*, que associa a ideia de planeamento anual das despesas com a necessidade de executar programas e ações planeadas com uma base plurianual. Assim sendo, as despesas não diferenciadas correspondem às que são executadas no espaço temporal de um ano (ex. despesas administrativas, dotações com carácter anual, reembolsos), ao passo que as diferenciadas são as que dão execução a planos plurianuais. Dentro das dotações diferenciadas, devem distinguir-se as dotações de autorização as dotações de pagamento. As primeiras correspondendo ao limite máximo de obrigações de despesa a contrair no espaço de um ano e as dotações de pagamento correspondendo à necessidade de efetuar pagamentos do ano em exercício bem assim como de anos anteriores, para dar execução ao plano plurianual de certos programas. Os limites de despesa orçamentados no Orçamento comunitário devem, pois, ser vistos de acordo com esta exigência dual (ou dupla limitação de despesa), sendo isto uma especificidade deste exercício previsional.

A anualidade do Orçamento não é incompatível com transição de verbas orçamentais, como o explicita o artigo 316.º do TFUE, excetuando as despesas de pessoal. O Regulamento Financeiro pormenoriza estas situações de transição de verbas nos artigos 13.º e 14.º.

De acordo com o princípio do equilíbrio, deve haver uma correspondência entre as receitas e as dotações de pagamento a efetuar. Não podem ser pagas despesas do Orçamento comunitários com recurso a receitas creditícias. Como acima foi explicado, não obstante a União Europeia poder contrair crédito, as suas instituições não podem fazê-lo tendo como objetivo o financiamento de despesas orçamentadas. Caso haja algum desvio (défice ou superavit), "a diferença em relação às estimativas é inscrita no orçamento do exercício seguinte através de um orçamento retificativo destinado exclusivamente a essa inscrição" (artigo 18.º do Regulamento Financeiro).

Impedido de recorrer ao crédito, o orçamento comunitário acaba sempre por ter de calcular as suas despesas de acordo com a previsão de receitas que faz. Como explica Manuel Porto, "a possibilidade de o orçamento aparecer equilibrado resulta [...] do próprio sistema de recursos próprios, adequável, em particular através do quarto recurso (o recurso PNB, agora RNB), à cobertura da totalidade das despesas"[585].

O princípio da especificação rege também este orçamento. De acordo com o mesmo "as dotações são especificadas em capítulos, agrupando as despesas segundo a sua natureza ou destino, e subdivididas em conformidade com a regulamentação adotada por força do artigo 322.º" do TFUE. A esta luz, as despesas do Parlamento Europeu, do Conselho Europeu e do Conselho, da Comissão, bem como do Tribunal de Justiça da União Europeia, são objeto de partes separadas do orçamento, sem prejuízo de um regime especial destinado a certas despesas comuns.

O Orçamento da União Europeia tem o seu quadro financeiro plurianual, o seu orçamento e as suas contas elaborados, executados e apresentados em euros. É o princípio da unidade de conta, mesmo que no seu espaço existam mais unidades monetárias (artigo 19.º do Regulamento Financeiro) (princípio de unidade de conta).

As despesas orçamentadas devem ser "utilizadas de acordo com o princípio da boa gestão financeira e, por conseguinte, são executadas respeitando os princípios da economia, eficiência e eficácia" (artigo 33.º do Regulamento Financeiro). Há ainda uma preocupação de transparência

585 Manuel Porto – *O Orçamento da União Europeia*. Coimbra: Almedina, 2006, p. 25.

em relação aos gastos que são orçamentados, implicando, o que implica que estes sejam "objeto de avaliações *ex ante* e retrospetivas, que devem ser proporcionadas em relação aos objetivos e às despesas" (artigo 34.º, n.º 1 do Regulamento Financeiro).

Em termos quantitativos, o orçamento da União Europeia dificilmente ultrapassa, em termos de dimensão, 1% do PIB do conjunto dos países que a integram[586]. Isto cria também uma limitação em termos de decisão de despesa, uma vez que este não pode comportar uma componente anti cíclica[587]. Ou seja, pela sua dimensão, o Orçamento da União Europeia não pode acorrer aos choques assimétricos verificados entre Estados-Membros. O orçamento da União Europeia nunca se substitui, portanto, às políticas de cada um deles, limitando-se a ser um complemento da sua ação. Nas palavras de Gabriele Cipriani, este orçamento representa "um instrumento adicional na constelação das finanças públicas da União Europeia, cujos protagonistas são os orçamentos nacionais[588].

O Orçamento da União Europeia resulta de um complexo processo, uma vez que deve ser aprovado pelo Parlamento Europeu e pelo Conselho. Passamos a descrevê-lo sucintamente, para que se fique com uma ideia de como se desenrola.

O processo orçamental inicia-se com a submissão da proposta de orçamento ao Parlamento e ao Conselho (até ao dia 1 de setembro). A apresentação da proposta é da responsabilidade da Comissão (artigo 314.º, n.º 2 do Tratado sobre o funcionamento da União Europeia).

É de notar que não obstante o poder orçamental seja partilhado pelo Parlamento Europeu e pelo Conselho, o primeiro não tem poder decisório sobre as receitas disponíveis para cobertura dos gastos, uma vez este que apenas é consultado sobre esse tema. Não obstante não ter poder

[586] Jacques Bourrinet e Philippe Vigneron – *Les paradoxes de la zone euro*. Bruxelles: Bruyant, 2010, p. 102.

[587] Manuel Porto – *O Orçamento...*, p. 15.

[588] Gabriele Cipriani – *The EU Budget...*, p. 11.

decisório sobre os recursos, ele tem de aprovar os limites de despesa (anuais e quadrienais)[589].

Até ao dia 1 de outubro, o Conselho adota uma posição e transmite-a ao Parlamento. O Orçamento poderá ficar aprovado nesta fase, sem mais delongas, caso o Parlamento ou aprove a posição do Conselho ou simplesmente se abstenha de deliberar (artigo 314.º, n.º 3 do Tratado sobre o funcionamento da União Europeia). Se o Parlamento adotar alterações, será convocado um Comité de Conciliação, cuja missão é o acordo entre o Conselho e o Parlamento sobre um projeto comum. Nesta fase poderá haver aprovação do Orçamento se chegarem a acordo ou se uma das instituições aprova a outra não delibera. Poderá haver ainda lugar a aprovação, caso o Parlamento Europeu aprove o projeto comum, mesmo com a rejeição do Conselho, se o Parlamento Europeu deliberar por maioria dos membros que o compõem e três quintos dos votos expressos, confirmando todas ou algumas das alterações que deram azo à convocação do Comité de Conciliação (artigo 314.º, n.º 7, do Tratado sobre o funcionamento da União Europeia).

Caso haja rejeição comum do projeto ou rejeição por parte do Parlamento Europeu (embora com aprovação do Conselho) ou ainda tenham passado 21 dias sem acordo sobre um projeto comum, a Comissão terá de apresentar novo projeto, dando de novo de início a um novo processo orçamental.

Em caso de não aprovação atempada do Orçamento, as instituições comunitárias poderão continuar a realizar despesas até um limite de um duodécimo das dotações inscritas no capítulo em questão no Orçamento do ano anterior (artigo 315.º do Tratado sobre o funcionamento da União Europeia).

[589] Esta assimetria de poder entre o Parlamento Europeu e o Conselho é assinalada no Final Report and recommendations of the High Level Group on Own Resources, em dezembro de 2016 p. 16.

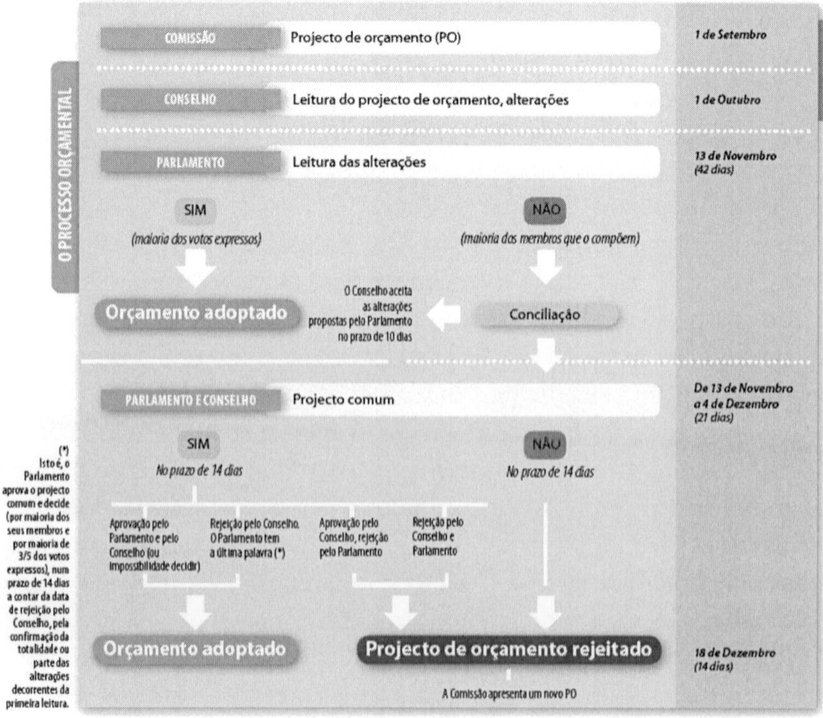

Fonte: Comissão Europeia[590].

c) Formas de atuação financeira das instituições comunitárias

A execução do Orçamento da União Europeia é assegurada pela Comissão (artigo 317.º do Tratado sobre o funcionamento da União Europeia), pelos seus próprios serviços ou, nos termos do artigo 60.º, n.º 2, do Regulamento Financeiro, pelos chefes das delegações da União, na qualidade de executores subdelegados. No seu papel de executor orçamental, a Comissão visa dar cumprimento às regras de gasto comunitário em vigor, observar estritamente o quadro plurianual de despesa em vigor e pautar a sua atuação promovendo uma boa gestão financeira (o que significa que terá de atuar em conformidade com os princípios da economia, eficiência e eficácia).

[590] Disponível em http://www.igfse.pt/upload/docs/gabdoc/2009/Novidades/01-Jan/Orçamento%20da%20UE%20num%20relance.pdf.

No exercício desta função de executor orçamental, a Comissão pode atuar de duas formas distintas, nos termos do artigo 62.º do Regulamento Financeiro[591]: ou chamando a si de forma centralizada a execução ou convocando a ação de outras entidades. Quando convoca a ação de outras entidades, poderá fazê-lo numa lógica de partilha de gestão com Estados-Membros ou numa lógica de gestão indireta, confiando tarefas de execução a terceiros Estados ou a organizações internacionais.

Como quer que atue – só ou em conjunto com outras entidades –, a Comissão assume por inteiro a responsabilidade pela execução do orçamento da União Europeia (artigo 317.º do Tratado sobre o funcionamento da União Europeia e 62.º, n.º 3 do Regulamento Financeiro).

Quando se fala em execução centralizada podemos estar a falar de execução operada diretamente. Quando atua diretamente, a Comissão fá-lo pelos seus próprios serviços ou por delegações da União (artigo 60.º do Regulamento Financeiro). Nos casos de administração centralizada indireta, a execução do Orçamento da União Europeia pode ser feita por agências de direito comunitário (agências de execução[592]) que levam a cabo programas ou projetos comunitários e por pessoas, nomeadas pela Comissão ou por outras instituições, a quem tenham sido delegados poderes de execução orçamental (artigo 69.º do Regulamento Financeiro). Em concreto, a Comissão executa o Orçamento de forma centralizada no

[591] "Although shared management has been a long-established practice, it was governed for a long time only by rules laid down in secondary legislation which stipulate, for each sector, the respective roles of the Commission and the national authorities. The same applied to management decentralized to non-member countries, where the respective roles of the Commission and the beneficiary countries and the various types of control applicable depend on the agreements signed by the Commission and these countries" (Comissão Europeia – *European Union. Public Finance.* Luxemburgo, 2014, pp. 224).

[592] "Executive agencies are legal persons under Community law, created by Commission Decision, to which powers may be delegated to implement all or part of a Community programme or project on behalf of the Commission and under its responsibility in accordance with a statute adopted by the Council. The originality of the executive agency concept lies in the combination of the autonomy of the agency (with a legal personality), which allows more flexible management, and supervision by the Commission (of the Steering Committee and the performance of the tasks), which guarantees the protection of Community interests" (Comissão Europeia – *European Union...*, p. 294).

que toca às despesas de investigação, sociedade de informação, educação e cultura, transportes e energia e algumas ações externas[593] .

De acordo com o artigo 317.º do Tratado sobre o funcionamento da União Europeia, a Comissão – utilizando os seus serviços ou por meio de delegações da União – pode também executar o orçamento em cooperação com os Estados-Membros. Quando o faz, a Comissão atua numa lógica de gestão partilhada. Esta gestão partilhada aplica-se em relação às despesas com agricultura, desenvolvimento rural, ambiente e pescas e com coesão política (fundos estruturais e fundo de coesão).

Atuando numa lógica descentralizadora, a Comissão confere aos Estados-Membros, nalguns domínios, verdadeiros poderes de execução do orçamento da União Europeia. A lógica na atribuição destes poderes não é a de os Estados-Membros ficarem subordinados a um poder de direção da Comissão. Mas a de lhes conferir poderes delegados (artigo 63.º, n.º 1 do Regulamento Financeiro).

Em que se consubstanciam, na prática, estes poderes? Na possibilidade de selecionar os candidatos a subsídios comunitários e de tomar decisões finais na atribuição dos mesmos[594]. Ou seja, estes poderes consubstanciam-se na atribuição aos Estados-Membros de poderes de microgestão dos financiamentos comunitários (o relacionamento com os candidatos e o tratamento dos seus processos). Nesta relação, a Comissão assume o papel de fazer com que, dentro dos limites orçamentais e ditados pela programação financeira plurianual, haja condições financeiras para estes fundos poderem ser efetivamente atribuídos. "Por exemplo, no que respeita à política de coesão, a Comissão só é informada globalmente dos projetos propostos e não se espera que venha a fazer a sua microgestão"[595]. O controlo que a Comissão faz é à distância, sem saber efetivamente como os sistemas nacionais estão a utilizar o dinheiro do orçamento comunitário.

593 Gabriele Cipriani – *The EU Budget...*, p. 106, nota 87.

594 "Financially and politically, direct payments are the most important element of the CAP. A national envelope is defined for each Member State and these envelopes in effect represent historical rights to funds for direct payments" (Erjavec *et alli*, Erjavec *et alli* – Policy assessment of an EU wide flat area CAP payments system. In Economic Modelling, vol. 28, issue 4, July 2011).

595 Gabriele Cipriani – *The EU Budget...*, pp. 19 e 20.

Nesta tarefa de execução orçamental partilhada, a relação que se estabelece entre os Estados-Membros e a Comissão obriga a uma colaboração. A Comissão assume poderes de controlo e auditoria em relação à execução, promovendo a utilização das dotações de acordo com princípios de boa gestão financeira (artigo 317.º Tratado sobre o funcionamento da União Europeia). Com efeito, é esta quem tem, como já foi referido, a responsabilidade final pela execução do Orçamento da UE. Assim, mesmo antes de estabelecer uma relação com uma determinada entidade[596], a Comissão deve verificar, de acordo com os critérios do artigo 63.º do Regulamento Financeiro, a existência de bom funcionamento da entidade do Estado-Membro que com ele colabora (controlo *ex ante*). Já no decurso da execução orçamental também dispõe de poderes de controlo. Entre eles incluem-se o de apuramento de contas das instituições que com ele colaboram e a utilização de mecanismos de correção financeira (controlo *ex post*). A Comissão pode mesmo suspender a transferência de fundos quando não existe uma garantia absoluta da fiabilidade do sistema de execução e controlo do Estado-Membro. O poder de controlo da Comissão será tanto mais efetivo quanto mais precisa e clara for a definição das competências delegadas.

Das entidades públicas que colaboram com a Comissão espera-se a adoção de medidas legais, regulamentares, administrativas ou outras tendo em vista a certificação de que a ações financiadas são realizadas de forma correta e eficaz; a prevenção, deteção e repressão das irregularidades ou fraudes; a cooperação com a Comissão, com o OLAF e com o Tribunal de Contas; recuperação de fundos indevidamente pagos ou incorretamente utilizados; aplicações de sanções efetivas e dissuasoras; e a publicação anual dos beneficiários de fundos provenientes do orçamento da UE (artigo 60.º, n.º 2 do Regulamento Financeiro); a apresentação à Comissão de relatórios anuais de execução, contendo a síntese das auditorias e as declarações disponíveis (artigos 60.º, n.ºs 5 e 6 do Regulamento Financeiro).

A Comissão pode também conferir poderes de execução do Orçamento da União Europeia a outras entidades (as referidas no artigo

[596] Nos termos do artigo 57.º Regulamento (CE) n.º 1605/2002, as entidades que colaboram com a Comissão devem ser entidades públicas.

58.º, n.º 1, al. c) do Regulamento Financeiro), e até mesmo a países que não sejam Estados-Membros da União Europeia. Poderá fazê-lo, por exemplo, no quadro de uma ajuda concedida a título autónomo; no quadro de (um) acordo(s) concluídos com Estados terceiros ou de acordo com organizações internacionais. Estas ajudas consubstanciam-se em contratos de financiamento ou contratos ou convenções de subvenção, os quais definem as condições de concessão de ajuda externa.

Quando falamos em ações externas da União Europeia falamos, por um lado, na assistência que a União Europeia presta a países candidatos à União Europeia. Esta assistência visa, nomeadamente, o reforço das instituições democráticas e do Estado de Direito; o alinhamento progressivo com as normas e políticas da União Europeia; e a adoção e aplicação do acervo comunitário.

Notamos, neste ponto, que a celebração de um destes acordos não implica necessariamente a conferência de poderes de execução orçamental. Nada impede que esses acordos prevejam por exemplo a execução centralizada por parte da Comissão.

Mas nos casos em que se opte por uma execução descentralizada, e à semelhança do que sucede nas demais modalidades de execução, também aqui a Comissão é a responsável final pela execução do Orçamento da União Europeia. Nestes termos, cabem-lhe poderes de controlo *ex ante* das entidades com as quais se vai relacionar. No âmbito desta verificação, a Comissão deverá assegurar-se de que a entidade colaboradora do país terceiro garante o acesso público à informação, ao nível previsto pela regulamentação comunitária. Cabe ainda à Comissão a instauração de procedimentos de apuramento de contas e/ou de correção financeira, à semelhança do que sucede nos casos de execução descentralizada no âmbito dos seus Estados-Membros (controlo *ex post*).

Os países terceiros que colaboram com a Comissão na execução orçamental devem, para além da manutenção das condições que apresentam em sede de fiscalização *ex ante* à Comissão, instaurar um sistema de controlo interno eficaz e eficiente; utilizar um sistema de contabilidade que forneça informações rigorosas, completas, fiáveis e atempadas; e aplicar regras e procedimentos adequados para a concessão de financiamentos a partir de fundos da União através de subvenções, de contratos públicos e de instrumentos financeiros.

A execução orçamental partilhada ou indireta leva a que o controlo do Orçamento da União Europeia se opere de forma plurilocalizada nesses casos. Com efeito, se em primeira linha a responsabilidade pela execução cabe à Comissão, a verdade é que esta exclusividade da responsabilidade da Comissão não afasta a responsabilidade daqueles em quem essa tarefa é delegada. Em relação aos Estados-Membros, o Tratado sobre o funcionamento da União Europeia é cristalino quando dispõe que "os Estados-Membros cooperarão com a Comissão a fim de assegurar que as dotações sejam utilizadas de acordo com os princípios da boa gestão financeira" (artigo 317.º do Tratado sobre o funcionamento da União Europeia). Com efeito,

Assim sendo aos controlos orçamentais da União Europeia somam-se os controlos próprios dos Estados (Membros ou terceiros) que se relacionam com a Comissão.

d) Formas de controlo sobre a atuação financeira das instituições comunitárias

Do lado dos controlos comunitários, temos, em primeiro lugar, aquele que é operado pela Comissão na relação que estabelece com os organismos que com ela colaboram (controlo interno). Em concreto, este controlo é feito pelos Diretores-Gerais da Comissão ou pelos chefes das delegações da União, na qualidade de executores subdelegados, relativamente à sua área de responsabilidade. Nos casos de execução descentralizada, esta incide sobre as entidades dos Estados-Membros ou Estados-terceiros que colaboram com a Comissão. Normalmente, as regras relativas ao controlo que aqui se aplicam estão intimamente relacionadas com o apuramento final de contas e a aplicação de mecanismos de correção financeira levados a cabo pela Comissão. Os procedimentos de controlo comunitários são plurianuais por natureza[597].

O controlo comunitário é promovido em cumprimento das regras do Regulamento Financeiro e de acordo com os parâmetros de controlo interno para a execução efetiva, estabelecidos pela Comissão. Estes parâmetros visam assegurar que "as atividades operacionais são efetivas e eficientes, que as transações são legais e regulares, que o reporte financeiro e de execução é fiável, que a fraude e as irregularidades são

[597] Comissão Europeia – *European Union*..., p. 328.

prevenidas ou detetadas e, finalmente, que os recursos e informação são salvaguardados"[598].

Uma das preocupações no que toca a este controlo prende-se com razoabilidade do seu custo, de forma a que este não se torne demasiado oneroso. Esta preocupação é visível, nomeadamente, quando se definem as margens de erro razoáveis no que toca à atribuição de fundos (no âmbito da execução descentralizada ou gestão partilhada), de forma a não reforçar o controlo quando os erros na atribuição de fundos não são muito numerosos[599]. "The need of striking a reasonable balance between the administrative costs of control and the risk of reimbursing irregular expenditure has led to the concept of 'tolerable risk of error'. This is a recognition of how unrealistic it is to strive for a 'zero irregularity' system, due to the disproportionate cost of controls"[600].

Desta atividade de controlo resulta um relatório anual por parte de cada um dos Diretores-Gerais, dando conta da execução orçamental operada e do controlo interno feito. Com base nestes relatórios é elaborada uma síntese da execução orçamental. É com base nesta síntese que a Comissão "assume a sua responsabilidade política"[601].

As correções sugeridas pelo Parlamento Europeu, atrás mencionadas em relação à execução descentralizada, e a urgência sugerida para a sua aplicação mostram a necessidade de um controlo fiável e efetivo. Sem um controlo fiável e efetivo a Comissão fica impossibilitada de assumir a responsabilidade final pela execução do orçamento.

Os organismos que executam o orçamento estão ainda sujeitos à jurisdição do Tribunal de Contas Europeu. Estamos neste caso perante o controlo externo. Criado em 1977[602], este Tribunal elabora o relatório anual após o encerramento de cada exercício orçamental e assiste ao Parlamento Europeu e ao Conselho no exercício dos poderes de controlo

[598] Comissão Europeia – *European Union...*, p. 331.

[599] V. Communication from the Commission to the European Parliament, the Council and the Court of Auditors : "More or less controls? Striking the right balance between the administrative costs of control and the risk of error" (COM(2010)261 final de 26/05/2010).

[600] Gabriele Cipriani – *The EU Budget...*, pp. 32.

[601] Comissão Europeia – *European Union...*, p. 331.

[602] O Regulamento interno do Tribunal de Contas Europeu em vigor foi aprovado pelo Conselho em 22 de fevereiro de 2010 e foi publicado no JO L 103 de 23.04.2011.

da execução orçamental (artigos 285.º e seguintes do Tratado sobre o funcionamento da União Europeia).

Sendo certo que não tem funções jurisdicionais, é o Tribunal de Contas Europeu que fiscaliza todas as receitas e despesas da União, tendo em vista a legalidade e regularidade das contas e a promoção da boa gestão financeira (artigos 285.º e 287.º do Tratado sobre o funcionamento da União Europeia). A sua fiscalização consubstancia-se na realização de auditorias (realizadas de acordo com as normas internacionais de auditoria – ISA – publicadas pelo IFAC; as normas de auditoria da INTOSAI; e o referencial COSO)[603]. Estas visam não só um controlo de legalidade das despesas efetuadas, mas também da economia, eficiência e eficácia com que foram despendidos os recursos disponibilizados. Estas auditorias podem ter lugar quer antes, quer depois do encerramento das contas no exercício orçamental em causa (artigo 287.º, n.º 2, do Tratado sobre o funcionamento da União Europeia). Incidindo tanto sobre instituições comunitárias quanto sobre instituições de Estados-Membros da União Europeia ou mesmo Estados-terceiros, as auditorias do Tribunal de Contas Europeu são exercícios de realização complexa.

No seu papel de controlo, o Tribunal de Contas Europeu não deve bastar-se com os relatórios dos Diretores-Gerais. Com efeito, estes não passam de uma tomada de posição da Comissão e servem apenas de elementos complementares no quadro da avaliação do controlo e vigilância feitos pelo próprio Tribunal de Contas Europeu. As relações entre o Tribunal de Contas Europeu e a Comissão devem ser de total abertura. As auditorias feitas pelo Tribunal de Contas Europeu baseiam-se em vários elementos. Entre os principais temos, por um lado, o exame do funcionamento dos sistemas de controlo e vigilância no que toca à cobrança de receitas e realização de despesa e, por outro, testes de validação feitos relativamente a operações ligadas às receitas e às

[603] As auditorias que o Tribunal de Contas Europeu realiza baseiam-se nos elementos mencionados no artigo 287.º, n.º 3 e podem ser de três tipos:

- financeiras: verificação de contas para o efeito do apuramento da sua correspondência com a situação financeira atual e com os resultados e fluxos de caixa do exercício orçamental;
- de conformidade: verificam o cumprimento dos diplomas jurídicos aplicáveis;
- de resultados: verificam o cumprimento da economia, eficiência e eficácia na realização de despesa.

despesas (controlo direto de legalidade e regularidade por uma amostra significativa de pagamentos até ao beneficiário final).

No exercício do seu papel de controlo, o Tribunal de Contas Europeu pode fazer inspeções nas instalações de qualquer órgão (comunitário ou não) que efetue a gestão de receitas e despesas em nome do Estado (287.º, n.º 2 do Tratado sobre o funcionamento da União Europeia). Na sua ação, o Tribunal de Contas Europeu conta com a colaboração das instituições nacionais e de outros auditores.

Nos termos do artigo 287.º do Tratado sobre o funcionamento da União Europeia, "o Tribunal de Contas envia ao Parlamento Europeu e ao Conselho uma declaração sobre a fiabilidade das contas e a regularidade e legalidade das operações a que elas se referem" (conhecida pela expressão francesa Déclaration d'Assurance – DAS). Esta declaração é anual. Pode ser emitida com ou sem reservas. Será emitida sem reservas se o Tribunal de Contas Europeu considerar que tem uma imagem fiel da execução e se vê garantida a legalidade e regularidade das operações de receita e de despesa. A DAS serve para fornecer ao Parlamento Europeu e ao Conselho uma apreciação e opinião sobre a forma como os recursos comunitários foram geridos.

Pela sua posição privilegiada e pelo conhecimento detalhado sobre o modo como os orçamentos comunitários são executados, o Tribunal de Contas Europeu é, nos termos do artigo 325.º do Tratado sobre o funcionamento da União Europeia, ouvido pelo Parlamento Europeu e pelo Conselho tendo em vista a tomada de medidas de prevenção e combate das fraudes lesivas dos interesses financeiros da União Europeia.

Para além destes controlos, a avaliação da execução orçamental pela Comissão está também sujeita à apreciação política feita pelo Parlamento e pelo Conselho.

Aos controlos comunitários, soma-se o controlo exercido pelas autoridades dos Estados cujos organismos promovem execução orçamental comunitária.

Os organismos públicos que executam o orçamento comunitário (normalmente em regime de cofinanciamento) estão sujeitos aos controlos orçamentais nacionais (administrativos, políticos e jurisdicionais).

Entre os controlos nacionais, destacamos o controlo interno, que se soma àquele que é feito de acordo com os parâmetros definidos pela

Comissão, acima referidos. Destacamos ainda, no seio do controlo externo, aquele que é feito pela entidade nacional de auditoria, o qual também se soma ao que é feito pelo Tribunal de Contas Europeu. Veja-se por exemplo, no caso português, que a competência do Tribunal de Contas se estende à "aplicação dos recursos financeiros oriundos da União Europeia, de acordo com o direito aplicável, podendo, neste domínio, atuar em cooperação com os órgãos comunitários competentes" (artigo 5.º, n.º 1, al. h, da Lei de Organização e Processo do Tribunal de Contas).

V.
O Direito financeiro europeu

1. Instrumentos financeiros e económicos para a unidade política e monetária

a) O controlo da disciplina orçamental

A União Europeia não se cruza apenas com as finanças nacionais por via das suas políticas comuns de despesa e do seu modo de financiamento. Hoje a compreensão das finanças públicas, em Portugal, como de resto, em qualquer Estado-Membro, passa por um estudo atento e um acompanhamento próximo dos instrumentos financeiros e económicos com que se vai construindo a unidade política e monetária.

A partir de 1999, com o início da terceira fase da União Económica e Monetária (depois dos Tratados da União Europeia: Maastricht, Amesterdão e Nice), os países da União Europeia regem-se por uma política monetária única, assente na existência de uma moeda única e na existência de uma só taxa de câmbio[604].

[604] Guilherme d'Oliveira Martins – *Sumários de Finanças Públicas 2010/2011*, capítulo 8, pp. 11 e 12 (disponível em www.lis.ulusiada.pt): "As políticas monetárias e de crédito constituem, no contexto europeu, instrumentos que estão atribuídos essencialmente, depois dos Tratados da União Europeia (Maastricht, Amesterdão e Nice), ao Banco Central Europeu e ao Sistema Europeu de Bancos Centrais. Desde a criação monetária relativa ao Euro até à definição das taxas de remuneração das aplicações de capital, estamos perante um instrumento que deixou de ser puramente nacional, ou invocável nesse exclusivo âmbito. Existe, pois, uma federalização das políticas monetárias na União Europeia.

A estratégia europeia para manter a situação económica dos Estados-Membros controlada assentou, até ao presente, em grande medida, naquilo que se designa por "policy mix", que corresponde à articulação entre a centralização da política monetária e a descentralização das políticas orçamentais de cada um dos Estados-Membros. Nesta medida, insistiu-se muito desde o início em que o sucesso da sua política monetária dependeria em muito do rigor com que os orçamentos dos vários Estados-Membros fossem elaborados e executados, de forma a evitar pressões inflacionistas ou sobre as taxas de juro. Tendo isso em vista, previram-se desde logo algumas constrições orçamentais, que necessariamente produziriam os seus reflexos na forma como fosse exercida a atividade financeira nos Estados-Membros. "A lógica subjacente à existência de regras orçamentais baseia-se na ideia de que a falta de disciplina orçamental põe pressão sobre os preços, o que implica, *ceteris paribus*, uma subida da taxa de juro por parte do Banco Central Europeu (BCE). Consequentemente, países com défices baixos enfrentariam um custo resultante do comportamento de países com défices elevados. Adicionalmente, na ausência de regras orçamentais, surgiriam pressões sobre o BCE no sentido de acomodar as tensões inflacionistas, com o intuito de reduzir o valor real da dívida"[605].

Sustentando a política monetária única, o artigo 126.º do Tratado sobre o funcionamento da União Europeia exigiu, desde logo, o cumprimento de uma disciplina orçamental assente na não ultrapassagem de um valor de referência, por um lado, no que toca à relação entre o défice orçamental e o PIB e, por outro, à relação entre a dívida pública e o produto interno bruto, a preços de mercado[606]. Ou seja, como explicam Miguel Martinez Lago e Leonardo García de la Mora, o Tratado da União Europeia fez da disciplina orçamental uma fórmula de coordenação[607].

Estas articulam-se entre si, deixando, por força da existência do mercado interno, da livre circulação de pessoas, mercadorias, serviços e capitais, e do fim das fronteiras, de ser possível jogar internamente com as taxas de câmbio".

[605] João Amador e Jorge Correia da Cunha – *Regras Orçamentais na UE: Algumas linhas de orientação para a sua reforma*, *in* Boletim Económico Banco de Portugal, dezembro 2004, p. 32 (disponível em http://docentes.fe.unl.pt/~jamador/Textos/BE_PEC.pdf).

[606] Estes critérios de convergência foram definidos em momento anterior com o Tratado de Maastricht (que entrou em vigor em 1993), o qual previu criação da UEM e do Euro.

[607] Miguel Ángel Martínez Lago e Leonardo García de la Mora – *Lecciones de Derecho Financiero y Tributario*. Madrid: Justel, 2011, p. 217.

De acordo com o Protocolo 20 sobre o procedimento relativo aos défices excessivos, anexo ao Tratado, os valores de referência seriam de:

- 3% para a relação entre o défice orçamental programado ou verificado e o produto interno bruto, a preços de mercado; e de
- 60% para a relação entre a dívida pública e o produto interno bruto, a preços de mercado[608/609].

Completando o disposto no Tratado, os Estados-Membros, a Comissão e o Conselho estabeleceram um pacto (Resolução do Conselho Europeu de Amesterdão, de 17 de junho de 1997), conhecido, conjuntamente com os Regulamentos que o completam (Regulamento (CE) n.º 1466/97 do Conselho[610], de 7 de julho e Regulamento (CE) n.º 1467/97 do Conselho, de 7 de julho[611]) como Pacto de Estabilidade e Crescimento.

Por meio deste Pacto:

- Os Estados-Membros comprometeram-se, por um lado, a apresentar situações próximas do equilíbrio ou excedentárias e a, quando for caso disso (em caso de défice excessivo), a aplicarem sem demora as medidas de correção orçamental, tendo em vista a resolução do problema no prazo máximo de um ano;
- A Comissão – cuja missão é acompanhar a situação orçamental e o montante de dívida dos Estados-Membros (artigo 126.º, n.º 2)

[608] "[...] as razões que se invocam para justificar a inclusão de tais regras, são de dois tipos: um primeiro teria a ver com as consequências negativas que teria para os restantes países o excesso de endividamento por parte de um Estado membro e um segundo, que resultaria da convicção de que o processo de integração económica reforçaria a tendência natural dos governos para recorrerem ao endividamento em detrimento do reforço da carga fiscal" – Eduardo M. H. da Paz Ferreira – *Da Dívida Pública...*, p. 127.

[609] "Tem sido generalizadamente posta em evidência a questão da total aleatoriedade dos valores previstos no Tratado, que não correspondem a qualquer critério económico razoável, não espelhando, designadamente, a problemática da "sustentabilidade" da dívida e antes refletindo, simplesmente, um valor médio registado em certa altura nos países da Comunidade" – Eduardo M. H. da Paz Ferreira – *Da Dívida Pública...*, pp. 127 e 128

[610] Alterado pelo Regulamento (CE) n.º 1055/2005, de 27 de junho e pelo Regulamento (UE) n.o 1175/2011 do Parlamento Europeu e do Conselho de 16 de novembro de 2011.

[611] Alterado pelo Regulamento (CE) n.º 1056/2005, de 27 de junho e pelo Regulamento (CE) n.º 1177/2011, de 8 de novembro.

– comprometeu-se a apresentar ao Conselho, sem demora, relatórios, pareceres ou recomendações que permitam a este segundo órgão tomar de imediato medidas, sempre que seja detetado um défice excessivo; e

– O Conselho comprometeu-se a tomar decisões rápidas, instando os Estados-Membros que apresentem défices excessivos a corrigir a sua situação orçamental tão rápido quanto possível.

Nos dois Regulamentos que integram o Pacto de Estabilidade e Crescimento preveem-se instrumentos que facilitam um cumprimento estrito das obrigações impostas e a criação de um sistema de controlo que permita às instâncias comunitárias uma reação rápida a qualquer desvio, em relação às metas a atingir.

Sucede, porém, que a "policy mix" não foi, à partida, bastante para evitar a disparidade entre as situações orçamentais dos Estados da zona euro e a crise de dívida soberana verificada nalguns deles. Entre 2008 e 2009 houve um agravamento da disparidade de défices orçamentais apresentados pelos países da zona euro. O lançamento de inúmeros programas nacionais de salvação à banca, como resposta à crise *subprime* americana e com vista à estabilização do sistema financeiro – por determinação do Eurogrupo –, deu lugar à degradação da situação financeira de países que já se encontravam fragilizados (como sucedeu com a Irlanda, a Grécia e Portugal). O aumento dos défices orçamentais nesses países teve como efeito o aumento das taxas de juros e a consequente degradação da notação financeira. Nessa altura, foi repensado o procedimento por défices excessivos[612] exigindo-se aos Estados que elaborassem os seus orçamentos de acordo com as regras estatísticas e contabilísticas europeias.

Em 2010, a União Europeia deparou-se pela primeira vez com défices e dívidas que ultrapassavam largamente os limites impostos ao défice e dívida e com o surgimento do novo fenómeno da "crise da dívida soberana" na Grécia[613]. Temendo o contágio à restante zona euro, a União Europeia adotou medidas supondo uma coordenação de esforços ou, se quisermos, o aprofundamento de uma política de solidariedade.

[612] Guilherme d'Oliveira Martins – *Sumários*...(capítulo 8), pp. 11 e 12 .

[613] Virgínia Maria Granate Costa e Sousa – *Sistema Europeu*...,, p. 111.

Esta política consubstanciou-se num auxílio aos países mais endividados da zona euro. O que correspondeu a uma certa forma de mutualização dos compromissos financeiros assumidos por alguns Estados, tendo em vista o restabelecimento da convergência financeira de todos. Isto foi feito através da criação do Fundo Europeu de Estabilização Financeira (European Financial Stability Facility – EFSF). Este fundo deu lugar a um instrumento permanente, o Mecanismo Europeu de Estabilização (European Stability Mechanism – ESM). Este Mecanismo complementa hoje a supervisão que as instâncias comunitárias fazem sobre a situação orçamental dos seus Estados-Membros de forma a evitarem futuras crises[614].

Desde 2011 e tendo em vista a correção dos problemas detetados e a garantia da estabilidade económica e financeira da União Europeia, o Pacto de estabilidade e crescimento foi desenvolvido pela Diretiva 2011/85/UE e pelos Regulamentos (UE) n.ºs 1173/2011; 1174/2011; 1175/2011; 1176/2011; 1177/2011 ("six-pack").

Os regulamentos de 2011 tiveram como objetivo a introdução de uma governação económica mais rigorosa e de uma supervisão mais ampla das políticas económicas e orçamentais dos Estados-Membros, em particular dos Estados-Membros, cuja moeda seja o euro. Ficam ainda sujeitos a uma fiscalização reforçada os "Estados-Membros que se encontrem afetados ou ameaçados por graves dificuldades no que respeita à sua estabilidade financeira com potenciais efeitos de contágio negativos sobre outros Estados-Membros da área do euro".

Por meio deste pacote legislativo, prevê-se a existência de análises aprofundadas dos indicadores económicos de cada Estado-Membro, de forma a que a comissão consiga identificar os países que estão em risco de desequilíbrio macroeconómico. Caso o desequilíbrio seja considerado excessivo, esse Estado-Membro seria sujeito a um plano de medidas corretivas.

Por meio do Regulamento (EU) n.º 1175/2011 foi introduzido o Semestre Europeu, como mecanismo de coordenação das políticas económicas e dos comportamentos das economias dos Estados-Membros. Este esforço de coordenação consiste, em concreto, na "formulação e a supervisão da aplicação das orientações gerais das políticas económicas

[614] Virgínia Maria Granate Costa e Sousa – *Sistema Europeu...*, p. 111.

dos Estados-Membros"; na "formulação e a apreciação da aplicação das orientações em matéria de emprego que os Estados-Membros devem ter em conta"; na "apresentação e a avaliação dos programas de estabilidade e convergência dos Estados-Membros"; na "apresentação e a avaliação dos programas nacionais de reforma dos Estados-Membros de prestação de apoio à estratégia da União para o crescimento e o emprego" e na "supervisão para prevenir e corrigir desequilíbrios macroeconómicos".

A previsão do semestre europeu foi complementada pela adoção de um calendário orçamental comum e pelo reforço da supervisão orçamental, de forma a que os projetos anuais de plano orçamental devam ser coerentes "com as recomendações emitidas no contexto do PEC e, se for caso disso, com as recomendações emitidas no contexto do ciclo anual de supervisão".

Foi por meio destes regulamentos de 2011 promoveu-se simultaneamente uma aceleração do procedimento por défice excessivo e aplicação de um sistema sancionatório mais rigoroso (nomeadamente através da aplicação de multas) que favoreça o cumprimento das recomendações do Conselho e uma rápida correção de desvios orçamentais significativos, mediante a adoção de um plano com um calendário e um prazo definido.

Em 2012, as tentativas de resolução da crise financeira da zona euro deram ainda lugar a um aprofundamento da coordenação orçamental, por meio da assinatura – em 2 março – de um novo tratado intergovernamental, o Tratado sobre a Estabilidade, Coordenação e Governação na União Económica e Monetária, também chamado abreviadamente por Pacto Orçamental.

Por meio do mesmo, foi reforçada a coordenação da zona euro. Este reforço assentou, essencialmente, na imposição aos Estados da zona euro da transposição para o plano nacional "através de disposições vinculativas e de caráter permanente, de preferência a nível constitucional, ou cujos respeito e cumprimento possam ser de outro modo plenamente assegurados ao longo dos processos orçamentais nacionais" de disposições legais assegurando que a sua situação orçamental se apresente equilibrada ou excedentária. A situação orçamental considera-se equilibrada "se o saldo estrutural anual das administrações públicas tiver atingido o objetivo de médio prazo específico desse país, tal como definido no Pacto de Estabilidade e Crescimento revisto, com um limite de défice estrutural de 0,5 % do produto interno bruto a preços de mercado". Neste

Pacto prevê-se ainda que "sempre que a relação entre a dívida pública e o produto interno bruto a preços de mercado for significativamente inferior a 60 % e os riscos para a sustentabilidade a longo prazo das finanças públicas forem reduzidos, o limite para o objetivo de médio prazo fixado (...) pode atingir um défice estrutural de, no máximo, 1,0 % do produto interno bruto a preços de mercado".

Estes novos limites de défice estrutural consubstanciam aquilo que se tem designado por regra de ouro orçamental. O objetivo desta regra de ouro é o de conter o endividamento – não o impedindo em absoluto – de forma a equilibrar a produção e o consumo, evitando um endividamento estrutural que ponha em causa a sustentabilidade orçamental.

Para assegurar o cumprimento destes novos limites, sempre que for detetado desvio significativo do objetivo de médio prazo ou da respetiva trajetória de ajustamento, o Pacto Orçamental impõe que seja "automaticamente acionado um mecanismo de correção".

Para além da exigência de uma situação orçamental equilibrada ou excedentária, o Pacto Orçamental exige ainda o respeito pelo limite dos 60% do PIB em relação à contração de dívida pública. O limite da dívida deixa de ser um valor meramente indicativo ou tendencial, passando a ser um valor vinculativo e uniformizando o tratamento do défice excessivo e da dívida excessiva. Vai-se assim além do que dispunha o Pacto de Estabilidade e Crescimento do qual resultava que apenas o défice excessivo era proibido[615]/[616]. Tal como acontece em relação ao défice excessivo, passa a estar previsto um mecanismo de correção da demasia de endividamento por parte dos Estados-Membros, dando a não redução do excesso de dívida a um ritmo de um vinte avo por ano lugar à aplicação de sanções (artigo 4.º do Pacto Orçamental. Para assegurar o respeito deste limite, "as Partes Contratantes comunicam previamente ao Conselho da União Europeia e à Comissão Europeia os respetivos planos de emissão de dívida pública".

[615] Maria Antónia Jorge de Jesus – *A Contabilidade Pública e a Contabilidade Nacional: principais divergências e implicações no défice público em Portugal.* ISCTE Business School, setembro de 2008, p. 201.

[616] Sobre a implementação do Pacto de Estabilidade e Crescimento, v. European Commission – *Public Finances in EMU 2006*, pp. 33 e ss.

As violações destes limites de défice e dívida passam a acionar um mecanismo de correção automático. De acordo com o pacto orçamental, será necessário que uma maioria qualificada de Estados da zona Euro se oponha quer ao acionamento deste mecanismo de correção, quer à aplicação de sanções (artigo 7.º do Pacto Orçamental).

Em 2013, estas regras foram ainda reforçadas pelos Regulamentos (UE) n.ºs 472/2013 e 473/2013 ("two-pack"). O primeiro refere-se ao reforço da supervisão económica e orçamental dos Estados-Membros da área do euro afetados ou ameaçados por graves dificuldades no que diz respeito à sua estabilidade financeira, aprofundando o caminho iniciado em 2011. Desde esta data, os Estados-Membros são obrigados a entregar as suas propostas de Orçamento para o ano seguinte até ao 15 de outubro. Se a Comissão verificar que essa proposta não está em linha com os objetivos de médio prazo, o orçamento poderá ter se ser refeito. O segundo regulamento de 2013 estabelece disposições comuns para o acompanhamento e a avaliação dos projetos de planos orçamentais e para a correção do défice excessivo dos Estados-Membros da área do euro, desenvolvendo disposições orçamentais comuns, incluindo o calendário comum (completando o calendário de 2011), o acompanhamento dos planos orçamentais dos Estados-Membros e a correção dos défices excessivos.

b) Os instrumentos de controlo da disciplina orçamental por parte dos Estados-Membros da União Europeia

Instrumentos preventivos e de supervisão

Um dos instrumentos de controlo da disciplina orçamental, prende-se com a adoção dos Programas de Estabilidade, por parte dos Estados-Membros cuja moeda é o euro[617]. Nestes programas, estabelece-se um objetivo de médio prazo que "proporcione uma base essencial para a sustentabilidade das finanças públicas que conduza à estabilidade dos preços, a um crescimento sustentável forte e à criação de emprego" (artigo 3.º, n.º 1, do Regulamento (CE) n.º 1466/97 do Conselho, de 7 de julho).

[617] Os Estados-membros que não aderiram à moeda única apresentam Programas de Convergência – artigos 7.º e ss. do Regulamento (CE) 1466/97.

De acordo com o artigo 3.º do Regulamento (CE) n.º 1466/97 do Conselho de 7 de julho, este programa deve conter os seguintes elementos:

1. objetivo orçamental de médio prazo; trajetória de ajustamento conducente ao objetivo fixado para o saldo de administração pública; trajetória do rácio da dívida; trajetória de crescimento de despesa e de receita pública;
2. informações sobre passivos implícitos;
3. informações sobre a coerência do programa de estabilidade com as orientações gerais para as políticas económicas e os programas nacionais de reforma;
4. a evolução previsível da economia e de outras importantes variáveis económicas suscetíveis de influenciar a realização do programa de estabilidade (como a despesa com o investimento público, o crescimento do PIB em termos reais, o emprego e a inflação);
5. uma avaliação quantitativa pormenorizada das medidas orçamentais e outras medidas de política económica aplicadas ou propostas para a realização dos objetivos do programa;
6. uma análise das implicações das alterações das principais hipóteses económicas sobre a situação orçamental e de endividamento; e
7. se for caso disso, as razões para o desvio em relação à trajetória de ajustamento ao objetivo de médio prazo.

Estes programas são sujeitos a uma avaliação prévia por parte do Conselho Europeu e da Comissão Europeia, no âmbito do Semestre Europeu, criado para permitir uma coordenação mais estreita das políticas económicas e uma convergência sustentada dos comportamentos das economias dos Estados-Membros. Os referidos programas são apresentados e tornados públicos até ao dia 15 de abril.

Os programas de estabilidade apresentados pelos Estados servem para a monitorização, por parte dos órgãos comunitários, do cumprimento dos limites de défice e dívida previstos nos Tratados Europeus e para a adoção de medidas a tomar no sentido, quer da sua manutenção, quer da sua redução (no caso de ser previsível uma derrapagem). O cumprimento destes Programas é acompanhado pelo Conselho e pela Comissão, com base nas informações fornecidas pelos Estados-Membros e nas avaliações da Comissão e do Comité Económico e Financeiro. O objetivo é o de identificar qualquer desvio da situação orçamental em relação ao objetivo previsto.

Como acima foi indicado, esta apresentação simultânea dos programas de estabilidade só é possível porque os calendários orçamentais dos Estados-Membros (sobretudo da zona euro) foram alinhados, de forma a permitir um acompanhamento e supervisão por parte das instituições europeias.

Estes programas de estabilidade devem estar conformes às indicações constantes dos Relatórios sobre o Crescimento Anual e sobre o Mecanismo de Alerta, ambos publicados pela Comissão entre o final do ano anterior e o início do ano corrente. Estes programas também devem estar alinhados com as prioridades económicas para a União Europeia apresentadas pelo Conselho Europeu, dadas a conhecer em março, com base nos referidos relatórios e nas previsões económicas de inverno (que são conhecidas em fevereiro).

Após a entrega dos programas de estabilidade, são conhecidos os dados de défice e dívida, apurados pelo Eurostat, de forma a permitir verificar se os Estados-Membros estão ou não a cumprir os limites de défice e dívida que os vinculam.

Com base nessa informação a Comissão formula recomendações específicas, aplicáveis às políticas orçamental, financeira e social. Essas recomendações são debatidas pelos países, no Conselho. E, no Conselho de Ministros das finanças (Conselho Ecofin), são aprovadas até ao final de julho as recomendações específicas por cada país. Estas recomendações podem versar sobre emprego, economia, finanças, competitividade, etc.

Caso não sejam tomadas as medidas adequadas, a Comissão pode recomendar ao Conselho que adote, por maioria qualificada, uma decisão constatando que não foram tomadas medidas eficazes. Pode ainda recomendar que adote recomendação indicando as medidas políticas necessárias (artigo 6.º, n.º 2 do Regulamento (CE) n.º 1466/97 do Conselho, de 7 de julho). No caso de o Estado-Membro em causa não tomar nenhuma medida para dar cumprimento à recomendação do Conselho poderá sujeitar-se à constituição de um depósito remunerado junto da Comissão, de montante equivalente a 0,2% do seu PIB do ano anterior (artigo 4.º do Regulamento (UE) n.º 1173/2011 do Parlamento Europeu e do Conselho).

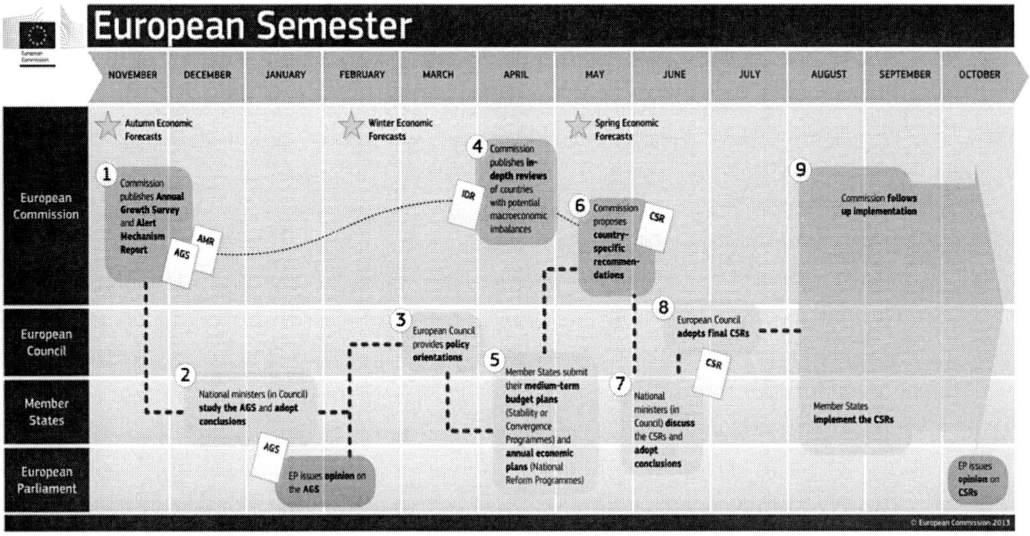

Fonte: Comissão Europeia (disponível em http://europa.eu/rapid/press-release_MEMO-13-318_en.htm 11.07.2019)

Instrumentos corretivos

Se um Estado-Membro ultrapassa os valores de referência de défice e dívida, o Conselho poderá declarar a existência de um défice excessivo.

De acordo com o artigo 126.º, n.º 2, alíneas a) e b), do Tratado sobre o Funcionamento da União Europeia, não serão considerados excessivos os desvios: a) que correspondam a uma redução substancial e contínua da relação entre o défice e o PIB, que tenha atingido um nível próximo do valor de referência; b) em que o excesso do défice em relação ao PIB é excecional (resultado de uma circunstância excecional não controlável pelo Estado-membro com impacto significativo na situação das finanças públicas ou fruto de uma recessão económica grave[618]) e temporário (finda a circunstância excecional, as previsões da Comissão devem indicar que o défice se situa abaixo do valor de referência[619]); e c) se a relação entre a dívida e o PIB se encontrar em diminuição significativa e se aproximar, de forma satisfatória, do valor de referência.

[618] Artigo 2, n.º 1 e 2 do Regulamento (CE) n.º 1467/97 do Conselho, de 7 de julho.

[619] Artigo 2, n.º 1, do Regulamento (CE) n.º 1467/97 do Conselho, de 7 de julho.

Como são declarados os défices e dívidas excessivos?

Os excessos de défice e dívida são declarados pelo Conselho (126.º, n.º 6, do Tratado sobre o funcionamento da União Europeia). Essa declaração corresponde ao fim de um processo em que intervém a Comissão (que analisa a circunstância de ultrapassagem dos limites impostos: averigua se o défice excede as despesas de investimento e toma em consideração a situação económica e orçamental a médio prazo), o Comité Económico e Financeiro (que dá o seu parecer) e o Estado-Membro, que será notificado pela Comissão do seu parecer de défice excessivo para apresentar a sua defesa (artigo 126.º, n.º 5, do Tratado sobre o funcionamento da União Europeia)[620]. Nos termos do artigo 7.º do Pacto Orçamental, os Estados-Membros que tenham o euro como moeda deverão apoiar as propostas e recomendações da Comissão Europeia que considerem haver défice excessivo. Só por maioria qualificada poderão os Estados opor-se à decisão de défice excessivo proposta ou recomendada.

Depois da entrada em vigor do Pacto Orçamental, um Estado sujeito a um procedimento de dívida excessiva deverá promover a sua redução numa média de 20% por ano. O Estado sujeito a um procedimento de défice excessivo deverá estabelecer uma parceria orçamental e económica, com descrição de reformas estruturais a realizar, para assegurar uma correção duradoura e efetiva do défice excessivo. Este será sujeito a aprovação do Conselho e da Comissão, os quais também acompanharão e monitorizarão o seu cumprimento (v. artigo 5.º do Pacto Orçamental).

De acordo com este programa, serão implementadas medidas corretivas por parte dos Estados-Membros. Os planos são feitos à medida de cada país, podendo contar com as quatro fases que abaixo se descrevem, num processo que vai das recomendações à aplicação de sanções.

1.ª fase – são dirigidas (não publicamente) recomendações ao Estado-Membro para tomar medidas eficazes no prazo máximo de três ou seis meses, para que no ano seguinte à sua identificação este esteja corrigido.

[620] O Conselho atua apenas com base numa recomendação da Comissão, o que pode criar um bloqueio em caso de opinião divergente entre Conselho e Comissão – João Amador e Jorge Correia da Cunha – *Regras Orçamentais...*, p. 33. V. porém o artigo 2.º-A do Regulamento (CE) n.º 1467/97 do Conselho, de 7 de julho: "espera-se que, regra geral, o Conselho siga as recomendações e as propostas da Comissão ou que torne públicos os motivos da sua posição".

O Conselho requererá que o Estado-Membro cumpra os seus objetivos orçamentais anuais, possibilitando uma melhoria anual mínima de 0,5% do PIB, como valor de referência, do seu saldo corrigido de variações cíclicas, líquido de medidas pontuais ou temporárias. Em circunstâncias excecionais, o prazo pode ter uma prorrogação de um ano[621].

No final do prazo fixado pela Conselho, o Estado-Membro deve comunicar ao Conselho e à Comissão as medidas tomadas e tornar esse relatório público (artigo 3.º, n.º 4 do Regulamento (CE) n.º 1467/97 do Conselho, alterado pelo Regulamento (UE) n.º 1177/2011 do Conselho).

Se não obstante as medidas já tomadas ocorram acontecimentos económicos adversos e imprevistos com um impacto desfavorável significativo nas finanças públicas, o Conselho pode dirigir ao Estado-Membro uma recomendação revista (artigo 3.º, n.º 5 do Regulamento (CE) n.º 1467/97 do Conselho, alterado pelo Regulamento (UE) n.º 1177/2011 do Conselho).

2.ª fase – Se o Estado nada fizer na 1.ª fase, o Conselho tornará públicas as suas recomendações[622];

3.ª fase – se o Estado nada fizer depois da publicação das recomendações, o Conselho pode notificar o Estado para tomar medidas destinadas a reduzir o défice para um nível que considere adequado no prazo de dois meses[623].

Se não obstante as medidas já tomadas ocorram acontecimentos económicos adversos e imprevistos com um impacto desfavorável significativo nas finanças públicas, o Conselho pode dirigir ao Estado-Membro uma recomendação revista (artigo 5.º, n.º 2 do Regulamento (CE) n.º 1467/97 do Conselho, alterado pelo Regulamento (UE) n.º 1177/2011 do Conselho).

4.ª fase – Se o Estado não cumprir a 3.ª fase, o Conselho pode decidir aplicar uma das seguintes medidas:

- exigir que o Estado-Membro divulgue informações complementares, antes de o próprio Conselho emitir obrigações e títulos;
- convidar o Banco Europeu de Investimento a reconsiderar a sua política de empréstimos em relação ao Estado-Membro em causa;

[621] Artigo 3, n.ºs 4, 4-A e 5, do Regulamento (CE) n.º 1467/97 do Conselho, de 7 de julho.

[622] Artigo 4.º, n.º 1, do Regulamento (CE) n.º 1467/97 do Conselho, de 7 de julho.

[623] Artigo 126, n.º 9, do Tratado de Funcionamento da União Europeia.

- exigir que o Estado constitua, junto da Comunidade, um depósito não remunerado de montante apropriado até que o défice excessivo tenha sido corrigido;
- impor multas de importância apropriada[624]: para os Estados-Membros da área do euro, a multa tem uma componente fixa (0,2 % do PIB) e uma componente variável (até ao máximo de 0,5 % do PIB). O Regulamento (UE) n.º 1173/2011 prevê sanções adicionais para Estados-Membros da zona euro, que podem passar por depósitos não remunerados de 0,2 %.

A decisão de aplicação destas sanções deve fazer-se no prazo máximo de quatro meses a contar da notificação para o Estado tomar as medidas da terceira fase.

Em qualquer fase do processo, sempre que se entenda estar corrigido o desvio, o Conselho revogará – no prazo máximo de dois meses a contar da última notificação ao Estado-Membro[625] – as medidas aplicadas. Se a situação de défice excessivo tiver sido tornada pública, o Conselho deverá declarar publicamente que este está corrigido.

Notamos que enquanto a decisão de défice excessivo do Conselho não for revogada, por falta de cumprimento do prazo de redução do défice, isso terá consequências no que toca à distribuição de fundos comunitários. Por exemplo, o fundo de coesão não financia projetos novos nem novas fases de projetos importantes a Estados-Membros em situação de défice excessivo não corrigido (artigo 6.º o Regulamento (CE) n.º 1164/94, de 16 de maio, alterado pelo Regulamento n.º 1264/1999, de 26 de junho).

A fim de se melhorar a governação económica da União Europeia, a supervisão das políticas dos Estados-Membros tem evoluído para além da supervisão orçamental. Desde 2011, o Regulamento (UE) n.º 1176/2011 do Parlamento Europeu e do Conselho prevê um mecanismo de alerta para deteção precoce de desequilíbrios, sejam eles internos – resultantes do endividamento público ou privado – ou externos – resultantes, por ex.,

[624] Artigo 126, n.º 11, do Tratado de Funcionamento da União Europeia. O montante da multa terá uma componente fixa (0,2% do PIB) e uma variável, calculada nos termos do artigo 12.º do Regulamento (CE) n.º 1467/97 do Conselho, alterado pelo Regulamento (UE) n.º 1177/2011 do Conselho). As multas revertem a favor do FEEF ou do MEE.

[625] Artigo 8.º do Regulamento (CE) n.º 1467/97 do Conselho, de 7 de julho.

da evolução da balança de transações correntes e das posições líquidas de investimento dos Estados-Membros, das taxas de câmbio reais efetivas ou das quotas de mercado no setor das exportações.

Nos casos em que se considere que o Estado-Membro foi afetado por desequilíbrios, o Conselho pode dirigir a esse Estado recomendações (casos menos graves) ou então declarar a existência de desequilíbrios excessivos, recomendando-lhe que tome medidas corretivas (artigo 7.º do Regulamento (UE) n.º 1176/2011. Em caso de incumprimento aos Estados-Membros destas medidas corretivas pode ser imposta a constituição de um depósito não remunerado. Nos casos de insuficiência de medidas corretivas, no caso de terem já sido adotadas duas recomendações nesse sentido pelo Conselho, a sanção a aplicar pode mesmo passar pelo pagamento de uma multa (artigo 3.º do Regulamento (UE) n.º 1174/2011 do Parlamento Europeu e do Conselho).

c) Contas públicas e contas nacionais: como a contabilidade interna se cruza com a que é feita pela União Europeu e pelas organizações internacionais

Para poderem reportar os dados financeiros à União Europeia, de forma a que as suas instituições deem cumprimento ao Pacto de Estabilidade e Crescimento, os vários Estados-Membros devem fazê-lo de acordo com sistemas contabilísticos que forneçam as informações adequadas. De acordo com o artigo 62.º da Lei de Enquadramento Orçamental, "o Estado organiza uma contabilidade orçamental para todas as suas receitas e despesas, uma contabilidade financeira para todos os seus ativos, passivos, rendimentos e gastos e prepara demonstrações orçamentais e financeiras, individuais e consolidadas, que proporcionem uma imagem verdadeira e apropriada da execução orçamental, da posição financeira, das alterações na posição financeira, do desempenho e dos fluxos de caixa". É a chamada contabilidade pública.

O sistema de contabilidade pública visa fornecer informações sobre a situação orçamental (para efeitos de tomada de decisões neste domínio), sobre a situação, financeira, patrimonial e analítica[626] e fornecer elementos que habilitem a calcular os indicadores da Contabilidade nacional.

[626] Jorge Humberto Vaz Ribeiro e Telmo Manuel Rebola Pascoal – *Contabilidade de gestão no setor público administrativo português. Evolução histórica recente (Comunicação*

Em Portugal, encontra-se em implementação um novo sistema de contabilidade pública: o Sistema de Normalização Contabilística (SNC-AP), que é aplicável a todos os organismos da administração central, local e regional e às entidades reclassificadas, por força do Decreto-Lei n.º 192/2015, de 11 de setembro.

O SNC-AP visa fornecer informações sobre os gastos dos vários serviços públicos; visa a elaboração de contas para efeitos de controlo orçamental e ainda o favorecimento do controlo financeiro, de legalidade e de economia, eficiência e eficácia (inspirando-se em técnicas de gestão do setor privado). O registo contabilístico feito à luz deste sistema fornece ainda dados acerca da avaliação de desempenho da entidade em termos de custos de serviços, eficiência e cumprimento de metas.

Enquanto este novo sistema contabilístico não é implementado, os serviços vão continuando a aplicar o sistema de contabilidade pública constante do Decreto-Lei n.º 232/97[627] (o POCP). Surgido da necessidade de se proceder a ajustamentos da contabilidade interna em relação ao sistema contabilístico da União Europeia, o POCP assenta na junção ao sistema de mero registo de caixa, de um novo regime de contabilidade – o regime de acréscimo. O registo de caixa corresponderá à contabilidade orçamental (embora associada ao reconhecimento de compromissos futuros relativamente às despesas), o de acréscimo corresponderá à

apresentada no I encontro iberoamericano de contabilidade de gestão, em Valência, Nov. 2000), p. 9. In www.observatorio-iberoamericano.org 12.02.2008 17:21.

[627] Note-se que a reforma do sistema de contabilidade pública não foi repentina em Portugal. Ele contou com uma fase intermédia: entre a publicação da Lei de Bases da Contabilidade Pública e o Regime da Administração Financeira do Estado e a publicação do novo POCP (Decreto-Lei n.º 232/97). Nesta fase, os organismos dotados de autonomia administrativa continuaram a aplicar o esquema tradicional (contabilidade de registo unigráfico, numa lógica de caixa) e os organismos dotados de autonomia administrativa e financeira deveriam utilizar já um sistema de contabilidade digráfico, moldado no POC (v. artigo 14.º da Lei de Bases da Contabilidade Pública). Não obstante, todos os organismos qualquer que fosse a sua autonomia, nos termos do artigo 15.º da Lei de Bases da Contabilidade Pública deveriam "prever, a par de uma contabilidade de caixa, uma contabilidade de compromissos ou encargos assumidos aquando do ordenamento das despesas". Daí que a autorização de despesas estivesse sujeita à verificação cumulativa dos seguintes requisitos: "conformidade legal, regularidade financeira e economia, eficiência e eficácia" (artigo 22.º do Regime da Administração Financeira do Estado).

contabilidade financeira, patrimonial e analítica[628]. Assim, além do registo de caixa (que promove o registo dos montantes efetivamente arrecadados e gastos), deve também proceder-se ao registo das transações de acordo com a corrente real dos bens e serviços que estas representam[629] (ou seja, na contabilização das operações em regime de acréscimo são registados os custos ou gastos "quando incorridos e os proveitos (rendimentos) quando obtidos e não [só] quando se dá o respetivo pagamento ou recebimento"[630/631]). Note-se, porém, que existe uma predominância do registo de caixa "pois o principal indicador proporcionado pelos dois mapas do controlo orçamental é, precisamente, o grau de execução orçamental obtido numa perspetiva de "caixa pura", relacionando as despesas pagas com as dotações disponíveis"[632].

A este sistema contabilístico dá-se o nome de base do acréscimo modificado[633], uma vez que resulta da articulação entre a base de caixa (já existente na contabilidade pública tradicional) e a base do acréscimo: "[...] O POCP prevê a produção de informação organizada na base de

[628] Sónia Paula da Silva Nogueira e Nuno Adriano Batista Ribeiro – *Divergências...*, p. 876. Em termos mais exatos ainda, poderemos falar de base de caixa modificada para a vertente orçamental e base de acréscimo modificada em simultâneo com base de acréscimo completa para a contabilidade financeira – Maria Antónia Jorge de Jesus – *A Contabilidade Pública...*, pp. 30 e 84.

[629] O registo de acordo com o critério do acréscimo tem como objeto as"...operações no momento que se produzem, independentemente do seu recebimento ou pagamento" – International Federation of Accountants (2001) IPSAS 1 "Presentation of Financial Statements", London, §87 apud Sónia Paula da Silva Nogueira e Nuno Adriano Batista Ribeiro – *A contabilidade pública e a contabilidade privada: enquadramento do normativo português no contexto internacional.* In www.accid.org.pt 12.02.2008 17:29, p. 22.

[630] António C. Pires Caiado – *A contabilidade pública em Portugal e as normas da IFAC.* In www.min-financas.pt 12.02.2008 17:24, p. 3.

[631] A introdução da base do acréscimo à lógica de caixa imperante na nossa contabilidade pública compreende-se melhor tendo em vista a perspetiva económica ou produtiva que esta base de acréscimo vem promover: "a empresa ao consumir bens e serviços tem custos; ao produzi-los tem proveitos". – Maria da Conceição Costa Marques – *Tendências recentes de abordagem à contabilidade pública em Portugal. In* Revista da Contabilidade e Finanças – USP, São Paulo, n.º 31, p. 105 (www.eac.fea.usp.br 24.01.2008 16:30), p. 4.

[632] Maria Antónia Jorge de Jesus – *A Contabilidade Pública...*, p. 85.

[633] A expressão "modificado" significa o esforço de integração de dois sistemas contabilísticos que, à partida são contraditórios – Sónia Paula da Silva Nogueira e Nuno Adriano Batista Ribeiro – *A contabilidade pública...*, p. 22.

caixa, materializada no mapa com o mesmo nome – mapa dos fluxos de caixa – e, ao mesmo tempo, a elaboração da demonstração de resultados de acordo com a ótica de acréscimo"[634]. Por se basear em dois tipos de registo, o POCP assenta não numa base unigráfica, mas num sistema digráfico de contabilidade ou de partidas dobradas.

Os sistemas contabilísticos internos, como é o caso do SNC-AP, não são desenhados livremente pelos Estados. Eles são fortemente influenciados pelas normas internacionais de contabilidade pública, pelas normas adotadas pela União Europeia e pelas normas emitidas pela International Accounting Standards Board. Com efeito, será com base nos dados que são reunidos internamente que, no âmbito da União Europeia, é feito o reporte para efeitos de supervisão por parte das instâncias comunitárias. É com base nos seus elementos que são preparadas as contas de acordo com o Sistema Europeu de Contas (SEC 2010 é o que está presentemente em vigor). A este sistema de contas europeu, dá-se o nome de contabilidade nacional.

Num Estado-Membro da União Europeia, como é Portugal, coexistem, portanto, dois sistemas contabilísticos. Estes sistemas têm diferenças. E por serem diferentes nem sempre são coincidentes na apresentação dos valores de défice e dívida.

[634] António C. Pires Caiado – *A contabilidade pública...*, p. 4.

VI. Direito Orçamental Nacional

1. Os Orçamentos públicos

Como resulta da análise que fizemos dos diferentes subsetores do Estado, a atividade pública encontra-se espelhada em vários instrumentos orçamentais:

- o Orçamento do Estado, constitucionalmente concebido para espelhar as receitas e despesas dos serviços integrados e serviços e fundos autónomos do Estado e as receitas e despesas da segurança social – artigo 105.º, n.º 1, da Constituição;
- os orçamentos locais (artigo 238.º, n.º 1, da Constituição), espelhando a atividade financeira dos organismos centrais municipais e das freguesias (dotados de autonomia administrativa) e dos serviços autónomos da administração local (dotados de autonomia administrativa e financeira); e
- os orçamentos regionais (artigo 227.º, n.º 1, al. p), da Constituição), espelhando a atividade financeira dos departamentos regionais (dotados de autonomia administrativa) serviços e fundos autónomos da Administração regional (dotados de autonomia administrativa e financeira)[635].

[635] Cada um destes orçamentos tem o regime definido por diplomas próprios, respondendo às suas especificidades: o Orçamento do Estado rege-se pela Lei de Enquadramento

Na parte das regras e princípios, rege a Lei de Enquadramento Orçamental de 2015, a qual é aplicável ao setor das administrações públicas. Vincula, portanto, para além do Orçamento do Estado, os orçamentos das autarquias locais e os orçamentos regionais (artigo 1.º, al. a) da LEO de 2015).

Para além da sujeição à Lei de Enquadramento Orçamental, os orçamentos regionais são ainda regidos pela Lei das Finanças das Regiões Autónomas (Lei Orgânica n.º 2/2013) e pelas Leis n.os 79/98 e 28/92, leis de enquadramento regional dos Açores e da Madeira, respetivamente; e os Orçamentos Locais são regidos pelo Regime Financeiro das Autarquias Locais e Entidades Intermunicipais (Lei n.º 73/2013, de 03 de setembro).

Atualmente, os três conjuntos de orçamentos coexistem lado a lado, embora tenham de se coordenar entre si.

Por força do aprofundamento da estabilidade orçamental, fruto do desenvolvimento das imposições europeias em matéria de controlo de défice e dívida públicos, regista-se uma grande aproximação dos regimes orçamentais dos vários subsetores do setor público administrativo. Sujeitos às mesmas regras e princípios, fica mais fácil estabelecer-se a cooperação entre eles, de forma a que todos contribuam proporcionalmente para o cumprimento das obrigações decorrentes do Tratado de Funcionamento da União Europeia, Pacto de Estabilidade e Crescimento e do Tratado Orçamental.

Como foi acima referido, hoje a situação de equilíbrio orçamental não se afere apenas em relação ao Orçamento do Estado. Hoje, por imperativo comunitário, a situação financeira deve encontrar-se equilibrada de forma substancial e global numa ótica de contabilidade nacional. Ou seja, aquilo

Orçamental (Lei n.º 91/2001, de 20 de agosto, com as alterações introduzidas pela Lei Orgânica n.º 2/2002, de 28 de agosto, pela Lei n.º 23/2003, de 2 de julho, pela Lei n.º 48/2004, de 24 de agosto, pela Lei n.º 48/2010, de 19 de outubro, pela Lei 22/2011, de 20 de maio, pela Lei n.º 52/2011, de 13 de outubro e Lei n.º 37/2013, de 14 de junho). Os Orçamentos locais regem-se pelo Regime Financeiro das Autarquias Locais e entidades intermunicipais e, atualmente também pelo Plano Oficial de Contabilidade das Autarquias Locais (POCAL), em vigor desde 1 de janeiro de 2002 (Decreto-Lei n.º 54-A/99, de 22 de fevereiro). Os Orçamentos regionais regem-se pela Lei de Finanças das Regiões Autónomas e pelas leis de enquadramento orçamental dos Açores e da Madeira (respetivamente, a Lei n.º 79/98, de 24 de novembro, alterada pela Lei n.º 62/2008, de 31 de outubro e a Lei n.º 28/92, de 1 de setembro, alterada esta última pela Lei n.º 30-C/92, de 28 de dezembro).

que é considerado o conjunto das *administrações públicas* (e que integra não só o setor público administrativo, mas também os setores autárquicos e regionais) tem de apresentar um saldo global nulo ou positivo.

Por isso, cada vez mais, o Orçamento do Estado é um instrumento dirigente. Ele é o motor da estabilidade orçamental, sobretudo, em relação aos orçamentos regionais e locais. O Orçamento do Estado não se limita hoje a ser um orçamento ao lado dos locais e regionais. Hoje, é no Orçamento do Estado que está definido o endividamento que estes podem contrair; é também este instrumento que controla as transferências a operar para esses subsetores. E é o Orçamento do Estado que assume cada vez menos um papel passivo ou complacente com todas as situações de endividamento – no perímetro das *administrações públicas*, ainda que aparentemente fora do controlo orçamental interno – que o deixem ficar mal perante as instituições União Europeia, responsáveis pelo controlo dos défices excessivos. Hoje a apresentação do Orçamento do Estado supõe o acompanhamento de estimativas de consolidação orçamental na ótica da contabilidade nacional e a justificação em caso de diferença de saldos entre o que é apurado em termos de contabilidade pública e em termos de contabilidade nacional. Portanto, o controlo parlamentar feito *a priori* da despesa do Estado abrange desde logo o controlo sobre a situação financeira, tal como ela é considerada pelas instâncias europeias.

Se na versão inicial da Lei de Enquadramento Orçamental de 2001, os esforços de coordenação se limitavam ao seu artigo 9.º, a partir de 2002 e a introdução do Título V, estes reforçam-se, obrigando o Orçamento do Estado a tomar a dianteira nos esforços de controlo do défice. Ainda maior reforço no que toca a estas medidas foi o promovido na revisão de 2011 da Lei de Enquadramento Orçamental, em que se deu mais um passo na minimização da disparidade entre contabilidade pública e nacional e se subordinou com mais veemência o Orçamento do Estado, quer a uma programação plurianual mais abrangente, quer a regras de despesas e de saldo.

Este papel dirigente do Orçamento do Estado também fica patente no que toca ao regime a que se sujeita a sua execução e controlo. Por um lado, porque quem executa o Orçamento do Estado passa a ser responsável, em última análise, pela falta de coordenação do setor público administrativo: ou pela má estimativa de orçamento consolidado ou simplesmente por não ter lançado mão das possibilidades que a Lei de Enquadramento Orçamental prevê em matéria de transferências para os subsetores com autonomia orçamental. Por outro lado, o controlo da execução do Orçamento do Estado não se basta com o cumprimento da previsão feita em relação aos serviços integrados, serviços e fundos autónomos e Segurança Social. Vai mais longe, como de resto, resulta claro do artigo 90.º, n.º 1, da LEO de 2011. O controlo orçamental – administrativo, político e jurisdicional – estende-se ao cumprimento das exigências de estabilidade orçamental[636].

2. Princípios orçamentais, aplicáveis a todos orçamentos

Regendo em relação ao Orçamento do Estado, a Constituição estabelece, desde logo, um conjunto de princípios orçamentais. Desde a lei de Enquadramento Orçamental de 2001 estes princípios, aplicáveis ao Orçamento do Estado, são aplicáveis a todo o setor das administrações públicas.

Do n.º 1 e do n.º 3 do artigo 105.º retira-se o princípio da especificação das receitas e das despesas públicas.

De acordo com a primeira alínea do artigo 105.º, o Estado deverá incluir no Orçamento, de forma discriminada, as receitas e despesas dos serviços integrados e também dos serviços e fundos autónomos.

O número 3 do artigo 105.º obriga a que esta discriminação de receitas e despesas seja feita de modo a que haja individualização suficiente das receitas e despesas previstas no Orçamento. Deste princípio resulta a proibição para o Governo da apresentação de aglomerados de despesa pública e para a Assembleia da República da votação de um sistema de votação global do Orçamento. A especificação visa evitar a existência de fundos secretos ou de utilização confidencial, os quais só podem existir excecionalmente para proteção da segurança nacional, sob autorização da Assembleia da República e sob proposta do Governo, sob pena de nulidade (como prevê a Lei de Enquadramento Orçamental, no artigo 17.º).

[636] PINTO ALMEIDA – *O Programa de Estabilidade e Crescimento e o Papel do Tribunal de Contas*. *In* EDUARDO PAZ FERREIRA, CARLOS LOBO, CLOTILDE CELORICO PALMA (org.) – *PEC: Programa de Estabilidade ou Crescimento?* Coimbra: Almedina, 2011, p. 154.

A Constituição impõe que a especificação se faça mediante a utilização de duas classificações de despesas: a orgânica e a funcional. A classificação orgânica apresenta as despesas pelas unidades administrativas em que estão integradas. Ou seja, apresenta as despesas de forma a que estas correspondam ao ministério que as realiza de acordo com a lei orgânica do Governo. A classificação funcional, por seu turno, dá a conhecer os gastos públicos, quanto à natureza das suas funções e quanto ao custo de cada uma delas. Agrupa, portanto, as despesas em torno das principais funções do Estado: Funções Gerais de Soberania, Funções Sociais, Funções Económicas e Outras Funções.

Subentendido na alínea a) do n.º 1 do artigo 105.º está também o clássico princípio orçamental da universalidade, nos termos do qual todas as receitas e todas as despesas da Administração Pública devem constar do Orçamento. Não pode, pois, haver receitas e despesas à margem do Orçamento. Portanto, os fenómenos de desorçamentação e de suborçamentação de despesa não podem deixar de ser tidos como inconstitucionais por desvirtuarem a ideia de Orçamento, tal como reconhecido pela Constituição.

No n.º 3 do artigo 105.º reconhece-se, para além do princípio da especificação, o princípio da unidade orçamental, impondo a existência de um só orçamento, evitando a dispersão de dados sobre receitas e despesas previstas.

O n.º 4 do artigo 105.º prevê, por seu turno, uma regra de equilíbrio orçamental, embora seja meramente formal: "o Orçamento prevê as receitas necessárias para cobrir as despesas".

O artigo 106.º, n.º 1, da Constituição estabelece o princípio da anualidade, obrigando a uma votação anual do Orçamento do Estado pela Assembleia da República e a uma execução e controlo com esse mesmo horizonte temporal.

A Lei de Enquadramento Orçamental prevê estes e outros princípios, que importa conhecer, na medida em que permitem uma perspetiva mais completa sobre a realidade orçamental. Com efeito, os mesmos aplicam-se não só ao Orçamento do Estado, mas a todos os Orçamentos do setor público administrativo.

Completaremos cada explicação sobre os princípios constantes da Lei de Enquadramento Orçamental, com as referências que são feitas nas regras de enquadramento orçamental, aplicáveis às autarquias locais e às regiões autónomas.

A Lei de Enquadramento Orçamental de 2015, já em vigor nesta parte, prevê os seguintes princípios:

- Plenitude orçamental (artigo 9.º da LEO)
- Estabilidade orçamêntal (artigo 10.º da LEO)
- Sustentabilidade das finanças públicas (artigo 11.º da LEO)
- Solidariedade recíproca (artigo 12.º da LEO)
- Equidade intergeracional (artigo 13.º da LEO)
- Anualidade e plurianualidade (artigo 14.º da LEO)
- Discriminação (artigo 15.º, 16.º e 17.º da LEO)
- Economia, eficiência e eficácia (artigo 18.º da LEO)
- Transparência orçamental (artigo 19.º da LEO)

a) Plenitude orçamental (artigo 9.º da Lei de Enquadramento Orçamental)

i. Unidade

O princípio da unidade tem o sentido da imposição de elaboração, execução e controlo de um único instrumento previsional de receitas e despesas, proibindo a proliferação de documentos legais contendo autorizações sobre a mesma matéria. Pretende-se evitar a existência de massas de receitas e despesas que escapem à autorização, ao conhecimento por parte da Administração para executar e ao controlo orçamental.

Não obstante este princípio, os orçamentos autárquicos e regionais são, por imperativo constitucional, independentes do Orçamento do Estado.

De acordo com este princípio da unidade, o Orçamento do Estado deve incluir todas as receitas e despesas das entidades que compõem a administração central do Estado e as receitas e as despesas da Segurança Social.

O alcance do n.º 1 do artigo 9.º da Lei de Enquadramento Orçamental, impondo que o orçamento compreenda "todas as receitas e despesas das entidades que compõem o subsetor da administração central" não pode deixar de ser conjugado com a alínea a) do artigo 105.º, n.º 1, da Constituição, na parte que impõe a inclusão das receitas e despesas dos serviços e fundos autónomos e que é fruto da revisão constitucional de 1989.

A necessidade inclusão do orçamento da segurança social no Orçamento do Estado deriva do artigo 105.º, n.º 1, alínea b) da Constituição. Este preceito resultou da revisão constitucional de 1982 e teve como objetivo acabar com o "sistema de secretismo e mera aprovação administrativa dos orçamentos e das contas de previdência"[637].

Como o indicia a separação das alíneas do n.º 1 do artigo 105.º, o Orçamento da Segurança Social é um Orçamento à parte no seio do Orçamento do Estado, o que espelha a "muito intensa autonomia (a saber, no plano orçamental, patrimonial e de tesouraria)" de que goza[638].

Porém, por força de a Segurança Social ser composta por serviços integrados e serviços e fundos autónomos, encontramos o seu orçamento global disperso pelo Orçamento do Estado. As receitas e despesas correspondentes aos serviços dotados de mera autonomia administrativa da Segurança Social estão previstas nos mapas correspondentes aos serviços integrados. No Orçamento da Segurança Social, estão previstas quase exclusivamente as receitas e despesas dos serviços e fundos autónomos da Segurança Social[639].

Atualmente, o princípio da unidade deve ter uma leitura consentânea com a aplicação do Sistema Europeu de Contas Nacionais e Regionais. Assim sendo, estarão sujeitos a este princípio da unidade todas as entidades, que independentemente da sua natureza e forma, tenham sido incluídas no setor das administrações públicas. Como foi acima explicado, à luz deste princípio, as receitas e despesas das entidades públicas reclassificadas também devem ser incluídas no orçamento do setor a que dizem respeito (Orçamento do Estado/orçamentos autárquicos/ / regionais).

Para os orçamentos locais e regionais, este princípio da unidade vale também, com a mesma necessidade de leitura coordenada com o Sistema Europeu de Contas Nacionais e Regionais.

[637] António L. Sousa Franco – *Finanças Públicas (I)...*, p. 182.

[638] Nazaré Costa Cabral – *O Orçamento da Segurança Social*. Cadernos do IDEFF, n.º 3. Coimbra: Almedina, 2005, p. 21.

[639] Nazaré Costa Cabral – *O Orçamento...*, p. 17.

ii. Universalidade

A universalidade obriga a que nenhuma receita ou despesa escape à disciplina orçamental.

O princípio da universalidade não abrange nem as operações de tesouraria, as quais asseguram a existência de meios monetários para a realização das operações orçamentais (procurando por exemplo a contração de crédito de curto prazo como forma de adiantamento de meios monetários previstos mas ainda não arrecadados ou a rentabilização de montantes já cobrados, mas ainda não utilizados); nem as operações de gestão patrimonial do Estado, uma vez um orçamento não reflete a esfera jurídica no que toca aos bens de que uma entidade é titular. Como a realidade orçamental apenas se refere aos meios monetários gastos pelo Estado, também não estão abrangidos pela regra da universalidade os gastos ocultos ou não monetários do Estado.

Especificamente em relação ao Orçamento do Estado, nota-se que esta regra de universalidade não vem bulir com a sua abrangência constitucionalmente limitada. Com efeito, ela implica aglomerar todas as receitas e todas as despesas em torno dos três conjuntos de orçamentos previstos na Constituição: Orçamento do Estado, orçamentos locais e orçamentos regionais.

Esta abrangência limitada obriga a um esforço de consolidação orçamental, de forma a permitir um vislumbre daquilo que é a atividade financeira global do setor público administrativo, com contemplação da situação financeira dos setores locais e regionais[640/641].

b) Estabilidade orçamental (artigo 10.º da Lei de Enquadramento Orçamental)

O princípio da estabilidade orçamental surge, no plano da legislação de enquadramento orçamental, em 2011, por força da Lei n.º 22/2011, de 20 de maio.

[640] Guilherme d'Oliveira Martins e outros – *A Lei de Enquadramento...*, pp. 65 e 66.

[641] António de Sousa Franco e José F. F. Tavares – *Orçamento...*, p. 18: Para além da exclusão dos orçamentos locais e regionais do âmbito do OE, estes Autores falam da exclusão de muitas transferências comunitárias do âmbito do OE para justificar a ideia de que o princípio da plenitude "*não está plenamente consagrado em Portugal*".

De acordo com o princípio da estabilidade orçamental, impõe-se que o conjunto dos orçamentos das entidades do setor público administrativo, ao contrário do que sucedia com o princípio do equilíbrio que dizia respeito a cada um dos orçamentos individualmente considerados, se encontre "numa situação de equilíbrio ou excedente orçamental". Esta situação de equilíbrio ou excedente será aferida por meio da aplicação das regras numéricas contidas nos artigos 20.º e ss. da Lei de Enquadramento Orçamental, as quais obrigam a que o saldo orçamental das administrações públicas (incluindo, portanto, o Orçamento do Estado, os orçamentos autárquicos e os regionais) não seja "inferior ao objetivo de médio prazo constante do Programa de Estabilidade, tendo por objetivo alcançar um limite de défice estrutural de 0,5% do produto interno bruto (PIB) a preços de mercado" se a relação entre a dívida pública e o PIB for superior a 60% (artigo 20.º, n.º 3 da Lei de Enquadramento Orçamental). Se a relação entre a dívida pública e o PIB for significativamente inferior a 60%, o limite de défice estrutural poderá ser de 1% do PIB (artigo 20.º, n.º 5 da Lei de Enquadramento Orçamental).

A metodologia para o apuramento deste saldo orçamental é definida no âmbito e de acordo com o Pacto de Estabilidade e Crescimento.

Quando se procede à aferição deste saldo orçamental, este terá de ser corrigido dos efeitos cíclicos e das medidas extraordinárias e temporárias (artigo 20.º, n.º 3). Para além disso, no apuramento deste saldo, ficarão também excluídas as despesas com juros, as despesas relativas a programas da União Europeia e as alterações não discricionárias nas despesas com subsídios de desemprego (artigo 20.º, n.º 8).

Esta nova forma de apurar o saldo orçamental prescinde, assim, de um critério teórico de divisão de receitas e despesas, baseando-se num apuramento da situação contabilística concreta de cada Estado tomando como referência o objetivo de médio prazo assumido nos termos do Pacto de Estabilidade e Crescimento.

Ao fazê-lo, surge a necessidade de uma maior articulação entre os vários Orçamentos públicos, exigindo uma omnipresença do Ministério das Finanças no controlo da despesa e dos níveis de endividamento público e exigindo o desenvolvimento de métodos para uma maior coordenação de subsetores.

c) Sustentabilidade das finanças públicas (artigo 11.º da Lei de Enquadramento Orçamental)

Seguidamente ao princípio da estabilidade, é enunciado o princípio da sustentabilidade. À semelhança do que sucede com o princípio da estabilidade, não se trata aqui de acautelar apenas a situação de um dos orçamentos públicos, mas de garantir que *todos* os orçamentos são feitos de acordo com a capacidade respetiva de financiar todos os compromissos com respeito pela regra de saldo orçamental estrutural e da dívida pública.

Trata-se, aqui, de exigir um maior rigor na elaboração dos orçamentos públicos, acautelando todas as circunstâncias de que possam surgir compromissos incomportáveis, em termos orçamentais: suborçamentação, despesa oculta, empolamento de receitas...

d) Solidariedade recíproca (artigo 12.º da Lei de Enquadramento Orçamental)

Para assegurar o cumprimento dos princípios da estabilidade e da sustentabilidade orçamentais que vinculam todos os subsetores das administrações públicas, é necessário assegurar que todos os subsetores contribuem "proporcionalmente para a realização da estabilidade orçamental".

Como assegurar esta contribuição proporcional?

Uma vez que as autarquias locais e as regiões autónomas gozam, por imperativo constitucional de independência orçamental, é certo que o Ministro das Finanças não pode exercer um controlo direto sobre os seus orçamentos, substituindo-se ou passando por cima dos seus órgãos. Pode, porém, promover uma coordenação de esforços entre os diversos subsetores e será através desta coordenação que assegurará que todos os subsetores contribuem, de forma proporcional, para o esforço de cumprimento da estabilidade orçamental.

Coordenação orçamental não será, portanto, sinónimo de consolidação orçamental. A coordenação orçamental tem a ver com o esforço de olhar para todos os orçamentos do setor público administrativo conseguindo ter uma visão global. A consolidação passaria pela integração de todos os orçamentos, num único documento. Com efeito, se coordenação fosse consolidação pecaria, antes de mais, por inconstitucionalidade. Com efeito, se redundasse na aprovação pela Assembleia da República de um orçamento consolidado, esta constituiria uma violação da independência orçamental local e regional, constitucionalmente prescrita. Pecaria também por inoperância, porque, se esta resultasse da junção de todos os diplomas orçamentais (portanto, com aprovação prévia dos orçamentos locais e regionais) num só Orçamento, isso não impediria ulteriores alterações orçamentais (feitas pelas entidades competentes a nível local ou regional), as quais necessariamente desvirtuariam o equilíbrio já encontrado[642].

Este esforço de contribuição proporcional foi já objeto de tratamento pelo Tribunal Constitucional, a propósito dos limites ao endividamento regional, nos Acórdãos n.os 624/97, 532/00, 567/04, 11/2007 e 613/2011, e a partir daqui podemos ver em concreto como é que este princípio pode constranger a liberdade do legislador.

Embora o Tribunal Constitucional reconheça que não lhe cabe a determinação em abstrato de um limite mínimo de endividamento a prever na Lei do Orçamento do Estado, acaba por defender que enquanto o défice do setor público administrativo não for nulo, "são de rejeitar constrições totais, desmesuradas ou arbitrárias em matéria financeira regional" (Acórdão do Tribunal Constitucional n.º 11/2007), uma vez que tenderão a conduzir a uma situação de desrespeito do princípio da solidaricdade.

Isto significa que para ser cumprido o princípio da solidariedade recíproca, têm de se comparar os esforços financeiros feitos por cada um dos subsetores para o princípio da estabilidade orçamental, de forma a que nenhum deles seja sobrecarregado excessivamente, de forma desmesurada ou arbitrária.

Isto não significa que, em relação à questão do endividamento regional que tomamos como exemplo, fique completamente afasta a hipótese de imposição de endividamento *zero* para as regiões autónomas, em sede de orçamento do Estado. Porém, mais uma vez, essa limitação tem de ser articulada com as limitações impostas aos demais subsetores. Como o afirma o próprio Tribunal: se houvesse uma declaração, em abstrato, dessa impossibilidade, de fixação em *zero* do limite do endividamento, e tendo em conta que o objetivo de longo prazo da estabilidade orçamental é o défice zero, tal equivaleria à afirmação, por este Tribunal, que a

642 MINISTÉRIO DAS FINANÇAS – Reforma da Lei de Enquadramento Orçamental. Lisboa: Ministério das Finanças, 1998, p. 52.

Constituição imporia aos restantes níveis de administração (central e local) a exigência de um *superavit* efetivo[643], o qual violaria esta ideia de contribuição proporcional para o esforço da estabilidade financeira[644].

e) Equidade intergeracional (artigo 13.º da Lei de Enquadramento Orçamental)

De acordo com o princípio enunciado no artigo 13.º da Lei de Enquadramento Orçamental, os orçamentos do setor público administrativo não se devem bastar com a perspetiva anual de receitas e despesas, proporcionada pelo orçamento votado ano após ano. Devem, isso sim, temperar a perspetiva anual que fornecem com a contemplação de horizontes mais dilatados de tempo.

Essa perspetiva plurianual deve ser assumida, antes de mais, por meio da elaboração de um quadro plurianual de despesa. Para além disso, deve ser concretizada também pela previsão dos impactos futuros das despesas e receitas públicas, a qual deve constar tanto do relatório quanto dos elementos informativos que acompanham a proposta de Orçamento do Estado para que no momento discussão e aprovação possam ser tomados em consideração pela Assembleia da República.

O princípio da equidade intergeracional obriga, portanto, a uma ponderação de receitas e despesas tendo em vista o estabelecimento de um equilíbrio entre o que se gasta no presente e os gastos que se assumem para o futuro, de forma a que proveitos e custos tenham uma distribuição equitativa[645]. Ou seja, não onerar excessivamente a geração presente – com despesas que trazem riqueza futura e cujo custo pode ser suportado ao longo do tempo – nem a geração futura – colocando-lhe aos ombros para pagar uma parte substancial das despesas que tenham beneficiado a geração anterior.

Este princípio da equidade intergeracional assenta na ideia da "cooperação entre as várias gerações"[646].

643 V. Acórdão do Tribunal Constitucional n.º 567/04.

644 V., contra a possibilidade constitucionalmente admissível de fixação de limites ao endividamento regional, a declaração do Conselheiro Bravo ao Acórdão do Tribunal Constitucional n.º 532/00.

645 Sobre a dívida pública e a incidência sobre as gerações futuras – v. Eduardo M. H. da Paz Ferreira – *Da Dívida Pública...*, pp. 70 e ss.

646 Eduardo M. H. da Paz Ferreira – *Da Dívida Pública...*, p. 83.

Do artigo 13.º, n.º 3, da Lei de Enquadramento Orçamental retira-se um dever de apreciação da incidência orçamental de algumas matérias: "a) Dos investimentos públicos; b) Do investimento em capacitação humana, cofinanciado pelo Estado; c) Dos encargos com os passivos financeiros; d) Das necessidades de financiamento das entidades do setor empresarial do Estado; e) Dos compromissos orçamentais e das responsabilidades contingentes; f) Dos encargos explícitos e implícitos em parcerias público-privadas, concessões e demais compromissos financeiros de caráter plurianual; g) Das pensões de velhice, aposentação, invalidez ou outras com características similares; h) Da receita e da despesa fiscal, nomeadamente aquela que resulte da concessão de benefícios tributários".

No que toca a estas despesas plurianuais, o controlo é feito de forma a que as mesmas sejam equilibradamente distribuídas ao longo do tempo. É, aliás, em relação a estas se pode falar de uma versão mais forte da solidariedade para com as gerações futuras[647].

A solidariedade intergeracional não impõe uma limitação concreta às despesas controladas. Mas, implicará a invalidação das despesas caso haja uma evidência de que elas não se encontram adequadamente distribuídas no tempo, de acordo com um critério da evidência. A esta luz, deverá ser impedida, por exemplo, a realização de uma despesa pública quando ela implica défice ou dívida pública para além dos limites previstos; ou quando da mesma resultem encargos plurianuais que se preveem desde logo insuscetíveis de ser pagos no futuro, com base no esquema estabelecido de distribuição de receitas públicas; ou quando a mesma pode dar origem a pagamentos futuros não previstos (porque ocultos ou mal calculados) no presente.

f) Anualidade (artigo 14.º da Lei de Enquadramento Orçamental)

Os orçamentos do setor público administrativo são anuais. Ou seja, devem ser votados anualmente pela Assembleia respetiva e executados também no mesmo período.

[647] Maria d'Oliveira Martins – "Ensaio sobre a solidariedade intergeracional e sua incidência na despesa pública", *in* Jorge Pereira da Silva e Gonçalo Almeida Ribeiro (coord.) – *Justiça entre gerações*. Lisboa: UCE, 2017, pp. 261- 289.

O período anual a que se refere este princípio é o ano civil: o Orçamento vigora do dia 1 de janeiro ao dia 31 de dezembro, embora por Decreto-Lei de execução orçamental se possa determinar a existência de um período complementar, de forma a facilitar o fecho de contas.

O princípio da anualidade justifica-se pela necessidade de atualização permanente do quadro de receitas e despesas. Justifica-se também pela necessidade atualização do consentimento dos cidadãos em relação aos impostos a cobrar, tendo em conta o plano anual de despesa proposto pelo Governo e aprovado pela Assembleia da República. Justifica-se ainda pela necessidade de um controlo regular da ação governativa e da administração pública no gasto e gestão da receita pública. Justifica-se ainda pela necessidade de avaliação das opções orçamentais de cada momento, de acordo com um juízo de atualidade (permitindo-se, em determinados anos, a tomada de medidas excecionais, atendendo às especiais circunstâncias do momento).

Atualmente, para controlo de uma administração fiscal agressiva, ganham relevância os princípios afirmados pela Magna Carta, Petition of Rights e Bill of Rights – o princípio do consentimento e o princípio da anualidade – numa busca de limitar o poder do Estado, através do princípio da legalidade e de controlo regular, capaz de identificar e responsabilizar os maus gestores da coisa pública.

De acordo com o princípio da anualidade devem incluir-se no Orçamento todas as receitas e todas as despesas a realizar efetivamente durante o ano, independentemente do momento em que juridicamente tivessem sido previstas. Esta opção deriva do facto de em Portugal termos adotado o orçamento de gerência, desde 1936.

Não obstante esta opção, o legislador cada vez mais tem aderido a uma lógica de programação plurianual. O princípio da anualidade deve, portanto, conjugar-se com uma ideia de plurianualidade cada vez mais abrangente. De acordo com a Lei de Enquadramento Orçamental de 2015, as receitas e despesas devem estar integradas numa programação plurianual.

Esta programação plurianual é obrigatória em relação a todas as despesas, desde 2011 (Lei n.º 22/2011, de 20 de maio). É de notar, porém, que os mapas orçamentais relativos a programas não substituem os mapas de classificação económica, orgânica e funcional de despesas. Ou seja, a programação não substitui o orçamento por atividade ou de base linear. Assim sendo, mesmo quando a lei prevê a existência de mapas plurianuais, as verbas neles incluídas devem ser inscritas no Orçamento do Estado de cada ano, sob pena de não poderem ser realizadas por falta de cabimento orçamental.

Atualmente, nos termos do artigo 12.º-D da Lei de Enquadramento Orçamental de 2011, o quadro plurianual de programação orçamental tem a duração de quatro anos. O ano inicial deste quadro plurianual corresponde ao ano económico a que corresponde o primeiro orçamento a aprovar no início de uma Legislatura. Nos termos do artigo 12.º-D, n.º 3, da Lei de Enquadramento Orçamental, os programas são revistos anualmente, em consonância com os objetivos estabelecidos no Programa de Estabilidade.

Os programas orçamentais são vinculativos no que toca aos limites de despesa que impõem. Todavia, esta vinculação faz-se apenas sentir em relação à administração central, financiada por receitas gerais (ou seja, exclui os financiamentos por receitas consignadas). Os limites de despesa de cada programa orçamental vinculam no primeiro ano (podendo ser revistos com o orçamento seguinte, uma vez que a programação é revista anualmente); os limites de despesa para cada agrupamento de programas vinculam no segundo ano (ou seja, só podem ser revistos no terceiro orçamento aprovado depois da aprovação da primeira programação orçamental); os limites de despesa correspondentes ao conjunto de todos os programas são vinculativos enquanto vigorar um programa orçamental, pois vinculam também no terceiro e quarto anos. A ideia aqui é a de obrigar a uma orçamentação feita de cima para baixo, ou seja, uma orçamentação que parte de grandes agregados de despesa.

O que muda com a Lei de Enquadramento Orçamental de 2015?

A programação plurianual passa a estar incluída na Lei das Grandes Opções, lei que, até aqui vinha sendo esvaziada de conteúdo. Deixa, assim, esta lei de ser uma lei com "poder estruturante de intensidade mínima em relação à Lei do OE [Orçamento do Estado]"[648], que se traduzia num imperativo de subordinação da Lei do Orçamento do Estado apenas às linhas orientadoras ou às diretrizes normativas contidas na Lei das Grandes Opções do Plano. Passa, diferentemente, a conter, ela

[648] MORAIS, C. Blanco de, 1998, pp. 794, 795 e 797 e 798.

própria, a identificação e o planeamento das opções de política económica e a programação orçamental plurianual.

A programação plurianual continua a ser feita mediante um quadro plurianual de despesas públicas, o qual define os limites de despesa total, os limites de despesa para cada missão de base orgânica e as projeções de receitas.

Os limites de despesa total e os limites de despesa para cada missão de base orgânica vinculam no ano inicial (o de início da Legislatura) e no ano seguinte, sendo indicativos nos anos restantes da Legislatura.

Esta Lei das Grandes Opções deve ser apresentada anualmente até ao dia 15 de abril. A primeira Lei das Grandes Opções da Legislatura é a que contém os limites de despesa total e de despesa para cada missão de base, vinculativos para o ano a que respeita e o seguinte. Nos anos seguintes, a aprovação desta lei terá como objetivo a atualização do quadro de despesa para o ano em curso e para os quatro anos seguintes.

A apresentação da Lei das Grandes Opções é feita em simultâneo, como será explicado, com a apresentação do Programa de Estabilidade, garantindo assim que os objetivos que são fixados no quadro plurianual correspondem ao objetivo de médio prazo, estabelecido nesse mesmo documento.

g) Discriminação orçamental (artigos 15.º, 16.º e 17.º da Lei de Enquadramento Orçamental

O princípio da discriminação orçamental tem como principal desiderato assegurar uma maior transparência e racionalidade financeira. Obriga, por um lado, Governo e Assembleia a fazerem aprovar um orçamento que corresponda a uma seleção de receitas e despesas criteriosamente escolhidas, tendo em conta uma informação completa, real e fiável sobre as prioridades e necessidades do Estado. Permite também, por outro lado, um efetivo controlo orçamental, abrindo espaço para uma comparação entre as receitas e despesas previstas e as receitas e despesas efetivamente realizadas. Atualmente, esta comparação é feita não só internamente, como também internacionalmente. Sendo um Estado-Membro da União Europeia, a informação orçamental prestada em Portugal não pode ser discricionariamente escolhida pelo legislador. Ela tem de se compatibilizar com as exigências de comparabilidade internacional dos gastos e réditos públicos. Com efeito, só uma comparação internacional de receitas e despesas, nos permite avaliar com precisão a posição financeira do setor das administrações públicas e os custos e benefícios das suas atividades. O princípio da discriminação tem três subprincípios que importa conhecer: não compensação, não consignação e especificação.

i. Não compensação (artigo 15.º da Lei de Enquadramento Orçamental)

A regra da não compensação obriga a que as receitas e as despesas do setor público administrativo sejam inscritas, nos respetivos orçamentos, de forma bruta e não líquida. Ou seja, nem a inscrição das receitas deve contar com dedução dos custos e perdas, nem a inscrição das despesas deve contabilizar eventuais ganhos ou perdas que possa gerar. Trata-se de um princípio que deriva de uma ideia de transparência. Os montantes orçamentados devem ser reais, permitindo a verificação dos custos, ganhos ou perdas que eles implicam.

Prevêem-se algumas exceções à não compensação. No n.º 2 do artigo 15.º prevê-se que as receitas tributárias sejam orçamentadas pelo montante que é efetivamente cobrado. Ou seja, depois de abatidas "as estimativas das receitas cessantes em virtude de benefícios tributários e os montantes estimados para reembolsos e restituições". Esta exceção prende-se com deduções na receita correspondente a montantes que nunca seriam arrecadados.

Também o n.º 3 prevê exceções: a) as operações relativas a ativos financeiros; e b) algumas operações de gestão da dívida pública direta do Estado (operações de derivados financeiros, receitas de juros das operações de dívida pública direta, receitas de juros das receitas associados à aplicação de excedentes de Tesouraria do Estado e receitas de juros resultantes de operações ativas da Direção-Geral do Tesouro e Finanças), que são inscritas nos respetivos programas orçamentais de acordo com o disposto neste mesmo artigo da lei de enquadramento orçamental.

Identicamente, as operações associadas à gestão da carteira de ativos dos fundos sob administração do Instituto de Gestão dos Fundos de Capitalização da Segurança Social, I. P. contam também com algumas exceções a este princípio da não compensação.

Para que nenhuma destas exceções redunde num tratamento opaco das verbas orçamentais, o legislador impõe no n.º 5 deste mesmo preceito que estes fluxos financeiros sejam devidamente registados em termos contabilísticos, ainda que meramente escriturais.

ii. Não consignação (artigo 16.º da Lei de Enquadramento Orçamental)

A regra da não consignação obriga a que os orçamentos do setor público administrativo promovam uma gestão financeira de conjunto. Ou seja, em princípio todas as receitas devem servir para cobrir as despesas previstas. O objetivo aqui é o de impedir uma administração fragmentária que faz corresponder determinadas receitas a despesas concretas. Esta regra conta, porém com exceções, como o prevê o n.º 2 do artigo 16.º.

As exceções prendem-se, em geral, com receitas que devem ser afetas a finalidades específicas. A consignação de receitas das reprivatizações justifica-se pelo disposto no n.º 1, alínea b) do artigo 293.º da Constituição: "as receitas obtidas com as reprivatizações serão utilizadas apenas para amortização da dívida pública e do setor empresarial do Estado, para o serviço da dívida resultante de nacionalização ou para novas aplicações de capital no setor produtivo". As demais exceções justificam-se também com a previsão legal de afetação de uma determinada receita a uma certa despesa. Os recursos próprios comunitários tradicionais não podem ser usados para finalidades diferentes das previstas nesse mesmo orçamento, tal como as receitas dos diferentes sistemas da segurança social ou as verbas transferidas da União Europeia ou de organizações internacionais ou ainda provenientes de subsídios, donativos e legados de particulares.

Na alínea f) do artigo 16.º prevê-se ainda que se possa afetar, por meio de estatuição legal ou por contratos, certas receitas a determinadas despesas. Porém, essa consignação não pode deixar de ter caráter excecional e temporário.

Não é considerada consignação de receita a atribuição de receitas próprias aos serviços e fundos autónomos. Porém, a verdade é que, na maior parte dos casos, o reconhecimento de receitas próprias a estes, mais não são do que fenómenos de consignação de receita que acabam inevitavelmente por desviar receitas que deveriam ser utilizadas para o financiamento das despesas gerais orçamentadas.

iii. Especificação (artigo 17.º da Lei de Enquadramento Orçamental)

Olharemos agora em particular para o subprincípio da especificação. Tal como está previsto na Constituição e na lei, este subprincípio impõe que haja uma individualização suficiente das receitas e despesas previstas no Orçamento.

Esta individualização é fundamental, tanto da perspetiva do Governo, quanto da perspetiva da Assembleia da República. Do ponto de vista do Governo, é a individualização dos réditos e gastos que permite uma fundamentação cabal das opções tomadas no Orçamento apresentado. É ela, pois, que permite aferir da necessidade de cobrança das receitas propostas e do nível de despesas orçamentadas para os diferentes serviços públicos. Para a Assembleia da República, a individualização cumpre um duplo objetivo. Por um lado, permite um consentimento esclarecido e consciente sobre as receitas a autorizar (concretizando o princípio "no taxation without representation", já afirmado pela Magna Carta em 1215 e que mantém a sua atualidade pela necessidade de proteção contra os abusos do Estado fiscal) e sobre as despesas que pode ou não aprovar, consoante as receitas de que disponha. Por outro lado, viabiliza um maior controlo político seja sobre a ação da administração fiscal (quanto às receitas a arrecadar), seja sobre a ação da administração pública no cumprimento dos objetivos e dos limites orçamentados.

Deste princípio é possível extrair duas consequências importantes. A primeira: a proibição para o Governo da apresentação de aglomerados de receita e despesa pública. E a segunda: a proibição para a Assembleia da República de implementação de um sistema de votação global do Orçamento. O que se percebe melhor atendendo à explicação de Teixeira Ribeiro, "se as receitas e as despesas fossem previstas em globo e não discriminadamente, o orçamento não nos indicaria as diversas fontes de onde o Estado vai tirar os seus recursos nem os diversos gastos que cada serviço há de realizar. Quer dizer: não teríamos, verdadeiramente, uma exposição do plano financeiro"[649]. E isto é válido tanto para o Governo como para a Assembleia, evidentemente.

Corroborando esta perspetiva, nos Acórdãos n.ºs 206/87, de 17 de junho de 1987, e 624/97, de 21 de outubro de 1997, o Tribunal Constitucional esclarece, a este propósito, que "o processo democrático de determinação das opções financeiras, ao nível do orçamento, impõe que as receitas e

[649] J. J. Teixeira Ribeiro – Lições de Finanças Públicas. Coimbra: Coimbra Editora, 1997, p. 60.

as despesas autorizadas sejam minimamente desdobradas. Só assim, o Parlamento, dando expressão à vontade popular, pode realmente autorizar as «entradas» e «saídas» que em conjunto, numa ótica técnico-contabilística das finanças públicas, constituem o Orçamento". O princípio da especificação visa evitar a existência de massas de dinheiro que escapem ao consentimento e controlos orçamentais (político, administrativo e judicial). Evita-se assim a existência de fundos secretos ou de utilização confidencial, os quais só podem existir excecionalmente para proteção da segurança nacional, sob autorização da Assembleia da República e sob proposta do Governo, sob pena de nulidade (como previsto na Lei de Enquadramento Orçamental, no artigo 17.º, n.º 3).

A especificação orçamental está, portanto, ao serviço de um outro importante princípio: o da publicidade do Orçamento, de que falaremos adiante.

Para o cumprimento do princípio da especificação, a Constituição e a Lei de Enquadramento Orçamental preveem a existência de três classificações orçamentais: a económica (para as receitas e para as despesas), a orgânica e a funcional (apenas para as despesas). Prevê-se também a inscrição das despesas em programas orçamentais.

A classificação económica das receitas e das despesas encontra-se definida no Decreto-Lei n.º 26/2002, de 14 de fevereiro. De acordo com o artigo 3.º do Decreto-Lei n.º 26/2002, as receitas de todos os orçamentos do setor público administrativo devem ser agrupadas, consoante são correntes ou de capital. Distinção esta que se baseia no reflexo que estas podem ter ou não no património duradouro do Estado. Qualificam-se como receitas correntes as que não alteram a situação ativa ou passiva do património duradouro do Estado. As receitas que oneram ativa ou passivamente o património duradouro do Estado são classificadas como sendo de capital.

O estudo dos mapas orçamentais de classificação económica permite-nos retirar importantes elementos numa análise orçamental: a) compreender o peso das receitas tributárias, patrimoniais e creditícias no financiamento das despesas orçamentadas; b) ter a perceção do peso das receitas geradas pelo Setor Empresarial do Estado para o Estado (através da análise da rubrica Rendimentos de Propriedade); c) compreender a política de investimento em capital fixo do Estado;

d) Comparar o peso das despesas de consumos e transferências (entre si ou em relação a anos anteriores[650]); e e) contabilizar os gastos com o serviço da dívida (amortização de dívida e pagamento de juros).

O artigo 5.º do Decreto-Lei n.º 26/2002 dispõe também sobre a classificação orgânica da despesa dos orçamentos e contas dos organismos que integram a administração central. Nos termos desse preceito, as despesas devem ser especificadas pelo ministério que as realiza de acordo com a sua lei orgânica: "a classificação orgânica deverá estruturar-se por códigos que identifiquem os ministérios e secretarias de Estado, bem como os capítulos, divisões e subdivisões orçamentais" (artigo 5.º, n.º 1). No caso dos serviços e fundos autónomos, a classificação orgânica segue o que está definido no artigo 32.º da Lei de Enquadramento Orçamental de 2001 (em vigor): as receitas e as despesas são apresentadas "com especificação das receitas/despesas globais de cada serviço e fundo" (Mapas V e VII).

O código de classificação funcional está definido no Decreto-Lei n.º 171/94, de 24 de junho e é aplicável às despesas da administração central (artigo 1.º, n.º 3, do Decreto-Lei n.º 171/94). De acordo com esta classificação, as despesas devem ser agrupadas em torno das principais funções do Estado: Funções Gerais de Soberania, Funções Sociais, Funções Económicas e Outras Funções. Nos termos do artigo 8.º, n.º 3, da Lei de Enquadramento Orçamental de 2001 e do artigo 17.º n.º 1, da Lei de Enquadramento Orçamental de 2015, todas as despesas, no Orçamento do Estado, são ainda estruturadas por programas. Desde 2015, a Lei de Enquadramento Orçamental, obriga também a uma especificação das receitas e das despesas por "fonte de financiamento" (artigo 17.º, n.ºs 1 e 2 da Lei de Enquadramento Orçamental de 2015).

Uma nota para explicar que as funções estão dissociadas dos organismos que levam o mesmo nome (ex. as despesas com educação extravasam as do Ministério da Educação).

[650] Paulo Trigo Pereira et allii – *Economia e Finanças Públicas...*, p. 386: "A título de exemplo considere-se as Despesas com pessoal e a componente das Transferências correntes destinadas às famílias: o seu montante e, principalmente, a sua evolução face ao ano económico (orçamento) anterior são reveladores dos efeitos esperados sobre o rendimento disponível das famílias e o consumo privado, bem como do contributo desta variável para o crescimento económico".

Ao passo que o desrespeito da discriminação das receitas e despesas pela classificação económica apenas resulta numa ilegalidade, uma vez que a sua exigência é meramente legal; o das classificações orgânica e funcional – quando aplicável – será mais grave. Este redunda numa inconstitucionalidade material, por violação do artigo 105.º, n.º 3, da Constituição.

Desde 2015, a Lei de Enquadramento Orçamental, obriga também a uma especificação das receitas por "fonte de financiamento" (artigo 17.º, n.ºs 1 e 2 da Lei de Enquadramento Orçamental de 2015). Este acrescento representa um aumento de exigência em relação à individualização da receita. De acordo com uma visão compreensiva do texto da Lei de Enquadramento Orçamental de 2015, este acrescento tem como desiderato uma maior transparência em relação à distribuição das receitas do Estado, de forma a evitar a excessiva fragmentação das receitas públicas. A identificação da fonte de financiamento tem como objetivo, entre outros, forçar Governo e Parlamento a questionar as receitas consignadas, de forma a racionalizar os recursos disponíveis, atendendo mais às prioridades orçamentais gerais do Estado do que às necessidades particulares dos serviços para os quais estas receitas são quase exclusivamente canalizadas. Coloca-se, neste ponto, a especificação orçamental ao serviço da não consignação de receitas, constante do artigo 16.º da Lei de Enquadramento Orçamental de 2015, dando assim cumprimento ao princípio geral da discriminação orçamental de que são ambos (especificação e não consignação) subprincípios. Nota-se, porém que esta exigência ainda não foi concretizada no plano legal. Com efeito, não só ainda não foi publicada uma nova lei definidora do código de classificação económica das receitas e despesas, como também ainda não encontrou reflexo nos mapas orçamentais, continuando a seguir-se o modelo de Orçamento promovido pela Lei de Enquadramento Orçamental de 2001, que não acomodava este dever de identificação das fontes de financiamento. Esta identificação das fontes de financiamento é atualmente apenas feita nos desenvolvimentos orçamentais.

Comparando as necessidades de especificação da receita com as da despesa, facilmente concluímos que há uma muito menor exigência em relação à especificação das receitas. O princípio da especificação, apenas obriga à discriminação da receita pública por meio dos classificadores económico e orgânico, no caso dos serviços e fundos autónomos, e, desde

2015, por fonte de financiamento. No caso das despesas, este obriga à individualização da despesa recorrendo a três classificadores – o orgânico, o funcional e o económico – e à técnica da programação orçamental. A esta especificação, junta-se também, desde 2015, a individualização das despesas por fonte de financiamento. A jurisprudência do Tribunal Constitucional permite-nos perceber a razão de ser desta maior exigência demonstrada pela Constituição e pela Lei de Enquadramento Orçamental em relação à especificação das despesas públicas. Esta maior exigência quanto às despesas deve-se ao facto de a sua maior ou menor especificação diminuir ou aumentar, "no plano dos gastos, a margem de discricionariedade do Executivo, que, de qualquer modo, sempre estará limitado pelo princípio de que as dotações orçamentais hão de constituir o limite máximo a utilizar na realização das despesas". Não se verifica a mesma preocupação quanto à especificação das receitas, uma vez que a mesma "diferentemente do que sucede com as despesas [,] (...) é desprovida de consequências jurídicas de qualquer ordem, pelo menos para o Estado. Assim é que, por exemplo, a cobrança de receitas pode ser efetuada mesmo para além do montante inscrito"[651]. Esta ideia compreende-se melhor com recurso aos conceitos de tipicidade associados à execução orçamental das receitas e das despesas: a tipicidade qualitativa das receitas e tipicidade qualitativa e quantitativa das despesas, extraíveis do artigo 42.º da Lei de Enquadramento Orçamental de 2001 (ainda em vigor). Da tipicidade qualitativa, aplicável às receitas, extrai-se que o Orçamento só condiciona as receitas quanto à espécie e não quanto ao montante. Da tipicidade qualitativa e quantitativa das despesas, conclui-se que o Orçamento condiciona as despesas não só quanto à espécie, mas também quanto ao montante, uma vez que os montantes orçamentais correspondem aos limites máximos de dispêndio para os serviços aí elencados. Não se retire daqui, todavia, uma diminuta exigência em relação à especificação das receitas públicas. Ainda que apenas sujeitas a uma tipicidade meramente qualitativa, o princípio da especificação impede um tratamento displicente quanto a elas. Como estabelece o artigo 42.º, n.º 3, da Lei de Enquadramento Orçamental de 2001 (em vigor) "nenhuma receita pode ser liquidada ou cobrada, mesmo

[651] Acórdãos n.ºs 206/87, de 17 de junho de 1987 e 624/97, de 21 de outubro de 1997.

que seja legal, sem que, cumulativamente: a) tenha sido objeto de correta inscrição orçamental; b) esteja adequadamente classificada".

h) Economia, eficiência e eficácia (artigo 18.º da Lei de Enquadramento Orçamental)

Este princípio surge formulado apenas a partir de 2013, mas era já um dos princípios de execução de despesa.

Previsto na lei, o controlo da economia, eficiência e eficácia vincula toda a assunção de compromissos e realização de despesa. Este funda-se no próprio texto da Lei Fundamental. Com efeito, este controlo pode ser encarado como uma contrapartida natural do dever de boa administração no que toca ao dispêndio público, referido no artigo 81.º, n.º 1, alínea c), da Constituição ou do dever de racionalização de meios públicos, prescrito no artigo 267.º, n.º 5, também da Lei Fundamental.

Em que se consubstancia este controlo de acordo com a economia, a eficiência e a eficácia?

O controlo da eficiência (*stricto sensu*) procura medir a relação entre os gastos (*inputs*) e os resultados atingidos (*outputs*): "o gestor eficiente preocupa-se com a produtividade, com o combate ao desperdício e com a boa utilização dos recursos"[652]. Em concreto, uma análise da eficiência supõe a comparação entre os custos orçamentados e os resultados atingidos, numa procura pela solução que maximize os resultados (comparam-se assim, por exemplo, "Custo anual de manutenção da biblioteca/N.º de leitores; Custo anual de manutenção da piscina/N.º de utilizadores; Custo total de alunos/N.º de alunos; Custo médio de transporte por quilómetro; N.º de reclamações no serviço de lixo/N.º de utilizadores; N.º de licenças entradas/N.º de licenças pendentes"[653]).

O controlo da eficácia está relacionado com o cumprimento dos objetivos inicialmente definidos – este controlo supõe a definição prévia destes objetivos claros, através por exemplo da elaboração de um programa estruturado e desagregado por anos e da instituição de um sistema de informação financeira e técnica de controlo. Na análise da eficácia,

[652] Fernando Augusto Monteiro Correia – "Medidas de desempenho de gestão pública..., p. 306.

[653] Fernando Augusto Monteiro Correia – "Medidas de desempenho de gestão pública..., p. 306.

comparam-se os resultados com os objetivos fixados pela programação orçamental de despesa ou pela lei, para saber se foram ou não atingidos (exemplos: "Redução de acidentes de trabalho como consequência de um programa de prevenção; Redução da lista de espera em dias; Redução do tempo de resposta dos serviços; Redução de incêndios como consequência de um programa de vigilância; Quantidade de pessoas empregadas depois de seguir um curso de formação; N.º de veículos abandonados retirados depois de x horas de denúncia"[654]).

O controlo da economia "consiste em desagregar os custos [...] até aos seus componentes mais elementares [...] a fim de ser detetado algum custo irregular"[655]. Nesta análise, podem fazer-se comparações internas e externas (recorrendo-se à técnica do *benchmarking*) ou recorrer-se à análise da previsão de custos inicialmente estabelecida, comparando-a com os custos efetivos. Nesta ótica, as comparações podem ser variadas: custo contratado vs. custo de mercado; custo final vs. custo previsto; custo total de uma estrutura/organismo/instituição vs. custo de uma estrutura/ /organismo/ instituição similar.

i) Princípio da transparência (artigo 19.º da Lei de Enquadramento Orçamental)

Há um dever de disponibilização ao público de toda a informação sobre os diferentes documentos relativos ao Orçamento.

Uma das vertentes deste princípio reconduz-se à necessidade de todos os orçamentos do setor público administrativo deverem ser publicados. A Lei de enquadramento orçamental de 2011 referia-se, aliás, o princípio da publicidade (artigo 12.º).

A publicação do orçamento do Estado é fundamental como condição da eficácia jurídica da autorização e do consentimento parlamentares para a cobrança de receitas e a realização de despesas. Ela é imprescindível atendendo à necessidade que a Administração Pública tem de conhecer o conteúdo preciso de tão importante instrumento financeiro. A publicidade é *conditio sine qua non* da cobrança de certas receitas especificamente

654 Fernando Augusto Monteiro Correia – "Medidas de desempenho de gestão pública..., p. 305-6.

655 Fernando Augusto Monteiro Correia – "Medidas de desempenho de gestão pública..., p. 303.

autorizadas e da realização de certas despesas. Com efeito, só depois da publicação do Orçamento se conhecem, com certeza, os limites de despesa pública autorizados. Pode dizer-se, portanto, que um orçamento não publicado não é um orçamento.

É certo que a Lei de Enquadramento Orçamental de 2015 deixou de fazer referência a este princípio da publicidade *qua tale*. Porém, ele continua atual. A necessidade de publicação decorre hoje, antes de mais, da própria Lei Fundamental, na medida em que esta exige a forma de lei para a aprovação do Orçamento do Estado (artigos 105.º, 106.º, 161.º, alínea g)) e está compreendida pelo princípio da transparência, como se compreende pela leitura dos artigos 73.º e ss. para que remete no n.º 1 do seu artigo 19.º.

Por meio da lei de 2015, não basta apenas a publicação do Orçamento no Diário da República. A exigência da transparência implica a obrigação de tornar públicos todos os documentos que se revelem necessários para assegurar a adequada divulgação e transparência do Orçamento do Estado e da sua execução. O artigo 19.º da Lei de Enquadramento Orçamental de 2015 obriga a que a informação disponibilizada seja "fiável, completa e atualizada, compreensível e comparável internacionalmente, de modo a permitir avaliar com precisão a posição financeira do setor das administrações públicas e os custos e benefícios das suas atividades, incluindo as suas consequências económicas e sociais, presentes e futuras". Hoje, a publicidade obriga não só ao conhecimento público das reuniões de Comissão do Orçamento e Finanças, nas quais se aprecia e vota na especialidade a proposta de lei do Orçamento do Estado, as quais, para além de outros meios de publicidade, são obrigatoriamente transmitidas pelo Canal Parlamento, mas também a uma explicação mais cabal daquilo que é consentido no Orçamento (tanto em termos de receitas como em termos de despesas).

Esta obrigação de publicidade é assegurada de forma muito relevante pela Direção-Geral do Orçamento que no seu site disponibiliza toda a informação sobre propostas orçamentais, leis do Orçamento e execução orçamental e tem conduzido ao desenvolvimento do Orçamento do Cidadão, apresentando a informação de forma acessível e objetiva, de forma a que todos possam compreender os termos do Orçamento.

Este princípio da transparência obriga – além da publicidade – ao dever de prestação de informação, quer perante o Ministro das Finanças (para garantir o cumprimento dos objetivos orçamentais), quer perante a Assembleia da República, para o efeito de controlo político da execução do Orçamento (v. artigos 74.º e 75.º da Lei de 2015).

2. Elementos estruturantes do regime orçamental

a) Primado da Assembleia da República

O orçamento é fruto de uma relação de colaboração estreita entre o órgão executivo e o órgão deliberativo.

A competência para a aprovação do Orçamento do Estado deriva do texto Constitucional. Mais concretamente161.º, alíneas g).

Esta competência exclusiva deve ser lida como parte do primado da Assembleia da República, em matéria financeira. Primado este que resulta da leitura articulados dos artigos 161.º, alínea h), 162.º, al. d), 164.º, al. t) e 165.º, alíneas i) e q). Com efeito, o poder de aprovação do Orçamento do Estado não pode deixar de ser lido com as demais competências financeiras que lhe cabem: a de autorizar o Governo a contrair e a conceder empréstimos; a de tomar, no final do ano, as contas do Estado; a de aprovar o regime das finanças regionais; a de criar impostos, sistema fiscal e regime geral das taxas; e a de aprovar o regime das finanças locais.

Todas estas competências mostram o lugar privilegiado que é reconhecido ao Parlamento e que o capacitam para a aprovação do Orçamento, assumindo poderes decisórios próprios. Ou seja, quando a Assembleia da República vota o Orçamento do Estado, ela não se limita a aprovar a proposta apresentada pelo Governo. Não assumindo um papel passivo, a Assembleia pode aprovar o Orçamento do Estado com alterações, dispondo daquilo que se designa como direito de emenda parlamentar.

É este direito de emenda que torna o poder da Assembleia da República efetivo e que faz com que o Orçamento seja fruto de uma colaboração e não um fruto do trabalho exclusivo do Executivo a ser sancionado pelo Parlamento. O direito de emenda não se confunde com assegurar a conformidade do Orçamento com as leis que o vinculam. Ele abre a possibilidade de aumento/redução de despesa ou de receita, por parte da Assembleia da República. Ou seja, ele confere a possibilidade de mexer na proposta do Governo. É, aliás, a própria Constituição que parece reconhecer um papel ativo ao Parlamento: tanto no seu artigo 167.º, n.º 2, que parece abrir caminho a que durante a discussão da proposta de Orçamento do Estado se introduzam alterações implicando ou um aumento de despesas ou uma diminuição de receitas[656], quanto no seu artigo 161.º, alínea g), em que prescreve uma verdadeira repartição de competências entre o Governo e a Assembleia da República em matéria orçamental.

O direito de emenda não é, porém, ilimitado.

Antes de mais, porque no exercício do seu direito de emenda, a Assembleia da República deve respeitar os vínculos a que a Lei do Orçamento do Estado está sujeita, nomeadamente a Lei de Enquadramento Orçamental, a Lei das Grandes Opções e as leis e contratos que impõem obrigações ao Estado, e os princípios constitucionalmente impostos e os instrumentos plurianuais a que está subordinada, como é o caso do programa de estabilidade e crescimento e da programação plurianual.

Tendo em conta a especial dificuldade que temos tido no que toca ao controlo do défice e dívida, poderíamos até defender, razoavelmente, que a Assembleia da República, nas modificações que introduz não deveria, nem agravar o défice previsto, nem o nível de endividamento previsto na proposta do Governo. Como propõem GOMES CANOTILHO e VITAL MOREIRA, a Assembleia da República, no exercício do direito de emenda, deveria ser obrigada a "compensar as alterações com outras que mantenham o défice e o nível de endividamento de partida"[657]. Porém, nenhuma exigência legal ou constitucional nos permite fazer esta extrapolação, não passando por isso de uma mera sugestão[658].

Para além disto, quando se trata de proceder a alterações orçamentais, a Assembleia da República não deve poder fazer modificações que não se inscrevam no âmbito da proposta do Governo. Com efeito, nesta última situação, o Tribunal Constitucional entende que não se trata aí de traçar um plano financeiro global, como acontece na votação do Orçamento do Estado, mas de alterar certos pontos de um plano já elaborado (cf. o Acórdão do Tribunal Constitucional n.º 317/86)[659].

[656] J. J. GOMES CANOTILHO e VITAL MOREIRA – *Constituição...*, p. 1118.

[657] J. J. GOMES CANOTILHO e VITAL MOREIRA – *Constituição...*, p. 1118.

[658] V. Contra TIAGO DUARTE – *A Lei...*, pp. 604 e 605, admitindo que durante a discussão orçamental se possa alterar por completo as opções governativas, mesmo que isso agrave o recurso ao crédito e ainda que não traga associada qualquer compensação.

[659] Note-se que estas considerações não devem impedir, em caso de alteração orçamental, a possibilidade do exercício deste direito de emenda, no estrito domínio daquilo que foi

Não obstante o reconhecimento constitucional claro de uma ideia de primado parlamentar, a verdade é que a forte influência comunitária e internacional faz sobressair, ao nível nacional uma certa ideia de secundarização do Parlamento. Tomado, nas finanças clássicas, como o centro de decisão financeira, nas finanças contemporâneas acaba muitas vezes por ser apenas o eco de conceções e propostas vindas do exterior. Bouvier, Esclassan e Lassale creem que estamos, no direito financeiro, na presença de uma deslocalização da produção de normas[660]. Esta deslocalização levanta, porém, algumas questões. Por um lado, a questão de saber qual a legitimidade das suas fontes. Por outro, a de saber como se fará a integração da lógica económica e financeira com as regras democráticas do processo de decisão orçamental. De facto, neste momento, as estruturas financeiras sobrepõem-se às políticas; os Parlamentos estão limitados nas suas escolhas, uma vez que estas são impostas noutros níveis[661].

Nas Regiões Autónomas e nas autarquias locais também os seus orçamentos resultam de uma colaboração muito semelhante. No caso dos orçamentos regionais é o Governo regional que apresenta a proposta e as Assembleias Legislativas das Regiões Autónomas que as discutem e votam. Nos orçamentos locais, a junta de freguesia ou a câmara municipal apresentam a proposta; as assembleias de freguesia ou municipais discutem-nos e votam-nos.

Apesar do silêncio dos diplomas aplicáveis em relação ao direito de emenda nestes casos, consideramos que o mesmo é um traço comum

proposto pelo Governo. Acompanhando TIAGO DUARTE, entendemos que caso a alteração, proposta pelo Governo, incida sobre uma redução de receitas ou sobre um aumento de despesa, o direito de emenda permite à AR poder aprovar, quer uma redução das receitas menor, quer um aumento de despesa menos acentuado do que aquilo que tinha sido originalmente proposto pelo Governo – TIAGO DUARTE – *A Lei por detrás...*, pp. 605 e 606 (embora contra TEIXEIRA RIBEIRO – *Os poderes Orçamentais da Assembleia da República. In* Boletim de Ciências Económicas, vol. XXX, 1987, p. 188, entendendo que ainda assim se trata da proposta de uma redução de receitas e aumento de despesa, respetivamente, contrariando o dispositivo-travão).

660 MICHEL BOUVIER, MARIE-CHRISTINE ESCLASSAN, MARIE-CHRISTINE JEAN-PIERRE LASSALE – *Finances Publiques...*, p. 37.

661 MICHEL BOUVIER, MARIE-CHRISTINE ESCLASSAN, MARIE-CHRISTINE JEAN-PIERRE LASSALE – *Finances Publiques...*, pp. 40 e 41.

do regime orçamental. A não consideração nos demais orçamentos do setor público administrativo do direito de emenda, equivaleria ao reconhecimento de uma falsa repartição de competências – com claro favorecimento do poder executivo –, esvaziaria em muito o interesse da sua discussão em assembleia e, em muitas circunstâncias, inviabilizaria os consensos necessários à sua aprovação. Aplicamos, porém, também aqui, com as devidas adaptações, os limites que enunciámos em relação ao direito de emenda.

b) A afirmação de uma democracia representativa com a limitação do 167.º, n.º 2, da Constituição

Conjuntamente com a constatação do primado parlamentar, no que toca à determinação das decisões financeiras mais relevantes, é também de registar que a Constituição apresenta uma clara preferência por um mecanismo de democracia representativa no que toca a estas mesmas decisões. Vejam-se, confirmando este entendimento, os artigos 114.º, n.º 4, alínea b), impedindo a possibilidade de pronúncia em sede de referendo, no que toca a questões e atos de conteúdo orçamental, tributário ou financeiro e artigo 167.º, n.º 3, interditando a apresentação de propostas de referendo/iniciativas legislativas populares que envolvam aumento de despesa ou diminuição de receita previstas no orçamento.

Estes preceitos obrigam a encarar as decisões de despesa pública de acordo com um modelo de democracia representativa puro, ou seja, de uma delegação do poder de tomada de decisões: "eles delegam o poder de tomada de decisões sobre assuntos políticos aos especialistas políticos que têm uma vantagem comparativa por fazerem política"[662]. Ela parte, assim, da ideia de que a democracia direta tem problemas, fundada no pressuposto de que os decisores na democracia direta tomam as decisões de forma menos informada do que os decisores numa democracia representativa. A democracia representativa que parece estar por detrás desta proibição acaba, desta forma, por assentar na ideia de

[662] "They delegate decision-making power on political issues to political specialists who have a comparative advantage in doing politics" – LARS P. FELD e GEBHARD KIRCHGÄSSNER – "The role of direct democracy in the European Union". Cesifo Working Paper n.º 1083, 2003 (disponível em http://papers.ssrn.com/sol3/papers.cfm?abstract_id=466584 último acesso em 20.02.2013), p. 5.

repartição de tarefas permitindo um conhecimento mais profundo e uma especialização dos decisores políticos[663]/[664].

No exercício das suas competências, os deputados, grupos parlamentares e grupos de cidadãos eleitores encontram apenas uma limitação. Estes não podem, nos termos do artigo 167.º, n.º 2 da Constituição, apresentar projetos de lei, propostas de lei ou propostas de alteração e projetos de referendo que envolvam no ano económico em curso o aumento de despesas ou a redução de receitas previstas no Orçamento do Estado. Esta restrição da iniciativa sobre propostas de alterações ao Orçamento justifica-se por duas razões. Uma, pelo facto de o Governo ter iniciativa exclusiva em matéria orçamental, tanto no momento da sua elaboração quanto no momento da sua alteração. E outra, pelo facto de o Parlamento não dever intervir na execução orçamental que está a ser levada a cabo pelo Governo. Com efeito, tanto a redução de receitas como o aumento de despesa, feitos de forma inesperada e sem previsão de uma compensação correspondente, colocariam em risco todo o trabalho de execução orçamental. Tanto uma como outra situação dariam azo a um défice orçamental.

Notamos que este dispositivo, tal como está concebido pela Constituição é cego: é indiferente à proposta de aumento de despesa reprodutivas, "sendo incapaz de compreender a diferença entre um mero aumento de despesas ou diminuição de receitas e uma diminuição de uma receita tendo em consideração o excesso de cobrança de outra, ou o aumento de uma despesa atendendo ao facto de uma outra se ter mostrado inviável, ou menos onerosa do que o julgado inicialmente"[665].

Aos casos de aumento de despesa ou redução de receita operada pela Assembleia da República, o Tribunal Constitucional tem aplicado o conceito de inconstitucionalidade parcial (Acórdãos do Tribunal Constitucional n.ºs 297/86 e 317/86) "declarando [...] a

[663] Lars P. Feld e Gebhard Kirchgässner – "The role of direct democracy..., p. 5.

[664] Para além deste problema da democracia direta, Feld e Kirchgässner referem ainda outro que se prende com o facto de grupos de interesses podem ver na democracia direta uma oportunidade para influenciar os resultados (Lars P. Feld e Gebhard Kirchgässner – "The role of direct democracy..., 2003, p. 5), mas acabam por admitir que este é um problema que também atinge as democracias representativas (*Ibidem*, p. 8).

[665] Tiago Duarte – *A Lei...*, p. 608.

inconstitucionalidade das referidas normas (apenas) durante o ano económico em curso"[666].

O dispositivo travão é generalizável a todos os orçamentos, impedindo todo o tipo de ataques à execução orçamental por parte das Assembleias Legislativas das Regiões Autónomas ou mesmo pelas assembleias de freguesia e municipais (v., confirmando este entendimento, os artigos 45.º, n.º 2, do EPARAA e 45.º, n.º 1 do EPARAM).

c) A reserva de administração do Governo quanto à elaboração e à execução do Orçamento

Como explicava já no final da década de 80 do século XX MARCELO REBELO DE SOUSA, o processo orçamental resulta de um processo rígido de partilha de poderes, convergindo nele a Assembleia da República e o Governo[667], cabendo-lhes funções bem definidas à partida: a Assembleia aprova o Orçamento e o Governo elabora-o e executa-o[668].

Esta constatação é atual. Para a compreendermos, devemos compreender o papel do Governo no processo orçamental.

Desde 2011, uma vez que o processo orçamental se inicia com a revisão anual do Programa de Estabilidade e Crescimento, o Governo inicia o ano

[666] TIAGO DUARTE – *A Lei...*, p. 616. Embora este Autor levante algumas objeções quanto à adoção dessa solução. Primeiro, porque ela acaba por suprir uma falha parlamentar – a da não inclusão de uma dilação temporal – quando essa falha constitui, ela própria, fundamento para a inconstitucionalidade da lei em causa (por violação do artigo 167.º, n.º 2 da Constituição) (pp. 617-619). Segundo, porque ela levanta problemas quanto à repristinação da norma antiga: "já que, sendo declarada inconstitucional (ainda que só por alguns meses), dever-se-ia entender que, durante esse tempo, se promoveria a repristinação das leis eventualmente revogadas, sendo que estas normas seriam, depois, aparentemente, novamente consideradas revogadas, já não por decisão legislativa, mas por determinação do Tribunal Constitucional, na medida em que este órgão concedia como que uma segunda vida à referida lei (temporalmente) inconstitucional" (p. 619).

[667] MARCELO REBELO DE SOUSA – "10 questões sobre a Constituição, o Orçamento e o Plano". In Miranda, Jorge (org.) – Nos Dez Anos da Constituição. Lisboa: Imprensa Nacional Casa da Moeda, 1986, pp. 113-141, p. 122.

[668] MARCELO REBELO DE SOUSA – "10 questões sobre a Constituição..., p. 137. *Vide* Acórdão do Tribunal Constitucional n.º 317/86, referindo-se à separação de poderes orçamentais entre a Assembleia da República e o Governo: o Governo apresenta a proposta de Orçamento, ao passo que a Assembleia cabe "uma ampla liberdade decisória na altura do debate da lei do orçamento, compensada por uma estreita vinculação a esta lei, uma vez aprovada".

orçamental com a preparação destes documentos, de forma a submetê-los a apreciação da Assembleia da República até ao dia 15 de abril.

A partir do final de junho, depois de serem conhecidas as recomendações da União Europeia, formuladas pela Comissão, debatidas no Conselho e aprovadas pelo Conselho ECofin, o Governo inicia o processo orçamental.

Na primeira fase, cada Ministério define os limites de despesa pública. Limites estes que devem ser em julho aprovados no Conselho de Ministros.

Em setembro, o Governo junta as propostas de orçamento formuladas pelos serviços e centralizadas na Direção Geral do Orçamento e promove a sua discussão e aprovação em sede de Conselho de Ministros. Esse documento constitui a proposta de Orçamento do Estado. Esta proposta resulta, portanto, de um trabalho conjunto em que "intervêm os membros do Governo e a generalidade dos serviços e organismos da Administração abrangidos, cabendo, por natureza, ao Ministro das Finanças e ao Ministério que dirige, em especial à Direção-Geral do Orçamento, desempenhar a função de coordenação dos vários projetos de orçamento elaborados pelos serviços, incluindo os fundos e serviços autónomos e o subsetor da Segurança Social [o orçamento da Segurança Social é feito pelo Instituto de Gestão Financeira da Segurança Social]"[669].

Esta proposta de Orçamento do Estado é, nos termos da lei de enquadramento orçamental apresentada na Assembleia pelo Governo. Trata-se aqui de uma iniciativa exclusiva governamental[670].

Para além da elaboração da proposta do Orçamento do Estado, o Governo é também responsável pela sua execução durante todo o ano económico. E, neste plano de execução orçamental, o Governo surge, constitucionalmente assumindo uma função que integra a sua reserva absoluta de administração, nos termos do artigo 199.º, alínea. b) da Constituição[671]. Tal como sucede com as demais matérias que lhe são reservadas, o Governo não estará limitado pela ação do Parlamento e não

[669] António de Sousa Franco e José F. F. Tavares – *Orçamento...*, p. 32.

[670] Esta iniciativa exclusiva, a par com o facto de ser uma lei paramétrica em relação a outros legislativos faz da LOE uma lei duplamente reforçada – Tiago Duarte – *A Lei por detrás...*, p. 198.

[671] Nuno Piçarra – *A Reserva de Administração*. Separata da Revista "O Direito", ano 122, 1990 (II, III, IV), pp. 58 e 59 defendendo que a execução orçamental é um caso em que a reserva regulamentar tem carácter tendencialmente absoluto.

poderá ser fiscalizado por ele nessa ação. Compete-lhe a ele proceder à arrecadação das receitas previstas no Orçamento do Estado e realizar a despesa de acordo com o que está previsto no orçamento, tal como aprovado pela Assembleia da República.

Na execução do Orçamento do Estado, o Governo deve respeitar alguns princípios previstos na Lei de Enquadramento Orçamental[672].

No que toca às receitas, o Governo apenas poderá cobrá-las se elas forem legais, tiverem sido objeto de inscrição orçamental e se tiverem sido adequadamente classificadas. Trata-se aqui de dar cumprimento ao princípio da tipicidade qualitativa das receitas, exigente quanto ao modo de previsão, para garantir a estrita observância do consentimento parlamentar: só poderão ser cobradas as receitas que tiverem sido autorizadas pelo Parlamento e nos exatos termos dessa autorização. Não há, pois, aqui um condicionamento quanto ao montante a cobrar, mas sim quanto à espécie de receitas a cobrar. O Orçamento só condiciona, portanto, as receitas quanto à espécie e não quanto ao montante.

No que toca às despesas, o Governo só poderá realizá-las se estas respeitarem as normas legais aplicáveis, se dispuserem de uma inscrição orçamental e de cabimento orçamental. Ou seja, no que concerne às despesas, exige-se a observância de uma tipicidade qualitativa e quantitativa. Neste caso, o Orçamento condiciona não só quanto à espécie – como sucedia com as receitas –, mas também quanto ao montante, uma vez que os montantes mencionados no Orçamento correspondem aos limites máximos de dispêndio para os serviços aí elencados. Para além destes dois requisitos, exige-se ainda que a realização da despesa satisfaça os requisitos da economia, eficiência e eficácia.

Na execução do Orçamento, o Governo deve observar o princípio da segregação de funções, exigindo-se, para a execução do orçamento de receitas e despesas, a intervenção de mais do que um funcionário ou serviço. De acordo com este princípio, quem ordena a liquidação de receitas não deve fazer a sua cobrança. No que toca às despesas, aquele que autoriza não pode ser o mesmo que procede ao respetivo pagamento. Esta segregação de funções justifica-se para proporcionar, ao nível administrativo, uma primeira instância de controlo.

[672] Com um tratamento detalhado desta matéria, v. GUILHERME D'OLIVEIRA MARTINS e outros – *A Lei de Enquadramento...*, pp. 219 e ss.

Para além destes princípios, deve ainda o Governo promover a boa gestão financeira. Esta boa gestão financeira obriga a assegurar a inexistência de mora nos pagamentos do Estado. Esclarece a Lei de Enquadramento Orçamental de 2015 que "os compromissos que dão origem a pagamentos em ano económico, que não seja o ano da sua realização (...) podem ser assumidos pelas entidades e serviços sem pagamentos em atraso (...)" (artigo 52.º, n.º 8).

A Lei de Enquadramento Orçamental prevê que a execução orçamental tenha as suas regras definidas por um decreto-lei, aprovado anualmente – o decreto-lei de execução orçamental. Neste, poderemos encontrar estipulado o período complementar do Orçamento do Estado (a que nos referimos a propósito da anualidade); a definição das dotações não sujeitas à regra dos duodécimos e das dotações cativas e com utilização condicionada; a indicação dos pagamentos e despesas cuja autorização dependa da intervenção de serviços centrais; e os prazos para autorização de despesa[673]. O decreto-lei de execução orçamental deve entrar em vigor logo no início do ano, permitindo aos serviços administrativos o conhecimento atempado das regras de execução orçamental. Nos termos da Lei dc Enquadramento Orçamental de 2015, a aprovação do decreto-lei de execução orçamental deve fazer-se "até ao décimo quinto dia após a entrada em vigor da Lei do Orçamento do Estado". O disposto na lei de 2015 encurta a exigência da Lei de 2011 em quinze dias.

No exercício das suas competências de execução orçamental, compete ao Governo proceder a algumas alterações orçamentais. Sublinhe-se aqui a expressão "algumas", uma vez que sendo o Orçamento aprovado por Lei da Assembleia da República, a regra será a da sua alteração por meio de Lei da Assembleia da República (uma vez que a competência para a aprovação do Orçamento é exclusivamente sua).

Em termos constitucionais, no n.º 4 do artigo 105.º encontra-se prevista a única exceção admitida à inalterabilidade do Orçamento (sem prejuízo de se permitir que a Assembleia possa aprovar alterações à Lei do

[673] Algo de semelhante sucede no que concerne ao orçamento regional. O Governo regional deve aprovar decretos regulamentares contendo as disposições necessárias à execução do respetivo instrumento previsional.

Orçamento do Estado, mediante iniciativa do Governo). Neste preceito, a Lei Fundamental dá ao Governo competência própria para introduzir, durante a execução orçamental, alterações nas rubricas de classificação orgânica de despesa, no âmbito de cada programa orçamental aprovado pela Assembleia da República, tendo em vista a sua plena realização.

Esta possibilidade, constitucionalmente prevista, prende-se com a necessidade de não tornar a especificação de despesas numa limitação sufocante para o Governo. Se o Governo não tivesse nenhuma margem de alteração orçamental, a administração pública poderia ficar demasiado condicionada no exercício das suas competências. Note-se que a alteração prevista apenas permite movimentações de fundos que se cinjam ao interior de cada serviço público, impedindo alterações no que toca a opções de fundo de alocação de fundos em relação aos vários serviços públicos ou programas de despesa ou ainda em relação às diferentes funções do Estado.

O mencionado artigo 105.º, n.º 4, visa, portanto, proteger o Governo contra o excesso de especificação que possa existir no Orçamento quanto à discriminação das despesas. Esta preocupação de especificação excessiva não existe quanto às receitas. Com efeito, não está aqui em causa dar mais liberdade à Administração, para cumprir aquilo que é da reserva de administração. Pelo contrário, está em causa permitir que a atividade tributária seja rigorosamente escrutinada pela Assembleia da República. Pois nesse papel, a Assembleia da República surge na sua função primordial: a da câmara de imposto, assegurando que, por meio dos seus representantes, os contribuintes fiquem defendidos perante uma Administração fiscal cada vez mais agressiva.

A Lei de Enquadramento Orçamental tem alargado o disposto no artigo 105.º, n.º 4, da Constituição prevendo que o Governo também pode fazer alterações orçamentais[674], desde que elas não estejam reservadas à Assembleia da República, prevendo ainda a possibilidade de promover alterações ao orçamento das despesas que tenham uma contrapartida em

[674] *Vide* criticamente Tiago Duarte – *A Lei por detrás...*, p. 259, nota 524, defendendo que muitas das alterações orçamentais que vinham autorizadas na Lei de Enquadramento Orçamental eram inconstitucionais por desrespeitarem os limites impostos neste artigo 105.º.

termos de receitas – saldos de gerência ou dotações de anos anteriores, dotação provisional, aumento de receitas efetivas próprias ou consignadas.

As alterações orçamentais da competência do Governo são aprovadas por meio de decreto-lei. No entanto, atendendo a que a execução orçamental integra a reserva absoluta da reserva de administração[675], há quem na doutrina questione se as alterações orçamentais – desde que previstas na Constituição e na Lei de Enquadramento Orçamental –, não deveriam ser aprovadas por ato regulamentar "já que a execução orçamental se integra no exercício da função administrativa e não na função legislativa do Governo"[676]. Ainda que não seja esse o entendimento dominante, parece de reter uma interessante conclusão desta discussão: estes decretos-leis de alteração orçamental – atendo-se aos limites impostos pela Constituição – não devem estar sujeitos a apreciação parlamentar "seja para efeitos de cessação de vigência, seja para efeitos de modificação"[677]. Com efeito, emitidos ao abrigo de uma competência da reserva de administração do Governo, devem ser respeitados pela Assembleia da República como manifestação de uma intenção de separação rígida de competências estabelecida pela Lei Fundamental.

Nos orçamentos locais e regionais também a execução orçamental caberá ao órgão executivo, com controlo do órgão deliberativo. O que se diz em relação ao Orçamento do Estado terá, porém, de ser adaptado às realidades locais e regionais.

d) Leis anteriores, contratos e sentenças são fontes de despesa que devem ser acomodadas nos Orçamentos

Em relação ao Orçamento do Estado, o artigo 105.º, n.º 2, identifica as fontes primárias ou mediatas das despesas públicas. Apesar de apenas se referir ao Orçamento do Estado, este deve ser tomado como definidor de uma regra geral orçamental: a da necessidade de acomodar compromissos de despesa previamente assumidos.

Este preceito impõe, em primeiro lugar, a inscrição orçamental de todas as despesas, decorrentes de lei. Daqui se retira a afirmação constitucional de um princípio de legalidade orçamental das despesas, o que implica

[675] Nuno Piçarra, *A Reserva de Administração...*, pp. 58 e 59.

[676] Tiago Duarte – *A Lei por detrás...*, p. 259, nota 524.

[677] Tiago Duarte – *A Lei por detrás...*, p. 259, nota 524.

que estas devem ser necessariamente fruto de inscrição orçamental. Em certos casos, poderá até falar-se de uma "dupla legalidade", já que mesmo aquelas despesas que são criadas, por meio de lei, para anos futuros devem ser sempre confirmadas pela Lei do Orçamento do Estado[678]. Já Sousa Franco ensinava que "não existem receitas nem despesas que possam ser efetuadas se não estiverem inscritas no orçamento; e se lei as criou, não são eficazes senão por via do orçamento anual"[679]. Isto é, aliás, uma decorrência do princípio da unidade. Ou seja, todas as despesas do sector público administrativo devem estar orçamentadas[680].

Também do mesmo se retira a necessidade de inscrição orçamental das despesas decorrentes de contratos.

Este dever de inscrição das despesas anteriormente assumidas está ligado com a preocupação de evitar défices ocultos (despesas a pagar sem estarem previamente cabimentadas) e, como explicam Gomes Canotilho e Vital Moreira, está também em causa "o respeito das obrigações assumidas pelo Estado, a proteção da confiança e dos direitos ou expectativas legítimas geradas pelos atos de autoridade pública[681]. Com efeito, se essas despesas não forem inscritas no Orçamento, há razões que para considerar a tutela da confiança em relação a um determinado crédito decorrente de lei ou de contrato, pré-existente à sua aceitação orçamental[682]. Sendo incumprido este dever, estas despesas poderão ser

[678] Tiago Duarte – *A Lei por detrás...*, p. 241 e 248, nota 511. Se assim não fosse, as leis de programação plurianual de despesa poderiam substituir o orçamento anual o que não é suposto acontecer (*vide* artigo 106.º, n.º 1 da Constituição). Um dos requisitos para a realização de despesa é justamente o do cabimento orçamental – artigo 42, n.º 6, alínea. b) da Lei de Enquadramento Orçamental.

[679] António L. Sousa Franco – *Finanças Públicas (I)...*, p. 430.

[680] Quanto ao problema de obrigação de orçamentação de despesas com órgãos de soberania, por causa da separação de poderes *vide* Tiago Duarte – *A Lei por detrás...*, pp. 285-286: "O legislador orçamental condiciona de certa forma a intervenção de cada um desses órgãos. É a Assembleia da República que define a amplitude da intervenção de cada um deles".

[681] Parecer junto ao processo do Acórdão do Tribunal Constitucional n.º 358/92, *apud* Tiago Duarte – *A Lei por detrás...*, p. 233, nota 487.

[682] Contra Tiago Duarte – *A Lei por detrás...*, pp. 229-256. Pode aqui fazer-se um paralelo em relação ao que sucede com os atos sujeitos a visto, desde que não superiores a €950.000 que podem começar a ser executados (artigo 45.º, n.º 1 da Lei de Organização e Processo do Tribunal de Contas): neste caso, as despesas podem ser pagas em sede de responsabilidade

invocadas pelos particulares em juízo, podendo dar lugar a pagamentos orçamentais. Mas apenas em sede de execução da sentença, pois sua não inscrição orçamental corresponde, na prática, a uma desorçamentação inconstitucional e ilegal que não pode deixar de ser censurada e suprida pelos tribunais[683].

Apesar de o artigo 105.º, n.º 2, apenas fazer referência a leis e a contratos, é possível identificar mais fontes mediatas de despesa que não podem deixar de ser cabimentadas. É o que sucede em relação às despesas derivadas de convenções internacionais e de sentenças judiciais[684]. Esta últimas, expressamente referidas na Lei de Enquadramento Orçamental. Mesmo em relação às sentenças proferidas ao longo do ano, embora seja impossível prever o montante exato das mesmas, deve ser orçamentada uma verba para as cobrir (por ex. na dotação provisional que se destina a fazer face a despesas imprevisíveis e inadiáveis).

e) Equilíbrio orçamental

Em Portugal, qualquer orçamento tem de estar equilibrado.

Segue-se uma breve referência aos critérios de equilíbrio já aplicados em Portugal, desde o início do século XX.

Em termos jurídicos, "até 1928, [...] o equilíbrio do orçamento era dado pelo equilíbrio do orçamento efetivo, isto é, pelo equilíbrio entre receitas efetivas [...] e despesas efetivas [...]. Adotava-se, pois a conceção tradicional do equilíbrio, o que redundava na prática em medir o défice pelo recurso ao crédito"[685]. Trata-se aqui de aplicar o critério do ativo de tesouraria do Estado.

civil Embora, tal como neste paralelo, se admita que a fixação judicial de limites substanciais de despesa é possível, atendendo à sujeição necessária destas despesas aos constrangimentos orçamentais (*vide* limite estabelecido no n.º 3 do artigo 45.º da Lei de Organização e Processo do Tribunal de Contas).

683 François Adam, Olivier Fernand e Rémy Rioux – *Finances Publiques...*, pp. 65-66: "Tout créancier de l'État dispose le cas échéant d'outils juridiques pour obtenir du juge compétent [...] une condamnation à payer [...]. Il est donc la responsabilité du gouvernement et du Parlement [...] de s'assurer que le budget voté permet de faire face aux dépenses obligatoires".

684 No mesmo sentido J. J. Gomes Canotilho e Vital Moreira, 2007 (vol. I), p. 1107.

685 J. J. Teixeira Ribeiro, 1976, p. 49.

O critério do ativo de tesouraria do Estado assenta na distinção entre a despesa e a receita efetiva e não efetiva. A distinção, à sua luz, está no facto de se verificar ou não a redução do património de tesouraria do Estado. De acordo com o mesmo critério, para o Orçamento estar equilibrado as despesas efetivas teriam de ser pagas pelas receitas efetivas e as despesas não efetivas só poderiam ser pagas ou pelo remanescente das receitas efetivas ou pelas não efetivas. Nesta perspetiva, o endividamento serviria apenas para amortizar empréstimos anteriores.

De 1928 a 1973, adota-se o critério do orçamento ordinário, tentando-se disciplinar as finanças públicas[686]. Esse critério foi tido como essencial, pois permitiu financiar com recurso ao crédito as despesas de "fomento económico" (1953-1973[687]), olhadas como necessárias para o desenvolvimento do país[688].

O critério do orçamento ordinário distingue as receitas e as despesas em ordinárias e não ordinárias, atendendo à repetição ou não, respetivamente em cada orçamento. À luz deste critério, haveria equilíbrio quando as despesas ordinárias fossem cobertas pelas receitas ordinárias e as despesas extraordinárias fossem cobertas pelo excedente das

[686] Artigo 14.º, parágrafo 92 do Decreto-Lei n.º 15.465, de 14 de maio de 1928, embora a classificação de receitas e despesas, distinguindo-as em ordinárias e extraordinárias fosse muito anterior – mais precisamente à Lei da Contabilidade Pública de 1881). Foi aliás, a adesão a este critério que "permitiu manter formalmente o orçamento em equilíbrio, tanto no período de ditadura militar como durante o regime corporativo [...]" (António L. Sousa Franco – *Finanças Públicas (I)...*, p. 372. Embora como Teixeira Ribeiro assinala, a partir de 1832, os orçamentos apenas foram superavitários à luz do critério do orçamento ordinário e não do orçamento efetivo (reconhecendo, porém, que "desde 1928--1929 a 1931-1932, os orçamentos ainda foram superavitários à luz do critério do orçamento efetivo") – J. J. Teixeira Ribeiro, 1976, p. 59. Sobre a limitação do papel do Parlamento na aprovação dos Orçamentos à luz da Constituição de 1933, como um meio controlo das contas públicas, numa resposta à permanente intervenção do Parlamento, durante a Iª República, no que toca à definição das receitas e despesas, dificultando a execução orçamental – Tiago Duarte – *A Lei por detrás...*, pp. 115-116 e 123-138.

[687] Durante o Estado Novo, foram implementados quatro planos de fomento: o primeiro vigorando de 1953 a 1958; o segundo de 1959 a 1964; o terceiro de 1965 a 1967 e o quarto de 1968 a 1973.

[688] J. J. Teixeira Ribeiro, 1976, p. 59. António L. Sousa Franco – *Finanças Públicas (I)...*, pp. 131-132 sobre as iniciativas de fomento económico: plano portuário e política de reconstituição económica, nomeadamente a política de promoção de obras públicas para evitar as consequências da conjuntura económica.

receitas ordinárias e pelas extraordinárias. As receitas creditícias seriam extraordinárias "a que o Estado não deveria recorrer todos os anos"[689]. O problema deste critério é que a distinção entre receitas e despesas ordinárias e extraordinárias gera controvérsia[690]. "A não definição detalhada da tipologia de receitas e despesas – em ordinárias e extraordinárias – permitia que cada governo decidisse de modo discricionário em função da classificação mais vantajosa do ponto de vista do equilíbrio orçamental"[691]. Abria-se assim a possibilidade de recorrer ao crédito público para pagar o que se entendesse por despesas extraordinárias. Este critério, como nota SOUSA FRANCO, permitia financiar todas as despesas públicas – como é o caso das de defesa e segurança –, desde que fossem extraordinárias[692].

A partir de 1973, é assumido o critério do ativo patrimonial do Estado. Este critério é fruto da influência keynesiana, na parte em que diz que "o consumo público e, principalmente, o investimento público constituem poderosos instrumentos para a estabilização da economia"[693].

Segundo este critério, haveria equilíbrio orçamental, se as despesas correntes fossem cobertas pelas receitas correntes, ao passo que as receitas de capital teriam de ser cobertas por pelo excedente das receitas correntes ou pelas reccitas de capital. Isto abria a porta à admissão de contração de dívida pública para pagamento de investimentos, embora afastasse toda a possibilidade de financiamento a crédito de despesas públicas, mesmo que fossem extraordinárias.

É de notar, porém que de 1933 a 1976, vigora o artigo 67.º da Constituição de 1933 constrangendo o recurso ao crédito: "não pode recorrer-se a empréstimos senão por aplicações extraordinárias em fomento económico, aumento indispensável do património nacional ou

[689] P. TRIGO PEREIRA, ANTÓNIO AFONSO, MANUELA ARCANJO e J. C. GOMES SANTOS, 2005, p. 415.

[690] *Vide* G. OLIVEIRA MARTINS, G. W. OLIVEIRA MARTINS e M. OLIVEIRA MARTINS, 2011, anotação ao artigo 9.º, ANTÓNIO L. SOUSA FRANCO – *Finanças Públicas (I)...*, p. 369

[691] J. J. TEIXEIRA RIBEIRO, 1997, p. 96.

[692] ANTÓNIO L. SOUSA FRANCO – *Finanças Públicas (I)...*, p. 369). *Vide* ainda J. J. TEIXEIRA RIBEIRO, 1976, pp. 51 e ss referindo-se às suas vantagens e inconvenientes (*vide Ibidem*, p. 56 denunciando em concreto alguns abusos).

[693] P. TRIGO PEREIRA, ANTÓNIO AFONSO, MANUELA ARCANJO e J. C. GOMES SANTOS, 2005, p. 415.

necessidades imperiosas de defesa e salvação nacional"[694]. O período de vigência da Constituição de 1933 foi, aliás, marcado por uma preocupação de saneamento das finanças públicas, como é sabido[695].

Em 1974, "embora mantendo o critério do orçamento corrente e de capital [ativo patrimonial do Estado] como fundamental classificador orçamental, passou a adotar-se [... de novo] o critério clássico de equilíbrio: com mais ou menos adaptações, o recurso ao crédito era a medida e o indicador do equilíbrio"[696]. notando ainda que neste período as garantias da Constituição de 33 tinham "caído em desuso".

A Constituição de 1976 deixa para trás os constrangimentos da Constituição de 1933 e introduz um critério de equilíbrio meramente formal previsto no artigo 108.º, n.º 4 da Constituição na sua versão originária (hoje o artigo 105.º, n.º 4): "o orçamento prevê as receitas necessárias para cobrir as despesas [...]", embora com remissão para a lei das condições a que deveria obedecer o recurso ao crédito público. Complementando-a, as Leis n.º 64/77, primeiro, e n.º 40/83, depois, previram a aplicação do critério do ativo patrimonial do Estado (artigo 4.º). Em ambas, estava prevista uma exceção: poderia haver desequilíbrio nos casos em que "a conjuntura dos períodos a que se refere o Orçamento" não permitisse a verificação desse equilíbrio.

A Lei n.º 40/83 previa, porém, que houvesse uma justificação para a não verificação do equilíbrio. Colocava ainda a condição deste desequilíbrio não ser suprido por meio da criação de moeda e de a Lei do Orçamento do

694 Prevendo, porém, uma exceção para recurso a dívida flutuante para suprimento das receitas de gestão corrente.

695 Sousa Franco e Oliveira Martins notam, no entanto, que a chegada de Marcello Caetano ao poder acabou por abrir economia ao recurso ao crédito externo "imposto pelos projetos de fomento colonial, pela escassez de recursos financeiros gerada pelas guerras coloniais, sobretudo por causa dos movimentos de integração europeia (AECL/EFTA; acordo com a CEE) [...]" – António L. de Sousa Franco e Guilherme d'Oliveira Martins – *A Constituição económica portuguesa – Ensaio Interpretativo*. Coimbra: Coimbra Editora, 1993, 1993, p. 132.

696 António L. Sousa Franco – *Finanças Públicas (I)*..., p. 372. Teixeira Ribeiro considera, porém, em sentido divergente, que só com o Decreto-Lei n.º 737/76, operando a supressão dessas rubricas de receitas e despesas se abandonou o critério do equilíbrio ordinário – J. J. Teixeira Ribeiro, 1976, p. 450.

Estado que prevesse o défice prever também as fontes de financiamento do mesmo[697].

Com a Lei n.º 6/91 retorna-se ao critério do ativo de tesouraria[698], embora com algumas diferenças em relação ao critério adotado até 1928. Este partia de uma situação de equilíbrio formal, com o objetivo de impossibilitar o financiamento mediante a criação de moeda (n.º 1, artigo 4.º). Porém, permitia o pagamento de juros com recurso ao crédito (ativo de tesouraria, na sua vertente de saldo primário), admitindo ao mesmo tempo a sua não verificação em caso de "a conjuntura do período a que se refere o Orçamento justificadamente o não permitir" (artigo 4.º, n.º 2)[699].

A Lei 91/2001 manteve este mesmo critério do ativo de tesouraria. Para isso, remete a terminologia utilizada no artigo 9.º da Lei de Enquadramento Orçamental, o qual se refere às receitas e despesas efetivas. Assim sendo, todos os instrumentos orçamentais do Estado deveriam prever receitas efetivas em número suficiente para cobrir, pelo menos, as despesas efetivas (sendo que dos n.os 4 e 5 deste artigo 9.º extraímos a ideia de que tanto é válida a adoção de saldo global como a de saldo primário, ou seja, considera-se equilibrado o orçamento tanto se cobrir as despesas com encargos da dívida pública com receitas efetivas

[697] António L. Sousa Franco – *Finanças Públicas (I)...*, pp. 373 e 374. Como explica Sousa Franco, no entendimento desta lei vigorou o critério de equilíbrio que o próprio defendera: "o orçamento poderia considerar-se em equilíbrio se o orçamento corrente estivesse equilibrado – caso em que, na falta de receitas normais para cobrir os gastos de capital, o défice do orçamento de capital (que juridicamente não deve considerar-se violador da regra de equilíbrio substancial) havia de ser coberto pelas fontes adequadas". O défice financeiro corresponderia assim ao montante total a cobrir por recurso a crédito monetário ou financeiro, excluindo-se a necessidade de menção legal das fontes de financiamento reportada ao défice do orçamento corrente – *v. Ibidem,* nota 1 das páginas mencionadas.

[698] Este critério parte da distinção entre receitas e despesas efetivas e não efetivas. As receitas e despesas efetivas representam uma alteração (aumento ou redução) do património monetário do Estado, ao passo que as não efetivas não provocam a sua alteração (com efeito, o acréscimo ou diminuição que provocam num primeiro momento é, posteriormente, compensado por um movimento de sinal oposto). As receitas/despesas não efetivas correspondem aos ativos e passivos financeiros.

[699] *Vide* críticas J. J. Teixeira Ribeiro, 1997, pp. 102 e 103. Teixeira Ribeiro afirma mesmo que este critério foi o escolhido para os Governos apresentarem em situação de equilíbrio, orçamentos que apenas artificiosamente o estão".

– saldo global – quanto se as cobrir com receitas não efetivas – saldo primário).

De acordo com a lei de enquadramento orçamental de 2001, o orçamento dos serviços integrados no Orçamento do Estado deveria, de acordo com o artigo 23.º da Lei de Enquadramento Orçamental, estar equilibrado segundo o critério do ativo de tesouraria, na vertente de saldo primário. O que significa que as receitas efetivas deveriam cobrir, pelo menos, as despesas efetivas, com exclusão dos juros, os quais poderão ser pagos por receita não efetiva. Na parte final do n.º 1 do artigo 23.º da Lei de Enquadramento Orçamental, abria-se a hipótese – mediante justificação nos relatórios da Lei do Orçamento do Estado e da Conta Geral do Estado – de este critério não ser observado no caso de a conjuntura económica não o permitir.

O orçamento dos serviços e fundos autónomos no Orçamento do Estado segundo o artigo 25.º, deveria estar equilibrado de acordo com o critério de equilíbrio do ativo de tesouraria, na vertente de saldo global.

O Orçamento da Segurança Social também no Orçamento do Estado, de acordo com o artigo 28.º da Lei de Enquadramento Orçamental, deveria seguir o critério de equilíbrio do ativo de tesouraria, na vertente de saldo global, com exclusão da receita proveniente do saldo do ano anterior, uma vez que este deveria reverter a favor do Fundo de Estabilização Financeira da Segurança Social.

Com a entrada em vigor da Lei de Enquadramento Orçamental de 2015, esta preocupação de equilíbrio orçamental está patente no artigo 27.º, o qual exige a apresentação de um saldo global nulo ou positivo tanto para os orçamentos da administração central do Estado como para o Orçamento da Segurança Social. A exigência de saldo global nulo ou positivo não considera receitas e despesas relativas a ativos e passivos financeiros e pode ser afastada "se a conjuntura do período a que se refere o orçamento, justificadamente, o não permitir".

Também os orçamentos locais e regionais são obrigados à observância do equilíbrio orçamental, embora sejam admissíveis algumas exceções (v. artigo 40.º da Lei 73/2013 e artigo 16.º da Lei Orgânica n.º 2/2013, prescrevendo o critério do ativo patrimonial do Estado, numa redação muito semelhante: "a receita corrente bruta cobrada deve ser pelo menos, em média, igual à despesa corrente acrescida das amortizações médias de empréstimos de médio e longo prazos").

f) A impossibilidade de não vigorar um orçamento

Ainda que, por qualquer razão, não seja possível a aprovação em tempo útil do Orçamento do Estado, de forma a entrar em vigor no dia 1 de janeiro, prevê-se, na Lei de Enquadramento Orçamental, a prorrogação da vigência do Orçamento do Estado do ano anterior. Esta é uma prorrogação automática. A necessidade desta automaticidade serve para evitar que a falta de Orçamento e das consequentes autorizações para realização de despesa e cobrança de receitas conduzisse a perturbações no normal funcionamento do Estado, para evitar que o Estado ficasse imobilizado à espera de novo Orçamento.

A prorrogação abrange o articulado e correspondentes mapas orçamentais; os desenvolvimentos e os decretos-leis de execução orçamental.

As operações de despesa e receita realizadas serão imputadas ao novo orçamento a aprovar. Trata-se aqui de uma ficção jurídica, imposta pelo princípio da anualidade, que faz com que a execução orçamental desse ano seja considerada como um todo. O orçamento que se aprova atrasado retroage ficticiamente, *ex lege*, ao dia 1 de janeiro (como se aquilo que foi aprovado – receitas e despesas – tivesse entrado em vigor no dia 1 de janeiro[700]) e absorve tudo aquilo que já foi executado. Como se o Orçamento tivesse vigorado do dia 1 de janeiro ao dia 31 de dezembro.

Consideramos este mais um traço do regime geral orçamental por estar prescrito quer em relação aos orçamentos regionais (artigos 15.º das Leis n.os 79/98 e 28/92) quer aos locais (artigo 46.º-A da Lei n.º 73/2013).

g) O Orçamento é passível de ser controlado pelos tribunais

O Orçamento do Estado pode ser fiscalizado pelo Tribunal Constitucional: em sede de fiscalização preventiva ou sucessiva, como sucede com as demais leis da Assembleia da República.

Em Portugal, nunca foi pedida a fiscalização preventiva da constitucionalidade das leis que aprovam os Orçamentos do Estado. A não utilização desta faculdade tem-se prendido com os prazos previstos na Lei de Enquadramento Orçamento para entrega e votação da proposta do mesmo. Prevendo a lei a entrega da proposta a 15 de outubro e tendo

[700] A distinção de um regime específico de receitas ou despesas apenas para uma parte do ano violaria o princípio da anualidade.

o Parlamento o prazo máximo de 45 dias para votá-la, após discussão, isso significa que o texto do decreto para promulgação como lei apenas chega à Presidência da República no início do mês de dezembro.

Tendo o Presidente da República 8 dias para fazer este pedido de apreciação de constitucionalidade e o Tribunal Constitucional 25 dias (embora esteja constitucionalmente prevista a possibilidade de encurtamento do prazo pelo Presidente da República, por motivo de urgência), tem-se entendido que a sujeição a fiscalização preventiva poderia impossibilitar (ou, pelo menos, dificultar) a entrada em vigor do Orçamento no início do ano económico. Tem-se optado, por isso, pela sujeição das normas do Orçamento do Estado a fiscalização sucessiva da constitucionalidade.

Qual tem sido o sentido da jurisprudência do Tribunal Constitucional em relação ao Orçamento do Estado?

Pelo menos até 2011, a jurisprudência do Tribunal Constitucional (embora com algumas tergiversações) foi no sentido do reconhecimento de uma ampla liberdade ao legislador orçamental, embora este não se tivesse coibido de exercer a sua competência de controlo da constitucionalidade dos Orçamentos, sempre que tal lhe era solicitado.

Nas décadas de 1980 e 1990, o Tribunal Constitucional acabou, em grande medida, por limitar a verificação da constitucionalidade das decisões de despesa à análise do cumprimento dos princípios orçamentais (nos Acórdãos do Tribunal Constitucional n.º 461/87, de 16 de fevereiro de 1987; 108/88, de 31 de maio de 1988, 267/88, de 29 de novembro de 1988 e 358/92, de 11 de novembro de 1992 sobre o princípio da anualidade). No Acórdão do n.º 267/88, de 29 de novembro de 1988, o Tribunal Constitucional baseia-se no princípio da unidade e universalidade na sua análise das normas orçamentais que lhe são submetidas. Nos Acórdãos n.ºs 461/87, de 16 de fevereiro de 1987 e 361/91, de 9 de julho de 1991, o Tribunal Constitucional aprecia uma violação do princípio da não consignação. Nos Acórdãos n.ºs 206/87, de 17 de junho de 1987, 267/88, de 29 de novembro de 1988 e 624/97, de 21 de outubro de 1997, o Tribunal Constitucional aprecia o cumprimento do princípio da especificação. Paralelamente, foi feito também o controlo dos princípios do Estado de Direito – igualdade, proporcionalidade e violação da proteção da confiança –, mas até 2012, o controlo dizia apenas respeito à violação evidente destes mesmos princípios, como o demonstram os Acórdãos do Tribunal Constitucional n.ºs 461/87; 108/88; 267/88 e 358/92).

Nos anos da crise (2012 e 2013), a pressão dos cortes da despesa pública fez com que o Tribunal Constitucional abrisse um pouco o espetro do controlo, numa tentativa de limitar numa maior medida a liberdade legislativa (v. nomeadamente Acórdãos do Tribunal Constitucional n.ºs 353/2012 e 187/2013).

O argumento que marca com clareza esta alteração de entendimento[701] é o da invocação da *igualdade proporcional*[702]. O controlo orçamental, nestes anos, admitiu que o controlo pudesse ser feito mais pela via de uma ideia

[701] Aventando também esta hipótese, falando de "superação dos limites do controlo judicial" – Miguel Nogueira de Brito *in* Gonçalo Almeida Ribeiro e Luís Pereira Coutinho (org.) – *O Tribunal Constitucional e a Crise*. Coimbra: Almedina, 2014, pp. 123

[702] Em 2012 e em 2013, as reduções de despesa que foram tentadas pelos respetivos Orçamentos do Estado, por meio da suspensão dos subsídios de funcionários e aposentados, foram declaradas inconstitucionais, por violação do princípio da igualdade – igualdade proporcional, se quisermos ser mesmo rigorosos (*Vide* Acórdãos do Tribunal Constitucional n.º 353/2012 e 187/2013. Embora, neste mesmo tema, já no Acórdão do Tribunal Constitucional n.º 303/90 tenha feito menção a este princípio, embora sem o aprofundar. Com interesse *vide* ainda Miguel Nogueira de Brito *in* Gonçalo Almeida Ribeiro e Luís Pereira Coutinho (org.) – *O Tribunal Constitucional...*, pp. 107 e ss.). Reconhecendo também uma inversão, a partir de 2012, no sentido de balizar os cortes na despesa – Leitão, L. T. Menezes, 2012, p. 415. A única reedição do princípio da proteção da confiança é feita no Acórdão n.º 862/2013 – *vide* criticamente Maria Benedita Urbano *in* Gonçalo Almeida Ribeiro e Luís Pereira Coutinho (org.) – *O Tribunal Constitucional...*, pp. 31 e ss e Alexandrino *in* Gonçalo Almeida Ribeiro e Luís Pereira Coutinho (org.) – *O Tribunal Constitucional...*, pp. 65-67, referindo-se a esta decisão como "inesperada" no seio da jurisprudência firmada a este respeito.
No Acórdão n.º 253/2012, o tribunal afirma que "é indiscutível que, com as medidas constantes das normas impugnadas, a repartição de sacrifícios, visando a redução do défice público, não se faz de igual forma entre todos os cidadãos, na proporção das suas capacidades financeiras, uma vez que elas não têm um cariz universal", chamando a atenção para o facto de a igualdade dever ser analisada conjuntamente com um juízo de proporcionalidade ("A igualdade jurídica é sempre uma igualdade proporcional, pelo que a desigualdade justificada pela diferença de situações não está imune a um juízo de proporcionalidade").
No Acórdão n.º 187/2013, o Tribunal Constitucional desenvolve esta questão da igualdade proporcional, dizendo que o cumprimento do princípio da igualdade supõe a existência de um fundamento material para a opção de diferenciar e a proporcionalidade do tratamento diferenciado (igualdade proporcional), quer quanto às razões que justificam o tratamento desigual, quer quanto à medida da diferença.

abstrata de uma certa distribuição de bens a promover pelo Estado do que pela via do reconhecimento da liberdade legislativa.

Sendo controlado o Orçamento em sede de fiscalização sucessiva, é de assinalar que têm sido díspares os acórdãos no que toca à limitação de efeitos da constitucionalidade, previstos no artigo 282.º, n.º 4 da Constituição.

Em 2012 (Acórdão n.º 253/2012), o tribunal com os argumentos de que "a execução orçamental de 2012 já [ia] em curso avançado" ou de "as consequências da declaração de inconstitucionalidade acima anunciada, sem mais, poderiam determinar, inevitavelmente, esse incumprimento [das condições do PAEF], pondo em perigo a manutenção do financiamento acordado e a consequente solvabilidade do Estado" ou ainda de que haveria "interesse público de excecional relevo", restringiu os efeitos da declaração de inconstitucionalidade ao ano de 2013 em diante, impedindo que eles se repercutissem logo no orçamento que estava a ser executado. Em 2013 (Acórdão n.º 187/2013), embora o panorama em relação ao ano anterior não tivesse alterações significativas (tirando o facto de o Acórdão ser de Abril e não de Julho, como o do ano anterior), a declaração de inconstitucionalidade produziu efeitos *ex tunc*, ou seja, retroagindo à entrada em vigor do orçamento de 2013, sem que se tivesse lançado mão da limitação dos seus efeitos financeiros.

Em 2014 (Acórdão n.º 413/2014), a declaração de inconstitucionalidade voltou a refletir esta ponderação dos efeitos financeiros, mas desta vez atribuindo à sentença efeitos *ex nunc*: "considerando a necessidade de evitar a perda para o Estado da poupança líquida de despesa pública já obtida no presente exercício orçamental por via das reduções remuneratórias, apesar de excederem o limite do sacrifício que se entende constitucionalmente admissível em relação aos trabalhadores que auferem por verbas públicas, com base no disposto no n.º 4 do artigo 282.º da Constituição, e em atenção a esse interesse público de excecional relevo, o Tribunal decide atribuir efeitos *ex nunc* à declaração de inconstitucionalidade das referidas normas, que, assim, se produzirão apenas a partir da data da sua decisão".

Para além de estar sujeito a um controlo de constitucionalidade, nos termos previstos na Constituição, o Orçamento está também sujeito ao controlo jurisdicional do Tribunal de Contas.

O Tribunal de Contas é o órgão que audita e fiscaliza a legalidade e regularidade de receitas e despesas públicas. Sendo um verdadeiro tribunal (v. artigo 209.º, n.º 1, alínea c), da Constituição da República Portuguesa), o Tribunal de Contas assegura a fiscalização jurisdicional tanto das receitas como das despesas.

Em concreto, a fiscalização jurisdicional é exercida por meio da concessão de visto prévio e da efetivação de responsabilidades financeiras.

A fiscalização prévia das despesas públicas consiste na verificação dos "atos, contratos ou outros instrumentos geradores de despesa ou representativos de responsabilidades financeiras diretas ou indiretas", para saber se "estão conforme às leis em vigor e se os respetivos encargos têm cabimento em verba orçamental própria" (artigo 44.º, n.º 1, da Lei de Organização e Processo do Tribunal de Contas). Nos instrumentos geradores de dívida pública, "a fiscalização prévia tem por fim verificar, designadamente, a observância dos limites e sublimites de endividamento e as respetivas finalidades, estabelecidas pela Assembleia da República" (artigo 44.º, n.º 2, da Lei de Organização e Processo do Tribunal de Contas). Da fiscalização prévia resulta a concessão ou a recusa do visto. A recusa de visto resulta de casos de nulidade, falta de cabimento orçamental e ilegalidade que altere ou possa alterar o resultado financeiro. A recusa de visto em relação a um ato, contrato ou outro instrumento a ele sujeito determina a ineficácia dos mesmos (artigo 45.º, n.º 2 da Lei de Organização e Processo do Tribunal de Contas)[703].

A efetivação de responsabilidades financeiras consubstancia-se na aplicação de sanções pela verificação das situações tipificadas na Lei do

[703] A natureza jurisdicional do visto é hoje incontroversa, resultando quer da incontestada (por reconhecimento constitucional) natureza jurisdicional do Tribunal de Contas, quer do controlo de legalidade que nele se consubstancia. Neste mesmo sentido v. o artigo 79.º, n.º 1 alínea a), que considera suscetível de recurso a decisão de visto. Veja-se ainda o Acórdão do Tribunal de Contas n.º 214/90 que – ainda que sem tomar posição no que toca à opção entre a sua natureza administrativa ou constitucional – considera o visto como passível de objeto de recurso de constitucionalidade, por caber no conceito de "*decisões dos tribunais*" utilizado no n.º 2 do artigo 280.º da Constituição (v. em especial os votos de vencido, esses sim, claramente no sentido da natureza jurisdicional do visto dos Juízes Conselheiros Mário Brito e José de Sousa e Brito). Para mais desenvolvimentos v. Guilherme d'Oliveira Martins e outros – *A Lei de Enquadramento...*, pp. 279 e ss..

Tribunal de Contas. Faremos referência a estes instrumentos a propósito da matéria do Contencioso Financeiro.

Os controlos dos Tribunais Constitucional e de Contas somam-se aos controlos exercidos pelos demais tribunais (administrativos, tributários, cíveis, criminais, etc.) que podem ser chamados a intervir em matérias de execução orçamental.

A este controlo jurisdicional não escapam os orçamentos regionais e autárquicos[704].

h) Sujeição do Orçamento ao controlo político e administrativo

Para além de estar sujeito a controlos jurisdicionais, o Orçamento está também sujeito ao controlo administrativo e político.

Quando se fala em controlo administrativo referimo-nos ao controlo interno. "O controlo interno organiza-se e funciona no interior da gestão financeira do Setor Público; está integrado nas estruturas organizatórias e dirigentes da Administração Pública; depende sempre, ao menos em última instância, do seu órgão de cúpula, o Governo, serve a gestão e os gestores financeiros públicos; constitui, hoje, uma função técnica da gestão, em paralelo com as de planeamento e de execução"[705]. Este controlo serve sobretudo o Governo ("representa a resposta técnica às necessidades de gestão e dos gestores públicos modernos"[706]), não sendo objeto de publicidade e consiste na "verificação, acompanhamento, avaliação e informação sobre a legalidade, regularidade e boa gestão, relativamente a atividades, programas, projetos ou operações de entidades de direito público ou privado, com interesse no âmbito da gestão ou tutela governamental em matéria de finanças públicas, nacionais e comunitárias" (artigo 2.º, n.º 2, do Decreto-Lei n.º 166/98, de 25 de junho). O controlo administrativo é exercido pelo Sistema de Controlo Interno e pelo Conselho das Finanças Públicas.

[704] Em relação ao Orçamento Regional dos Açores, ao contrário do que é assinalado em relação às Leis do Orçamento do Estado, houve um pedido de fiscalização preventiva de constitucionalidade que foi apreciado no Acórdão n.º 55/2014 – v. Jorge Pereira da Silva – "As finanças regionais...", in Gonçalo Almeida Ribeiro e Luís Pereira Coutinho – *O Tribunal Constitucional...*, passim."

[705] Carlos Moreno – *O Controlo Externo dos Dinheiros Públicos em Portugal*. In *Coletânea de Estudos de Homenagem a Francisco Lucas Pires*. Lisboa: UAL, 1999, p. 40.

[706] Carlos Moreno – *O Controlo Externo...*, p. 41.

O Sistema de Controlo Interno está descrito no referido Decreto-Lei n.º 166/98 e é composto por três níveis de controlo: controlo operacional, controlo sectorial e controlo estratégico. O controlo operacional consiste "na verificação, acompanhamento e informação, centrado sobre decisões dos órgãos de gestão das unidades de execução de ações" e é exercido pelos órgãos e serviços de inspeção, auditoria ou fiscalização inseridos no âmbito da respetiva unidade (artigo 4.º, n.º 2, do Decreto-Lei n.º 166/98). Este controlo é interno e é feito por meio de auditorias feitas pelos próprios órgãos de gestão. Este controlo corresponde àquilo que o artigo 53.º do Regime da Administração Financeira do Estado[707] designa por autocontrolo administrativo. Este é exercido pela própria entidade administrativa responsável pela realização da despesa ou pela liquidação da receita. O autocontrolo administrativo está associado a aspetos de legalidade e cabimento orçamental.

O controlo sectorial consiste "na verificação, acompanhamento e informação perspetivados preferentemente sobre a avaliação do controlo operacional e sobre a adequação da inserção de cada unidade operativa e respetivo sistema de gestão, nos planos globais de cada ministério ou região" e é exercido pelos órgãos sectoriais e regionais de controlo interno (inspeções-gerais dos Ministérios e inspeções regionais) (artigo 4.º, n.º 3, do Decreto-Lei n.º 166/98).

O controlo estratégico consiste na "verificação, acompanhamento e informação, perspetivados preferentemente sobre a avaliação do controlo operacional e controlo sectorial, bem como sobre a realização das metas traçadas nos instrumentos provisionais, designadamente o Programa do Governo, as Grandes Opções do Plano e o Orçamento do Estado" – artigo 4.º, n.º 4, do Decreto-Lei n.º 166/98). Este controlo é exercido em relação a toda a Administração Pública pela Inspeção-Geral de Finanças, pela Direção-Geral do Orçamento e pelo Instituto de Gestão Financeira da Segurança Social (artigo 4.º, n.º 5).

Os órgãos de controlo interno (sectorial e estratégico) exercem a sua ação recorrendo à técnica de auditoria. E não fazem um mero controlo de

[707] Decreto-Lei n.º 155/92, de 28 de julho, com as alterações introduzidas pelo Decreto-Lei n.º 275-A/93, de 9 de agosto, pela Lei n.º 10-B/96, de 23 de março, pelo Decreto-Lei n.º 190/96, de 9 de outubro, pela Lei n.º 55-B/2004, de 30 de dezembro, pelo Decreto-Lei n.º 29.º – A /2011, de 1 de março e pelo Decreto-Lei n.º 113/95, de 25 de maio.

legalidade cuidando também da economia e da boa gestão[708]. O garante do funcionamento do sistema, de forma coerente e racional, é o Conselho Coordenador do Sistema de Controlo Interno. Este Conselho funciona junto do Ministério das Finanças e é presidido pelo Inspetor-Geral de Finanças, sendo composto pelos inspetores gerais, pelo diretor geral do Orçamento, pelo Presidente da Instituto de Gestão Financeira da Segurança Social e pelos titulares de órgãos sectoriais e regionais de controlo interno (v. artigo 6.º do Decreto-Lei n.º 166/98).

Desde a Reforma da Lei do Tribunal de Contas de 2006, que a atividade de controlo interno saiu reforçada pelo papel de colaboração que passou a ter com o Tribunal de Contas[709]. Por um lado, os relatórios referentes às suas ações podem servir – sem prévia aprovação do Tribunal de Contas – de base para processos de responsabilidade financeira que venham a correr nesse mesmo órgão jurisdicional (quer através do Ministério Público, quer através dos próprios órgãos de controlo interno). Por outro, com esta reforma da Lei de Organização e Processo do Tribunal de Contas, estes órgãos passaram a ter legitimidade processual subsidiária, em relação ao Ministério Público. Assim se, no âmbito das auditorias efetuadas pelos órgãos de controlo interno, forem detetados casos de responsabilidade financeira, estes órgãos devem remeter os seus processos para o Ministério Público (artigo 57.º, n.º 1, da Lei de Organização e Processo do Tribunal de Contas). No caso de o Ministério Público não pretender requerer procedimento judicial, este deverá devolver o processo à entidade remetente (artigo 57.º, n.º 3, da Lei de Organização e Processo do Tribunal de Contas), uma vez que estes órgãos de controlo interno têm, nos termos do artigo 89.º, n.º 1, da Lei de Organização e Processo do Tribunal de Contas, legitimidade processual subsidiária para requerer o julgamento de responsabilidade financeira respetiva no Tribunal de Contas. Este reforço do papel dos órgãos de

[708] Eduardo Paz Ferreira – *Os tribunais...*, p. 165. V., a este propósito, a nota de Marc Simmon no sentido de apontar, para Portugal, a predominância no sentido do controlo de regularidade (não obstante a evolução em curso no sentido de introdução da técnica de auditoria (ao contrário do que sucede num modelo de inspiração anglo-saxónica que privilegia o controlo de performance) – Marc Simmon – *Le contrôle financier public dans le cadre de l'UE. In* Revue Française de Finances Publiques, n.º 77, Mars 2002, pp. 149 e 150.

[709] Guilherme d'Oliveira Martins – *A reforma do Tribunal de Contas em 2006*. Lisboa, 2006, p. 47.

controlo interno "tem determinado, aliás, um trabalho de articulação e de troca de informações entre a Direção-Geral do Tribunal de Contas e a Inspeção-Geral de Finanças na qualidade de entidade coordenadora no Sistema de Controlo Interno"[710].

Para além do controlo administrativo, o orçamento está também sujeito ao controlo da Assembleia da República (controlo político). Ao nível regional e autárquico, podemos ainda integrar neste plano do controlo político aquele que é exercido pelas Assembleias Legislativas das Regiões Autónomas, as quais exercem o controlo político em relação aos Orçamentos Regionais e pelas Assembleias Municipais ou de Freguesia, que fazem o controlo político da execução dos orçamentos locais.

O controlo político, a par do jurisdicional, é integrado naquele que se designa como controlo externo: "o controlo externo organiza-se e funciona fora de qualquer nível ou plano da gestão financeira pública; é independente de todos os órgãos do Estado e, em particular, do Governo, que é o controlado; tem poderes de avaliação e pode utilizar e comandar o controlo interno; serve e está ao serviço, antes de mais, dos cidadãos e dos contribuintes, dos quais é o máximo garante e defensor da boa gestão dos dinheiros de que aqueles foram privados, para serem confiados aos gestores públicos, com vista à realização, em nome e por conta dos cidadãos, do bem estar social, da eficiência económica e da equidade na redistribuição da riqueza"[711]. O controlo externo é, ao contrário do controlo interno, público e sujeito a publicidade por servir os interesses dos cidadãos contribuintes[712].

O controlo político da execução orçamental cabe, como dissemos, a nível nacional, à Assembleia da República, a nível regional, às Assembleias Legislativas das Regiões Autónomas e, a nível local, às Assembleias Municipais e de Freguesia.

No que toca ao Orçamento do Estado, pode dizer-se que a Assembleia da República exerce um controlo tríplice.

Primeiro, um controlo prévio, já que é a Assembleia da República que vota o Orçamento. E neste ponto é importante perceber que quanto

[710] GUILHERME D'OLIVEIRA MARTINS – *A reforma...*, p. 47.

[711] CARLOS MORENO – *O Controlo Externo...*, p. 40.

[712] CARLOS MORENO – *O Controlo Externo...*, p. 41.

mais efetivo for o direito de emenda mais terá efeito o controlo político prévio. Só um exercício pleno do direito fará com que a discussão do orçamento na Assembleia da República vá para além de um mero controlo da legalidade e regularidade do Orçamento que lhe é apresentado. Do controlo exercido *ex ante* pela Assembleia da República pode resultar: a introdução de alterações na votação parlamentar – estas podem ser mais ou menos profundas, consoante a maioria parlamentar que se reúna – ou a recusa de aprovação do Orçamento do Estado.

Segundo, um controlo durante a execução orçamental (controlo concomitante) que se consubstancia na apreciação de contas provisórias.

E terceiro, um controlo *ex post*, através da apreciação anual da Conta Geral do Estado (artigo 107.º da Constituição da República Portuguesa).

Tanto no exercício da fiscalização *ex post* quanto na fiscalização concomitante, a Assembleia da República é assistida tecnicamente pelo Tribunal de Contas. Com efeito, este Tribunal tem de dar um parecer sobre a Conta Geral do Estado, de forma a habilitar a Assembleia da República a apreciá-la de forma esclarecida e ao longo da execução orçamental, vai realizando auditorias tendo por objeto a atividade financeira.

Do exercício do controlo concomitante e *ex post* poderá resultar o acionamento dos mecanismos de responsabilização política que constitucionalmente estão ao seu dispor para gerir a sua relação com o Governo (artigos 117.º, n.º 1, 190.º, 191.º da Constituição da República Portuguesa e 70.º da Lei de Enquadramento Orçamental): realização de inquéritos parlamentares e demissão do Governo, através da votação de uma moção de censura. É de notar que é conveniente que a fiscalização *ex post* seja tão célere quanto possível. Com efeito, as consequências que poderá desencadear dificilmente serão efetivas se o controlo que lhe corresponde incidir sobre a ação de um Governo que já não esteja em funções.

No exercício destes poderes, a Assembleia da República poderá sempre remeter o parecer da Conta do Tribunal de Contas ou quaisquer outros documentos de que disponha para as entidades competentes no sentido de se efetivarem as eventuais responsabilidades criminal, disciplinar, civil, financeira.

Estes controlos são replicáveis ao nível autárquico e regional.

i) O Conselho das Finanças Públicas como instrumento de coordenação do Orçamento do Estado e dos orçamentos autárquicos e regionais

Surgido na revisão de 2011 da Lei de Enquadramento Orçamental e em funções desde fevereiro de 2012, o Conselho das Finanças Públicas visa, com a sua visão independente, auxiliar o Governo a melhor cumprir os objetivos de coordenação e sustentabilidade orçamental. Com efeito, nos termos do artigo 12.º-I da Lei de Enquadramento Orçamental, este tem por missão pronunciar-se sobre cenários macroeconómico e orçamental; a sustentabilidade de longo prazo; o cumprimento da regra de saldo e o endividamento das Regiões Autónomas e das Autarquias Locais.

O Conselho das Finanças Públicas representa uma alteração ao paradigma tradicional de controlo orçamental. O Conselho das Finanças Públicas surge como uma entidade administrativa independente e o seu estatuto permite-lhe ir além do estrito âmbito da execução do Orçamento do Estado, tendo em vista o fornecimento de uma visão crítica de conjunto do fenómeno financeiro público, até agora inexistente.

O Conselho das Finanças Públicas acompanha não só a execução do Orçamento do Estado, mas também a dos orçamentos locais, regionais e das entidades do setor empresarial do Estado. Em concreto, a sua ação permite, nomeadamente, perceber o esforço de coordenação de subsetores (o regional, o local e o empresarial), operado pelo Governo, qual a dinâmica da dívida pública e como ela se vai coadunando com a evolução dos compromissos assumidos quer pelo Estado (segurança social, saúde, PPP) quer pelos demais subsetores públicos. Ou seja, perceber a consistência das medidas adotadas, tendo em vista a sustentabilidade financeira.

Não devemos esperar deste Conselho nem a aplicação, nem sequer a recomendação de medidas que visem a correção de erros identificados. A utilidade da sua atividade será a da sinalização de desvios ou derrapagens, ainda no decurso do ano económico, quando ainda se vai a tempo de inverter o caminho e introduzir correções no sentido de cumprir as metas de sustentabilidade financeira com que o Governo se comprometeu. E a importância desta sinalização percebe-se, atendendo ao facto de neste momento não se poder contar com receitas creditícias que cubram essas mesmas derrapagens.

A ação do Conselho das Finanças Públicas será tanto mais proveitosa quanto mais fortes se apresentarem os meios de controlo externo (político e jurisdicional) com os quais se deverá articular. Sem meios próprios para sancionar os desvios orçamentais, a sua ação cominará ou na efetivação da responsabilidade financeira por parte do Tribunal de Contas ou na aplicação de sanções políticas pela AR (por exemplo, decisão de suspensão de transferências orçamentais para subsetores com derrapagens orçamentais comprometedoras ou, em último recurso, a votação de moção de censura, caso a ação do Governo ponha em causa os objetivos fixados).

O bom funcionamento deste órgão está dependente de uma sã colaboração do Governo. A sinalização de desvios ou derrapagens pelo Conselho das Finanças Públicas só será rigorosa e operante se os dados forem fornecidos de forma cristalina e suficiente.

4. Traços específicos do regime do Orçamento do Estado

a) Processo orçamental

Apesar de ter muitos traços em comum com os demais orçamentos do setor público administrativo, o Orçamento do Estado tem um processo orçamental distinto dos demais, pois conta com uma primeira fase que o distingue dos demais orçamentos públicos.

O seu processo orçamental inicia-se em abril com a apresentação do Programa de Estabilidade e Crescimento, ao qual fica subordinado nas suas opções.

O Programa de Estabilidade e Crescimento é um instrumento exigido pelas instituições comunitárias[713] que corresponde, como acima se descreveu, a um reforço da supervisão das situações orçamentais dos Estados-membros da União Europeia e da coordenação das suas políticas económicas, no âmbito da zona Euro. É este o documento que é sujeito a uma avaliação prévia por parte do Conselho Europeu e da Comissão Europeia, no âmbito do Semestre Europeu.

[713] Regulamento (CE) n.º 1466/97 do Conselho de 7 de julho de 1997 (alterado pelo Regulamento (CE) n.º 1055/2005, de 27 de junho), que constitui um dos três documentos legais que compõe o Pacto de Estabilidade e Crescimento Europeu. Ele é elaborado de acordo com o recentemente elaborado Código de Conduta do Pacto de Estabilidade e Crescimento.

Antes de ser apresentado ao Conselho Europeu e à Comissão Europeia, na reunião de primavera do Conselho Europeu, este deve ser sujeito a apreciação na Assembleia da República.

Este programa vincula o Orçamento do Estado na medida em que estabelece um objetivo de médio prazo e uma trajetória de ajustamento, ao qual este fica vinculado. Este objetivo aponta para um excedente ou défice orçamental e prevê a evolução do rácio de dívida pública. Este programa é trienal, mas é atualizado anualmente (anualmente repete-se a apreciação parlamentar e a apresentação na reunião de primavera do Conselho Europeu). É com base neste programa que os órgãos comunitários avaliam o Orçamento do Estado a aprovar para o ano seguinte e a sua execução, aferindo do cumprimento dos limites de défice e endividamento previsto nos Tratados Europeus.

O objetivo de médio prazo fixado nos Programas de Estabilidade e Crescimento "é definido em termos de saldo ajustado do ciclo e de medidas temporárias em percentagem do PIB"[714]. O seu significado prende-se, pois, com a necessidade de cumprir o Pacto de Estabilidade e Crescimento, sem a pretensão de o aplicar com indiferença em relação aos fatores macroeconómicos que sempre terão o seu reflexo sobre os níveis de défice e endividamento apresentados. Assim sendo, o objetivo fixado no Programa de Estabilidade e Crescimento é tomado como um valor do qual o país que o apresentou deve tentar aproximar-se, de acordo com as medidas de política orçamental aí previstas, respeitando o calendário de execução apresentado pelo Estado-Membro.

A aplicação do Programa de Estabilidade e Crescimento e o cumprimento dos objetivos nele fixados são monitorizados pelo Conselho, com base nas avaliações da Comissão. Sendo identificado um desvio significativo em relação ao objetivo, o Conselho recomendará ao Estado-Membro em causa a tomada de medidas de ajustamento necessárias. Caso persista o desvio, o Conselho recomendará a adoção imediata de medidas corretivas, podendo mesmo tornar pública a sua recomendação.

O Programa de Estabilidade e Crescimento e a regra de saldo a ele associada contribuem significativamente para a afirmação de um Orçamento do Estado como um instrumento financeiro dirigente

[714] http://www.bportugal.pt/pt-PT/OBancoeoEurosistema/SistemaEuropeudeBancos Centrais/PactodeEstabilidade eCrescimento/Paginas/default.aspx.

(veja-se, na Lei de Enquadramento Orçamental, a possibilidade de redução de transferências orçamentais para outros subsetores, em caso de necessidade para a observância do Programa de Estabilidade).

Disto se conclui que a primeira fase do processo de elaboração do Orçamento do Estado está ligada com a definição de objetivos e a necessidade de traçar uma trajetória de convergência em relação aos demais Estados-Membros da União Europeia. A fixação desta trajetória parte, portanto, de uma estimativa de orçamento consolidado.

É a partir desta estimativa e dos objetivos que são fixados pelos órgãos comunitários que resulta toda a definição da política orçamental. O que se refletirá naturalmente não só nas opções a ser tomadas no âmbito do Orçamento do Estado (ou seja, nos orçamentos dos serviços integrados, serviços e fundos autónomos e Segurança Social), mas também no âmbito dos orçamentos regionais e locais. Com efeito, é a partir das orientações, fornecidas pela União Europeia, após análise do Programa de Estabilidade apresentado, que se calculam receitas e despesas necessárias para a concretização dos objetivos traçados e que se definem as transferências e níveis de endividamento a autorizar para os subsetores autárquico e regional.

Para além da apresentação do Programa de Estabilidade e Crescimento, a Lei de Enquadramento Orçamental também prevê a necessidade de elaboração de um quadro de programação plurianual. A partir da entrada em vigor da Lei de Enquadramento Orçamental de 2015, este quadro plurianual passará a constar da Lei das Grandes Opções, a qual terá de ser apresentada pelo Governo até ao dia 15 de abril e terá de ser aprovada pela Assembleia da República no prazo máximo de 30 dias.

Há, portanto, aqui uma reabilitação desta Lei, a qual tinha vindo, progressivamente, a perder o seu valor reforçado[715]. A partir desta reabilitação, o artigo 105.º, n.º 2 da Constituição que diz "o Orçamento

[715] A. L. Sousa Franco e Guilherme d'Oliveira Martins – *A Constituição económica portuguesa – Ensaio Interpretativo.* Coimbra: Coimbra Editora, 1993, pp. 245 e 246, A. L. Sousa Franco – *Finanças Públicas (I)...*, pp. 403 e ss., António L. Sousa Franco – *Sumários de Direito da Economia/Direito Económico* (ano letivo 2002/2003, da Faculdade de Direito da Universidade Católica Portuguesa), inédito, p. 17 e Jorge Miranda – *Manual de Direito Constitucional*, tomo V..., pp. 362 e 363, Carlos Blanco de Morais – *As leis reforçadas.* Coimbra: Coimbra Editora, 1998, pp. 789 a 807.

é elaborado de harmonia com as grandes opções em matéria de planeamento" passa a poder ser entendido, de novo, como impondo a supremacia da Lei das Grandes Opções do Plano sobre o Orçamento do Estado equivalente ao reconhecimento de uma "força passiva" à primeira[716].

A programação orçamental plurianual que aqui está prevista é obrigatória para todas as despesas e vem associada a uma regra de despesa. Ela está associada a uma ideia de contenção de despesa. Esta contenção será assegurada pela sujeição do Orçamento do Estado a grandes agregados que determinam posteriormente a fixação dos níveis inferiores da política orçamental a prosseguir. A estes agregados estão também sujeitas as transferências que opera para os demais subsetores do setor público administrativo.

A programação orçamental vem, nos termos da Lei de Enquadramento Orçamental, associada à aplicação de uma regra de despesa. Em concreto, uma regra de despesa visa a limitação quantitativa da despesa pública num determinado espaço de tempo. De acordo com o que está definido na Lei de Enquadramento Orçamental, a regra de despesa assenta, essencialmente, na fixação de objetivos plurianuais e fixa tetos quantitativos para o gasto público. Apontada como um caminho para a limitação do crescimento de despesa, a introdução de uma regra de despesa apresenta como principais vantagens, primeiro, o facto de obrigar a um estabelecimento mais rigoroso de prioridades, uma vez que não se parte de um orçamento a preencher livremente, mas de um orçamento constituído à partida por grandes agregados dentro dos quais têm de caber as despesas a realizar; segundo, o facto de contribuir para a não variação da despesa em caso de acréscimo inesperado de receita; e terceiro, o facto de obrigar a uma gestão rigorosa e parcimoniosa dos recursos.

[716] Cristina Queiroz – *O plano na ordem jurídica*. In Revista da Faculdade de Direito da Universidade de Lisboa, vol. XXX (1989), p. 283: "[...] o plano enquanto lei de determinação das grandes opções político-económicas tem vindo a ser encarado como uma lei «quase--constitucional», uma «super legge», uma «superlei-medida» (...), cujo lugar sistemático se situará entre a constituição e as demais leis («leis ordinárias»). Constituirá, numa linguagem jurídico-funcional, uma «lei reforçada»". V. também pp. 289 a 291 sobre a vinculação do Orçamento do Estado às grandes opções do plano.

Nos termos da Lei de Enquadramento Orçamental, é no quadro de programação plurianual que se encontra o limite de despesa total, compatível com os objetivos constantes do Programa de Estabilidade e os limites de despesa para cada missão de base orgânica.

No que toca ao universo temporal, a Lei de Enquadramento Orçamental dispõe que os limites de despesa vinculem apenas no primeiro ano sendo indicativos nos anos seguintes da mesma Legislatura.

O quadro plurianual incluirá uma projeção orçamental que inclui o ano em curso e os quatro anos seguintes. Os limites de despesa serão, pois, deslizantes – pois o quadro plurianual será revisto anualmente, em consonância com os objetivos estabelecidos no Programa de Estabilidade e Crescimento.

Não obstante as diferenças em termos de processo orçamental – que ao nível autárquico e regional é mais simplificado –, é de sublinhar que tanto nas Autarquias Locais quanto nas Regiões Autónomas, está prevista a elaboração de um quadro plurianual, definidor de limites de despesa (artigos 44.º da Lei 73/2013 e 20.º Lei Orgânica 2/2013).

A segunda fase do processo orçamental está ligada com o processo de elaboração e aprovação do Orçamento do Estado. Esta fase é também comum a todos os orçamentos.

Este processo inicia-se, por via de regra, em outubro com a apresentação da proposta de Orçamento na Assembleia da República. As exceções a esta regra são motivadas ou por tomada de posse do novo Governo durante o período de preparação orçamental ou por ao momento da apresentação da proposta o Governo se encontrar demitido ou por termo da legislatura entre outubro e dezembro. Nestes casos, o Governo tem 90 dias para apresentar a proposta à Assembleia da República e enviar à Comissão Europeia.

Como já foi acima referido, a partir da entrada em vigor da lei de Enquadramento Orçamental de 2015, o prazo de apresentação da proposta de Lei do Orçamento do Estado é antecipado: de 15 para 1 de outubro.

O Governo não pode limitar-se a apresentar ao Parlamento a proposta de receitas e despesas relativas aos serviços integrados, serviços e fundos autónomos e segurança social, devendo ainda apresentar elementos informativos que permitam à Assembleia da República inteirar-se acerca do cumprimento das obrigações decorrentes do Pacto de Estabilidade e Crescimento e acerca da situação financeira geral, incluindo sobre os subsetores que gozam de autonomia orçamental (setor empresarial, autarquias locais, regiões autónomas).

A discussão e votação do Orçamento do Estado deve fazer-se no prazo máximo de 45 dias a contar da data de admissão da proposta na Assembleia da República. Nestes 45 dias, a Assembleia da República ouve o Tribunal de Contas, relativamente às recomendações constantes de Pareceres sobre a Conta Geral do Estado.

b) O Orçamento do Estado é uma Lei da Assembleia da República

Uma vez que a aprovação do Orçamento do Estado é feita por meio de Lei, a Assembleia da República terá oportunidade de rever algumas das vinculações legais de despesa, a que o artigo 105.º, n.º 2, da Constituição faz referência[717]. Com efeito, do artigo 105.º, n.º 2, não se extrai o imperativo do respeito pelas vinculações legais a ideia de redução (ou mesmo de anulação) da capacidade revogatória ou derrogatória desta mesma Lei do Orçamento.

O legislador orçamental terá, pois, o dever de tomar uma posição expressa em relação a cada uma das despesas que resulta de ato legislativo: ou de concordância ou de alteração ou de revogação das despesas públicas previstas em leis anteriores. Caso não tome uma posição expressa de revogação, alteração ou derrogação, será obrigado a cabimentar essa mesma despesa, como acima referimos[718]. Se não o fizer, incumprirá o dever de inscrição orçamental que decorre do artigo 105.º, n.º 2, da Constituição.

Este traço que identificamos como específico do Orçamento do Estado, apenas é replicável, embora mais limitadamente (atendendo a que a competência para legislar não tem o mesmo âmbito da Assembleia da

[717] MARIA D'OLIVEIRA MARTINS – *A despesa...*, p. 234-251.

[718] No que toca à assunção de compromissos plurianuais por meio de regulamento, entendemos por maioria de razão que também aqui se aplica a mesma ideia. Todas as despesas aí previstas que não forem expressamente alteradas, derrogadas ou revogadas por lei terão de ser orçamentadas. Nesse sentido, podemos dizer que lemos a expressão *lei* usada pelo 105.º, n.º 2, como expressão genérica abrangendo não só as leis formais como também os regulamentos que, nos termos dos artigos 22.º do Decreto-Lei n.º 197/99 e 45.º da Lei de Enquadramento Orçamental, devem servir para a assunção de compromissos que deem origem a encargos plurianuais.

República), em relação ao Orçamento Regional, uma vez que também aí o Orçamento é aprovado por meio de Decreto Legislativo regional, que é um ato legislativo.

c) Coordenação de subsetores

Um dos elementos específicos do Orçamento do Estado é a assunção, por parte deste, da coordenação de diversos subsetores do setor público administrativo.

O facto de coexistirem no setor público administrativo vários orçamentos, gera a necessidade de coordenação orçamental entre os diversos subsetores. O que está na base desta necessidade de coordenação é obviamente o cumprimento dos critérios de convergência, impostos pela União Europeia, uma vez que o défice e a dívida são apurados em relação a todo o setor *administrações públicas*. A coordenação a que nos referimos não está prevista na Constituição. No entanto, a necessidade que se sente dela, faz com que ela tenha avançado, com observância dos limites constitucionalmente impostos.

O facto de o instrumento de coordenação de subsetores ser o Orçamento do Estado não é inocente: este é o único dos instrumentos orçamentais que permite uma perspetiva mais geral e é através dele que são autorizadas as transferências para os demais subsetores do setor público administrativo, que como perceberemos poderão ser usadas pelo legislador como elemento-chave para uma rápida reposição da situação de equilíbrio.

Antes de avançarmos, convém esclarecer que coordenação orçamental não significa consolidação orçamental. A coordenação orçamental tem a ver com o esforço de olhar para todos os orçamentos do setor público administrativo conseguindo ter uma visão global. A consolidação passa pela integração de todos os orçamentos, num único documento. Com efeito, se coordenação fosse consolidação ou pecaria por inconstitucionalidade ou por inoperância, conforme acima se explicou.

No nosso ordenamento jurídico, as modalidades de coordenação por que o legislador optou foram no sentido:

1. do estabelecimento de princípios comuns para todos os orçamentos;
2. da autorização para o Orçamento do Estado estabelecer limites ao endividamento das Regiões Autónomas e autarquias locais

(diferentes dos que resultariam da aplicação do Regime Financeiro das Autarquias Locais e da Lei de Finanças das Regiões Autónomas), de acordo com o saldo orçamental, calculado para o setor público administrativo;

3. da permissão para, no Orçamento do Estado, se reduzirem – em caso de necessidade – as transferências orçamentais previstas nas leis financeiras das autarquias locais e das Regiões Autónomas;
4. da consagração de dissuasores de comportamentos contrários à estabilidade – como é o caso da previsão de uma circunstância agravante no processo de responsabilidade financeira, para quem incumpra as regras e procedimentos, previstos para efeitos de assegurar a estabilidade orçamental;
5. da previsão da suspensão de efetivação de transferências do Orçamento do Estado em caso de incumprimento do dever de informação a que as entidades das administrações públicas estão obrigadas, até que a situação criada tenha sido devidamente sanada[719].
6. da apresentação de uma estimativa de orçamento consolidado como anexo informativo à proposta de lei de Orçamento do Estado;
7. de um acompanhamento, por parte do Ministério das Finanças, em relação à execução orçamental feita pelas autarquias locais e Regiões Autónomas. Estas devem remeter os orçamentos, contas trimestrais e contas anuais e informação sobre dívida contraída e sobre os ativos expressos em títulos de dívida pública. Devem remeter também informação sobre a execução orçamental (compromissos assumidos, processamentos efetuados e montantes pagos) e sobre a previsão atualizada da execução orçamental pata todo o ano e balancetes mensais.

Relacionado com este esforço de coordenação, o legislador também, no âmbito do setor empresarial do Estado – que por força da delimitação que o sistema europeu de contas também pode vir a ter entidades integradas

[719] "A conformidade constitucional de sanções compulsórias de natureza administrativa foi já, aliás, expressamente admitida pelo Tribunal Constitucional, desde que, em cada caso concreto, não exista uma situação relativamente à qual se possa afirmar que a estipulação da medida administrativa compulsória especificamente em causa é intoleravelmente desproporcionada ou exorbitante" (v. Acórdãos n.ºs 567/04, 414/99, 564/01 e 393/02).

no setor das administrações públicas –, previu, como atrás já foi dito, limites à capacidade de endividamento de algumas das suas entidades.

d) Autocontenção no que toca à assunção de dívida própria

O rigor exigido no seu papel de coordenador dos demais subsetores do setor público administrativo, faz com que o Orçamento seja também escrupuloso no seu papel de controlo da dívida pública assumida no próprio Orçamento do Estado. Com efeito, não existe outro instrumento financeiro orçamental que se lhe imponha como o Orçamento do Estado, como sucede em relação aos orçamentos locais e regionais.

Uma vez que é o Orçamento do Estado que domina este processo, é a Lei de Enquadramento Orçamental que lhe fornece os mecanismos de limitação necessários.

À semelhança do que sucede com os demais subsetores, também é no Orçamento do Estado que são fixados os limites de endividamento anual da administração central.

É esta fixação conjunta dos limites de endividamento (da administração central, das regiões autónomas e das autarquias locais) que garante uma autocontenção do Orçamento do Estado em relação aos demais orçamentos, distribuindo os sacrifícios para a observância dos limites de défice e dívida a observar e evitando a sobrecarga excessiva, desmesurada ou arbitrária de um deles. Com efeito, apenas com uma visão de conjunto é possível comparar os sacrifícios exigidos em relação a cada um dos subsetores públicos e aferir da existência de constrições desmesuradas ou arbitrárias excessivas, que são de rejeitar à luz do princípio da solidariedade recíproca, segundo o entendimento do Tribunal Constitucional.

5. Traços específicos do regime dos Orçamentos das Autarquias Locais

Da Lei n.º 73/2013, de 3 de setembro, ressaltam essencialmente dois traços específicos do direito orçamental autárquico.

O primeiro está ligado com a necessidade de consolidação de contas. Não obstante os orçamentos das autarquias locais apenas integrarem os órgãos e serviços com autonomia administrativa e administrativa e financeira (embora, como estabelece o artigo 9.º-B, n.º 2, da Lei n.º 73/2013, os orçamentos destes sejam apresentados em anexo aos orçamentos), as Autarquias devem sujeitar a apreciação pelo órgão deliberativo das contas consolidadas com as entidades detidas ou participadas (artigo 75.º da

Lei n.º 73/2013). Esta consolidação de contas está ligada com o facto de, para efeitos de apuramento do limite de dívida total, também a dívida de outras entidades autárquicas poder relevar. Estamos a falar, nomeadamente, de entidades como os serviços municipalizados e intermunicipalizados, as entidades intermunicipais e entidades associativas municipais, as empresas locais e participadas, as cooperativas e as régies cooperativas, fundações que tenham participação direta ou indireta do município.

O segundo traço específico do regime orçamental das autarquias locais prende-se com a necessidade de sujeição dos mesmos a processos de recuperação financeira. Para assegurar o cumprimento do princípio da estabilidade orçamental, sempre que for ultrapassado o limite de dívida total é acionado um mecanismo, primeiro de alerta (que envolve a comunicação ao Ministro das Finanças e ao Ministro responsável pelas autarquias locais, aos órgãos autárquicos e, em certos casos, ao Banco de Portugal) e, depois, de saneamento financeiro ou de recuperação financeira.

Para além destes traços específicos das Autarquias Locais, é ainda de destacar o facto de estas estarem sujeitas a tutela administrativa. Nos termos do artigo 242.º da Constituição, esta tutela consistirá "na verificação do cumprimento da lei por parte dos órgãos autárquicos e é exercida nos casos e nas formas previstas na lei".

A Lei n.º 73/2013 também faz referência a esta tutela no artigo 13.º. Nos termos deste preceito, esta tutela "abrange a respetiva gestão patrimonial e financeira". Ou seja, ela inclui a execução orçamental.

A tutela sobre as autarquias locais é tratada em diploma próprio (Lei n.º 27/96, de 1 de agosto, a Lei da Tutela Administrativa). Esta tutela é da competência do Governo e é exercida, em concreto, pelos Ministros das Finanças e do Equipamento, do Planeamento e da Administração do Território, no âmbito das respetivas competências. A tutela exerce-se por meio de inspeções, inquéritos e sindicâncias, as quais têm por objetivo a verificação do cumprimento da lei e dos regulamentos aplicáveis.

A deteção de ilegalidades no âmbito da gestão das autarquias poderá implicar a aplicação das sanções de perda de mandato ou dissolução de órgão. O objetivo que subjaz à perda de mandato dos órgãos locais que está previsto na Lei da Tutela é o de censurar comportamentos considerados demonstrativos de uma quebra de confiança entre o eleito e os seus eleitores. Só fará, porém, sentido aplicar a sanção de dissolução de órgãos ou perda de mandato se isso corresponder a um juízo de elevada censurabilidade.

Poderá deixar de fazer sentido aplicar essa sanção, se, entretanto, se renovou ou restabeleceu a relação de confiança. Nos termos da letra da própria Lei da Tutela Administrativa, constituem motivos para a renovação ou restabelecimento desta relação entre eleitos e eleitores: a) a manifestação de confiança, pelos mecanismos democráticos (é o que sucede nos casos relativos às alíneas a) a c) do n.º 1 do artigo 8.º, não abrangidas pelo n.º 3 do mesmo preceito); e b) a regularização superveniente da situação financeira, expressamente prevista na alínea g) do artigo 9.º da Lei da Tutela Administrativa e que determina nos casos de ultrapassagem dos limites legais de endividamento das autarquias a não aplicação de sanção.

Estão também na lei previstos casos tão graves que fazem incorrer em perda de mandato ou dissolução de órgão, mesmo após nova eleição do órgão, pela prática de ações ou omissões em mandato imediatamente anterior. Dentre estes, destacamos aqueles que têm incidência financeira direta: a não elaboração ou aprovação de orçamento de forma a entrar em vigor no dia 1 de janeiro; a não apreciação ou não apresentação a julgamento das respetivas contas; a inobservância dos limites legais de endividamento das autarquias; e a ultrapassagem dos limites legais dos encargos com pessoal. Não tão ligados com o processo orçamental (mas também com efeitos financeiros), poderíamos também destacar como factos que fazem incorrer em perda de mandato ou dissolução de órgão, mesmo após nova eleição do órgão, pela prática de ações ou omissões em mandato imediatamente anterior: a intervenção em procedimento administrativo, ato ou contrato de direito público ou privado relativamente ao qual se verifique impedimento legal, visando a obtenção de vantagem patrimonial para si ou para outrem; o não cumprimento de decisões judiciais, já transitadas em julgado; e o impedimento da realização de inspeção, inquérito ou sindicância.

Pelo caráter gravoso da sanção que implica, a lei da tutela administrativa supõe uma cuidadosa avaliação da culpa dos agentes. No artigo 10.º da mesma, confirmando este entendimento, prevêem-se casos em que não haverá lugar à aplicação de sanções: a verificação de causas que justifiquem o facto ou que excluam a culpa dos agentes. Confirma também este entendimento quando abre a porta ao apuramento de responsabilidades de terceiros.

A avaliação da culpa no que toca a matérias do direito financeiro não pode deixar de ter a exigência que é requerida pelo Tribunal de Contas, como se explicará adiante. Parafraseando António Cluny, isto explica-se "porque se lida com uma interpretação da lei que não procede da validação e concordância com princípios éticos fundamentais da vida, mas apenas, em muitos casos, com interesses e procedimentos técnicos e circunstanciais da própria Administração"[720].

6. Traços específicos do regime dos Orçamentos das Regiões Autónomas

No que toca às Regiões Autónomas é de destacar a inexistência de tutela do Governo, uma vez que aqui se está perante uma descentralização que não é meramente administrativa. Esta inexistência de tutela do Governo traduz-se na ausência de intervenção dos órgãos de soberania, seja na preparação, aprovação e execução dos orçamentos regionais.

Contudo, à semelhança do que sucede com as autarquias locais, também estas, como garantia da estrita observância da estabilidade orçamental, estão sujeitas a mecanismos de saneamento financeiro.

Sempre que numa das regiões autónomas se verifique que o seu passivo atinge ou ultrapassa a média da receita corrente líquida, é acionado um mecanismo de alerta que implica a comunicação ao Governo, ao membro do Governo responsável pela área das finanças e à Assembleia Legislativa da Região Autónoma respetiva.

Se o passivo ultrapassar 1,5 vezes a média da receita corrente líquida cobrada nos últimos três exercícios, a região deve apresentar um plano de cumprimento, por meio do qual procede à redução anual de, pelo menos, um vigésimo do excesso do referido limite.

A violação do equilíbrio orçamental e a ultrapassagem dos limites de dívida regional podem ainda dar origem a uma retenção das transferências do Estado que sejam devidas a essa região autónoma. Essa retenção deve ser no valor igual ao do excesso de endividamento.

[720] António Cluny – *Responsabilidade Financeira e Tribunal de Contas*, Coimbra Editora: 2011, p. 164.

Fora estas situações, se a Região se encontrar numa situação de dificuldade económica e/ou financeira poderá solicitar ao Governo central assistência económica e financeira. Esta assistência pressupõe a apresentação, por parte do Governo regional, e a prévia avaliação positiva pelo Governo da República, de um conjunto de políticas de ajustamento. O cumprimento destas políticas de ajustamento vai sendo avaliado pelo Governo da República. O incumprimento das mesas poderá levar ao termo desta assistência ou à apresentação de medidas adicionais por parte da Região.

7. Contas: Conta Geral do Estado, Contas Locais e Contas Regionais

A Conta é "o registo sintético e final das operações que à sombra daquele [Orçamento] foram sendo praticados"[721].

Este registo serve como um meio de controlo das operações através das quais se verificou essa execução. É, pois, um instrumento fundamental de fiscalização e responsabilização *a posteriori*, o qual é apresentado quer ao órgão deliberativo que o aprovou, quer ao Tribunal de Contas. No que toca, em particular ao Orçamento do Estado, a Lei de Enquadramento Orçamental faz referência apenas a dois tipos de contas relativas ao Orçamento do Estado: contas trimestrais e a Conta Geral do Estado.

A Conta Geral do Estado deve conter um registo sintético da execução orçamental, na medida em que nos indica as receitas e despesas efetivamente realizadas; da situação de tesouraria, já que apresenta as cobranças e pagamentos orçamentais, as reposições abatidas nos pagamentos e os movimentos e saldos das contas e nas caixas da Tesouraria do Estado; da situação patrimonial, uma vez que dá a conhecer a aplicação do produto de empréstimos e o movimento da dívida pública; e dos fluxos financeiros do serviços integrados do Estado de um dado ano económico.

Este registo é elaborado pelo Governo – mais concretamente pela Direção de Serviços da Conta, um dos serviços centrais da Direção-Geral do Orçamento –, findo o ano económico, e posteriormente enviado à Assembleia da República para posterior emissão de resolução de aprovação ou rejeição (artigo 166.º, n.º 5, da Constituição).

Pela sumária análise dos mapas da Conta Geral do Estado, pode concluir-se, com segurança, que há uma coincidência entre o âmbito

[721] António L. Sousa Franco – *Finanças Públicas (I)..*, pp. 473 e 474.

subjetivo da Conta Geral do Estado com o do Orçamento do Estado. Já no que concerne ao âmbito objetivo, a conclusão não pode deixar de ser divergente. Com efeito, fica patente neste artigo que o âmbito objetivo da Conta Geral do Estado vai muito para além daquele que é o do Orçamento do Estado. A Conta não só apresenta mapas de receitas e despesas (como o faz o Orçamento do Estado), como também se refere a matérias que não vêm contempladas no Orçamento do Estado: situação de tesouraria, situação patrimonial e fluxos financeiros do Estado.

A aprovação da Conta Geral do Estado resulta de um processo complexo em que se articula a ação do Governo, dos vários serviços e organismos da Administração Pública que podemos decompor em 5 fases.

A primeira fase é a da prestação de contas e elaboração da conta. Nesta fase, todas as entidades públicas enviam as suas contas para a Direção de Serviços da Conta. Com base nestas informações, é elaborada a conta pelo Governo. A conta contém o conjunto das contas relativas às entidades que se encontram no âmbito do Orçamento do Estado. Contém ainda um relatório, demonstrações orçamentais e financeiras.

Segue-se a segunda fase de apresentação da Conta na Assembleia da República. De notar que a Lei de Enquadramento Orçamental de 2015 antecipa o prazo de entrega da Conta na Assembleia da República de 30 de junho para 15 de maio.

Na terceira fase, a Conta Geral do Estado deve ser remetida ao Tribunal de Contas de forma a que este proceda à elaboração de parecer. Para o cumprimento desta função de emissão de parecer sobre a Conta Geral do Estado, a Lei de enquadramento orçamental de 2001 não previa um prazo específico de entrega, ficando esta apenas balizada pelo prazo previsto no seu artigo 73.º, n.º 2, o qual impõe a apreciação e aprovação da Conta até ao dia 31 de dezembro do ano seguinte. A Lei de enquadramento orçamental de 2015 estabelece, no entanto, um prazo, através do seu artigo 66.º, n.º 5. Estabelece este preceito que o parecer do Tribunal de Contas deve ser remetido à Assembleia da República até ao dia 30 de setembro do ano seguinte ao ano económico.

Na quarta fase, a Assembleia da República elabora e aprova a resolução de aprovação ou rejeição da conta, podendo esta conter a deliberação de remissão às entidades competentes do parecer do Tribunal de Contas para efeitos da efetivação de eventuais responsabilidades financeiras ou criminais decorrentes da execução do Orçamento do Estado.

Até à Revisão Constitucional de 1997 era claro que a Assembleia da República poderia aprovar a Conta Geral do Estado sem o parecer do Tribunal de Contas, caso este não estivesse elaborado[722]. À luz do reformulado artigo 162.º, alínea d), das Constituição esta solução foi contrariada. Com efeito, hoje a Conta Geral do Estado só pode ser votada na posse do parecer do Tribunal de Contas e dos demais elementos necessários à sua apreciação. O objetivo é que a apreciação da Assembleia da República seja feita com base numa análise rigorosa e fundamentada efetuada pelo órgão independente de fiscalização jurisdicional da execução do orçamento.

A seguir à aprovação da Conta, o Governo procede à publicação da Conta Geral do Estado no Diário da República.

Para além das contas do Orçamento do Estado, é possível encontrar ainda referências, no artigo 68.º da Lei de Enquadramento Orçamental, às contas trimestrais e anuais das Regiões Autónomas (que devem ser aprovadas pela Assembleia Legislativa da Região Autónoma respetiva – artigo 232.º, n.º 1, da Constituição). Também as leis de enquadramento regionais contêm referências a estas contas regionais (artigos 24.º das Leis n.º 79/98 e 28/92). A Conta regional é apresentada deve ser apresentada à Assembleia Legislativa da Região Autónoma, respetiva. Em relação a esta, a secção regional respetiva do Tribunal de Contas deverá realizar parecer, de forma a habilitar uma apreciação política esclarecida do ponto de vista financeiro.

Nos termos do artigo 75.º e 76.º da 73/2013, de 3 de setembro, as contas compreendem o relatório de gestão, o balanço consolidado, a demonstração consolidada dos resultados, o mapa de fluxos de caixa consolidados de operações orçamentais, e o anexo às demonstrações financeiras consolidadas.

A conta anual deve ser apreciada pelo órgão deliberativo autárquico (para efeitos de controlo político).

[722] (José Tavares e Lídio de Magalhães – *Tribunal de Contas – Legislação anotada*. Coimbra: Almedina, 1990, p. 69). Era isto mesmo que resultava da redação do artigo 165.º, alínea d) ("Compete à Assembleia da República (...) tomar as contas do Estado (...) com o relatório do Tribunal de Contas, se estiver elaborado".

VII.
O contencioso financeiro assegurado pelo Tribunal de Contas

1. A fiscalização feita pelo Tribunal de Contas

Tanto o Orçamento do Estado quanto os instrumentos de atuação administrativa para execução do orçamento do Estado estão sujeitos a controlo jurisdicional.

O Orçamento do Estado está sujeito a fiscalização por parte do Tribunal de Contas e do Tribunal de Contas, como já foi explicado *supra*.

A execução orçamental está sujeita, antes de mais, à jurisdição administrativa e fiscal. Com efeito, trata-se aqui de prever a sujeição da atuação administrativa de execução orçamental – no que toca às receitas e às despesas – ao controlo jurisdicional.

Para além deste controlo, a execução orçamental está também sujeita à jurisdição financeira, por parte do Tribunal de Contas. Atendendo a que ao longo do curso já outras disciplinas dedicadas ao contencioso administrativo e fiscal, centrar-nos-emos na ação do Tribunal de Contas.

O Tribunal de Contas é o órgão que audita e fiscaliza a legalidade e regularidade de receitas e despesas públicas. Sendo um verdadeiro tribunal (v. artigo 209.º, n.º 1, alínea c), da Constituição da República Portuguesa), o Tribunal de Contas assegura a fiscalização jurisdicional tanto das receitas como das despesas. Esta fiscalização jurisdicional – descrita pelo artigo 1.º, n.º 1, da Lei de Organização e Processo do Tribunal de Contas como fiscalização da "legalidade e regularidade das receitas e das despesas públicas", apreciação da "boa gestão financeira" e efetivação de "responsabilidades por infrações financeiras" – complementa a fiscalização política (pela Assembleia da República) e administrativa do Orçamento do Estado (controlo sucessivo dos serviços e organismos da Administração Pública).

No seu papel de órgão máximo de controlo, fiscalização e auditoria de contas públicas, o Tribunal de Contas está dotado de uma competência complexa que lhe permite: exercer um controlo prévio, concomitante e sucessivo sobre a atuação financeira do Estado e também efetivar a responsabilidade financeira, nos casos que a configuram.

Não estando o Tribunal de Contas integrado numa hierarquia de tribunais (como sucede com o Supremo Tribunal de Justiça ou com o Supremo Tribunal Administrativo) e assumindo que lhe cabe o exclusivo da fiscalização da legalidade das despesas públicas e de julgamento das contas, cabe-lhe a ele e só a ele o exercício das suas competências jurisdicionais, tanto em primeira instância como em caso de recurso contencioso. Em paralelo com o que se passa nas demais ordens de tribunais, a única exceção prevista é a de recurso das suas decisões para o Tribunal Constitucional, nos termos do artigo 280.º da Constituição (*vide* neste sentido o Acórdão n.º 127/16: "(...) sem prejuízo do recurso de constitucionalidade, as decisões do Tribunal de Contas não são recorríveis para qualquer outro tribunal da ordem jurídica portuguesa").

A fiscalização jurisdicional que leva a cabo complementa a fiscalização política (pela Assembleia da República) e administrativa (controlo pelos serviços e organismos da Administração Pública), exercida em relação à execução orçamental. Todavia, a sua jurisdição e poderes de controlo permitem-lhe uma perspetiva geral sobre a atividade financeira pública, a qual vai muito além do controlo orçamental.

São competências do Tribunal de Contas (artigo 5.º da Lei de Organização e Processo do Tribunal de Contas):

– dar parecer sobre a Conta Geral do Estado e parecer sobre a Conta das Regiões Autónomas;

- dar parecer sobre projetos legislativos em matéria financeira, mediante solicitação da Assembleia da República;
- fiscalizar previamente a legalidade e o cabimento orçamental dos atos e contratos de qualquer natureza que sejam geradores de despesa ou representativos de quaisquer encargos e responsabilidades, quer para as entidades sujeitas aos seus poderes de controlo e à sua jurisdição, nos termos do artigo 2.º da Lei de Organização e Processo do Tribunal de Contas, quer para as entidades, de qualquer natureza (mesmo que não sejam entidades administrativas), criadas pelo Estado ou por quaisquer outras entidades públicas, para desempenhar funções administrativas originariamente a cargo da Administração Pública[723];
- verificar as contas das entidades que as devem submeter ao Tribunal Contas;
- julgar a efetivação de responsabilidades financeiras;
- realizar auditorias;
- apreciar a legalidade, bem como a economia, eficiência e eficácia da gestão das entidades sujeitas aos seus poderes de controlo e a fiabilidade dos sistemas de controlo interno;
- fiscalizar a cobrança de recursos próprios;
- fiscalizar a aplicação dos recursos financeiros oriundos da União Europeia.

No que toca em concreto à despesa pública, compete a este Tribunal fazer a fiscalização prévia, concomitante e sucessiva das mesmas, para além de julgar e efetivar as responsabilidades financeiras que resultam dos factos apurados nesses controlos.

A fiscalização prévia das despesas públicas é assegurada pela 1.ª secção do Tribunal de Contas.

A fiscalização concomitante e a concomitante consistem, essencialmente, na realização de auditorias tendo por objeto a atividade financeira. Esta será assegurada pela 1.ª secção no que toca aos procedimentos e

[723] Sobre o sentido do alargamento da fiscalização prévia a entidades (não administrativas) criadas pelo Estado ou por outras entidades públicas para desempenhar funções administrativas originariamente a cargo da Administração Pública – v. GUILHERME D'OLIVEIRA MARTINS – *A reforma...*, pp. 36 e 37.

atos administrativos que impliquem despesas de pessoal e aos contratos que não devam ser remetidos para fiscalização prévia e à execução de contratos visados[724] (artigo 49.º, n.º 1 al. a) e 77.º da Lei de Organização e Processo do Tribunal de Contas). Será assegurada pela 2.ª secção no que diz respeito às demais auditorias (artigos 49.º, n.º 1 al. b) e 78.º da Lei de Organização e Processo do Tribunal de Contas).

A efetivação de responsabilidades financeiras será da competência da 3.ª secção do Tribunal de Contas (artigo 79.º, n.º 2, da Lei de Organização e Processo do Tribunal de Contas), podendo a 1.ª e a 2.ª secção também proceder à aplicação de multas, nos termos do artigo 58.º, n.º 4, da Lei de Organização e Processo do Tribunal de Contas[725].

É importante salientar que o Tribunal de Contas, no exercício das suas competências, não atua só. Atua em colaboração com todas as entidades públicas e privadas, com os serviços de controlo interno, com as entidades de controlo do setor empresarial do Estado (artigo 12.º da Lei de Organização e Processo do Tribunal de Contas), podendo ainda recorrer a empresas privadas de auditoria e a consultores técnicos (artigo 56.º da Lei de Organização e Processo do Tribunal de Contas)[726].

E atua – embora mantendo a sua independência – em colaboração com o Tribunal de Contas Europeu (como resulta do artigo 248.º, n.º 3, do Tratado sobre o funcionamento da União Europeia) e em cooperação com as instituições de fiscalização dos demais Estados-Membros. Com efeito, a obrigação dos Estados-Membros devolverem montantes indevidamente atribuídos, por erros ou irregularidades, leva a que as autoridades de controlo tenham de fazer uma vigilância acrescida[727]. Esta nota é importante, uma vez que a fiscalização financeira no seio

[724] A atribuição desta competência de auditoria à 1.ª secção (que desempenha essencialmente funções de fiscalização prévia, prende-se com a necessidade de garantir uma melhor articulação entre a fiscalização prévia e a concomitante – v. Guilherme d'Oliveira Martins – *A reforma...*, p. 38.

[725] Com a reforma de 2006, a abertura a possibilidade de as 1.ª e 2.ª secções aplicarem multas correspondeu a uma "jurisdicionalização" destas secções do Tribunal – v. Guilherme d'Oliveira Martins – *A reforma...*, p. 45.

[726] Carlos Moreno – *O Controlo Externo...*, p. 51.

[727] Jean-Pierre Duprat – *Les nouveaux enjeux du contrôle exercé par la Cour de Comptes.* In *Revue Française de Finances Publiques*, n.º 77, Mars 2002, p. 77.

Estados-Membros da União Europeia "já não pode conceber-se hoje fora do marco definido pelo movimento da União Europeia"[728].

a) Fiscalização prévia

Uma das competência do Tribunal de Contas é a fiscalização prévia da legalidade e do cabimento orçamental dos atos e contratos de qualquer natureza que sejam geradores de despesa ou representativos de quaisquer encargos e responsabilidades, quer para as entidades sujeitas aos seus poderes de controlo e à sua jurisdição, nos termos do artigo 2.º da Lei de Organização e Processo do Tribunal de Contas, quer para as entidades, de qualquer natureza (mesmo que não sejam entidades administrativas), criadas pelo Estado ou por quaisquer outras entidades públicas, para desempenhar funções administrativas originariamente a cargo da Administração Pública.

Esta fiscalização prévia consiste na verificação dos "atos, contratos ou outros instrumentos geradores de despesa ou representativos de responsabilidades financeiras diretas ou indiretas", para saber se "estão conforme às leis em vigor e se os respetivos encargos têm cabimento em verba orçamental própria" (artigo 44.º, n.º 1, da Lei de Organização e Processo do Tribunal de Contas). Nos instrumentos geradores de dívida pública, "a fiscalização prévia tem por fim verificar, designadamente, a observância dos limites e sublimites de endividamento e as respetivas finalidades, estabelecidas pela Assembleia da República" (artigo 44.º, n.º 2, da Lei de Organização e Processo do Tribunal de Contas).

Da fiscalização prévia resulta a concessão ou a recusa do visto.

O visto prévio corresponde a um ato do Tribunal de Contas, que verifica a conformidade legal e o cabimento orçamental. Este é uma condição de eficácia dos atos e contratos, sujeitos a essa fiscalização, que sejam geradores de despesa. A recusa de visto do Tribunal de Contas implica, portanto, a ineficácia jurídica destes instrumentos de atuação financeira.

A recusa de visto resulta de casos de nulidade, falta de cabimento orçamental, violação de normas financeiras e ou verificação de ilegalidade que altere ou possa alterar o resultado financeiro (artigo 44.º, n.º 3).

[728] José F. F. Tavares – *Alguns Aspetos Estruturais das Finanças Públicas na Atualidade.* Lisboa, 2008, p. 8.

A recusa de visto em relação a um ato, contrato ou outro instrumento a ele sujeito determina a ineficácia dos mesmos (artigo 45.º, n.º 2 da Lei de Organização e Processo do Tribunal de Contas)[729].

A fiscalização prévia está prevista nos artigos 44.º a 48.º e 81.º a 86.º da Lei de Organização e Processo do Tribunal de Contas.

Que atos e contratos estão sujeitos à fiscalização prévia do Tribunal de Contas?

Todos os atos e contratos, previstos no artigo 46.º da Lei de Organização e Processo do Tribunal de Contas: contratos (de obras públicas, de aquisição de bens e serviços e de aquisição de outros bens patrimoniais) que impliquem despesa cujo valor seja superior ao previsto no artigo 48.º[730], modificações a contratos (promovidas por ato ou contrato) que impliquem um agravamento dos respetivos encargos financeiros (mesmo que não tenham sido visados, no caso de o agravamento corresponder a um valor superior ao previsto no artigo 48.º) e atos de que resulte o aumento da dívida pública.

Os atos e contratos cujo valor se situe entre o valor previsto no artigo 48.º da Lei de Organização e Processo do Tribunal de Contas e os 950.000 euros podem produzir efeitos antes do visto prévio, uma vez que o mesmo apenas produz efeitos após a data da sua notificação. No entanto, nestes casos, apenas poderão ser pagos os trabalhos realizados ou os bens e serviços adquiridos, "desde que o respetivo valor não ultrapasse a programação contratualmente estabelecida para o mesmo período" (artigo 45.º, n.º 3, da Lei de Organização e Processo do Tribunal de

[729] A natureza jurisdicional do visto é hoje incontroversa, resultando quer da incontestada (por reconhecimento constitucional) natureza jurisdicional do Tribunal de Contas, quer do controlo de legalidade que nele se consubstancia. Neste mesmo sentido v. o artigo 79.º, n.º 1 alínea a), que considera suscetível de recurso a decisão de visto. Veja-se ainda o Acórdão do Tribunal de Contas n.º 214/90 que – ainda que sem tomar posição no que toca à opção entre a sua natureza administrativa ou constitucional – considera o visto como passível de objeto de recurso de constitucionalidade, por caber no conceito de "*decisões dos tribunais*" utilizado no n.º 2 do artigo 280.º da Constituição (v. em especial os votos de vencido, esses sim, claramente no sentido da natureza jurisdicional do visto dos Juízes Conselheiros Mário Brito e José de Sousa e Brito). Para mais desenvolvimentos v. GUILHERME D'OLIVEIRA MARTINS e outros – *A Lei de Enquadramento...*, pp. 279 e ss..

[730] Desde 2009, o valor a que se refere o artigo 48.º da Lei de Organização e Processo do Tribunal de Contas é de 350.000 euros.

Contas). Caso seja proferida uma decisão de recusa de visto, devem cessar imediatamente os efeitos financeiros desse ato ou contrato. Para assegurar a limitação dos efeitos antes do visto, a lei prevê que os respetivos processos de visto sejam remetidos ao Tribunal no prazo de 20 dias a contar do início da sua execução, sob pena de a entidade incorrer em responsabilidade sancionatória.

Os atos com valor acima dos 950.000 euros não podem produzir quaisquer efeitos financeiros antes do visto (com exceção dos previstos no n.º 5 do artigo 45.º da Lei de Organização e Processo do Tribunal de Contas).

Damos nota das fases mais relevantes deste processo: remessa do processo; verificação pela Direção-Geral do Tribunal de Contas; apreciação em sede de sessão diária de visto; apreciação em sede de sessão plenária de visto.

A primeira fase do processo diz respeito à remessa do ato ou contrato para o tribunal. Sempre que se trata de processos relativos e atos e contratos que produzam efeitos antes do visto, estes processos devem ser remetidos ao tribunal, no prazo máximo de 20 dias a contar da data de início da produção de efeitos (artigo 81.º, n.º 1). Este prazo pode ser prorrogado pelo Presidente do Tribunal de Contas (artigo 81.º, n.º 3). Em caso de incumprimento do prazo, os atos ou contratos a visar não poderão beneficiar da declaração de conformidade, prevista no artigo 83.º (artigo 83.º, n.º 2).

O responsável pela remessa do processo para visto prévio é o dirigente máximo do serviço ou o presidente do órgão executivo ou de administração.

À fase de remessa, segue-se a fase da verificação pela Direção-Geral do Tribunal de Contas. No prazo de 15 dias, esta pode, se não houver dúvidas sobre a legalidade do ato ou contrato a visar, emitir uma declaração de conformidade (artigo 83.º). Esta declaração de conformidade deverá ser homologada pelo juiz de turno, correspondendo assim ao visto. Se a Direção-Geral do Tribunal tiver alguma dúvida que necessite de ver esclarecida, poderá proceder à devolução do processo para diligências instrutórias (artigo 82.º, n.º 1). Poderá ainda proceder ao envio para sessão diária de visto, caso tenha dúvida sobre a legalidade dos atos e contratos a visar (artigo 84.º, n.º 1). Neste caso, deve indicar, entre outros elementos, quais os factos concretos e os preceitos legais que estão na base das dúvidas de legalidade.

Se o processo for sujeito a sessão diária de visto, os juízes da primeira secção podem, decidindo por maioria dos votos, confirmar que há fundamento para recusa de visto. Nesse caso, não devem proferir essa decisão. Devem, isso sim, enviar o processo para sessão plenária de visto, para que essa decisão possa ser proferida nessa sede (artigo 84.º, n. 2). Se, pelo contrário, ainda em sede de sessão diária de visto, os juízes considerarem que não há fundamento para recusa de visto, afastando, nesse caso, as suspeitas levantadas pela Direção-Geral, podem conceder visto simples ou com recomendações (artigo 44.º, n.º 4).

Os processos que chegam à apreciação em sede de sessão plenária de visto, poderão ser concluídos ou com visto simples ou com recomendações (artigo 44.º, n.º 4) ou com recusa de visto.

É de notar que sempre que seja proferida uma decisão de recusa de visto, esta deve ser, de imediato, comunicada. Diz a Lei de Organização e Processo do Tribunal de Contas, "no próprio dia em que foi proferida", de forma a que cessem quaisquer efeitos financeiros que já tenham sido produzidos.

É de notar que pode haver visto tácito, nos termos do artigo 85.º. Este ocorre 30 dias úteis após a entrada do registo de entrada do processo no Tribunal de Contas, se, entretanto, não tiver sido proferida uma decisão de recusa de visto. Este prazo de 30 dias pode ser interrompido pelo pedido de diligências instrutórias por parte do Tribunal.

Das decisões de recusa, de concessão ou de isenção de visto, pode haver recurso para o plenário da 1.ª secção. Este recurso poderá ser solicitado ou pelo Ministério Público ou pelo autor do ato ou entidade que tiver autorizado o contrato a que foi recusado o visto. Se o recurso versar sobre decisões sobre emolumentos, deverá proposto apenas por quem recai o respetivo encargo.

Tal como sucede nos casos de responsabilidade financeira, também as decisões de concessão ou recusa de visto podem estar sujeitas a recurso extraordinário (artigo 101.º). Assim sendo, se forem proferidas duas decisões, em matéria de concessão ou recusa de visto, que assentem em soluções opostas, pode ser interposto recurso extraordinário da decisão proferida em último lugar para fixação de jurisprudência.

A natureza jurídica do visto prévio é controvertida. Há autores que entendem que se trata de um ato jurisdicional e outros que o encaram como um ato administrativo.

A questão coloca-se com pertinência, atendendo a que a decisão de concessão ou recusa de visto conta com algumas particularidades e fragilidades como ato judicial.

Entre outras particularidades, nota-se que o seu caso julgado não é imutável nem irrevogável, não impedindo que o mesmo ato ou contrato a que anteriormente se recusou o visto possa ser reapreciado e visado, se, entretanto, tiver sido removido o obstáculo que gerou essa recusa. Trata-se, aqui, de uma exceção ao princípio do *ne bis in idem*, válido em relação à generalidade dos casos julgados.

Entre as suas fragilidades conta-se a desproteção do cocontratante no que toca às decisões de recusa de visto de contratos públicos em que é a contraparte, uma vez que o mesmo nem intervém no processo de concessão de visto (uma vez que este não é um processo de partes) nem tem, nos termos do artigo 96.º da Lei de Organização e Processo do Tribunal de Contas, legitimidade para pedir recurso da decisão de recusa de visto. Esta desproteção suscita a questão de saber em que termos se pode assegurar uma tutela jurisdicional efetiva do seu direito[731].

Do artigo 214.º da Constituição não é, de facto, possível extrair uma resposta para a natureza jurídica do visto prévio, uma vez que o seu n.º 1, prevê a possibilidade de o Tribunal de Contas poder cumular competências não jurisdicionais com competências jurisdicionais, embora no Acórdão n.º 812/17, o Tribunal Constitucional tenha reconhecido que "no âmbito de competência do Tribunal de Contas, são os processos relativos ao julgamento da responsabilidade financeira (competência da 3.ª secção) e ao exercício da fiscalização prévia (atribuído à 1.ª secção) que têm natureza jurisdicional". A resposta terá, pois, de ser dada, em função da configuração do visto prévio na Lei de Organização e Processo do Tribunal de Contas, que o encara como ato jurisdicional.

Todavia, do texto constitucional é possível extrair uma conclusão relevante no que toca a esta questão. Independentemente de a lei o configurar como um ato jurisdicional mais ou menos *sui generis*, o visto

[731] V. a este propósito, Tiago Duarte – "Tribunal de Contas, visto prévio e tutela jurisdicional efectiva? Yes, we can!" *in* CJA, n.º 71, 2008 e Rui Medeiros – "A protecção processual do adjudicatário em face de uma recusa de visto no âmbito da fiscalização prévia de contratos pelo Tribunal de Contas" *in* Revista de Contratos Públicos, n.º 1 Jan-Abril 2011, pp. 31 e ss.

prévio não pode deixar de ser enquadrado como uma forma de atuação do "órgão supremo de fiscalização da legalidade das despesas públicas e de julgamento das contas".

Cabendo ao Tribunal de Contas o exclusivo da fiscalização da legalidade das despesas públicas, fica vedada a possibilidade de recurso das suas decisões de recusa de visto para outro tribunal ou ordem de tribunais, com a exceção prevista no artigo 280.º da Constituição.

Isto implica, portanto, que qualquer recurso que haja a interpor das decisões que a lei tomar como jurisdicionais apenas pode ter lugar no seio do Tribunal de Contas. Nem que para isso (e para dar resposta à ausência de resposta legal à pretensão do cocontratante em caso de recusa de visto) se tenha de recorrer à integração de eventuais lacunas da Lei de Organização e Processo do Tribunal de Contas, para dar cumprimento à garantia da tutela jurisdicional efetiva, prevista no artigo 20.º da Constituição. Isto, naturalmente, sem pôr em causa a liberdade do legislador da Lei de Organização e Processo do Tribunal de Contas de limitar os graus de jurisdição em certos casos. Como explica o Acórdão do Tribunal Constitucional n.º 127/16 "a limitação dos graus de jurisdição, nomeadamente a não previsão de um segundo grau de recurso, é uma opção que resulta da «liberdade de conformação do legislador na concreta modelação do processo»".

A questão da natureza jurídica do visto chama também a atenção para a questão da sobreposição entre as jurisdições financeira e administrativa. E, neste ponto, há que reconhecer que há um espaço de sobreposição não despiciendo entre as duas jurisdições – e que têm uma manifestação clara no exercício da fiscalização prévia da legalidade das despesas –, o qual deve a sua existência ao não confinamento da atividade do Tribunal de Contas à verificação do cabimento orçamental. Recorde-se que pode ser proferida recusa de visto em casos em que se verifica a existência de nulidade, violação de normas financeiras e ou a existência de ilegalidade (que não meramente financeira) que altere ou possa alterar o resultado financeiro (artigo 44.º, n.º 3).

Porém, é preciso considerar que a sobreposição não consome a competência dos tribunais administrativos, uma vez que esta não é total. Antes de mais, porque não é toda a atividade administrativa que está sujeita a visto, mas tão-só a que é geradora de despesa ou representativa de responsabilidades financeiras diretas ou indiretas. Para além disto, é preciso notar que, em relação à sua atividade de controlo, o Tribunal de Contas tem um campo de ação muito limitado, uma vez que apenas podem implicar recusa de visto a nulidade; a falta de cabimento orçamental; a violação direta de normas financeiras; e a ilegalidade que altere ou possa alterar o respetivo resultado financeiro do ato ou contrato a visar. "Na verdade, e ao contrário do que sucedeu durante muitas décadas, há hoje um catálogo restrito de ilegalidades com base nas quais o Tribunal de Contas está autorizado a recusar o visto"[732]. É preciso não esquecer também que a fiscalização do Tribunal de Contas é necessariamente diferente daquela que é feita pelos tribunais administrativos (não a podendo substituir, pois constitucionalmente, essa possibilidade está vedada); porquanto aquilo que o Tribunal de Contas pretende evitar é a lesão dos interesses financeiros do Estado. Assim sendo, mesmo que haja coincidência de apreciação de uma parte da legalidade relativa aos atos e contratos administrativos, as intervenções das duas jurisdições – financeira e administrativa – não se excluem, devendo ser antes, complementares.

b) Fiscalização concomitante e sucessiva

Para além da fiscalização prévia, poderá ainda o Tribunal de Contas proceder quer à fiscalização concomitante, quer à fiscalização sucessiva da atuação administrativa com efeitos financeiros.

A fiscalização concomitante consiste na realização de auditorias tendo por objeto a atividade financeira enquanto está a ser exercida. Esta será assegurada pela 1.ª secção no que toca aos procedimentos e atos administrativos que impliquem despesas de pessoal e aos contratos que não devam ser remetidos para fiscalização prévia e à execução de contratos visados[733] (artigo 49.º, n.º 1 al. a) e 77.º da Lei de Organização

[732] Lídio Magalhães – "Os fundamentos de recusa de visto do Tribunal de Contas e as "bagatelas administrativas", in Direito Regional e Local, n.º 6 (abril/jun), 2009, p. 32. *Vide* também José Tavares – "O Tribunal de Contas – Jurisdição, atribuições e competência", *in* Estudos de Administração e Finanças Públicas- Coimbra: Almedina, pp. 257-260.

[733] A atribuição desta competência de auditoria à 1.ª secção (que desempenha essencialmente funções de fiscalização prévia, prende-se com a necessidade de garantir uma melhor articulação entre a fiscalização prévia e a concomitante – v. Guilherme d'Oliveira Martins – *A reforma...*, p. 38.

e Processo do Tribunal de Contas). Será assegurada pela 2.ª secção no que diz respeito às demais auditorias (artigos 49.º, n.º 1 al. b) e 78.º da Lei de Organização e Processo do Tribunal de Contas).

Caso, nestas auditorias, se detetem ilegalidades relativamente a procedimentos pendentes ou a atos ou contratos ainda não executados, estas podem dar lugar à notificação para remessa dos mesmos a fiscalização prévia, como dispõe o artigo 49.º, n.º 2, da Lei de Organização e Processo do Tribunal de Contas.

Estas auditorias destinam-se a ser entregues quer às entidades auditadas, quer às entidades públicas que as tutelam e/ou superintendem. No caso de delas resultarem indícios de ilícitos que possam dar origem a processos de responsabilidade financeira, elas são remetidas ao Ministério Público para que este possa promover o processo junto da 3.ª secção do mesmo tribunal.

Estas auditorias fazem uma fiscalização de legalidade, não se cingindo, porém, a isso.

Cada vez mais, na atuação do Tribunal de Contas a apreciação dos 3 E's da economia, eficiência e eficácia é recorrente, sobretudo, nos relatórios de auditoria. Pensamos, em particular, nas auditorias de gestão operacional do Tribunal de Contas, as quais servem como base para o trabalho desenvolvido quer pelos órgãos de controlo interno (controlo administrativo da execução orçamental), quer pela Assembleia da República (controlo político), permitindo que os deputados formem uma opinião crítica acerca da gestão de recursos do ponto de vista da eficiência e da forma como se pode oferecer à população serviços melhores ou até mesmo mais abrangentes com custo idêntico ou inferior. Neste caso, elas originam, as mais das vezes, a formulação de recomendações no sentido da melhoria de desempenho das entidades públicas, na concretização dos programas e projetos de políticas públicas.

Vejam-se, a título exemplificativo os seguintes Relatórios de Auditoria do Tribunal de Contas:

- N.º 8/2009 (2.ª S/SS), concluindo que na avaliação da atividade hospitalar houve ineficiência e ineficácia no que toca à gestão dos dinheiros públicos (por exemplo no que toca ao pagamento de taxas médias de juro em certificados especiais de dívida de curto prazo) e chamando a atenção para a não utilização, por parte do Hospital Curry Cabral, da análise de custo-benefício para sustentar as suas decisões. Neste relatório, o Tribunal de Contas acaba por recomendar à Ministra da Saúde a promoção da análise custo-benefício para a celebração de acordos com entidades não pertencentes ao serviço nacional de saúde;

- N.º 17/2009 (2.ª/PL), em que o Tribunal constata a não realização de estudos de custo-benefício para os investimentos em infraestruturas públicas e recomenda o Governo a promover um modelo de avaliação de custo-benefício nos grandes investimentos de obras públicas;
- N.º 21/2009 (2.ª S/SS), recomendando que os profissionais de saúde rejam a sua atuação por princípios de Análise Custo-Benefício e/ou Análise Custo-Efetividade "por forma a minimizar o esforço financeiro do Estado e maximizar os cuidados de saúde prestados ao utente";
- N.º 26/2009 (2.ª S/PL), contendo recomendações no sentido da garantia do *value for money* dos contratos de PPP;
- N.º 43/2009 (2.ª S/SS), constatando limitações ao nível dos sistemas de informação e de controlo interno redutoras da eficiência e eficácia das intervenções das entidades que intervém no processo de concessão e controlo dos benefícios fiscais e recomendando a melhoria destes;
- N.º 2/2001 (2.ª S/SS), recomendando o respeito aos princípios de rigor e eficiência no endividamento municipal e, no que toca à celebração de contratos-programa com as empresas municipais, a observância de princípios de eficácia e eficiência; e
- N.º 16/2011 (2.ª S/SS), recomendando às entidades do Sector Empresarial do Estado a utilização dos recursos que são colocados à sua disposição de acordo com critérios de economia, eficiência e eficácia.

É de recordar que estas recomendações devem ser acatadas pelos serviços sob pena de aplicação de multas aos responsáveis pelo incumprimento (artigo 65.º, n.º 1, alínea j) da Lei de Organização e Processo do Tribunal de Contas).

No âmbito da fiscalização sucessiva, o Tribunal de Contas procede à verificação de contas, nos termos do artigo 51.º a 56.º. Esta é uma competência da 2.ª secção. Poderá ainda avaliar os sistemas de controlo interno, apreciação da legalidade, economia, eficiência e eficácia da gestão financeira das entidades prestadoras de contas. Nesta sede, poderá ainda proceder à fiscalização da comparticipação nacional nos recursos próprios comunitários e à fiscalização da aplicação dos recursos financeiros oriundos da União Europeia.

No âmbito desta fiscalização sucessiva caberá também o controlo da dívida pública direta, em especial, para aferir do cumprimento dos limites de endividamento fixados no Orçamento do Estado pela Assembleia da República (artigo 50.º, n.os 2 e 3 da Lei de Organização e Processo do Tribunal de Contas).

No que toca à verificação de contas, é de assinalar que as entidades sujeitas ao dever de prestação de contas são muitas. Estão referidas no artigo 51.º. A prestação de contas é, por via de regra, anual. Só não será anual se dentro de um ano houver substituição (total ou parcial) do(s) responsável(is). Neste último caso, as contas são prestadas em relação a essa gerência, devendo ser remetidas ao Tribunal 45 dias após essa substituição.

Todas as contas apresentadas ao Tribunal de Contas são apreciadas. Na impossibilidade de as apreciar a todas exaustivamente, a Lei de Organização e Processo do Tribunal de Contas prevê dois tipos de verificação de contas: a interna e a externa (artigos 53.º e 54.º). Serão sujeitas a verificação interna, as contas que não forem objeto de verificação externa.

Na verificação interna, o Tribunal de Contas analisará e conferirá a conta apenas para "demonstração numérica das operações realizadas que integram o débito e o crédito da gerência" (artigo 53.º, n.º 2). Por meio desta verificação, prevê a lei, no mesmo preceito, que o Tribunal poderá declarar a extinção de responsabilidade dos tesoureiros caucionados.

Em sede de verificação externa, o Tribunal de Contas aprecia, mais exaustivamente as contas apresentadas pelas várias entidades. Para além da demonstração numérica prevista para a verificação interna de contas, ainda aprecia, nomeadamente, "se as operações efetuadas são legais e regulares; se os respetivos sistemas de controlo interno são fiáveis; se as contas e as demonstrações financeiras elaboradas pelas entidades que as prestam refletem fidedignamente as suas receitas e despesas (...); se são elaboradas de acordo com as regras contabilísticas fixadas". Para o efeito de fazer esta verificação externa, o Tribunal de Contas utiliza a técnica de auditoria. No relatório final desta verificação externa, o Tribunal emite um "juízo sobre a legalidade e regularidade das operações examinadas e sobre a consistência, integralidade e fiabilidade das contas e respetivas demonstrações financeiras" (artigo 54.º, n.º 3, alínea f) da Lei de Organização e Processo do Tribunal de Contas). Pode também fazer um juízo de "apreciação da economia, eficiência e eficácia da gestão financeira" (artigo 54.º, n.º 3, alínea h) da Lei de Organização e Processo do Tribunal de Contas).

Desta verificação externa de contas podem resultar recomendações para o suprimento de deficiências detetadas na gestão financeira (artigo 54.º, n.º 3, alínea i) da Lei de Organização e Processo do Tribunal de Contas). Se nestes relatórios houver factos indiciadores de responsabilidade financeira, o processo é remetido para o Ministério Público, dando origem a um processo de julgamento de contas.

Para além destas verificações de contas, o Tribunal de Contas poderá, por sua iniciativa ou a solicitação da Assembleia da República ou do Governo, fazer auditorias de qualquer tipo ou natureza, em relação a qualquer uma das entidades sujeitas ao seu poder de controlo (artigo 55.º).

A Lei de Organização e Processo do Tribunal de Contas esclarece que não são passíveis de recurso as deliberações que aprovem relatórios de verificação de contas ou de auditoria (salvo no que toca à fixação de emolumentos e encargos) (artigo 96.º, n.º 2 da Lei de Organização e Processo do Tribunal de Contas). Note-se, porém, que a boa interpretação desta norma não dispensa a leitura do Acórdão do Tribunal Constitucional nº 812/2017, por meio do qual se julgou "inconstitucional a norma ínsita no artigo 96.º, n.º 2, da LOTC, no sentido de que estabelece a irrecorribilidade das deliberações da 2.ª Secção que aprovem relatórios de verificação de contas ou de auditoria quando os mesmos emitam e apliquem juízos de censura aos visados e responsáveis financeiros".

Esclarece este aresto que se justifica este entendimento uma vez que "em situações em que são formulados juízos de censura em relatórios de auditoria aprovados por decisões da 2.ª Secção do Tribunal de Contas, existe uma afetação do direito fundamental ao bom nome e reputação. Quando esse juízo de censura é desacompanhado de julgamento de responsabilidade financeira na 3.ª Secção, o cidadão titular do cargo público em causa, por causa da regra da irrecorribilidade das deliberações da 2.ª Secção decorrente do artigo 96.º, n.º 2, da LOTC, vê-se impossibilitado de se defender da censura, impugnando judicialmente a decisão em causa, contrapondo argumentos e questionando as conclusões do relatório. A norma em causa permite a existência de uma lesão de um direito fundamental, por um ato do Tribunal de Contas, sem que exista acesso à tutela jurisdicional para a sua defesa, o que é intolerável à luz da ordem constitucional da República Portuguesa".

c) Julgamento da responsabilidade financeira

Sempre que dos Relatórios de auditoria ou do Parecer sobre a Conta Geral do Estado ou do Parecer sobre as contas das Regiões Autónomas ou ainda dos relatórios elaborados no âmbito do sistema de controlo interno resultarem indícios de responsabilidade financeira, o processo é remetido ao Ministério Público (artigo 57.º).

Caso o Ministério Público ou subsidiariamente, os órgãos de direção, superintendência ou tutela ou os órgãos de controlo interno declarem requerer procedimento jurisdicional, o Tribunal deve julgar esses casos de responsabilidade financeira (artigo 89.º).

No n.º 2 do artigo 89.º da Lei de Organização e Processo do Tribunal de Contas, esclarece-se em que termos se deve exercer essa iniciativa subsidiária: esta poderá ter lugar nos 30 dias subsequentes à publicação do despacho do Ministério Público declarando não requerer procedimento judicial (é aliás isto que justifica, nos termos do artigo 57.º, n.º 3, da Lei de Organização e Processo do Tribunal de Contas, a obrigação de devolução do processo à entidade remetente)[734].

O processo de responsabilidade financeira inicia-se, portanto, com a apresentação de um requerimento, com a identificação do demandado; a descrição dos factos e das razões de direito em que se fundamenta; a indicação dos montantes a repor e/ou da multa a aplicar, devidamente acompanhados das provas que o sustentam (artigo 90.º da Lei de Organização e Processo do Tribunal de Contas).

[734] Sobre o alargamento da legitimidade processual e a introdução da iniciativa processual subsidiária, v. GUILHERME D'OLIVEIRA MARTINS – *A reforma...*, pp. 46 e 47.

Depois da citação, o demandado pode contestar ou pagar voluntariamente no prazo de 30 dias (artigos 91.º e 92.º da Lei de Organização e Processo do Tribunal de Contas). Em caso de o processo seguir para audiência de discussão e julgamento, será aplicável o regime do processo sumário do Código do Processo Civil, com as necessárias adaptações (artigo 93.º da Lei de Organização e Processo do Tribunal de Contas).

A responsabilidade financeira pode ser efetivada por meio de duas formas processuais. Por um lado, por meio de processos de julgamento de contas, tornando efetivas as responsabilidades evidenciadas em relatórios de verificação externa de contas (artigo 58.º, n.º 2). E, por outro, por meio de processos de julgamento de responsabilidade financeira, tornando efetivas as responsabilidades evidenciadas em relatórios que não sejam de verificação externa de contas. Todos estes processos são da competência da 3.ª secção do Tribunal de Contas.

Com a responsabilização dos agentes, a competência fiscalizadora do Tribunal adquire um sentido prático. O Tribunal no âmbito das suas fiscalizações não se limita a constatar os erros da gestão financeira, tendo os instrumentos quer para multar os responsáveis, quer para os fazer repor o dinheiro em falta.

É também esta responsabilização que permite que as recomendações do Tribunal de Contas[735] sejam acatadas. Com a integração, em 2006, do seu não acatamento reiterado e injustificado no seio dos casos de responsabilidade financeira sancionatória, o Tribunal intensificou a sua eficácia, num claro reforço de uma intervenção do mesmo com eficácia preventiva[736].

A responsabilidade financeira é distinta da responsabilidade civil, penal e disciplinar e o seu julgamento é da exclusiva competência do Tribunal de Contas. Como resulta do artigo 209.º da Constituição, é ao Tribunal de Contas que está atribuído o exclusivo da jurisdição financeira, não se prevendo partilha desta jurisdição com nenhum outro órgão jurisdicional. Não estando o Tribunal de Contas integrado

[735] Sobre o tema v. José F.F. Tavares – *Recomendações do Tribunal de Contas – Conceito, Natureza e regime*. Lisboa, 2006.

[736] Guilherme d'Oliveira Martins – *A reforma...* do Tribunal de Contas em 2006, Lisboa, 2006, p. 48.

numa hierarquia de tribunais (como sucede com o Supremo Tribunal de Justiça ou com o Supremo Tribunal Administrativo) e assumindo que lhe cabe o exclusivo da fiscalização da legalidade das despesas públicas e de julgamento das contas, cabe-lhe a ele e só a ele o exercício das suas competências jurisdicionais, tanto em primeira instância como em caso de recurso contencioso.

Como diz Paz Ferreira, a responsabilidade financeira deve ser encarada como uma contrapartida natural em relação ao controlo do cumprimento dos deveres fiscais dos contribuintes: "Se [...] o Estado tem o dever de exigir dos contribuintes um comportamento correto e de penalizar infrações fiscais, estes têm o direito a exigir do Estado que ponha de pé mecanismos adequados a controlar a utilização dos dinheiros públicos e a atuação dos agentes da decisão financeira, bem como a sua efetiva responsabilização"[737]. O reconhecimento desta responsabilidade financeira corresponde ao reconhecimento do Tribunal de Contas como tribunal especializado em matérias financeiras. Mas não se entenda isto como um reconhecimento de que este esgota todas as possibilidades de resposta no que toca à má utilização dos dinheiros públicos. Como chama a atenção Paz Ferreira, os titulares dos cargos públicos bem como os funcionários públicos estão, por força da Constituição da República Portuguesa (artigos 117.º e 271.º), sujeitos a responsabilidade política, civil e criminal. Todas elas são cumuláveis com a responsabilidade financeira[738].

A responsabilidade financeira pode ser de dois tipos (artigo 58.º da Lei de Organização e Processo do Tribunal de Contas): responsabilidade financeira reintegratória e responsabilidade financeira sancionatória.

A responsabilidade financeira reintegratória está associada a uma condenação de reposição de verbas.

Nos termos do artigo 59.º da Lei de Organização e Processo do Tribunal de Contas, o Tribunal de Contas pode condenar à reposição das importâncias em caso de:

- Alcance – desaparecimento, independentemente da ação do agente nesse sentido, de dinheiro ou valores do Estado ou de entidades

[737] Eduardo Paz Ferreira – *Os tribunais...*, p. 152.
[738] Eduardo Paz Ferreira – *Os tribunais...*, p. 168.

públicas (artigo 59.º, n.º 2, da Lei de Organização e Processo do Tribunal de Contas);

- Desvio de dinheiros ou valores públicos – quando, por ação voluntária de qualquer agente público se verifique o desaparecimento de dinheiros ou valores do Estado (artigo 59.º, n.º 3, da Lei de Organização e Processo do Tribunal de Contas);
- Pagamentos indevidos – pagamentos ilegais que causaram dano para o erário público (incluindo contraprestações não adequadas ou proporcionais à prossecução da entidade em causa ou aos usos anormais de determinada atividade) (artigo 59.º, n.º 4, da Lei de Organização e Processo do Tribunal de Contas).

Pode haver ainda a condenação do Tribunal de Contas, em sede de responsabilidade financeira reintegratória, nos casos de contratação pública em que resulte para a entidade pública a obrigação de indemnizar. Neste caso, esta condenação está pensada como um reforço do controlo sobre os gestores públicos. Aqui, a obrigação de indemnização "resultará da violação de normas financeiras com prejuízo para o erário público"[739].

Nos termos do artigo 60.º da Lei de Organização e Processo do Tribunal de Contas, também pode haver lugar à reposição por não arrecadação de verbas em prejuízo do Estado ou de outras entidades públicas. Neste caso, a condenação deve corresponder a um comportamento doloso ou à verificação de uma culpa grave por parte do responsável.

Pela enumeração das situações que podem ser subsumidas à responsabilidade financeira, vemos que ela tanto emerge em casos de despesa pública injustificada, quanto em casos de não cobrança dolosa de receita pública Em todos estes casos de responsabilidade financeira reintegratória a sanção corresponderá à reposição das quantias correspondentes e ao pagamento de juros de mora (artigo 59.º, n.º 6, da Lei de Organização e Processo do Tribunal de Contas).

Nos termos do artigo 36.º do Decreto n.º 22.257, para que ainda remete o artigo 61.º, n.º 2, da Lei de Organização e Processo do Tribunal de Contas (*ex vi* artigo 115.º, alínea c), da Lei de Organização e Processo do Tribunal de Contas) são responsáveis os agentes contáveis ou exatores, ou seja, "que praticarem, ordenarem, autorizarem ou sancionarem, referentes

[739] Guilherme d'Oliveira Martins – *A reforma...*, p. 42.

a liquidação de receitas, cobranças, pagamentos, concessões, contratos ou quaisquer outros assuntos sempre que deles resulte ou possa resultar dano para o Estado:

1.º Os Ministros quando não tenham ouvido as estações competentes ou quando esclarecidos por estas em conformidade com as leis, hajam adotado resolução diferente;
2.º Todas as entidades subordinadas à fiscalização do Tribunal de Contas, quando não tenham sido cumpridos os preceitos legais;
3.º Os funcionários que nas suas informações para os Ministros não esclareçam os assuntos da sua competência em harmonia com a lei."

A culpa será avaliada nos termos do artigo 64.º da Lei de Organização e Processo do Tribunal de Contas: "O Tribunal de Contas avalia o grau de culpa de harmonia com as circunstâncias do caso, tendo em consideração as competências do cargo ou a índole das principais funções de cada responsável, o volume e fundos movimentados, o montante material da lesão dos dinheiros ou valores públicos, o grau de acatamento de eventuais recomendações do Tribunal e os meios humanos e materiais existentes no serviço, organismo ou entidade sujeitos à sua jurisdição".

A responsabilidade financeira reintegratória tem um prazo de prescrição de 10 anos.

A responsabilidade financeira sancionatória consiste na aplicação de multas.

Estão sujeitos a responsabilidade sancionatória, nos termos do artigo 65.º da Lei de Organização e Processo do Tribunal de Contas:

- a não liquidação, cobrança ou entrega nos cofres do Estado das quantias devidas;
- a violação das normas sobre a elaboração e execução dos orçamentos, bem como sobre a assunção, autorização ou pagamento de despesas públicas;
- a falta de efetivação ou retenção indevida dos descontos legalmente obrigatórios a efetuar ao pessoal;

- a violação de normas legais ou regulamentares relativas à gestão e controlo orçamental, de tesouraria e de património;
- os adiantamentos por conta de pagamentos nos casos não expressamente previstos na lei;
- a utilização de empréstimos públicos com finalidade diversa da legalmente prevista;
- a ultrapassagem dos limites legais da capacidade de endividamento;
- a utilização indevida de fundos movimentados por operações de tesouraria para financiar despesas públicas;
- a execução de contratos aos quais tenha sido recusado o visto ou de contratos que devessem ter sido sujeitos a fiscalização prévia e o não tenham sido;
- a utilização de dinheiros ou outros valores públicos em finalidade diversa da legalmente prevista;
- o não acatamento reiterado e injustificado das injunções e das recomendações do Tribunal; e
- a violação de normas legais ou regulamentares relativas à admissão de pessoal.

Para além destas situações, o Tribunal de Contas pode ainda aplicar multas, de acordo com o artigo 66.º da Lei de Organização e Processo do Tribunal de Contas, nos casos de:

- falta injustificada de remessa de contas, da sua remessa tempestiva ou de apresentação com deficiências tais que impossibilitem ou gravemente dificultem a sua verificação;
- falta injustificada de prestação tempestiva de documentos que a lei obrigue a remeter, de informações pedidas, de remessa de documentos solicitados ou de comparência para prestação de declarações;
- falta injustificada da colaboração devida ao Tribunal;
- inobservância dos prazos legais de remessa ao Tribunal dos processos relativos a atos ou contratos que produzam efeitos antes do visto;
- introdução nos processos de elementos suscetíveis de induzirem o Tribunal em erro.

Estas multas têm um limite máximo, tal como está estabelecido nos artigos 65.º, n.º 2, e 66.º, n.º 2, da Lei de Organização e Processo do Tribunal de Contas. De acordo com o artigo 67.º, n.º 2, da Lei de Organização e Processo do Tribunal de Contas, as multas são graduadas de acordo com a gravidade da falta, o grau de culpa dos agentes, o montante material dos valores públicos lesados ou em risco, o nível hierárquico dos responsáveis, a sua situação económica e a existência de antecedentes.

A aplicação das multas em sede de responsabilidade sancionatória é compatível e cumulável com as condenações em sede de responsabilidade reintegratória (artigo 65º, n.º 5, da Lei de Organização e Processo do Tribunal dc Contas).

A responsabilidade sancionatória tem um prazo de prescrição de 5 anos.

Ambas as formas de responsabilidade financeira dependem da verificação de um ato ilícito e culposo do agente. A ilicitude corresponde à "identificação de um facto contrário à lei sem que ocorra uma causa de justificação (que no caso da responsabilidade reintegratória conduz a uma perda patrimonial)"[740].

A culpa corresponde ao estabelecimento de uma "tal relação de meios-fins, incorrendo o agente num juízo de censura, seja por ter pretendido direta, necessária ou eventualmente atingir as normas violadas (dolo), seja por não ter pretendido pautar-se pelos deveres de cuidado que ao caso cabiam (negligência ou mera culpa)"[741/742].

Pressupondo a avaliação da culpa, a responsabilidade financeira – tanto a reintegratória quanto a sancionatória – é pessoal (solidária ou subsidiária) e não recai sobre órgãos ou serviços. Isto significa que um órgão colegial não pode ser condenado em bloco à reposição das verbas pagas indevidamente[743]. Assim sendo, apenas poderão ser

740 Guilherme d'Oliveira Martins – *A reforma...*, p. 44.

741 Guilherme d'Oliveira Martins – *A reforma...* , p. 44.

742 Sobre aquilo que o gestor público deve ser chamado a provar, numa perspetiva de *accountability* e de responsabilização efectiova por quem tem a seu cargo a gestão dos recursos públicos, v. José F. F. Tavares – *Alguns Aspetos Estruturais...*, p. 11.

743 António Cluny – "Responsabilidade Financeira e Tribunal de Contas", Coimbra Editora: 2011, p. 131.

responsabilizados individualmente os agentes administrativos direta ou subsidiariamente envolvidos na prática do ato, agindo com dolo ou mera culpa (artigo 61.º da Lei de Organização e Processo do Tribunal de Contas). Ou seja, aqueles agentes administrativos que poderiam legalmente opor-se à prática de um ilícito financeiro. Neste caso, estes agentes administrativos apenas poderão eximir-se de responsabilidade, provando que agiram de acordo com os esclarecimentos das instâncias competentes (ex. departamento financeiro e jurídico).

O apuramento da responsabilidade individual não implica que os membros de um órgão colegial não possam estar sujeitos a responsabilidade solidária. Mas, mais uma vez, o apuramento da responsabilidade dependerá do dolo ou culpa que cada agente apresenta no caso concreto.

Poderão ainda ser responsabilizados os funcionários que deviam prestar informações aos órgãos que tomam as decisões de despesa podem também ser responsabilizados "se essas informações não tiverem sido prestadas com competência"[744].

Em ambos os casos, terá de se provar que o ato ou a informação foram culposos.

Nos casos de responsabilidade reintegratória, pelo carácter gravoso da sanção que lhe corresponde, a culpa será avaliada nos termos do artigo 64.º da Lei de Organização e Processo do Tribunal de Contas: "O Tribunal de Contas avalia o grau de culpa de harmonia com as circunstâncias do caso, tendo em consideração as competências do cargo ou a índole das principais funções de cada responsável, o volume e fundos movimentados, o montante material da lesão dos dinheiros ou valores públicos, o grau de acatamento de eventuais recomendações do Tribunal e os meios humanos e materiais existentes no serviço, organismo ou entidade sujeitos à sua jurisdição". Tendo em conta esta avaliação, o Tribunal poderá relevar ou reduzir a responsabilidade financeira quando se verifique negligência (artigo 64º, nº 2, da Lei de Organização e Processo do Tribunal de Contas).

Sobretudo no que toca à responsabilidade financeira, a avaliação da culpa é bastante exigente "porque se lida com uma interpretação da lei que não procede da validação e concordância com princípios éticos

[744] António Cluny – "Responsabilidade Financeira e Tribunal de Contas", Coimbra Editora: 2011, p. 163.

fundamentais da vida, mas apenas, em muitos casos, com interesses e procedimentos técnicos e circunstanciais da própria Administração"[745].

Nem mesmo nos casos de responsabilidade por alcance há a consagração de uma responsabilidade objetiva, como poderia ser sugerido pela independência da ação do agente em relação ao desaparecimento de verbas. O que realmente se verifica é que a lei coloca a cargo do responsável, desde que em funções, o ónus de provar que agiu sem culpa. Não se trata aqui de uma inversão do ónus da prova, mas da aplicação dos deveres do depositário (tal como decorrem do Código Civil – artigos 1187.º e seguintes). Para efeitos de apuramento dos alcances, o agente reveste-se da "qualidade de um fiel depositário, a quem é confiada a guarda de dinheiros ou outros valores públicos, sobre o qual recai o dever de prestar contas e a responsabilidade de demonstrar que agiu de forma diligente, em observância das obrigações legais que sobre ele impendem"[746].

O Tribunal pode relevar ou reduzir a responsabilidade financeira quando se verifique negligência, "devendo fazer constar da decisão as razões justificativas da redução ou relevação" (artigo 64º, nº 2, da Lei de Organização e Processo do Tribunal de Contas). Para além deste caso, é também possível relevar a responsabilidade por infração financeira (apenas passível de multa) quando:

- Não tiver havido antes recomendação do Tribunal de Contas ou de qualquer órgão de controlo interno ao serviço auditado para correção da irregularidade do procedimento adotado;
- Tiver sido a primeira vez que o Tribunal de Contas ou um órgão de controlo interno tenham censurado o seu autor pela sua prática.

Estando constitucionalmente previsto que ao Tribunal de Contas cabe o exclusivo da jurisdição financeira, que este é "o órgão supremo de fiscalização da legalidade das despesas públicas e de julgamento das contas" (artigo 209.º) e não estando o Tribunal de Contas integrado

[745] António Cluny – "Responsabilidade Financeira e Tribunal de Contas", Coimbra Editora: 2011, p. 164.

[746] Guilherme d'Oliveira Martins – *A reforma...*, pp. 44 e 45.

numa hierarquia de tribunais (como sucede com o Supremo Tribunal de Justiça ou com o Supremo Tribunal Administrativo), cabe-lhe a ele e só a ele o exercício das suas competências jurisdicionais, tanto em primeira instância como em caso de recurso contencioso.

Tal como sucede com as decisões de recusa de visto, também as sentenças dos processos de responsabilidade financeira estão sujeitas a recurso (artigo 96.º, n.º 3).

Tal como sucede nos casos de recusa de visto, também as decisões, em matéria de responsabilidade financeira, podem estar sujeitas a recurso extraordinário (artigo 101.º). Assim sendo, se forem proferidas duas decisões, em matéria de responsabilidade financeira, que assentem em soluções opostas, pode ser interposto recurso extraordinário da decisão proferida em último lugar para fixação de jurisprudência.

Em relação ao funcionamento do Tribunal de Contas, é de notar que as secções regionais dos Açores e da Madeira exercem a fiscalização no âmbito da região autónoma respetiva. Pelo que, nestes casos, as regras, que acabámos de expor sobre o contencioso financeiro assegurado pelo Tribunal de Contas, se aplicam com as necessárias adaptações (artigos 104.º a 109.º da Lei de Organização e Processo do Tribunal de Contas). Esta segregação dos processos regionais espelha bem que o nível de descentralização e de independência orçamental verificado nas Regiões Autónomas, a que acima já fizemos menção, se destaca das outras formas de descentralização administrativa.

d) A relação da responsabilidade financeira com outros tipos de responsabilidade

A responsabilidade financeira é cumulável com outros tipos de responsabilidade.

Os casos de responsabilidade civil administrativa não precisam de ser tipificados, como sucede nos casos de responsabilidade financeira ou penal, pois esta responsabilidade não tem como finalidade a prevenção ou a repressão de condutas jurídicas. Assim sendo, ela poderá ser invocada sempre que haja danos provocados no exercício da atividade administrativa. A responsabilidade civil pode ser contratual e extracontratual, consoante os danos decorram ou não da violação dos deveres que emergem de um contrato. E na responsabilidade extracontratual, há três tipos de responsabilidade: responsabilidade por facto ilícito; responsabilidade por facto lícito; e responsabilidade pelo risco. Para além da responsabilidade contratual e extracontratual, podemos ainda falar de responsabilidade pelo risco e de responsabilidade por ato de gestão pública.

Também a responsabilidade financeira é cumulável com a responsabilidade penal. Veja-se, exemplificativamente o artigo 14.º da Lei n.º 34/87, o qual prevê que o titular de cargo político a quem incumba dar cumprimento a normas de execução orçamental que contraia encargos não previstos na lei comete um crime. A prática deste crime é punida com pena de prisão até um ano, bem como, em certos casos, com a perda de mandato (artigos 14.º e 29.º da Lei n.º 34/87).

Simultaneamente, a responsabilidade financeira é cumulável com a aplicação de responsabilidade disciplinar a agentes e funcionários da Administração Pública, caso estes incumpram os deveres de prossecução do interesse público, de isenção, de imparcialidade, de informação, de zelo, de obediência, de lealdade, de correção, de assiduidade e de pontualidade a que estão obrigados.

VIII.
Breve introdução ao tema das Parcerias público-privadas

1. Enquadramento jurídico atual PPP

As limitações relativas ao défice e ao endividamento e a adoção de critérios de equilíbrio mais estritos têm conduzido à procura de soluções alternativas de financiamento dos projetos públicos. Sobretudo no sentido de não contribuírem para um agravamento da situação de défice e dívida verificada. A Parceria Público-Privada (doravante PPP) tem sido vista atualmente como resposta para o reforço do investimento público e modernização dos serviços públicos, permitindo um financiamento sem endividamento, respondendo à crise financeira do Estado de bem-estar e aos inerentes problemas de excessivo peso do setor público, falhas de intervenção pública, elevados níveis de endividamento[747].

A disciplina das PPP encontra-se atualmente regulada pelo Decreto-Lei n.º 111/2012, de 23 de maio (doravante referido como Regime Jurídico das PPP). Para as parcerias em saúde com gestão e financiamento privados rege o Decreto-Lei n.º 185/2002 (em grande parte revogado pelo Decreto-Lei n.º 111/2012).

[747] MARIA EDUARDA AZEVEDO – *O Enquadramento Legal das Parcerias Público-Privadas em Portugal – Aspetos Jurídico-Financeiros*. In Ciência e Técnica Fiscal, n.º 423, janeiro-junho 2009, p. 116. Para um tratamento mais detalhado MARIA EDUARDA AZEVEDO – *As Parcerias Público-Privadas: Instrumento de uma Nova Governação*. Coimbra: Almedina, 2009.

No que toca à definição do seu regime, temos naturalmente de tomar em consideração também o Código dos Contratos Públicos, uma vez que as PPP não dispensam de forma alguma o regime da contratação pública.

Uma nota para chamar a atenção que o regime jurídico, que acima apontamos como aplicável às PPP, apenas surgido já no séc. XXI, não impediu que estes contratos tivessem surgido, em Portugal, muito antes de 2001, com a necessidade sentida de reforçar a competitividade económica, ditada pela necessidade de reduzir a diferença entre a realidade nacional e a dos outros membros da Comunidade Europeia. "Portugal, ainda na primeira metade da década de noventa do século passado, inscreveu-se entre os países pioneiros ao abraçar semelhante metodologia inovadora para as infraestruturas de transportes e ambiente, acompanhando o nascimento da PFI/PPP no Reino Unido e o início da sua difusão à escala internacional. Assim, à data, mesmo perante a inexistência de um quadro legal e orçamental específico, assistiu-se à adoção do instrumento PPP de acordo com as circunstâncias – por projeto, mormente, Ponte Vasco da Gama e Eixo Ferroviário Norte-Sul; por Programa, designadamente, autoestradas SCUT; e como vetor de Política Pública o caso dos Serviços Ambientais (Água e Resíduos//Sistemas Multimunicipais [...]"[748]. O acompanhamento desta prática de parcerias beneficiou quer da abertura da economia aos agentes privados, quer da possibilidade, aberta pela própria União Europeia, no sentido de associar financiamento privado à utilização dos fundos estruturais comunitários[749].

As PPP são encaradas como uma nova forma de governação pública. Considera-se que as PPP abrem um novo capítulo no relacionamento entre os universos público e privado. Alguns Autores consideram mesmo que este instrumento pode conduzir à legitimação de um novo contrato social, na medida em que se verifica um reposicionamento dos setores público e privado[750]; a adaptação da Administração Pública a novas formas de

[748] Maria Eduarda Azevedo – *O Enquadramento Legal...*, pp. 108 e 109; Nazaré Costa Cabral – *As Parcerias Público-Privadas...*, pp. 135-137; e Arnaud Cabanes – *Essai sur la Gouvernance Publique...*, p. 180.

[749] Maria Eduarda Azevedo – *O Enquadramento Legal...*, p. 110.

[750] Inserindo as PPP no tema das parceiras implicadas pela governança – Arnaud Cabanes – *Essai sur la Gouvernance Publique...*, pp. 171 e ss, em especial p. 179. Também entendendo as

prestação de serviços públicos; e a retirada do proveito do financiamento e das práticas de gestão privada, com aumento da qualidade, economia, eficiência e eficácia do serviço público prestado.

A definição, com a determinação dos seus elementos, encontra-se no artigo 2.º do Regime Jurídico das PPP. Nos seus termos, a PPP é um "o contrato ou a união de contratos por via dos quais entidades privadas (...) se obrigam, de forma duradoura, perante um parceiro público, a assegurar, mediante contrapartida, o desenvolvimento de uma atividade tendente à satisfação de uma necessidade coletiva, em que a responsabilidade pelo investimento, financiamento, exploração, e riscos associados, incumbem, no todo ou em parte, ao parceiro privado".

Nos termos da lei, as partes contratantes numa PPP são entidades privadas e entidades públicas. Podem ser contratantes do lado público: Estado e entidades públicas estaduais, serviços e fundos autónomos, empresas públicas e outras entidades constituídas pelas entidades a que se referem as alíneas anteriores com vista à satisfação de necessidades de interesse geral (artigo 2.º, n.º 2, do Regime Jurídico das PPP)[751].

Do lado privado, pode ser contratante: qualquer entidade privada, incluindo empresas públicas, cooperativas ou instituições privadas sem fins lucrativos (artigo 2.º, n.º 3 do Regime Jurídico das PPP).

As PPP podem aplicar-se a vários modelos jurídicos de colaboração, podendo por isso ter os mais variados objetos[752] (v. exemplificativamente, o artigo 2.º, n.º 4: concessão de obras públicas, concessão de serviços públicos, contrato de fornecimento contínuo, contrato de prestação de serviços, contrato de gestão, contrato de colaboração[753]).

PPP como afirmação de uma nova forma de governar v. Eduardo Paz Ferreira – *Ensinar Finanças Públicas...*, pp. 231 e 232 e pp. 239 e ss.

[751] As empresas públicas societárias podem ser a parte num contrato de parceria. Se o fizerem terão de observar o disposto nas normas referidas no n.º 6 do artigo 2.º do Regime Jurídico das PPP e ficarão sujeitos a acompanhamento e controlo do Ministro das Finanças e do Ministro do seu setor de atividade, no exercício da sua função acionista.

[752] Nazaré Costa Cabral – *As Parcerias Público-Privadas...*, p. 155.

[753] Note-se que nos termos do n.º 5 do mesmo preceito, está excluída a aplicação das parcerias em relação *a* parcerias que envolvam um encargo bruto para o setor público inferior a 10 milhões de euros e um investimento inferior a 25 milhões de euros, a valores atualizados para o momento anterior à decisão de lançamento da parceria, de acordo com

Há certos contratos que não podem configurar parcerias público-privadas: (v. artigo 2.º, n.º 5):

- Contratos cujo encargo bruto para o sector público seja inferior a 10 milhões de euros;
- Contratos de investimento inferior a 25 milhões de euros;
- Contratos de concessão de sistemas multimunicipais de abastecimento de água para consumo humano;
- Concessões de sistemas multimunicipais de abastecimento de água para consumo humano, de saneamento de águas residuais e de gestão de resíduos sólidos urbanos
- Concessões atribuídas pelo Estado, através de diploma legal, a entidades de natureza pública ou de capitais exclusivamente públicos.

Quando na lei se fala de um contrato duradouro, pretende dizer-se que o contrato de parceria deve ter a duração suficiente para assegurar o equilíbrio financeiro do projeto, a amortização de investimentos e uma remuneração razoável dos capitais investidos[754].

A exigência de "assegurar [...] o desenvolvimento de uma atividade tendente à satisfação de uma necessidade coletiva" prende-se com a necessidade de os serviços prestados pelo ente privado terem como objetivo a satisfação de uma necessidade coletiva, ou seja, devem servir para satisfação das necessidades públicas e devem ser utilizados pelo ente público para o desempenho das suas atribuições[755].

as taxas de atualização fixadas pelo membro do Governo responsável pela área das finanças para efeitos de avaliação deste tipo de projetos; a concessões de sistemas multimunicipais de abastecimento de água para consumo humano, de saneamento de águas residuais e de gestão de resíduos sólidos urbanos previstas; e a concessões atribuídas pelo Estado, através de diploma legal, a entidades de natureza pública ou de capitais exclusivamente públicos.

[754] Maria Eduarda Azevedo – *O Enquadramento Legal...*, p. 119. V. Nazaré Costa Cabral – *As Parcerias Público-Privadas...*, p. 153 sugerindo para a interpretação da expressão "*forma duradoura*" (artigo 2º, n.º 1 do Regime Jurídico das PPP) uma leitura *a contrario* do artigo 2.º, n.º 5, als. d) e e) do mesmo diploma, apontando para uma duração superior a 3 anos.

[755] "[...] são suscetíveis de qualificação como parceria seja as situações em que a entidade privada realiza diretamente a satisfação da necessidade pública aos utentes, seja aquelas em que os privados fornecem bens ou prestam serviços instrumentais à Administração,

A ideia de que a responsabilidade pelo investimento, financiamento, exploração e riscos associados incubem, no todo ou em parte, ao parceiro privado remete-nos para a transferência do risco, que é um dos elementos cuja compreensão é fundamental para se perceber estes contratos de PPP. É, aliás, como veremos, na associação das PPP à transferência do risco de financiamento e responsabilidade pelo investimento que se baseia a ideia de que estas não relevam para o apuramento do défice excessivo. De todos estes elementos, destacaremos este último, pela relevância financeira que tem. Com efeito, é a forma como se opera a partilha de risco que deriva, de uma parte, a maior ou menor incidência das PPP ao nível orçamental e, de outra, a sua contabilização ou não para efeitos de apuramento de défice excessivo.

Ao contrário do que se possa pensar não há, nos contratos PPP, uma transferência do risco, a todo o custo, para os privados. A transferência integral de risco é típica por exemplo, de um contrato de concessão, mas não de um contrato de PPP[756].Os governos devem, pois, "aumentar os benefícios económicos e sociais destes projetos através de um adequado sistema de alocação de riscos, isto é, assumir riscos que podem controlar ou influenciar, devendo porém, evitar aceitar responsabilidades por riscos que extravasam o seu domínio de controlo"[757].

É certo que o risco está no centro do negócio de PPP e deve ser partilhado pelo parceiro público e pelo privado. Mas, como dispõe o artigo 7.º, alínea a), do Regime Jurídico das PPP, "os diferentes tipos de risco devem ser repartidos entre as partes de acordo com a sua capacidade de gerir esses mesmos riscos"[758]. É a compreensão da partilha dos riscos que nos leva a encarar o contrato de PPP como um fenómeno financeiro. Porquê? Porque é a partilha de risco que determina o custo a assumir

utilizados pelo ente público para o desempenho das suas atribuições" – MARIA EDUARDA AZEVEDO – *O Enquadramento Legal...* , p. 119.

[756] O Estado assume normalmente os riscos políticos do contrato (alterações legislativas), o risco de força maior e o risco de valor residual – NAZARÉ COSTA CABRAL – *As Parcerias Público-Privadas...*, pp. 86 e 87.

[757] ANTÓNIO GARCIA – "Project Finance..., p. 79.

[758] V. ANTÓNIO GARCIA – "Project Finance..., p. 78, com orientação acerca de como proceder a divisão de riscos.

pelo Estado, pela parceria. Com efeito, a remuneração devida à entidade privada deverá ser calculada sobre os riscos assumidos por esta.

A remuneração da parceria poderá implicar pagamentos por parte do Estado, mas não é necessário que assim seja. O parceiro privado é remunerado pelo risco ou pelos proveitos que extrai com o exercício da atividade em causa no contrato ou por uma compensação do Estado, a qual apenas é atribuída em caso de insuficiência destes proveitos para cobertura do risco. Para o cálculo de riscos e sua partilha (e, portanto, para uma estimativa rigorosa de custos da parceria), o Estado deve, pois, ter especial cuidado na elaboração do caderno de encargos, definindo adequadamente o serviço público pretendido, bem como a configuração genérica do projeto e o desempenho final desejado[759]. Como o previne o Tribunal de Contas, ao não adequar o caderno de encargos ao tipo de contratação que pretende, o Estado introduz, ele próprio, um desequilíbrio no quadro de referência de partilha de riscos[760].

Tendo em vista uma efetiva partilha de riscos, os artigos 5.º e 7.º do Regime Jurídico das PPP, fornecem algumas orientações neste domínio. Nos seus termos, o estabelecimento de uma parceria deve implicar, por um lado, uma significativa transferência de risco para o setor privado, evitando os contratos em que o Estado acaba por assumir por completo o risco e, por outro, tanto quanto possível, uma transferência para o parceiro privado do risco de insustentabilidade financeira da parceria em causa (com a natural exceção dos casos em que a mesma seja imputável ao parceiro público). Instrumentalmente e tendo em vista uma transferência de risco efetiva para o parceiro privado, o legislador prevê como pressuposto da celebração destes contratos a obtenção das autorizações e pareceres administrativos exigidos, dos quais dependa o desenvolvimento do projeto (artigo 6.º, n.º 1, alínea e)). A estas orientações quanto à partilha de risco, poderia juntar-se mais uma: "o risco deve ser suportado pela parte que o consiga suportar melhor a um custo mais

[759] Auditoria aos Encargos do Estado com as Parcerias Público Privadas – Concessões rodoviárias e ferroviárias (Auditoria n.º 4/2007, 2.ª secção do Tribunal de Contas), p. 7 (disponível em www.tcontas.pt).

[760] Auditoria ao Programa de Parcerias Público Privadas da Saúde, p. 14 (Relatório de Auditoria n.º 15/2009 da 2.ª secção do Tribunal de Contas) – (disponível em www.tcontas.pt).

baixo"[761]. "A lógica que deve prevalecer na feitura destes contratos é [pois] a do equilíbrio. Ambos devem assumir riscos, mas o Sector Público não poderá também prescindir de retirar benefícios da sua participação, enquanto 'interveniente de risco' no processo"[762].

2. PPP e o seu impacto orçamental

a) Subordinação à disciplina orçamental

Foi a Lei de Enquadramento Orçamental de 2001 que deu o primeiro passo relativamente à definição do regime das PPP. "[...] nesta lei foram estabelecidos critérios que subordinavam os investimentos em regime de financiamento privado ou de parceria à disciplina orçamental"[763].

O tratamento que a Lei de Enquadramento Orçamental oferece às PPP mostra que as mesmas devem partir de uma avaliação acerca da sua comportabilidade financeira[764].

Desde 2001, que as PPP aparecem intimamente ligadas, na Lei de Enquadramento Orçamental, com a programação financeira (mesmo quando a programação não era obrigatória para todas as despesas, as PPP deveriam sujeitar-se a ela (nos termos do artigo 18.º, n.º 3, alínea d), entretanto revogado pela revisão de 2011 da Lei de Enquadramento Orçamental). A programação financeira das PPP, prevista na Lei de Enquadramento Orçamental, é tida como garante da racionalização das escolhas/definição das prioridades e objetos a que os recursos orçamentais hão de ser submetidos. Este é "um requisito que sugere o acolhimento do princípio de que o envolvimento financeiro do setor público há de ser suportável e sustentável ao longo do tempo da parceria"[765]. A programação é um fator de promoção de transparência: esta permite a avaliação do desempenho dos programas previstos no Orçamento do Estado.

Mais uma vez, a programação apenas será eficaz se tomar como base o custo total da PPP e se assentar numa partilha de risco corretamente

[761] Nazaré Costa Cabral – *As Parcerias Público-Privadas...*, p. 85 v. pp. 86 e 87, contendo uma descrição dos riscos.

[762] António Garcia – "Project Finance..., p. 90.

[763] Auditoria ao Programa de Parcerias Público Privadas da Saúde, p. 21 (Relatório de Auditoria n.º 15/2009).

[764] Adotamos aqui a terminologia do Tribunal de Contas, preterindo a expressão comportabilidade orçamental (Auditoria aos Encargos do Estado com as Parcerias Público Privadas – Concessões rodoviárias e ferroviárias (Auditoria n.º 4/2007), p. 7.

[765] Maria Eduarda Azevedo – *O Enquadramento Legal...*, p. 145.

calculada. De contrário, tornar-se-á inoperante e será posta em causa pelos gastos a mais que daí advirão.

Ainda na perspetiva da sua incidência plurianual, a Lei de Enquadramento Orçamental de 2015, por força do artigo 13.º, n.º 3, alínea f), da Lei de Enquadramento Orçamental, sujeita os gastos a assumir com estes contratos ao princípio da equidade intergeracional.

No que toca à sua incidência anual, tanto nos termos do artigo 31.º, n.º 1, alínea l), da Lei de Enquadramento Orçamental de 2001, quanto nos termos do artigo 41.º, n.º 1, alínea f) da Lei de Enquadramento Orçamental de 2015, a contratação em regime de PPP está sujeita a um limite máximo, determinado pelo Orçamento do Estado. Este limite será fixado atendendo ao impacto financeiro das mesmas, de forma a não comprometer o esforço de estabilidade orçamental.

Mas isto não basta. Ainda que a contratação de PPP seja orçamentalmente comportável, ela tem de corresponder a um acréscimo de eficiência na afetação dos recursos e uma melhoria qualitativa e quantitativa dos serviços que lhes correspondem[766]. Nos termos do artigo 6.º, n.º 1, alínea a) do Regime Jurídico das PPP, a opção pela PPP só será assumida depois de se aferir das suas vantagens por meio do comparador do setor público (CSP), que avaliará a economia, eficiência e eficácia do projeto apresentado em relação à opção pela contratação em modelo tradicional[767]. Ou seja, através da sujeição ao CSP, as PPP subordinam-se a uma análise de *Value for Money* (*VfM*) que permite perceber qual é o valor económico gerado pela mesma (ou seja, o retorno que se obtém com a realização de determinada despesa pública – é a ideia de "fazer mais com o mesmo dinheiro"[768])[769]. O *VfM* é depois comparado – tomando os

[766] Auditoria de Resultados – Contribuição do Tribunal de Contas de Portugal (Seminário das ISC da CPLP), p. 11 (disponível em http://www.sislog.com/ta/IMG/pdf/Auditoria_de_Resultados-2.pdf 22.07.2011 12:48).

[767] V. também artigos 6.º, n.º 1 a). Na prática, a demonstração desta verificação compete à equipa do projecto. Quando submetido à consideração do MF e do Ministro do sector respectivo para aprovação, o relatório do projecto deve incluir a quantificação dos encargos brutos directos e indirectos para o sector público e o impacto potencial dos riscos.

[768] Sobre esta matéria v. NAZARÉ COSTA CABRAL – *As Parcerias Público-Privadas...*, pp. 78 e ss.

[769] O cálculo do *VfM* depende da estimativa da incidência orçamental líquida da PPP (artigo 19.º, n.º 2 da LEO). Mas o valor económico que é achado de acordo com o *VfM* não

critérios da economia, eficiência e eficácia como parâmetros comparativos –, com uma solução alternativa de financiamento, em moldes tradicionais, pelo Estado[770] (isto é, sem financiamentos ou exploração por entidades privadas)[771].

Para uma correta utilização do CSP, é necessário fazer:

- uma quantificação global da PPP em causa (ou seja, conhecer todos os encargos públicos com o projeto – por exemplo, custos de expropriações, construções de infraestruturas e acessos, custo de oportunidade pela utilização de certos terrenos)[772]; e
- uma avaliação de cada um dos riscos e da sua partilha.

Só com a totalidade destes dados é que se pode avaliar a mais-valia que poderá ou não resultar da realização da parceria[773]. No fundo, trata-se aqui, muitas vezes, de comparar as vantagens da PPP face ao recurso imediato à dívida pública. "No fundo, está em causa uma avaliação para apurar em que medida as novas formas de financiamento e exploração privadas são, ou não, mais vantajosas do que o recurso imediato à dívida e

tem de coincidir com ele. Com efeito, a avaliação da PPP deve contabilizar não só os riscos transferidos bem como as vantagens obtidas (ainda que a sua quantificação não seja sempre fácil de apurar).

770 V. sobre o processo tradicional de contratação pública em confronto com a solução PPP – Nazaré Costa Cabral – *As Parcerias Público-Privadas...*, pp. 23 e 26.

771 Estão logicamente dispensados do CSP os contratos de PPP "*quando o Estado não incorre na obrigação de efetuar quaisquer pagamentos [...], pelo facto do projeto se revelar autossustentável, do ponto de vista financeiro. [...] Um projeto destas características dispensa naturalmente a confrontação com o "comparador público", uma vez que não existe um custo de oportunidade de capital para o Estado. Um exemplo desta situação, pode ocorrer nas concessões rodoviárias em regime de "portagem real"*" – Encargos do Estado com as Parcerias Público Privadas – concessões rodoviárias e ferroviárias (Relatórios n.º 33/2005 (2.ª secção do Tribunal de Contas), pp. 40 e 41.

772 Relatório de Auditoria n.º 6/2008, 2.ª secção do Tribunal de Contas, p. 13 (disponível em www.tcontas.pt).

773 Relatório de Auditoria n.º 6/2008, 2.ª secção do Tribunal de Contas, p. 13: "*A ausência de quantificação do custo global do projeto e a não avaliação de cada um dos riscos e da sua partilha, impede que o Tribunal de Contas se possa pronunciar relativamente à mais valia que poderá resultar para o Estado da realização da parceria*". Nazaré Costa Cabral – *As Parcerias Público-Privadas...*, p. 83: "*No cálculo PSC (=CSP), devem ser considerados os seguintes aspetos [...]: os resultados devem ser expressos em termos de valor líquido atual; as estimativas são feitas com base nos* outputs *previstos com o processo PPP; as estimativas devem levar em conta todos os riscos que podem ser encontrados*".

gestão públicas"[774]. As PPP devem traduzir-se em ganhos e não em perdas para o erário público[775]. Ou seja, devem apenas ser realizadas PPP cujo CSP resulte numa vantagem clara na sua realização.

Depois desta análise, o Regime Jurídico das PPP permite ainda voltar atrás na decisão – v. artigo 13.º permitindo a recomendação da utilização de um modelo de contratação diferente, no caso de se considerar já no decurso dos trabalhos de preparação da PPP que outro modelo de contratação apresentaria vantagens para o sector público.

b) As exigências decorrentes da comportabilidade financeira

O Decreto-Lei n.º 111/2012, feito a pensar especificamente na regulação da intervenção do Estado na vida dos contratos de PPP, incorpora as preocupações da Lei de Enquadramento Orçamental. Na sequência do diploma sobre a mesma matéria de 2006, o de 2012 incorpora também, por um lado, o aumento das exigências de rigor, transparência e controlo financeiro e, por outro, as recomendações feitas pelo Tribunal de Contas nas auditorias.

Este diploma reforça a necessidade não só da programação financeira plurianual (artigos 6.º, n.º 1, al. c) e 8.º) mas também da previsão orçamental, quer dos encargos decorrentes dos contratos de PPP, quer dos encargos adicionais que elas possam comportar (por ex. reposição do equilíbrio financeiro, expropriações) (artigo 21.º). Porém, não se fica por aqui. Procura ir mais além, prevendo mecanismos de prevenção ou de controlo de alterações com impactos orçamentais.

O artigo 6.º, relativo aos pressupostos do lançamento e da contratação das PPP, promove a introdução de mecanismos preventivos de atrasos nos pagamentos (que deem origem a compensações) e de desequilíbrios quanto à repartição de riscos:

[774] Maria Eduarda Azevedo – *O Enquadramento Legal...*, p. 147.

[775] Apontamos aqui um exemplo para ilustrar os ganhos para o erário público: o financiamento das SCUT – mesmo apresentando custos elevados, uma vez que é o Estado que suporta os custos da sua utilização – foi considerado vantajoso (em relação a uma solução que passasse pelo endividamento do Estado) pelo Tribunal de Contas, atendendo a que "*a assunção de riscos, por parte do Setor Privado, quando acompanhada de uma maior eficiência, eficácia e know how, tem obviamente um custo que é significativamente superior ao custo da dívida pública*" – Encargos do Estado com as Parcerias Público Privadas – concessões rodoviárias e ferroviárias (Relatórios n.º 33/2005), p. 65.

- obrigando o Estado à obtenção prévia das autorizações e pareceres administrativos necessários ao desenvolvimento do projeto (eliminando assim o risco de ocorrem situações de incumprimento dos prazos contratuais, dando azo a processos de reequilíbrio financeiro, obrigando o Estado a gastar mais do que o inicialmente previsto);
- obrigando o Estado à prévia definição da entidade pública, que deve proceder ao pagamentos no âmbito da parceria, assim como à identificação dos respetivos fundos (assegurando, à partida, a viabilidade do projeto) ;
- obrigando à conceção de modelos de PPP evitando ou menorizando a probabilidade de modificações unilaterais determinadas pelo parceiro público ou quaisquer factos geradores de reequilíbrio financeiro (de forma a não haver alteração quanto aos dados considerados no CSP e na avaliação da comportabilidade orçamental, precedentes na contratação em modelo PPP);
- obrigando o Estado a evitar a assunção de termos e condições contratuais que sejam excessiva ou injustificadamente onerosos ou inadequados em face dos riscos em concreto assumidos nessa parceria.

Muitos, porém, são os preceitos do mesmo diploma demonstrativos da necessidade de os gastos previstos nos contratos PPP serem orçamentalmente comportáveis. Como se perceberá pela sua enumeração, a comportabilidade orçamental passa muito por uma vigilância assegurada pelo Ministro das Finanças (agindo em articulação técnica e política com o Ministro da tutela):

- os artigos 9.º a 14.º preveem a fase de preparação e estudo das parecerias, acompanhadas por uma Unidade Técnica de Acompanhamento de Projetos[776], atendendo a um adequado CSP;
- artigo 18.º, n.º 1, prevendo que a adjudicação da parceria é feita por despacho dos membros do Governo responsáveis pelas finanças e pelo sector em causa (afastando-se neste ponto do regime geral de

[776] Esta unidade é uma entidade administrativa dotada de autonomia administrativa. Esta trabalha na dependência do Ministro das Finanças.

autorização de despesa) e artigo 20.º prevendo despacho prévio dos mesmos ministros em caso de alteração da PPP, nos termos do n.º 2;

- o artigo 18.º, n.º 3, prevê a interrupção do processo de seleção ou a anulação dos procedimentos – sem indemnização – tendentes à contratação pelo facto de os resultados das negociações não corresponderem aos fins de interesse público, incluindo aqui casos de não comportabilidade orçamental;
- o acompanhamento das PPP, que se pretende efetivo, atende ao impacto financeiro dos seus contratos (artigos 19.º e 20);
- Nas situações de reposição do equilíbrio financeiro, está prevista (desde 2006, numa resposta, aliás, a uma das críticas do Tribunal de Contas) a aplicação de mecanismos de partilha de benefícios a favor do Estado (artigo 21.º).

c) Impactos orçamentais das PPP

Sabendo que as despesas decorrentes dos contratos PPP se encontram no perímetro orçamental, pergunta-se agora: que tipo de despesas podem estes contratos originar? Nos contratos de PPP, terão, em primeiro lugar, reflexo orçamental os pagamentos contratualizados[777]. Entre estes consideram-se, nomeadamente:

- pagamentos periódicos;
- pagamento, a título supletivo do Estado, do custo do contrato que não foi integralmente pago pelos utentes ou utilizadores; e
- pagamentos das PPP que contemplam a prestação de serviços não cobráveis aos cidadãos (exemplos: pagamento de serviços adquiridos devidos pela utilização de serviços infraestruturais, como é o caso do pagamento de portagens virtuais nas SCUT[778]; contratos de PPP em que o serviço que é prestado o é de forma plena ou tendencialmente gratuita, como sucede com a prestação de cuidados de saúde ou os serviços prisionais).

[777] V. exemplos de pagamentos contratualizados Encargos do Estado com as Parcerias Público Privadas – concessões rodoviárias e ferroviárias (Relatórios n.º 33/2005), p. 24.

[778] Encargos do Estado com as Parcerias Público Privadas – concessões rodoviárias e ferroviárias (Relatórios n.º 33/2005), p. 16.

Para além desses, há também que contar com:

- despesas com expropriações;
- atribuição subsídios, comparticipações ou incentivos[779];
- despesas com reposição do equilíbrio financeiro dos contratos;
- despesas adicionais (decorrentes de atrasos nas expropriações, nas aprovações ambientais, alterações legislativas).

d) Vantagens das PPP

A referência aos gastos das PPP não implica o não reconhecimento de vantagens das PPP. Já fizemos referência a algumas delas, concentrar-nos-emos de momento apenas nas que têm a ver com o não agravamento do défice e da dívida pública.

As PPP contribuem para a manutenção do défice nos limites impostos pela UE, porque permitem uma desorçamentação temporária de despesas, baseada no hiato temporal existente entre a conceção e construção e o tempo de pagamento de serviço[780]. Uma nota para dizer que esta será uma vantagem efetiva se se conseguir aliar, desde a sua constituição, a uma estratégia eficaz e rigorosa de programação orçamental. Caso contrário, esta vantagem rapidamente se perderá com o facto de apanhar desprevenido o Executivo que tiver de fazer face aos compromissos assumidos, sem ter contado com eles.

As PPP permitem também a manutenção dos limites da dívida pública, na medida em que o seu recurso não é encarado como endividamento.

Também em termos de contabilidade nacional, o recurso às PPP é uma solução que pode contribuir para o não agravamento do défice orçamental.

Nos termos do que dispõe o Manual de défice e dívida do Eurostat, as PPP não serão consideradas no perímetro das Administrações Públicas se o parceiro privado suportar o risco de construção e pelo menos mais um dos seguintes riscos: o risco de disponibilidade (*availability risk*) ou o risco de procura (*demand risk*). Neste caso, os pagamentos inerentes

[779] Encargos do Estado com as Parcerias Público Privadas – concessões rodoviárias e ferroviárias (Relatórios n.º 33/2005), p. 16.

[780] Encargos do Estado com as Parcerias Público Privadas – concessões rodoviárias e ferroviárias (Relatórios n.º 33/2005, p. 37.

feitos pelo Estado serão reconhecidos à medida que forem sendo pagos "sem existir o correspondente reconhecimento das responsabilidades futuras por parte do Governo"[781]. "O cumprimento desta matriz de risco conduzirá a que o contrato de parceria público privada seja objeto de um tratamento contabilístico similar ao do *leasing* operacional, conforme previsto no sistema europeu de contas. Os pagamentos regulares realizados pelo Estado, neste caso, serão classificados como uma "aquisição de serviços""[782]. Por isso se o risco de construção é suportado pelo Governo, ou se o parceiro privado suporta apenas o risco de construção e mais nenhum risco, os ativos são inscritos na folha de balanço do Governo. Nesse caso, "então os ativos devem ser incluídos no setor Administrações Públicas e deve ser registada uma despesa de capital fixo [com tratamento contabilístico idêntico ao do leasing financeiro], nas contas não financeiras, pelo montante global do investimento (impacto no défice orçamental) e, simultaneamente, o respetivo passivo, como um empréstimo, com impacto na dívida pública"[783].

Segue-se o princípio de que o risco (e os seus custos) são inscritos no balanço de quem os assume. "A questão chave reside na classificação dos ativos envolvidos na parceria, isto é, ou se trata de ativos do Estado (influenciando assim a dívida e o défice) ou, pelo contrário, se trata de ativos do parceiro privado, cujo investimento não tem quaisquer repercussões ao nível da divida pública"[784].

3. Problemas das PPP

Apesar de todo o enquadramento ser favorável à celebração de contratos de PPP financeiramente sustentáveis, a verdade é que a sua utilização tem trazido problemas. O que falhou então com as PPP?

Duas coisas. Por um lado, o facto de muitas delas terem sido feitas antes de existir qualquer regime jurídico específico, o qual apenas chegou com duas décadas de atraso. E por outro, o facto de mesmo as lançadas

[781] Maria Antónia Jorge de Jesus – *A Contabilidade Pública*..., p. 195.

[782] Encargos do Estado com as Parcerias Público Privadas – concessões rodoviárias e ferroviárias (Relatórios n.º 33/2005), p. 41.

[783] Maria Antónia Jorge de Jesus – *A Contabilidade Pública*...., p. 195.

[784] Encargos do Estado com as Parcerias Público Privadas – concessões rodoviárias e ferroviárias (Relatórios n.º 33/2005), p. 41.

após a definição desse regime, terem subvertido a própria lógica da lei. Desde a Lei de Enquadramento Orçamental de 2001, o problema das PPP é o de terem sido usadas como um expediente sistemático que permitiu fazer investimento imediato e mostrar obra feita, sem avanço imediato de meios e sem consequente aumento do défice e da dívida pública. Mais com a ideia de tornear constrangimentos orçamentais do que pelo *trade-off* entre benefícios e malefícios do modelo de parceria com privados. Em vez de uma mais-valia em relação à contratação pública tradicional, foi uma mais-valia para passar ou ludibriar os controlos legais.

É nesta perspetiva que lemos as críticas que têm sido feitas pelo Tribunal de Contas, no exercício do seu poder de controlo em relação a estes contratos. Todavia, não podemos deixar de reconhecer que o Tribunal lhes reconhece as virtualidades.

Sistematizaremos sucintamente os problemas apontados pelo TC neste domínio:

- Os contratos PPP não são sujeitos a um adequado CSP:

  - nalguns casos não há adequada quantificação do custo global nem avaliação de cada um dos riscos e sua partilha, de forma a extrair corretamente o *VfM* do projeto, falseando assim o resultado do CSP (Audit n.º 6/2008);
  - sendo que noutros nem sequer há consideração deste fator (por exemplo, os Acórdãos n.º 160/2009, 164/2009 e 169/2009 do Tribunal de Contas (1.ª secção) chamam a atenção para a atenção para a violação do artigo 6.º, n.º 1, alínea c), do Decreto-Lei n.º 83/2003, por ausência de estudo demonstrando que a PPP é mais adequada do que as soluções alternativas).

- O Tribunal de Contas tem detetado situações em que os riscos não são adequadamente previstos, obrigando por vezes à revisão dos mecanismos de cobertura direta dos riscos e mesmo do restabelecimento do equilíbrio contratual global, com prejuízo para o Estado: "[...] existem PPP que tiveram de ser globalmente renegociadas, bem como outras que embora se tenham genericamente mantido de acordo com a configuração inicial, acabaram por ser objeto de processos de REF [reposição de equilíbrio financeiro]"[785]. Ilustrativamente, o Tribunal de Contas tem reconhecido a existência de contratos de PPP em que o Estado, ao não adequar o caderno de encargos à contratação que pretende, acabou por desequilibrar o quadro de referência da partilha de risco[786];

- Têm sido detetadas situações desorçamentação no que toca às despesas implicadas por estes contratos, por exemplo, com a não orçamentação de custos adicionais[787];
- Muitos contratos PPP, têm sido alterados – com prejuízo para o Estado – fruto das insistências das autarquias ou das populações, sem sujeição prévia dessas mesmas alterações a uma análise custo-benefício, dando origem a custos de reposição de equilíbrio financeiro[788].

[785] Auditoria aos Encargos do Estado com as Parcerias Público Privadas – Concessões rodoviárias e ferroviárias (Auditoria n.º 4/2007), p. 16.

[786] Auditoria ao Programa de Parcerias Público Privadas da Saúde, p. 21 (Relatório de Auditoria n.º 15/2009), p. 14.

[787] Com referência ao Relatório do Orçamento do Estado de 2007, apenas apresentando encargos previstos e já assumidos – Auditoria ao Programa de Parcerias Público Privadas da Saúde, p. 21 (Relatório de Auditoria n.º 15/2009, p. 15.

[788] Encargos do Estado com as Parcerias Público Privadas – concessões rodoviárias e ferroviárias (Relatórios n.º 33/2005), pp. 27, 30 e 36.

BIBLIOGRAFIA CONSULTADA

ABRAMOVICH, Victor e COURTIS, Christian – *Los Derechos sociales como derechos exigibles.* Madrid: editorial Trotta, 2002.

ADAM, François, FERNAND, Olivier e RIOUX, Rémy – *Finances Publiques.* Paris: Dalloz, 2010.

ADLER, Mathew D. – "Análise custo-benefício: novas considerações". *In* Cadernos de Ciência de Legislação, n.ºs 42/43, Janeiro/Junho 2006, Instituto Nacional de Administração.

ALESSANDRO D' ALFONSO – "The UK 'rebate' on the EU budget: An explanation of the abatement and other correction mechanisms"

ALEXY, Robert – *Theorie der Grundrechte.* Frankfurt: Suhrkamp, 1986.

ALEXY, Robert – *Teoria de los derechos fundamentales.* Madrid: Centro de Estudios Constitucionales, 1997.

ALEXY, Robert – *Derechos Sociales y ponderación.* Madrid: Fundación Colóquio Jurídico Europeo, 2009.

ALMEIDA, J.J. Marques de e MARQUES, Maria da Conceição Costa – *A Contabilidade Pública e o Setor da Educação em Portugal. In* Education Policy Analysis Archives, vol. 11, n.º 42, 2003 (http://epaa.Asu.edu/epaa/v11n42. 24.01.2008 16:29).

ALTE, Sofia Tomé d' – *A nova configuração do Setor Empresarial do Estado e a Empresarialização dos Serviços Públicos.* Coimbra: Almedina, 2007.

AMARAL, Diogo Freitas do – *Curso de Direito Administrativo,* vol I, Coimbra: Almedina, 1994.

AMARAL, Diogo Freitas do – *Curso de Direito Administrativo* (vol. II). Coimbra: Almedina, 2011.

SILVA, João e CUNHA, Jorge Correia da – *Regras Orçamentais na UE: Algumas linhas de orientação para a sua reforma, in* Boletim Económico Banco de Portugal, dezembro 2004, p. 32 (disponível em http://docentes.fe.unl.pt/~jamador/Textos/BE_PEC.pdf).

ANDRADE, J. C. Vieira de – *Anotação ao Acórdão do Tribunal Constitucional n.º 509/02 (rendimento social de inserção). In* Jurisprudência Constitucional, n.º 1, Janeiro-Março, 2004.

ARAÚJO, Fernando – *Introdução à Economia*. Coimbra: Almedina, 2006.

ARROW, Kenneth J. – *The Economic Implications of Learning by doing*. In *The Review of Economic Studies*, vol 29, n.º 3 (Jun. 1962).

ATRIA, Fernando – "Réplica: derecho y politica a propósito de los derechos sociales". *In* Discussiones: Derechos Sociales n.º 4, 2004 (disponível em http://bibliotecadigital.uns.edu.ar/scielo.php?script=sci_arttext&pid=S1515-73262004000100007 último acesso em 22.11.2013).

AZEVEDO, Maria Eduarda – *O Enquadramento Legal das Parcerias Público-Privadas em Portugal – Aspetos Jurídico-Financeiros*. *In* Ciência e Técnica Fiscal, n.º 423, Janeiro--Junho 2009.

AZEVEDO, Maria Eduarda – *As Parcerias Público-Privadas: Instrumento de uma Nova Governação*. Coimbra: Almedina, 2009.

AZEVEDO, Maria Eduarda – *Manual de Finanças Públicas e Direito Financeiro*. Lisboa: Quid Juris, 2018.

BALEEIRO, Renan e BALEEIRO NETO, Jayme – "O princípio de eficiência e os tribunais de contas". *In* Os Tribunais de Contas e as Reformas Constitucionais. Salvador: Tribunal de Contas do Estado da Bahia, 1999, pp. 61-69.

BALEIRAS, Rui Nuno e COSTA, José da Silva – *Finanças e Fiscalidade regional e local*. *In* Compêndio de Economia Regional, Coimbra, 2002

BALEIRAS, Rui Nuno – *Governação subnacional: legitimidade económica e descentralização da despesa pública*. Faculdade de Economia da Universidade Nova de Lisboa, 2001.

BARBOSA, António Pinto – *Economia Pública*. Lisboa: McGraw Hill, 1997.

BARILARI, André e BOUVIER, Michel – *La LOLF et la nouvelle gouvernance financière de l'État*. Paris: L.G.D.J, 2010.

BECKERS, J. – *A auditoria de resultados do Tribunal de Contas belga no contexto da Administração Pública*. *In* Revista do Tribunal de Contas, n.º 35, Jan./Jun. 2001.

BECKERMAN, Wilfred – "The impossibility of a theory of intergenerational justice", *in* JEORG CHET TREMMEL (ed.) – *Handbook of Intergenerational Justice*. Cheltenham/Northampton: Edward Elgar Publishing, 2006, p. 64.

BENTO, Vítor – *A desorçamentação das despesas públicas*. *In* Revista do Tribunal de Contas, n.º 34, Jul/Dez. 2000, pp. 23-35.

BITTENCOURT, Fernando Moutinho Ramalho – *A missão das ISC e a auditoria operacional*. *In* Revista do Tribunal de Contas, n.º 34 Jul./Dez. 2000.

BOADWAY, Robin W. – *Public Setor Economics*. Cambridge: Winthrop Publishers.

BOADWAY, Robin W. and BRUCE, Neil – *Welfare Economics*. Oxford: Blackwell, 1984.

BOURRINET, Jacques e VIGNERON, Philippe – *Les paradoxes de la zone euro*. Bruxelles: Bruyant, 2010.

BOUVIER, Michel, ESCLASSAN, Marie-Christine e LASSALE, Jean-Pierre – *Finances Publiques*, Paris: LGDJ, 2010.

BUCHANAN, James – "Clarifying Confusion about the balanced budget amendment". *In* National Tax Journal, 48, n.º 3 (September 1995), pp. 347-355.

Buchanan, James e Musgrave, Richard A. – *Public Finance and Public Choice: Two Contrasting Visions of the State*. Cambrigde e Londres: The MIT Press, 1999 (Kindle edition).

Bujanda, Fernando Sainz de – Sistema de Derecho Financiero, I, Madrid: Facultad de Derecho de la Universidad Complutense, 1977.

Cabanes, Arnaud – *Essai sur la Gouvernance Publique*. Paris : Gualino Éditeur, 2004.

Cabral, Nazaré Costa – *O Orçamento da Segurança Social*. Cadernos IDEFF, n.º 3. Coimbra: Almedina, 2005.

Cabral, Nazaré Costa – *As Parcerias Público-Privadas*. Cadernos IDEFF, n.º 9. Coimbra: Almedina, 2009.

Cabral, Nazaré da Costa – "O financiamento das autarquias locais portuguesas através de recurso ao crédito e o controlo de endividamento na legislação autárquica recente" *in* Revista de finanças públicas e direito fiscal, A. 7, nº 4 (Inverno 2014)

Cabral, Nazaré da Costa e Rodrigues, Nuno Cunha – Finanças dos subsectores – segurança social, setor regional e setor local. Coimbra: Almedina, 2017.

Caiado, António C. Pires – *A contabilidade pública em Portugal e as normas da IFAC*. In www.min-financas.pt 12.02.2008 17:24.

Caldas, Marta – "O Orçamento do Estado e a tutela politica dos direitos sociais: breve reflexão de âmbito europeu e internacional" *in* Revista de Finanças Públicas e Direito Fiscal, A.8, n.º 3, Out. 2015.

Caldas, Marta – "As finanças solidárias, um humanismo económico" *in* Revista de Finanças Públicas e Direito Fiscal, A. 9, n.º 1 (2016).

Canotilho, J.J. Gomes – *A lei do Orçamento na Teoria da Lei*. *In* Boletim da Faculdade de Direito, número especial – Estudos em Homenagem ao Prof. Doutor J. J. Teixeira Ribeiro, II, 1979.

Canotilho, J. J. Gomes e Moreira, Vital – *Constituição da República Portuguesa Anotada*. Coimbra: Coimbra Editora, 1993.

Canotilho, J.J. Gomes – *Direito Constitucional e Teoria da Constituição*. Coimbra: Almedina, 2003 (7.ª edição).

Canotilho, J.J Gomes e Moreira, Vital – *Constituição da República Portuguesa anotada*. Coimbra: Coimbra Editora, 2007.

Carreira, Henrique Medina – *Portugal, a União Europeia e o Euro: Ensaio sobre a Tributação e a despesa pública*. Lisboa: Fisco, 2001.

Cipriani, Gabriele – *The EU Budget: Responsibility without accountability*. Brussels: Centre for European Policy Studies, 2010.

Chulvi, Cristina Pauner – *El deber constitucional de contribuir al sostenimiento de los gastos*. Madrid: Centro de Estudios Políticos y Constitucionales, 2001.

Comissão Europeia – *European Union. Public Finance*. Luxemburgo, 2008 (disponível em http://ec.europa.eu/budget/library/biblio/publications/public_fin/EU_pub_fin_en.pdf em 07.12.2011 15:41).

Comissão para a Orçamentação por Programas – *Relatório Intercalar da Comissão para a Orçamentação por Programas Nomeada pelo Despacho n.º 3858-A/2007 de Sua Ex.ª, o Ministro das Finanças e da Administração Pública*, maio 2007.

CORREIA, Fernando Augusto Monteiro – "Medidas de desempenho de gestão pública – economia, eficácia e eficiência. *In* Revista de Economia, Finanças e Contabilidade, ano 34, n.º 444, Out 2002, pp. 275-283 (1.ª parte).

CORREIA, Fernando Augusto Monteiro – "Medidas de desempenho de gestão pública – economia, eficácia e eficiência. *In* Revista de Economia, Finanças e Contabilidade, ano 34, n.º 445, Nov. 2002, pp. 301-309 (2.ª parte).

COUTINHO, Luís Pereira – "Os direitos sociais e a Crise: Breve Reflexão". *In* Direito e Política, Out/Dez 2012, pp. 74 e ss.

CRESPO, Millagros García – *Public expenditure control in Europe : coordinating audit functions in the European Union*. Cheltenham : Edward Elgar, 2005.

CUNHA, Ernesto – "As limitações e as condições à certificação da Conta geral do Estado" *in* Revista de Finanças Públicas e Direito Fiscal, A. 8, n.º 4 (Inverno 2015).

CUNHA, Jorge Correia da e BRAZ, Cláudia – *A evolução da despesa pública: Portugal no contexto da área euro* (disponível em https://www.bportugal.pt/pt-PT/BdP%20Publicaes%20de%20Investigao/ab201213_p.pdf).

CUNHA, Paulo de Pitta e – "Equilíbrio Orçamental e Política Financeira Anti-Cíclica". *In* Cadernos de Ciência e Técnica Fiscal, n.ºs 40-41, 1962.

DEFARGES, Philippe Moreau – *La Gouvernance*. Paris: PUF, 2003.

DGTF – http://www.dgtf.pt/setor-empresarial-do-estado-see/esforco-financeiro-publico/entidade/esforco-financeiro-publico 02.06.2011 13:13.

DOUAT, Étienne e BADIN, Xavier – *Finances Publiques*. Paris: PUF, 1999.

DUARTE, Tiago – *A Lei por detrás do Orçamento*. Coimbra: Almedina, 2007.

DUPRAT, Jean-Pierre – *Les nouveaux enjeux du contrôle exercé par la Cour de Comptes*. In *Revue Française de Finances Publiques*, n.º 77, Mars 2002.

DUVERGER, Maurice – *Finances Publiques*. Paris: PUF, 1975.

EMERSON, Michael (ed.) – *Democratisation in the European Neighbourhood*. Bruxelas: Centre for European Policy Studies, 2005.

EMERSON, Michael, KAUSCH, Kristina E YOUNG, Richard (ed.) – *Islamist Radicalisation: The Challenge for Euro-Mediterranean Relations*. Bruxelas: Centre for European Policy Studies e Madrid: FRIDE, 2009.

EMERSON, Michael (com Arianna Checchi, Noriko Fujiwara, Ludmila Gajdosova, George Gavrilis e Elena Gnedina) – *Synergies vs. Spheres of influence in the pan-european Space*. Bruxelas: Centre for European Policy Studies, 2009.

EMERSON, Michael E YOUNG, Richard (ed.) – *Democracy's Plight in the European Neighbourhood*. Bruxelas: Centre for European Policy Studies, 2009.

ERJAVEC, Emi; CHANTREUIL, Frédéric ; HANRAHAN, Kevin; DONNELLAN, Trevor; SALPUTRA, Guna; KOŽAR , Maja; VAN LEEUWEN, Myrna – *Policy assessment of an EU wide flat area CAP payments system*. In Economic Modelling, Volume 28, Issue 4, July 2011, pp. 1550-1558.

EUROPEAN COMISSION – European Union Public Finance. Luxemburgo: Publications Office of the European Union, 2014.

EUROSTAT – *Manual on Government Deficit and Debt – Implementation of ESA95*. Eurostat, ed. 2012.

FABRE, Cécile – *Social Rights under the Constitution*. Oxford: Clarendon Press, 2000.

FARBER, Daniel A. e FRICKEY, Philip P. – *Law and Public Choice*. Chicago and London: The University of Chicago Press, 1991.

FELD, Lars P. e KIRCHGÄSSNER, Gebhard – "The role of direct democracy in the European Union". Cesifo Working Paper n.º 1083, 2003 (disponível em http://papers.ssrn.com/sol3/papers.cfm?abstract_id=466584 último acesso em 20.02.2013).

FERNANDES, Abel L. Costa – *A Economia das Finanças Públicas*. Coimbra: Almedina, 2010, p. 460.

FERREIRA, Eduardo Manuel Hintze da Paz – *Da Dívida Pública e das Garantias dos Credores do Estado*. Coimbra: Almedina, 1995.

FERREIRA, Eduardo Paz – *Problemas de Descentralização Financeira*. *In* Revista da Faculdade de Direito da Universidade de Lisboa, vol. XXXVIII, n.º 1, Coimbra Editora, 1997.

FERREIRA, Eduardo Paz – *Os Tribunais e o controlo dos dinheiros públicos*. In Estudos em Homenagem a Cunha Rodrigues. Coimbra: Coimbra Editora, 2001.

FERREIRA, Eduardo Paz – *Ensinar Finanças Públicas numa Faculdade de Direito*. Coimbra: Almedina, 2005.

FERREIRA, Eduardo Paz, LOBO, Carlos e PALMA, Clotilde Celorico (org.) – *PEC: Programa de Estabilidade ou Crescimento?* Coimbra: Almedina, 2011.

FIGUEIREDO, João – "Eficiência e legalidade na Administração Pública". *In* Revista do Tribunal de Contas, n.º 51, Janeiro/junho 2009, pp. 48-67.

FRANCO, A. L. Sousa e MARTINS, Guilherme d'Oliveira – *A Constituição económica portuguesa – Ensaio Interpretativo*. Coimbra: Coimbra Editora, 1993.

FRANCO, António L. de Sousa – *Finanças Públicas e Direito Financeiro*, vol. I e II. Coimbra: Almedina, 2001.

FRANCO, António L. Sousa – *Sumários de Direito da Economia/Direito Económico* (ano letivo 2002/2003, da Faculdade de Direito da Universidade Católica Portuguesa), inédito.

FRANCO, A. L. SOUSA – *Finanças do Setor Público: Introdução aos Subsetores Institucionais*. Lisboa, 2003.

FRANCO, António de Sousa e TAVARES, José F. F. – *Orçamento – conceito, natureza e regime dos Orçamentos públicos portugueses*. Lisboa: 2006.

GAMEIRO, António Ribeiro, COSTA, Belmiro Moita da, e COSTA, Nuno Moita da – Finanças Públicas. Coimbra: Almedina, 2018.

GARCIA, António – "Project Finance/ Parcerias Público-Privadas", in Subsídios para modernizar a Auditoria Pública em Portugal. Lisboa: UAL, 2002, pp. 55-107.

GAUDEMET, Paul Marie e MOLINIER, Joël – *Finances Publiques* (tome 1). Paris: Éditions Monchrestien, 1996.

GILLES, William – *Les príncipes budgétaires et comptables publics*. Paris: L.G.D.J., 2009.

GOUVEIA, Jorge Bacelar – "A inconstitucionalidade da lei das propinas – anotação ao Acórdão nº 148/94 do Tribunal Constitucional". *In* Revista da Faculdade de Direito da Universidade de Lisboa, XXXVI, Lisboa, 1995, nº 1, pp. 257 e ss.

GOUVEIA, Paulo Pereira – *Os poderes do Estado e a autonomia regional*. In Direito Regional e Local, n.º 13, Jan/Mar 2011.

GROS, Daniel – How to Achieve a Better Budget for the European Union, 2008 (disponível em http://ec.europa.eu/dgs/policy_advisers/conference_docs/gros_bepa_conference_final.pdf).

GRUPO DE TRABALHO PARA OS INSTITUTOS PÚBLICOS – *Relatório e Proposta de Lei-Quadro sobre Institutos Públicos* (coord: Vital Moreira). Lisboa: M.R.E.A.P., 2001.

IGCP – *Certificados de aforro: alterações recentes e impacto nos juros da dívida pública. In* Gestão da Tesouraria e da Dívida Pública / Relatório de 2008 – http://www.igcp.pt/fotos/editor2/2009/Relatorio_Anual/caixa_certificados_aforro.pdf 01.07.2011 15:57)

JESUS, Maria Antónia Jorge de – *A Contabilidade Pública e a Contabilidade Nacional: principais divergências e implicações no défice público em Portugal.* ISCTE Business School, setembro de 2008, p. 15 (in http://luisflorencio.com/Textos/ContabPub_Nac.pdf 20.07.2011 11:17).

JOÃO XXIII – *Pacem in Terris* (1963) (disponível em www.vatican.va).

JUDT, Tony – *Pensar o século XX.* Lisboa: Edições 70, 2012.

KOSEMPEL, Stephen – *A theory of development and long run growth.* In *Journal of Developmente Economics*, n.º 75 (2004) 201-220.

KUMM, Mattias – "The Best of Times and the Worst of Times: Between constitutional Thriumphalism and Nostalgia" *in* PETRA DOBNER E MARTIN LOUGHLIN, *The Twilight of Constitutionalism?* Oxford, Oxford University Press, 2012

LAGO, Miguel Ángel Martínez e MORA, Leonardo García de la – *Lecciones de Derecho Financiero y Tributario.* Madrid: Justel, 2011."

LOUGHLIN, MARTIN – "What is Constitutionalisation?" *in* PETRA DOBNER E MARTIN LOUGHLIN, *The Twilight of Constitutionalism?* Oxford, Oxford University Press, 2012

LOUREIRO, João Carlos Simões Gonçalves – *O procedimento administrativo entre a eficiência e a garantia dos particulares.* Studia Juridica n.º 3 – Boletim da Faculdade de Direito da Universidade de Coimbra. Coimbra: Coimbra Editora, 1995.

MACIEIRINHA, Tiago – "Avaliar a avaliação custo-benefício: um olhar sobre a concepção francesa do princípio da proporcionalidade". *In* Estudos de Homenagem ao Prof. Doutor Jorge Miranda, vol. IV. Coimbra: Coimbra Editora, 2012, pp. 833-863.

MALAXECHEVARRIA, Angel Gonzalez – *Da auditoria integrada à auditoria global no setor público: análise dos objetivos e conteúdo da informação nacional produzida pelo Estado moderno.* In Revista do Tribunal de Contas, n.º 29, Jan./Jun. 1998.

MARQUES, Maria da Conceição da Costa – *Tendências recentes de abordagem à contabilidade pública em Portugal.* In Revista da Contabilidade e Finanças – USP, São Paulo, n.º 31, p. 105 (www.eac.fea.usp.br 24.01.2008 16:30).

MARQUES, Maria da Conceição Costa – *A importância da gestão financeira na Administração Pública* (abril 2004). In www.acede.org.pdf 12.02.2008 17:30.

MARTÍNEZ LAGO, Miguel Ángel e GARCÍA DE LA MORA, Leonardo – *Leciones de Derecho Financiero y Tributario.* Madrid: Justel, 2011.

MARTINEZ, Pedro Soares – *Esboço de uma teoria das despesas públicas.* In Cadermos de Ciência e Técnica Fiscal, Lisboa, 1967.

MARTIN, Raul Ybarra San – *El Princípio del Equílibrio Presupuestal.* Uruguai: Montevideo, 1964.

MARTINS, Afonso d'Oliveira – "A Constituição e a Crise", *Estudos em Homenagem ao Prof. Doutor Jorge Miranda*, vol. I. Coimbra: Almedina, 2012, pp. 90 e 91.

MARTINS, Guilherme d'Oliveira – *A reforma do Tribunal de Contas em 2006*. Lisboa, 2006.

MARTINS, Guilherme d'Oliveira – "A dívida pública: breves reflexões sobrea a dívida pública em Portugal" *in* Revista de finanças públicas e direito fiscal, A. 7, nº 2 (Verão 2014).

MARTINS, Guilherme d'Oliveira, MARTINS, Guilherme W. d'Oliveira e MARTINS, Maria d'Oliveira – *A Lei de Enquadramento Orçamental*. Coimbra: Almedina, 2010.

MARTINS, Guilherme W. d'Oliveira e MARTINS, Maria d'Oliveira – *A reforma da Lei de Enquadramento Orçamental e as novas regras financeiras*. *In* Revista de Finanças Públicas e Direito Fiscal, Ano IV, primavera, 2011.

MARTINS, Guilherme d'Oliveira – *Sumários de Finanças Públicas 2010/2011* (disponível em www.lis.ulusiada.pt)

MARTINS, Maria d'Oliveira – *A despesa pública justa – Uma análise jurídico constitucional do tema da Justiça na despesa pública*. Coimbra: Almedina, 2016.

MARTINS, Maria d'Oliveira – *O valor reforçado da Lei de Enquadramento Orçamental*. *In* Estudos em Homenagem ao Prof. Doutor António de Sousa Franco, vol. III, Coimbra: Coimbra Editora, 2006.

MARTINS, Maria d'Oliveira – *Contributo para a compreensão das garantias institucionais*. Coimbra: Almedina, 2007.

MARTINS, Maria d'Oliveira – *Lições de Finanças Públicas e Direito Financeiro*. Coimbra: Almedina, 2013.

MARTINS, Maria d'Oliveira – "Ensaio sobre a solidariedade intergeracional e sua incidência na despesa pública", *in* JORGE PEREIRA DA SILVA E GONÇALO ALMEIDA RIBEIRO (coord.) – *Justiça entre gerações*. Lisboa: UCE, 2017, pp. 261- 289.

MATOS, André Salgado de – *O direito ao ensino na Constituição. Contributo para uma dogmática unitária dos Direitos fundamentais*. Lisboa (inédito), 1998.

MEDEIROS, Rui – *A Constituição portuguesa num contexto global*, Lisboa, UCE, 2015, p. 383, falando do pacto orçamental como um instrumento para-constitucional, criando uma "nova fronteira no direito constitucional europeu".

MENDES, Fernando Ribeiro – *Segurança Social – O Futuro Hipotecado*. Lisboa: FFMS, 2011.

MESQUITA, Maria José Rangel de – *A Atuação externa da União Europeia depois do Tratado de Lisboa*. Coimbra: Almedina, 2011.

MINISTÉRIO DAS FINANÇAS – http://www.min-financas.pt/inf_economica/110405NOTAMFAP-ConsolidacaoOrcamental2010e2011.pdf 01.06.2011 15:42).

MIRANDA, Jorge – "Sobre as Propinas Universitárias". *In* Revista da Faculdade de Direito da Universidade de Lisboa, vol. XXXIV, 1993, pp. 484 e ss.

MIRANDA, Jorge – *Manual de Direito Constitucional* (tomo V). Coimbra: Coimbra Editora, 2004.

MIRANDA, Jorge – *Manual de Direito Constitucional*, tomo IV, Coimbra: Coimbra. Editora, edições de 2000, de 2008 e de 2012.

MIRANDA, Jorge e MEDEIROS, Rui – *Constituição Portuguesa Anotada* (tomo I, II e III). Coimbra: Coimbra Editora.

MODESTO, Paulo – "Notas para um debate sobre o princípio da eficiência. *In* Revista do Tribunal de Contas do Estado de Minas Gerais. Ano XIX, n.º 2, 2001, pp. 193-212.

MONTEIRO, José Augusto – *Manual de Classificação Orçamental das Despesas Públicas.* PCM, 1999.

MORAIS, Carlos Blanco de – *As leis reforçadas.* Coimbra: Coimbra Editora, 1998.

MORENO, Carlos – *O Controlo Externo dos Dinheiros Públicos em Portugal.* In *Coletânea de Estudos de Homenagem a Francisco Lucas Pires.* Lisboa: UAL, 1999, p. 40.

MUSGRAVE, Richard A. – *The Theory of Public Finance.* New York: Mcgraw-Hill Book Company, 1959.

MUSGRAVE, Richard and MUSGRAVE, Peggy – *Public Finance in Theory and Practice.* New York: McGraw-Hill Book and Company, 1989.

NABAIS, Casalta – *A autonomia financeira das Autarquias Locais.* Coimbra: Almedina, 2007, p. 19.

NABAIS, Casalta – "A face oculta dos direitos fundamentais; os deveres e os custos dos direitos fundamentais: os deveres e os custos dos direitos". *In* Por uma liberdade com responsabilidade. Coimbra: Coimbra Editora, 2007.

NABAIS, Casalta – *Reflexões sobre quem paga a conta do Estado Social.* In Ciência e Técnica Fiscal, Janeiro – Junho, 2008, n.º 421, pp. 7-46.

NABAIS, Casalta – *Direito Fiscal.* Coimbra: Almedina, 2010.

NOGUEIRA, Sónia Paula da Silva e RIBEIRO, Nuno Adriano Batista – *A contabilidade pública e a contabilidade privada: enquadramento do normativo português no contexto internacional.* In www.accid.org.pt 12.02.2008 17:29.

NOGUEIRA, Sónia Paula da Silva e RIBEIRO, Nuno Adriano Batista – *Divergências entre Contabilidade Pública e Contabilidade Nacional: Análise às Contas da Administração Pública Portuguesa.* In http://dialnet.unirioja.es/servlet/fichero_articulo?codigo=2233239&orden=75136 19.07.2011 17:28.

NOVAIS, Jorge Reis – *Restrições aos direitos fundamentais não expressamente autorizadas pela Constituição.* Coimbra: Coimbra Editora, 2003.

NOVAIS, Jorge Reis – *Os princípios estruturantes da República Portuguesa.* Coimbra: Coimbra Editora, 2004.

NOVAIS, Jorge Reis – *Direitos Fundamentais – Trunfos contra a maioria.* Coimbra: Coimbra Editora, 2006.

NOVAIS, Jorge Reis – *Direitos Sociais.* Coimbra: Coimbra Editora, 2010.

NUNES, A. Colaço – "Interesse público, proporcionalidade e mérito: relevância e autonomia processual da proporcionalidade". *In* Estudos em Homenagem à Professora Doutora Isabel de Magalhães Collaço, vol. II. Coimbra: Almedina, 2002.

NUNES, A. J. Avelãs – *O keynesianismo e a contra-revolução monetarista.* Coimbra: Coimbra Editora, 1991.

OCDE – *Relatório da OCDE sobre a Avaliação do Processo orçamental em Portugal, 2008* (disponível em http://www.dgo.pt/oe/OCDE2008/OCDE2008_AvaliacaoProcessoOrcamentalEmPortgual.pdf 06.04.2011 13:57).

OCDE – *Government at a glance 2009. Country note: Portuga*l.

OCDE – *OECD Best Practices for Budget Transparency*, 2002 (disponível em http://www.oecd.org/dataoecd/33/13/1905258.pdf).

OLIVEIRA, M. Esteves de, GONÇALVES, P. Costa E AMORIM, J. Pacheco – *Comentário ao Código de Procedimento Administrativo*. Coimbra: Almedina,1997.

OTERO, Paulo – *O Poder de Substituição em Direito Administrativo, Enquadramento Dogmático-Constitucional*, vol. II. Lisboa: Lex, 1995.

OTERO, PAULO – *Vinculação e Liberdade de Conformação Jurídica do Setor Empresarial do Estado*. Coimbra: Coimbra Editora, 1998.

PARLAMENTO EUROPEU – European Parliament decision of 5 May 2010 on discharge in respect of the implementation of the European Union general budget for the financial year 2008, Section III – Commission (SEC(2009)1089 – C7-0172/2009 – 2009/2068(DEC)) (disponível em http://www.europarl.europa.eu/document/activities/cont/201005/20100511ATT74395/20100511ATT74395EN.pdf).

PASSMORE, John – *Man's Responsibility for Nature*. London: Duckworth, 1974."

PAULA, Ana Paula Paes de – *Por uma nova gestão pública: limites e potencialidades da experiência contemporânea*. Rio de Janeiro: FGV Editora, 2007.

PEREIRA, Paulo Trigo, AFONSO, António, ARCANJO, Manuela e SANTOS, José Carlos Gomes – *Economia e Finanças Públicas*. Lisboa: Escolar Editora, 2005.

PEREIRA, PAULO TRIGO – *Portugal: Dívida Pública e Défice Democrático*. Lisboa: FFMS, 2012, p. 46.

PEROGORDO, Bayona de e ROCH, Soler – *Derecho Financiero*, Vol. I. Alicante: Librería Compás, 1989.

PIÇARRA, Nuno – *A Reserva de Administração*. Separata da Revista "O Direito", ano 122, 1990 (II, III, IV).

PINA, Carlos Costa – *Instituições e Mercados Financeiros*. Coimbra: Almedina, 2005.

PNUD (Programa das Nações Unidas para o Desenvolvimento) – Human Development Report 1991 (disponível em http://hdr.undp.org).

PNUD (Programa das Nações Unidas para o Desenvolvimento) – Human Development Report 1996 (disponível em http://hdr.undp.org).

PNUD (Programa das Nações Unidas para o Desenvolvimento) – Human Development Report 1997 (disponível em http://hdr.undp.org).

PNUD (Programa das Nações Unidas para o Desenvolvimento) – Human Development Report 1998 (disponível em http://hdr.undp.org).

PNUD (Programa das Nações Unidas para o Desenvolvimento) – Human Development Report 2000 (disponível em http://hdr.undp.org).

PNUD (Programa das Nações Unidas para o Desenvolvimento) – Human Development Report 2005 (disponível em http://hdr.undp.org).

PNUD (Programa das Nações Unidas para o Desenvolvimento) – Human Development Report 2006 (disponível em http://hdr.undp.org).

PNUD (Programa das Nações Unidas para o Desenvolvimento) – Human Development Report 2007/2008 (disponível em http://hdr.undp.org).

PNUD (Programa das Nações Unidas para o Desenvolvimento) – Human Development Report 2009 (disponível em http://hdr.undp.org).

PNUD (Programa das Nações Unidas para o Desenvolvimento) – Human Development Report 2010 (disponível em http://hdr.undp.org).

PNUD (Programa das Nações Unidas para o Desenvolvimento) – Human Development Report 2011 (disponível em http://hdr.undp.org).

PNUD (Programa das Nações Unidas para o Desenvolvimento) – Human Development Report 2013 (disponível em http://hdr.undp.org).

PNUD (Programa das Nações Unidas para o Desenvolvimento) – Human Development Report 2014 (disponível em http://hdr.undp.org).

Porto, Manuel – *O Orçamento da União Europeia*. Coimbra: Almedina, 2006.

Prieto, Luis María Cazorla – *Derecho Financiero y Tributario* (Parte General). Navarra: Aranzadi.

Sousa, Marcelo Rebelo de – "10 questões sobre a Constituição, o Orçamento e o Plano". In Miranda, Jorge (org.) – Nos Dez Anos da Constituição. Lisboa: Imprensa Nacional Casa da Moeda, 1986, pp. 113-141.

Queiroz, Cristina – *O plano na ordem jurídica*. *In* Revista da Faculdade de Direito da Universidade de Lisboa, vol. XXX (1989).

Rebelo, Marta – *O sistema europeu de contas nacionais e regionais (SEC 95) como limite à iniciativa económica pública*. Revista do Tribunal de Contas, n.º 39 – janeiro/junho, 2003.

Rebelo, Marta – *Descentralização e Justa Repartição de Recursos entre o Estado e as Autarquias Locais*. Coimbra: Almedina, 2007.

Rebelo, Marta – *As Finanças Locais e o Plano de Ajustamento da Troika*. Coimbra: Almedina, 2011.

Ribeiro, Gonçalo Almeida e Coutinho, Luís Pereira (org.) – *O Tribunal Constitucional e a Crise*. Coimbra: Almedina, 2014.

Ribeiro, J. J. Teixeira – "O abandono do equilíbrio do orçamento ordinário". *In* Boletim de Ciências Económicas, vol. XIX, 1976, pp. 49-62.

Ribeiro, José Joaquim Teixeira – *Os poderes Orçamentais da Assembleia da República*. *In* Boletim de Ciências Económicas, vol. XXX, 1987.

Ribeiro, José Joaquim Teixeira – *Lições de Finanças Públicas*. Coimbra: Coimbra Editora,1997.

Ribeiro, Jorge Humberto Vaz e Pascoal, Telmo Manuel Rebola – *Contabilidade de gestão no setor público administrativo português. Evolução histórica recente (Comunicação apresentada no I encontro iberoamericano de contabilidade de gestão, em Valência, Nov. 2000)*. In www.observatorio-iberoamericano.org 12.02.2008 17:21.

Rigsrevisionen – *Memorandum to the Public Accounts Committee on the European Parliament's discharge resolution regarding the 2008 EU accounts*, 2010 (disponível em http://www.rigsrevisionen.dk/media(1594,1033)/SEKR02-10.pdf).

Rothbard, Murray N. – *Algunas Teorias Alternativas sobre la Libertad*. Madrid: Unión Editorial, 1995 (disponível em http://www.eumed.net/cursecon/textos/Rothbard_libertad.pdf).

Sarlet, Ingo – *A eficácia dos direitos fundamentais*. Porto Alegre, 2009.

Sarlet, Ingo e Figueiredo, Mariana Filchtiner – Reserva do possível, mínimo existencial e direito à saúde: algumas aproximações. *In* Revista de Doutrina da

4.ª Região, n.º 24, 2008 (disponível em http://www.revistadoutrina.trf4.jus.br/index.htm?http://www.revistadoutrina.trf4.jus.br/artigos/edicao024/ingo_mariana.html último acesso 23.07.2014)

Sarlet, Ingo Wolfgang e Timm, Luciano Benetti – *Direitos Fundamentais: orçamento e reserva do possível.* Porto Alegre: Livraria do Advogado, 2008.

Sarmento, Joaquim Miranda e Marques, Rui – "As alterações orçamentais no actual panorama das finanças públicas" *in* Revista do Ministério Público, A. 37, nº 147 (jul.-set. 2016).

Sarmento, Joaquim Miranda – "As parcerias público-privadas e as finanças públicas em Portugal: uma retrospetiva dos últimos 20 anos" *in*: Revista de finanças públicas e direito fiscal, A. 7, nº 3 (Outono 2014).

Sarmento, Joaquim Miranda – "O futuro do investimento público em Portugal e as parcerias público-privadas : por favor, "não deitem o bebé fora com a água" " *in* Revista de finanças públicas e direito fiscal, A. 7, nº 1 (Primavera 2014).

Sarmento, Joaquim Miranda – "O tratado orçamental, semestre europeu, "six-pack" e "two-pack": a arquitetura orçamental da União Europeia" *in* Revista de finanças públicas e direito fiscal, A. 8, nº 2 (Verão 2015).

Sarmento, Joaquim Miranda – Manual de Finanças Públicas e de Contas Nacionais no Setor das Administrações Públicas. Coimbra: Almedina, 2017.

Sanches, Saldanha – *Manual de Direito Fiscal.* Coimbra: Coimbra Editora, 2002.

Sanchez, Manuel Gonzalez – *Situación y protección jurídica del ciudadano frente al gasto público.* Salamanca: Departamento de Derecho Financiero y Tributário de la Universidad de Salamanca, 1979.

Santos, António Carlos dos, Gonçalves, Maria Eduarda e Marques, Maria Manuel – Direito Económico. Coimbra: Almedina, 2014.

Santos, Emanuel Augusto dos – "A dívida pública: compreender o problema para encontrar uma solução" *in* Revista de finanças públicas e direito fiscal, A. 7, nº 2 (Verão 2014)

Sen, Amartya – "Why and how is health a human right?". *In* www.thelancet.com, vol. 372, 13 de dezembro de 2008.

Silva, Jorge Pereira da – "Breve ensaio sobre a protecção constitucional dos direitos das gerações futuras". *In* Em Homenagem ao Professor Doutor Diogo Freitas do Amaral. Coimbra: Almedina, 2010 p. 459 e ss.

Silva, José Manuel Braz da – "Factores críticos para o sucesso na gestão PPP" *in* Revista de finanças públicas e direito fiscal, A. 9, nº 2 (Verão 2016)

Silva, Vasco Pereira da – *A Cultura a que Tenho Direito – Direitos Fundamentais e Cultura.* Coimbra: Almedina, 2007.

Sisler, Chiara –The revision of the european financial stabilisation mechanism and the debate on safeguards for non-euro area Member States *in* Revista de finanças públicas e direito fiscal, A. 8, nº 3 (Outono 2015).

Stern, Klaus – *Das Staatsrecht der Bundesrepublik Deutschland*, vol. III/1, Munchen: C.H. Beck, 1988.

Santos, Jorge Costa – *Bem-estar social e decisão financeira.* Coimbra: Almedina, 1993.

SGARBOSSA, Fernando – Do Estado-Providência ao Mercado-Providência: Direitos sob a "reserva do possível" em tempos de globalização neoliberal. Curitiba, 2009, pp. 79 e ss. (disponível em http://dspace.c3sl.ufpr.br:8080/dspace/bitstream/handle/1884/18011/DISSERTACAO%20SGARBOSSA.pdf;jsessionid=7B9C7C3E81DC96A71F2FA6390DE452BB?sequence=1 último acesso em 26.05.2011).

SILVA, Jorge Pereira da – *Dever de legislar e protecção jurisdicional contra omissões legislativas*. Lisboa: UCP Editora, 2003.

SIMMON, Marc – *Le contrôle financier public dans le cadre de l'UE*. In *Revue Française de Finances Publiques*, n.º 77, Mars 2002.

SOUSA, Domingos Pereira de – *Finanças Públicas e Direito Financeiro* (volumes I e II). Lisboa: Quid Juris, 2017.

SOUSA, Virgínia Maria Granate Costa e – *Sistema Europeu de Contas*. Porto: VidaEconómica, 2011.

STIGLITZ – *Economics of the Public Sector*. New York: Norton & Company, 1986.

TANZI, Vito e SCHUKNECHT, Ludger – *Public Spending in the 20th Century*. Cambridge: Cambridge University Press, 2000

TAVARES, José F.F. – *Recomendações do Tribunal de Contas – Conceito, Natureza e regime*. Lisboa, 2006.

TAVARES, José F. F. – *Alguns Aspetos Estruturais das Finanças Públicas na Atualidade*. Lisboa, 2008.

TORRES, Maria do Rosário – *Controlo e Avaliação – Instrumentos Indispensáveis numa Administração Pública Moderna. In* Revista do Tribunal de Contas, n.º 26, Jul./Dez. 1996.

TORRES, Ricardo Lobo – *O direito ao mínimo existencial*. Rio de Janeiro: Renovar, 2009.

TRIBUNAL DE CONTAS – *Manual de Auditoria e Procedimentos*. In www.tcontas.pt (11.01.2008 16:50).

TRIBUNAL DE CONTAS – Relatório n.º 1/2004 da 2.ª secção do Tribunal de Contas – *Setor Empresarial do Estado. Situação Financeira* e Práticas de bom governo (in www.tcontas.pt).

TRIBUNAL DE CONTAS – Encargos do Estado com as Parcerias Público Privadas – concessões rodoviárias e ferroviárias (Relatório n.º 33/2005, 2.ª secção do Tribunal de Contas) (disponível em www.tcontas.pt).

TRIBUNAL DE CONTAS – Auditoria aos Encargos do Estado com as Parcerias Público Privadas – Concessões rodoviárias e ferroviárias (Auditoria n.º 4/2007, 2.ª secção do Tribunal de Contas) (disponível em www.tcontas.pt).

TRIBUNAL DE CONTAS – Relatório de Auditoria n.º 6/2008, 2.ª secção do Tribunal de Contas (disponível em www.tcontas.pt).

TRIBUNAL DE CONTAS – Parecer da Conta Geral do Estado de 2008 (www.t**contas**.pt/pt/atos/**parecer**/**2008**/pcge**2008**-v1.pdf 01.07.2011 15:31).

TRIBUNAL DE CONTAS – Auditoria ao Programa de Parcerias Público Privadas da Saúde, (Relatório de Auditoria n.º 15/2009 da 2.ª secção do Tribunal de Contas) (disponível em www.tcontas.pt).

TRIBUNAL DE CONTAS – Auditoria de Resultados – Contribuição do Tribunal de Contas de Portugal (Seminário das ISC da CPLP) (disponível em http://www.sislog.com/ta/IMG/pdf/Auditoria_de_Resultados-2.pdf 22.07.2011 12:48).

VASQUES, Sérgio – *Os impostos do pecado*. Coimbra: Almedina, 1999.

VASQUES, Sérgio – *Impostos especiais de consumo*. Coimbra: Almedina, 2001.

VASQUES, SÉRGIO – *Manual de Direito Fiscal*. Coimbra: Almedina, 2011.

VAZ, Manuel Afonso – *Lei e Reserva de Lei*. Porto: Universidade Católica Portuguesa, 1992.

VAZ, Manuel Afonso – "O Enquadramento jurídico-constitucional dos "Direitos Económicos, Sociais e Culturais,,". *In* Juris et de Jure. Porto: UCP Editora, 1998.

VIEIRA, Mónica Brito e SILVA, Filipe Carreira da – *O Momento Constituinte – Os Direitos Sociais na Constituição*. Coimbra: Almedina, 2010.

VIEIRA, Pedro Sisa – O *Código dos Contratos Público e as Parcerias Público-Privada. In* Estudos de Contratação Pública, vol. I. Coimbra: Coimbra Editora, 2008.

VITORINO, José Miguel – "A sustentabilidade da segurança social em tempos de crise: introdução a uma visão dinâmica" *in* Revista Jurídica da Associação Académica da Faculdade de Direito de Lisboa, nº 29 (2015)

WALZER – *As Esferas da Justiça*. Lisboa: Editorial Presença, 1999.

ZBYSZEWSKI, João Paulo – *O Financiamento das Autarquias Locais Portuguesas*. Coimbra: Almedina, 2006.

ÍNDICE